回归社会建设

40年理论与实践研究

○宋贵伦　著

中国人民大学出版社
·北京·

宋贵伦，国家高端智库北京师范大学中国教育与社会发展研究院教授、博士生导师，北京市社会建设促进会会长。曾任中共中央文献研究室助理研究员，中共中央宣传部副处级秘书，中共北京市西城区委宣传部部长，中共北京市委宣传部副部长，北京市社科联党组书记、常务副主席、研究员，中共北京市委社会工作委员会书记，北京市社会建设工作办公室主任，第十一届全国人大代表。出版《毛泽东与中国文艺》、《北京社会建设概论》、《十年磨一“建”：社会建设理论体系与实践路径研究》（上、下册）等专著，主持完成“‘十四五’时期健全我国现代社会治理体系研究”等国家级重大课题。

序*

宋贵伦同志的论文集即将编订出版。作者要我在前面写几句话，这于我是义不容辞的。因为，从党的十二大以后，先是在中共中央文献研究室，后是在中共中央宣传部，我们两人有过长期、愉快的合作，是友好的搭档。

《“红学”一家言》这篇收入《毛泽东的读书生活》的文章，是我们合作的第一个颇得好评的成果。这部书当时也成为得奖的畅销书之一。

后来，人民文学出版社约请我编辑《毛泽东论文艺（增订本）》。原来的《毛泽东论文艺》虽然发行量很大，影响也很大，但到了 20 世纪 80 年代，书中选用的资料就显得不充分了。宋贵伦同志帮我做了增订本新资料的收集、选择和注释工作。这部书是我们合作的又一个成果。直到 2002 年中共中央文献研究室编辑的《毛泽东文艺论集》出版之前，它都是一部权威的选读本。由此产生了宋贵伦同志的第一部专著《毛泽东与中国文艺》，我为此书写了一篇序言。

1991 年 10 月，我年届 62，不再担任中宣部副部长职务。这时，大家都怀念和向往几年前人们改革开放的那一股劲头、那一股热情。怎么办？我当时想，我能做的就是把改革开放以来邓小平的论述全面地、历史地、系统地重新温习一遍，从中寻找灵感和指导。宋贵伦同志帮我做了收集资料的工作。他从中宣部资料室借来和复印了全部有关邓小平的公开的和内部发表的文献资料。这比已经发表的三部集子（《邓小平文选（一九七五—一九八二）》《建设有中国特色的社会主义（增订本）》《邓小平同志重要谈话（一九八七年二月—七月）》）的内容要完整和丰富。比如“社会主

---

* 这是一篇“早产”的序，而本书是一本“晚生”的书。13 年前，龚育之同志在病床上为我的书作此序。由于多种原因，迟至今日才把书编出来。此书虽然已非彼书，但仍以其庆祝改革开放 40 周年，感念并告慰龚育之同志。

义也可以搞市场经济”，邓小平就讲过多次。再比如“改革是中国的第二次革命”，邓小平也讲过多次。而这些重要内容，在那三部集子中都失收了。这里应当说明，这三部集子的编辑工作我都参与了，要讲失收的责任，我难辞其咎；要讲失收的原因，就是编选者对这些论断的重大意义未曾注意，缺乏认识，或者受到了干扰。

重新发现邓小平的这些论断，我非常高兴！觉得需要提醒别的研究者予以重视。这样，我就着手整理《在有中国特色的社会主义旗帜下——读邓小平著作的笔记》这篇长文。先是在世界观察研究所小范围内讲了一遍，不久又在经济体制改革理论与实践讲习班大范围报告会上讲了一次，得到了大家的鼓励，都希望我整理发表。1992 年 1 月份整理出文稿。大约在 2 月底，听到了邓小平南方谈话的内部传达，当时的心情正如我曾写过的“快何如之”。我按照邓小平南方谈话精神又整理了一遍。我曾送给一个刊物，它嫌太长没有发表。3 月开“两会”时，《解放日报》驻京办的狄建荣同志向我约稿。我说：“稿子倒有一篇，篇幅长、分量重，你们报纸能发吗?”他说：“我拿回去看看。”只过了几天，狄建荣同志便告诉我：“编辑部决定全文发表。”结果，以连续 3 天共 4 个整版这种前所未有的阵势，发表了这篇长达 4 万字的个人读书笔记。这样一个举措，在学界当然是引起震动的。我对《解放日报》的见识和魄力十分钦佩！

后来，宋贵伦同志调到中共北京市西城区委宣传部担任副部长、常务副部长、部长，2000 年又调到中共北京市委宣传部担任副部长。在城市基层长期工作，比起在高层领导机构能接触更多的实际工作，工作节奏也更紧张。这对一个青年干部的成长是有极大好处的。但是，在同一个单元要参加好几个会议，在同一个晚上要参加好几个宴请，这样忙碌的状态是很容易淹没人、使人迷失自我的。宋贵伦同志却忙而不迷。现在这部著作集，就是他在紧张忙碌中坚持联系实际进行理论思考这样一个品质的明证。

我以为，宣传和思想工作领域广泛、内容繁杂，但其灵魂是理论工作。理论研究的作用应该体现在党的指导思想的制定、贯彻、宣传和发展之中。对党的指导思想的研究和宣传不能只是逻辑的、抽象的、框架的，而应该是历史的、具体的、生动的。

我在病中，不能多写，也不必多写。权以口述上面这些话，让我夫人孙小礼笔录，作为作者要我写序的回答。

龚育之

2007年3月17、18、19、20日

口述于北京医院B座911病房

自　序

今天是我60岁生日。人生满甲子，幸遇新时代。与国家命运相连，与改革开放同行，在中国特色社会主义理论与实践道路上，经历了许多难忘的事，写了许多值得回味的文章。当前，新冠肺炎疫情严重，利用宅在家里的时间，把旧文整理出来，把往事追记下来，加上一些新文汇编成册，很有意义。从农村到城市，从中央部门到基层单位，从行政干部到专家学者，从理论研究到实践探索，这些特殊的个人经历与波澜壮阔的时代背景相交织形成的文字，记录的不仅是多彩人生，也可窥见历史印记，发现时代留痕。回忆往事、翻阅旧文，思绪万千、感触良多。

一、小时候的记忆

小时候的记忆是苦涩的，改革开放改变了我的人生。我出生于1960年，正值国家经济困难时期，19岁之前都是在家乡河北省新河县田村度过的。这是一个贫穷落后的小村庄。直到去年，我们县才摘掉国家级贫困县的帽子。我们知道，从50年代末到改革开放前这20来年，我国在取得显著成就的同时，也走过一段弯路。我的童年和少年恰巧是在这段弯路上度过的。刚生下来没奶吃、吃不饱饭，3岁时遭遇华北大洪水，6岁时遇上邢台大地震，中小学时赶上“文化大革命”，几乎所有农活都干过。但任何事情都有两面。小时候的困苦经历，在当时是磨难，于人生是历练。没有小时候吃不饱的经历，就没有以后不怕吃苦的劲头。没有经过人生坎坷，就少有克服困难的能力。幸运的是，我有一个温暖的家，有一个好母亲，有许多好老师。母亲教我好好做人，老师教我、家人帮我好好学习。这是我最早的人生宝贵财富。好好做人、好好学习，这是我人生的根基。

1979年，我19岁。这一年，是我们党和国家也是我个人命运的巨大转折年。这一年，我国迎来了党的十一届三中全会后的第一个春天，走进了改革开放新时期。这一年，我考入北京师范大学中文系，从农村走进城市，从世代文盲半文盲家庭走进著名高等学府。但也就在我告别家乡到北京师范大学报到的同时，我敬爱的母亲因患食道癌与世长辞。我在悲喜交加中离开家乡，告别少年时代。这在收入本书的《我的高考，我的乡愁》和《母亲节忆母亲》两文中，有详细叙述。

对母亲、家乡、母校、老师的深情，永远铭刻在我心中，是我不断前进的原动力。

二、大学时光

在北京师范大学中文系读书的四年，是我人生最美丽的时光。其间，对我人生发生重大影响的是那个沸腾的时代和北师大的良好育人环境。党的十一届三中全会开辟了解放思想和改革开放的新时期。我们踏着新时期的春风走进大学校园。新时期影响和造就了一代新人。尤其是我国恢复高考后的“新三届”大学生，与改革开放同行，是中国特色社会主义理论熏陶、实践冶炼出来的。无愧新时期、坚持改革开放，是这一代人的初心和使命。北师大名师荟萃、校风纯粹。中文系钟敬文、黄药眠、启功、陆宗达、俞敏、郭预衡等先生当时就是大师级的。给我们这一届学生上课的许嘉璐、聂石樵、杨敏茹、李修生、张恩和、张之强、蔡清富、史锡尧、杨庆蕙、郭志刚、韩兆琦等老师，当时在学界也已著名。40 年来，从我个人和同学们成长的过程中，都能找到老师们的影子。我一个农民子弟、文盲半文盲家庭的孩子，能到北师大读书，遇到那么多名师，可以接受中国最好的语言文学教育，是人生极大的幸事。功底深厚、作风严瑾，是北师大的传统。启功先生给北师大题写的校训“学为之师，行为世范”影响着一代又一代的北师大学子。他题写的“行文简浅显，做事诚平恒”，是我的座右铭。

在北师大的这 4 年，我受到了良好的教育，终生受益。我在大学加入了中国共产党。全班 40 多人，入学时只有两个党员，4 年只发展了 3 个党员。当时在校入党是很难的。我非常感谢党组织的培养和同学们的支持，特别是辅导员骆增秀老师和入党介绍人岑玉珍、向伟同学。大学毕业后，我也一直没有间断对语言文学专业的关注，特别是毕业后头10年发表的文章、出版的著作，大多与所学专业有关。毕业后，特别是在北京市工作后，我与学校一直保持密切联系，共同开展了许多活动。2002年北师大百年校庆时，我被学校评为著名校友，聘为兼职教授。这一年，我还具体推动教育部、北京市与北师大共建了北京文化发展研究院，这是我国高校较早的智库。多年来，我推动北京文化发展研究院持续举办的若干届北京文化发展论坛、与校领导主编的年度北京文化发展报告，都有较好反响。收入本书的《都市里也有我的乡愁》等对此有所反映。

去年，是我考入北师大40周年。国庆70周年庆典后，全班同学从四面八方回到母校开展纪念活动，在京师广场捐植了一棵纪念树。纪念树树龄超过40岁，捐植期为40年。同学们越来越怀念大学时光，把心系母校的根永远扎在了北师大。

三、走上理论探索道路

1983年，我大学毕业分配到中共中央文献研究室工作，有幸到了一个好环境，赶上了许多重要学习机会，遇上了几位好领导。中共中央文献研究室1980年成立，前身是中共中央毛泽东主席著作编辑出版委员会办公室。新单位全是新人，大部分来自党政机关、高校，中年知识型干部居多，“新三届”毕业生也有20多个。这是一个风气很正的单位，让我们这些新人充满敬意和温暖。1983年参加工作时，全党正深入学习贯彻《关于建国以来党的若干历史问题的决议》（简称《历史决议》）和党的十二大精神，《邓小平文选（一九七五——一九八二）》刚刚出版，中国特色社会主义理论学习研究热潮蓬勃兴起。那年还是毛泽东诞辰90周年，《毛泽东书信选集》等出版，在《历史决议》新的起点上，毛泽东生平思想研究向纵深方向发展。随后几年，《毛泽东著作选读》《周恩来选集》《刘少奇选集》《朱德选集》等相继编辑出版，党的文献编辑出版和领导人生平思想研究打开了崭新局面。对于理论底子相对较薄的我来说，一参加工作就赶上了这些大事，就有这么多重要的学习机会，就与毛泽东思想、中国特色社会主义理论学习研究一起站在历史新起点上，真是幸事！那几年，相当于读了5 年的“党的文献研究生”。那几年，配合这些文献著作的编辑出版，我写了一些学习体会文章。比如，收入本书的《党员也是群众中的一员》，就是《周恩来选集：下卷》出版时写的，发表在 1985 年 5 月 22 日的《光明日报》上。文章虽然不长，但主题切中时弊。报社很重视，版面处理特殊，是按评论文章安排的。发表后被《报刊文摘》等转载。这中间还有一个小插曲。我在此文发表时署名“宋贵侖”，这是我的曾用名。1963 年，我弟弟出生后，当过小学教师的父亲给我弟起名时，顺便将我们兄弟三人改成一个系列：我哥宋贵山，我宋贵崙，我弟宋贵岭，都与“山”有关。我上小学后一直这样用。我的这篇文章发表后，当年 9 月 3 日，《光明日报》刊发了一篇短文《不宜恢复人名中的繁体字》，举例批评了我这篇文章署名用繁体字。后来，我索性改为“宋贵伦”。

分到中共中央文献研究室工作，特别有幸的是遇到了龚育之、逄先知、金冲及等专家型领导。我先是分在秘书处工作，向这几位部级领导当面请教的机会多。龚育之是著名理论家，他从党的十一大到党的十六届六中全会，都是会议文件的主要起草者，有许多重要理论著述，为毛泽东著作编辑出版、生平思想研究和中国特色社会主义理论形成发展做出了突出贡献。逄先知“文化大革命”前在毛泽东的办公室工作过多年，熟知毛泽东文稿，是党的文献编辑权威。金冲及是史学大家，早年研究孙中山，后来是毛泽东、周恩来、刘少奇、朱德、邓小平等领袖传记的主笔，70 岁离休后，撰写出版了鸿篇巨制《二十世纪中国史纲》，以每年至少一本书的速度高产著作。我从 1983 年到 1988 年在中共中央文献研究室工作 5 年。前 3 年在秘书处工作，兼任金冲及的联络员，后两年在新成立的理论研究组工作，改兼龚育之的联络员。这几年，我向 3 位领导学习了许多东西。

这其中，接触最多、对我影响最大的是龚育之同志。我与他密切接触，是从 1986 年合写《“红学”一家言》开始。这篇文章，收入《毛泽东的读书生活》一书，发表于当年 9 月 9 日上海《文汇报》，在毛泽东研究和《红楼梦》研究领域产生了较大影响。1987 年到理论研究组工作后，在龚育之和组长石仲泉同志指导下，与张宁同志选编了马、恩、列、斯、毛和中国共产党关于社会主义发展阶段的论述，并写出了长篇综述和研究文章，为龚育之和党的十三大报告起草组研究社会主义初级阶段理论提供了参考。1988 年，我随龚育之到中宣部做专职秘书后，除了在日常工作中耳濡目染外，在他指导下，做了几件比较重要的事情：一是编辑《毛泽东论文艺（增订本）》；二是写作研究毛泽东文艺思想系列文章，他为我的专著《毛泽东与中国文艺》作了序；三是协助他系统收集了邓小平论述资料，为他写出的引起轰动的长文《在有中国特色的社会主义旗帜下——读邓小平著作的笔记》做辅助性工作。在这个过程中，我对毛泽东生平思想、邓小平理论研究更加全面、系统和深入，产生了一系列较有影响的理论成果。这在收入本书的《龚育之引领我走上理论工作道路》等文章中，都有具体介绍和体现。

我从中共中央文献研究室起步，在龚育之引领下，走上理论研究道路。中共中央文献研究室是我的又一所大学，龚育之是我最重要的导师。

四、倾心社会文明

就个人工作履历讲，时间最长的是在宣传战线，有近 20 年。其中，在中宣部工作 5 年多，在中共北京市西城区委宣传部 7 年，在中共北京市委宣传部 7 年，做过秘书、部门副职（包括常务副职）和正职，分管过理论、宣教、调研，主持过全面工作。在三级宣传部门得到了全面系统锻炼。这是我人生难得的经历。

从 1988 年初到 1993 年底在中宣部工作 5 年多。龚育之到中宣部工作一年多就没有多少工作可做了，我也有了不少空闲时间。我利用空闲时间主要做了两方面的事。一是继续钻研党的文献。如前所述，编辑《毛泽东论文艺（增订本）》，编写《毛泽东与中国文艺》，协助龚育之收集邓小平论述资料等。二是随中央部署自学理论。从 1990 年开始，中央要求，用 3 年时间，在全党先后组织学哲学、学党史、学政治经济学（后来改成了开展社会主义教育、反“和平演变”）。这几年，我是当成一次重要学习机会来对待的。在继续补上毛泽东思想、邓小平理论研究课的同时，想借此机会，重点补一补马克思主义理论知识的课。在这期间，应出版社之约，还边学习边编写了一些学习读物。编写书籍的过程，使我得到了很大的锻炼和提高。在做这两方面事情的过程中，我把马克思主义理论、毛泽东思想、邓小平理论和党史党建理论系统学习了一遍，基本打下了理论基础，为今后顺利开展工作创造了条件。

1993 年 10 月底，组织安排我到中共北京市西城区委宣传部挂职副部长。一年后，正式调任主持常务副部长，1996 年 3 月任部长。我到西城做的第一件事，是组织全区学习刚刚出版的《邓小平文选：第三卷》。这期间也写了一些理论文章。比如，收入本书的《邓小平建设有中国特色社会主义理论的三条主线》《举旗　知情　抓关键》《理论上的清醒与政治上的坚定》等。基层宣传工作的特点，是“上接天线，下接地气”。那几年，我花功夫最多的还是基层思想宣传工作和精神文明创建工作。比如，组织宣传了一批先进典型。1996 年初，我主持编印了一本《西城’96 之星》劳模风采挂历，引起了很大轰动。当年 1 月 18 日，《人民日报》在第一版《今日谈》栏目，发表题为“喜看劳模上挂历”的短评，给予很高评价。这一年，还发生了一件较有影响的事：在中国革命博物馆举行的“红岩魂”展览，意外引起很大轰动。上海《文汇报》驻京办主任拟请龚育之就此写篇文章。龚推荐让我写。于是，我连夜写出《意料之外　情理之中——“红岩魂展览”火爆京城的启示》。《文汇报》对这篇文章做了重点编排，不仅刊发头版，而且编发了提要。这天的《文汇报》也是历史上首日改为彩印版。中宣部新闻舆评小组也为此稿发了专报。那几年，中央号召在中小学开展国旗教育、百部爱国主义影片教育、爱国主义基地教育。我主持编写了《’96 国旗下的演讲》《西城区百部爱国主义教育影片与中小学课堂教学相结合的方案》《西城区爱国主义教育基地与中小学课堂教学相结合的方案》，在全市乃至全国得到推广。在主持编辑《西城画册》和筹备“西城区情展室”的过程中，我提出了建设“四街一区（国家级可持续发展试验区）”的总体框架，后来平安大街开通，演变成了坚持多年的“重点建设五街、大力发展五业”西城发展思路，即大力建设西长安街、西单商业街、金融街、阜景文化街、平安大街，大力发展商业、金融业、房地产业、文化旅游业、科技咨询业。西城是全国首批精神文明建设试点区和示范区，我作为区创建办主任，参与了全过程。在几年的基层宣传工作实践中，我探索总结出了一系列工作思路，比如，处理好宣传信息工作的十个关系，开展宣传工作“十个一”评选活动，实施精神文明建设“十大工程”，等等。许多工作至今还在延续。2000 年上半年，我编著的《构架文明：西城区实施精神文明建设十大工程》一书，作为“北京市思想道德建设创新实践丛书”之一，由北京出版社出版。这是我 7 年西城工作经验的总结，也试图以此为例，构建一个基层宣传工作和精神文明建设体系框架。对此，本书也有所反映。1999 年、2000 年，我先后获得了首都精神文明建设奖章、北京市优秀思想政治工作者、全国优秀思想政治工作者等荣誉称号。

2000 年 9 月，我调中共北京市委宣传部工作。先任副局级巡视员，一年后任副部长，2005 年后兼任北京市社科联党组书记，分管理论、宣传教育和调研工作，联系 10 个局级单位。这历来是两个副部长的工作量。在此期间，参与主持了若干重要文件和研究报告起草工作。2002 年，被北京市学术职称委员会聘任为决策研究系列研究员。

北京的理论工作历来引人关注，我当严肃的政治任务对待。2001 年建党 80 周年，我写了一篇文章，题为“江泽民‘三个代表’重要思想对毛泽东、邓小平党建理论的继承与发展”，较早提出“既一脉相承又与时俱进”。该文入选全国理论研讨会，在会议论文汇编中编号为“001”。2003 年，主持编写了《学习“三个代表”重要思想通俗读本》，分社区版、农村版、企业版三个版本，各选择 100 个论点，每个论点分重要论述、典型案例、专家点评三个段落编写，很受基层欢迎。我联系市委党刊《前线》，分管《支部生活》《大学生》杂志。7 年间仅为《前线》审改和撰写的“本刊评论员”文章就有 80 多篇。这在收入本书的《〈前线〉是我“老朋友”》一文中有所反映。我联系市社科联、市社科院，分管市社科规划办、市委讲师团，在北京社科理论系统有许多讲话文稿，特别是作为北京市社科联党组书记、北京市中国特色社会主义理论体系研究中心常务副主任，做了大量具体工作。这在收入本书的《我与北京市社科联三十年》等文中，有全面反映。2005 年，北京市中国特色社会主义理论体系研究中心承接了马克思主义理论研究和建设工程重大课题“马克思主义中国化的历史进程和基本经验》。我具体负责组织工作。龚育之任首席专家给予有力指导。该成果获得好评。详情可见收入本书的《龚育之引领我走上理论工作道路》

《加强马克思主义中国化研究　坚持和发展中国特色社会主义》和《龚育之对马克思主义中国化研究的重要贡献》等文。后来，作为马工程课题组成员，我还参与了中国社科院牵头的《国际共产主义运动史》教材编写工作。

北京的社会宣传工作任务繁重。我努力在抓重点、抓协调、抓落实上下功夫求实效。在中共北京市委宣传部工作那几年，除了日常社会宣传工作外，我重点抓了两大系列活动：一是重大先进典型总结宣传，二是重点活动组织。在典型宣传方面，先后组织了“公正执法的检察官”方工、“人民的好医生”韦加宁、抗击“非典”先进群体、“追求胜败皆服的好法官”宋鱼水、北京铁路局 036 车队、首汽于凯车队、天安门派出所先进群体等全国重大先进典型宣传活动。那几年，北京市几乎每年都有一个重大先进典型在全国推出。从调研总结，到全国媒体宣传、举行巡回报告，一揽子推出，在全国影响很大。令人欣慰和敬佩的是，近 20 年了，树立的这些先进典型，都始终保持先进。比如宋鱼水，已是中国共产党第十九届中央委员会候补委员，是全国政法系统的一面旗帜。我们选择先进典型的标准，首先是好人，然后才是典型性。因为，只有好人才有群众基础，才能长久立得住。从好人中选择能人进行宣传，是这么多年来我坚持的一个原则。至于重大宣传教育活动，几乎每年都有一两个。比如，2003 年 5 月 8 日，“非典”疫情出现拐点后，在中华世纪坛，用 24 小时组织了“感谢全国支持　奋力战胜非典”重大宣传活动。又如，2004 年，在中山公园、劳动人民文化宫、北海公园、天坛公园、中华民族园，具体主持了首都庆祝新中国成立 55 周年游园系列展览调整工作。按照中央要求，一夜拿出调整方案，一个月组织协调中央有关部委和全国各省区市完成任务。再如，2009 年，作为第四分指挥部总指挥，圆满完成了新中国成立 60 周年群众游行组织活动。特别是 2005 年，具体主持了纪念中国人民抗日战争胜利暨世界反法西斯战争胜利 60 周年大型主题展览筹备工作。所提出的“抗战 14 年”等观点被中央采纳，形成的中国人民抗日战争纪念馆总体格局延续至今，都很有历史意义。这在收入本书的《回忆筹备抗战胜利 60 周年展览的几件事》等文中有详细介绍。另外，在联系首都文明办工作的过程中，参与组织了北京市贯彻落实《公民道德教育实施纲要》等活动，结合迎奥运开展的文明出租车、文明乘车、文明观赛“三大文明行动”持续多年，产生了良好效果。当时，对出租车司机“京侃”、足球场“京骂”、市民乘公交车不排队一片批评声。我们的建议是重在建设，正面引导。在出租车系统，宣传首汽于凯车队，评选“的士之星”，在北京电台开办节目，送宣传品上车；组建文明引导队，引导排队上车；组建文明啦啦队，倡导文明用语；等等。实践证明，思路是对的，效果是好的。分管北京市思想政治工作研究会工作，持续开展了先进经验调研总结和典型宣传工作。这些工作在本书文稿中也有所体现。

在三级宣传部门工作近20年，得到了全面系统的学习锻炼，也在我人生履历中深深打上了宣传干部的烙印。如果说，在中宣部5年让我开阔了视野，在西城宣传部7年让我得到了充分锻炼，那么，在中共北京市委宣传部这7年，则使我得到了全面提高。这7年，虽然很辛苦劳累，但工作环境很好，心情很愉快，与部内上下和分管联系部门的同志们结下了很深的友谊。

五、投入社会建设

2007年10月13日，党的十七大开幕前两天，我突然被任命为中共北京市委社会工作委员会（简称社会工委）书记、北京市社会建设工作办公室（简称社会办）主任，受命组建新机构，在全国率先全面推动社会建设工作。从开始的“光杆书记”“皮包工委”，到后来的一个大单位、一支大队伍、一项大事业，整整工作11年时间。在市委市政府领导下，我们坚持“以人为本、关注民生、构建和谐、服务社会”的宗旨，一边抓顶层设计，起草“1＋4＋X”系列文件，一边抓基层基础，推动理论实践创新，形成了北京社会建设工作体系，取得了一系列工作成效。新世纪北京社会建设工作，始于党的十七大，发展于十八大，成于十九大，走在了全国前列，站在了历史新起点。一刻钟社区服务圈、网格化管理、“枢纽型”社会组织、社区工作者队伍专业化职业化建设、志愿者工作、社会领域党建等工作落地生根、开花结果，在全国产生广泛影响。按照中宣部统一部署，2010年、2012年，全国媒体先后两轮集中宣传了北京社会建设经验。2014年2月26日，习近平总书记在视察北京工作重要讲话中，对北京

“大力加强社会建设”给予充分肯定。在 11 年的工作中，我也从开始不知社会建设为何物，到取得了一系列理论研究和实践探索成果。具体主持的市委市政府关于社会建设、改革、治理的若干重要文件起草工作，持续十年推动的全国部分省市社会建设年会，连续 5 年主持编著的《中国社会建设蓝皮书：中国社会建设报告》，主持编著的《北京社会建设概论》《北京市社区工作者在职培训教材》，主持创编的六集大型纪录片《社会时代》等等，都产生了良好反响。11 年的理论研究和实践探索成果，集中体现在我出版的专著《十年磨一“建”：社会建设理论体系与实践路径研究》之中。该书分上下两册，汇集了我 11 年来关于社会建设的 180 多篇文章，包括“站在构建社会主义和谐社会的历史新起点”“努力探索具有时代特征、中国特色、首都特点的北京社会建设新路子”“基本形成北京社会建设工作体系”“加快推进社会治理体系和治理能力现代化建设”“走进中国特色社会主义社会建设新时代”五部分，共 110 多万字。本书收入的该书自序和几篇有代表性的文章及新增补的有关文章等，对这段经历都有反映。

十年磨一“建”，辛苦并快乐着，有困难有挫折，但无怨无悔。11 年的北京社会建设理论与实践，极大地丰富了我的人生，使我继党的文献研究和宣传思想工作之后，又找到了一个更加坚实、更加热爱、更有成就感的新起点。在这个新起点上，可以更好地把理想与现实、理论与实践结合起来。在这个岗位上，可以做该做能做有用有效的事。这对社会更有价值，对人民更有益，对人生更有意义。当然，以前和以后所有工作成效，对个人来说都不足挂齿，文章更不足道，都属于那个大环境和大时代的赐予。写下来，只是为历史过往存照，为时代大潮留痕，尽管极其微小。

六、回母校圆梦

大学毕业时，同窗好友许力给我的临别赠言是：“在每一个拐角处，都有新的希望在等待你。”也许是巧合，人生阶段的一些“拐角处”，确也遇到过一些困惑或挫折，但随即就迎来了新的希望和光明。2018 年底，市级机构改革在即，我还有一年多满 60 岁。在这个“拐角处”，母校突然向我发出召唤，希望我作为学术领军人才回北师大，到国家高端智库北京师范大学中国教育与社会发展研究院，专职从事社会建设研究与教学工作。我喜出望外！经中共北京市委批准，我很快调到北师大任教授、博导。当年在校读书时，本科生佩戴的是白校徽，我们非常羡慕老师们胸前佩戴的红校徽。没想到的是，在毕业 35 年后，又回到母校，真的成为北师大的一名教师，戴上了红校徽。这既圆了继续从事社会建设工作的梦，又圆了回母校当教师的梦。这对我来说是最好的归宿。我十分珍惜。

到北师大工作以来，除了编辑出版专著《十年磨一“建”：社会建设理论体系与实践路径研究》、开设了一门硕士研究生课程外，主持了一系列课题研究，其中包括两个国家社科重大课题、三个国家社科重点课题和两个市级重点课题，较好地发挥了智库专家的作用。我还受邀作为学术专家组成员，参与了中央电视台庆祝新中国成立 70 周年大型文献专题片《我们走在大路上》的编创工作，继续发挥了党史研究和宣传工作特长。党的十九届四中全会召开后，作为“百名专家谈中国之治”成员，接受了新华社、中央电视台、中央广播电台专访，应邀做了许多场辅导报告，发表了几篇理论文章。这些成果，本书也有所反映。在去年底召开的北京市社会建设促进会换届大会上，我当选会长。应当说，一年来，顺利实现了从行政官员到专家学者的转身，在社会建设理论与实践道路上又“换挡”前行了。

回顾 60 年的人生路和新中国 70 多年的发展道路，都是回归社会建设之路。其转折点是 40 多年前的党的十一届三中全会和我随即考上大学。现将 40 年来的有关文章结集，庆祝改革开放 40 周年、新中国成立 70 周年，献给中国共产党成立 100 周年。

是为序。

宋贵伦

2020 年 2 月 5 日 60 岁生日于望京国风北京

前　言

习近平总书记指出："人民对美好生活的向往，就是我们的奋斗目标。"我理解，这个"美好生活"，主要是指美好的社会生活；"我们的奋斗目标"，就是要把社会主义社会建设好，就是要建设一个人民生活美好的社会。

从理论上说，加强社会建设是社会主义建设的"本位"。我们不能"忘本"。所谓姓"资"姓"社"，不仅有"主义"之分、"制度"之别、"文化"差异，根本上还有"道路"不同。社会主义走的是以人民为中心、社会共建共治共享的发展道路；资本主义走的是金钱至上、以资本为纽带的发展道路。我们讲中国特色社会主义制度有优越性，就是发展道路有优越性、指导思想有优越性、根本制度有优越性、文化传统有优越性。所以，我们有"四个自信"，要坚定"四个自信"。

从实践上说，加强社会建设是社会主义建设的"初心"。我们不能"走心"。回顾500多年社会主义思想发展史、100年中国共产党奋斗史、70多年中国社会主义社会建设史、40多年中国改革开放史，什么时候专心什么时候就成功，什么时候"走心"什么时候就失败。关键点是，在社会主义建设道路上，是否偏离了经济建设中心、社会建设主线。我国40多年改革开放的成功经验，就是恢复了经济建设中心的地位、回归了社会建设本位。具体说，从党的十一届三中全会后提出以经济建设为中心、"两个文明"一起抓、"三大文明"建设到党的十六届四中全会提出加强社会建设，特别是党的十八大以来，以习近平同志为核心的党中央统筹推进"五位一体"总体布局，使社会建设回到了社会主义建设的"本位"。当前，全球防控新冠肺炎疫情的实践也充分证明，社会建设极端重要，社会主义道路十分光明。

从个人经历说，加强社会建设是我的"使命"，随着时间推移，这个使命感越来越强。我出生于 1960 年，1979 年考上大学，在中央、市、区三级宣传部门工作过，主要从事的是社会文明建设工作，特别是在党的十七大强调加强社会建设之际，我走上中共北京市委社会工作委员会书记、北京市社会建设工作办公室主任岗位，近两年又在国家级高端智库（北京师范大学中国教育与社会发展研究院）专门从事社会建设的教学与科研工作。40 年随着社会建设的回归前行，思考研究了有关理论和实践问题，并写作和发表了许多文章。

基于上述原因，应中国人民大学出版社之约，我以“回归社会建设：40 年理论与实践研究”为题，将有关文章结集出版，以此庆祝中国共产党成立 100 周年。

这里，还要补充说明的是，早在 2007 年我国改革开放即将 30 周年的时候，我就想出一本关于社会文明建设的集子，并请病中的龚育之同志写了序。不久，龚育之同志逝世，我也走上了社会建设工作岗位。当初也想在书稿中增添社会建设的内容，但因为忙，这一工作就拖了下来，没想到这一拖就是 13 年！本书仍将龚序置前，并以此书告慰他老人家。

宋贵伦

2020 年岁末

目　录

序篇　乡村社会情思

上篇　科学理论研究

中篇　社会文明构建

下篇 社会建设探索

附篇　杂文随笔拾遗

序篇

乡村社会情思

乡村社会是我的根，是我国社会建设的脉。我生长在贫穷落后的冀南小村庄。19 年的乡村社会生活，给我留下了深刻的印象。三年经济困难时期、华北大洪水、邢台大地震、“文化大革命”是痛苦的记忆，农民辛勤劳作、家庭学校教育、少小生活磨难是我的精神财富。恢复高考改变了我的命运，改革开放改变了家乡面貌。40 年来，浓浓乡愁情、悠悠乡村思不断涌来，激励我不断奋斗。

我的高考，我的乡愁*

前言：由查全性先生想起

今天，2019 年 8 月 1 日，一个朋友突然给我发来一则微信："刚刚，这位建议恢复高考第一人走了！"不一会儿，中科院院士、武汉大学教授查全性先生逝世的消息充满各个微信朋友圈。1977 年 8 月 6 日，在科学和教育工作座谈会上，查全性大胆谏言，邓小平最后拍板，我国恢复了高考。一言兴邦。恢复高考，极大地改变了整个民族和国家的命运。42 年高考，使我国各类人才辈出，各项事业兴旺发达。所以，应当感恩查全性和邓小平的，不仅是最初参加高考的那一代人，而且是整个国家和民族。

当然，首先需要感恩的，还是那一代人：1977 级、1978 级、1979 级"新三届"大学生，因为那一代人是最初的幸运儿。

我是 1979 年从河北省新河县一个贫穷落后的小乡村考入北京师范大学中文系的。和那一代大学生一样，我对查全性和邓小平始终心怀感恩。2019 年是我考入北师大、离开家乡 40 周年。此时此刻，在深切缅怀查全性先生的同时，我想到了我的高考，勾起了我的乡愁。

上篇：我的高考故事多

我曾参加了 1977 年、1978 年、1979 年三次高考。

当年，我们农村孩子上学晚，规定 10 岁才让上小学，而且是春季入学。我 1960 年 2 月 5 日（正月初九）出生。1969 年春节，父亲特意找小

---

* 本文刊发于《人物传记》（2019 年第 9 期），新华网等多家媒体转载。

学校长说情。于是，满九周岁的我被破例录取，成为全班年龄最小的一个学生。我们当时赶上了“教育要改革，学制要缩短”的年代，实行的是9年学制：小学5年、初中2年、高中2年。1977年恢复高考后，也恢复了12年学制：小学6年、初中3年、高中3年，而且，将入学时间统一改到了秋季。所以，1977年恢复高考时，我还没有高中毕业。但1977年高考，不仅年龄是放开的，学历也是放开的，初中毕业也可以参加高考。因为学习成绩一直比较好，校领导和老师抱着试试看、练练手的心态，鼓励我们几个学习好的学生参加了1977年的高考。结果不出预料，一个人也没考上。那年高考成绩不公布，也不知考了多少分。

接下来就是备战半年后的1978年夏季高考了。这次算是正式“参战”。我所在的邢彦公社中学，教育质量在全县是较差的。1977年高考录取工作结束后，县里决定把各社办中学学习成绩比较好的学生，分别就近选调到4所县办中学插班学习。我和本班的另外两位同学被选调到附近的申庄中学。我进了文科班，他们两个进了理科班。几个月后，参加1978年夏季高考。考试结果，我5科总分287分，以几分之差第二次落榜。另外两位同学，一个也落榜，另一个考上了大专。

毫不犹豫，我参加了复读。一年后，参加了1979年的高考。走出考场，我心里就很踏实。一是会做的题全答对了；二是保守估分，也超过300分了。1979年高考题，是恢复高考前3年难度最大的。按照惯例，当时总分超过300分，上本科是没问题的。结果，这年我第一次考试成绩是313分。为什么说是第一次呢？因为当年河北省有几个地市高考判卷出现了“事故”，其中包括我们邢台地区。考试成绩发布后，许多考生感到有问题，纷纷要求查卷复核。我也明显感觉与估分差距较大，特别是我较有优势的数学、语文成绩。全地区复核结果发现，大面积的数学、语文判卷有误。失误原因是，判卷老师只分文理，没按具体专业。判数学卷子的，有的是物理、化学老师；判语文卷子的，有不少是历史、地理老师。隔行如隔山。这些老师只能按给出的标准答案判题。其实，数学常常是一题多种解法，语文题答案也是很活的。在这种情况下，省里当即决定：这些地区二次判卷，二次报志愿。我的第二次判卷成绩是353分，比第一次整整增加了40分！其中，数学增加25分，语文增加15分。1979年河北文科一本录取线是 310 分，二本线是 290 分。我的考试成绩，当年在全县文科是名列前茅的，有人说是文科状元，我也没考证过，因为当时没心情。那是后话。不过，这成绩考北京大学中文系是没问题的。当时不敢想，也没敢报。我第一次报志愿，报的就是北京师范大学中文系，第二次报的是中国人民大学。结果还是被北师大中文系录取了。后来得知，当时是各学校抢生源，被北师大先下手为强了。实际第二次报志愿根本就没用上。当时接到录取通知书后，我还有点后悔，后悔没被中国人民大学录取，更后悔没报北京大学。其实，那时我这个农村孩子有所不知，北师大中文系在全国才是最好的。阴差阳错，我成了幸运儿，有幸考入了北师大中文系！

下篇：我的乡愁不是一般浓

乡愁中有浓浓的乡情。

我的家乡是河北省新河县田村。自我的祖先兄弟 3 人从山西洪洞县迁至此后，数代人生于兹，长于兹。据记载，先是田姓人迁于此，故称田村。后来田姓迁移，就剩下我们宋姓了。宋氏三兄弟大哥居中，为当村院；老二、老三分居东、西，为东院、西院。后来，这三院就衍生成了三个生产小队。我家是本村院、二小队，算是正根儿。19 岁考上北师大之前，我一直生活在这里。父亲带着我姐姐、哥哥在省城学习、工作，母亲带着我和弟弟在农村老家。1972 年，爷爷去世后，12 岁的我就“穷人的孩子早当家”，协助母亲挑起了家庭重担。我在家乡读的小学、中学，一直当班长。读初中时，学校从全公社挑了 36 名成绩好的学生，组成卫生教学专业班，上午学文化课，下午学医，是准备培养一批乡村赤脚医生的。我在初中学了两年医。读高中时，我还兼任过几年小队记工员，常常帮助会计工作，也算是小队干部了。家里的农活几乎都干过。当时是准备在家乡干一辈子的。考上大学、离开家乡 40 年以来，我每年至少回老家一次，家乡人也常来常往，与家乡的情感就一直没间断过，而且随着年龄的增长，乡情越来越浓厚。

我的家乡新河县地处冀南，属邢台市辖，自然资源贫乏，土地盐碱沙化严重，今年刚刚摘下国家级贫困县的帽子。新河历史悠久，源远流长，已有 2000 多年历史，春秋时期属晋，西汉高帝十一年（公元前 196 年），始置堂阳县，因地处堂河之北而得名。后晋更名为蒲泽县，因地近漳滏、低湿产蒲而得名。北宋皇祐四年（公元 1052 年），升新河镇为新河县。新河县 2005 年被定为千年古县。新河人杰地灵，古有参与荆轲刺秦王的田光、三国名将颜良、元朝将军孔元、明朝将军武胜、明朝诗人画家宋鹅池、清朝御前侍卫宋广东，现代有红军高级将领董振堂、国民党上将庞炳勋，当代有史学家傅振伦、新中国开国大印制作者张樾丞，等等。元朝宰相脱脱晚年生活并安葬在新河县董村。另据古本《新河县志》等史料记载，北魏时期替父从军的花木兰也是新河县董村人，后人借此写下《木兰辞》。元代以后，历代新河文人都有诗歌赞颂花木兰。此如，明知县左毓镡在《新河咏古六首·木兰》中写道："对镜洗红妆，替爷守朔方。功成归故里，不用尚书郎。"又如，清举人翟裕后在《堂阳赋》中说："文有田光，武有孔元，德仁有木兰。"新河曾有木兰祠。

乡愁中有浓浓的亲情。

爷爷对我影响很大。爷爷 1938 年入党，是当地最早的地下党员。后来爷爷跟我说，当时入党就是不怕牺牲打鬼子。我对他十分崇敬。他对子女很严厉，对孙辈很慈祥，对外人很包容，乐于助人。他干农活技艺高超，身体好，70 多岁还挑水、干农活。他性格特别倔强。年轻时跟家人赌气，可以两天不吃不喝，不停地干活。有两件事，我小时不懂，长大懂事后令我肃然起敬。一是作为一个老党员、德高望重的人，组织上几次让他当村队干部，他都谢绝了。理由是"我没文化，干不好"。他一辈子安心做一个普通党员、普通农民。二是作为共产党员，"文化大革命"期间，他很少参加村党支部会议，理由除了没有文化外，又加了一条"耳朵聋了"。其实，后来我才明白，他是对"文化大革命"大批判有看法。有一天，村革委会征求他意见，问他是否自愿退党。他明确表示："我不退党，除非组织开除我。我快 70 岁了，不认字，耳朵也聋了，去开会是摆设，还是在其他事情上做党员吧!"组织上当然没有开除他的意思。他确实在其他方面做得都很优秀。爷爷是我人生路上最早的导师。

我的父亲对我影响有限。他很小就进城做学徒。当过几年乡村教师。新中国成立后，长期在河北、山西"三线"军工厂工作。每年回老家探亲一两次。我们姐弟几个只有我没在父亲身边生活过。父亲的书法很好。他还很喜欢京剧，可以登台演出，而且能演旦角。他做了一辈子的厂工会工作。父亲 2012 年去世，享年 85 岁，是祖上男性最长寿的一位。

对我影响最大的是我的母亲。母亲是一个十分善良、勤劳，特别能吃苦、能忍耐的普通农村妇女。她生于 1925 年，比我父亲大两岁，从小裹脚，婚前没大名，称小名，不识字。我听老人们讲，新中国成立后实行扫盲，为躲避老师的督促，我母亲端着棉纺车满胡同跑。我母亲人缘极好，要求我们姐弟处处与人为善。她自十几岁嫁给我父亲后，就成了持家顶梁柱，先后照顾了 7 个老人，包括我姥姥、姥爷、曾祖母、祖父、祖母和堂祖父、堂祖母，先后生育了我们 8 个孩子，四男四女。但由于农村医疗条件差，只活下来三男一女。我排行第三，比大姐小 13 岁，比大哥小 11 岁。在我与大哥之间的一个哥哥、三个姐姐都夭折了，其中一个姐姐是十多岁后生病去世的。因此，到生我时，再也不敢在农村生育了。我是在父亲工作单位（河北省井陉县中国人民解放军 3514 工厂）职工医院出生的。我出生于 1960 年国家经济困难时期。母亲因饥饿而无奶水，我每天只喝萝卜汁。虽然母亲没文化，但她非常支持我们学习。她说她吃了一辈子没有文化的亏，让我们好好学习。家里再忙，母亲也不让我们耽误上学。每晚我和弟弟写作业，她都陪我们在一个小煤油灯下做针线活儿。虽然当时盛行“读书无用论”，虽然那时公社信用社就想让我去当会计，虽然当时就已有不少人给我介绍对象，但我母亲都一概谢绝。她说：“孩子还小，无论如何也要读完高中再说。”后来恢复高考，母亲又说：“砸锅卖铁也要让我儿子上大学。”母亲吃了一辈子苦，受了一辈子累。正当我长大成人，也就是 1978 年我 18 岁时，突然发现母亲已患食道癌晚期。在我复读的那一年，母亲受尽了疾病的折磨。为了不影响我复读考大学，母亲随父亲到当时的工作单位（山西省闻喜县解放军 3534 工厂）住了近一年。为了安慰我，父亲每次来信都说母亲治疗有效果。直到我高考结束回到家，才知道母亲前两天已经回来。她老人家关心我的高考。这时的母亲，已吃不下多少东西，瘦得皮包骨了。没多久，就只能靠输液维持生命。所以，当我考上大学填报志愿时，已没多少心思去多想了。当我收到北师大录取通知书的时候，也高兴不起来了。1979 年 9 月 10 日、11 日是大学录取报到的规定时间。9 月 9 日我跪别母亲离开家乡，先坐长途汽车到石家庄住了一晚，10 日改乘火车到达北京，下午由校车接到学校报到。9 月 11 日晨，母亲就像完成培养我的历史使命一样，安详地告别人世。那时，通信和交通不发达，我是一周后接到父亲的信，才得知母亲去世的消息。没能给母亲送终，是我永远的遗憾。为了弥补遗憾，多年来，我每年去给母亲扫墓。慈祥的母亲是我们家人心中的一盏灯。母亲去世了，灯熄灭了，家没了，我们姐弟四人失去了根。那年，我 19 岁，弟弟 16 岁，母亲还不满 54 岁。1979 年 9 月 11 日，那是我们家的“9 · 11”，我们心中永远的痛。每到高考入学的日子，我就自然想起了我的母亲。

乡愁中还包含浓浓的师生情。

人间深情可与母亲、家乡比拟的是母校和老师。家乡虽然落后，但遇到了几位好老师。我的小学老师都是本村人，教学很认真，对我这个“聪明的好孩子”更是关爱有加。我的小学基础很好，算数、语文每次都考 100 分。上中学时，特别是在县中一年多，遇到了许多好老师。他们都是“文化大革命”初期来自北京、天津、河北名牌大学的高材生。他们赶上了知识分子上山下乡的时代，被发派到我们贫困县。老师们吃了不少苦，但我们这批学生却尝到了好老师的甜头。1979 年，我们班绝大部分同学都考上了大学。我们师生感情很深，一直保持联系。近几年建起了微信群，天天在朋友圈里见面。

后语：弹指一挥 40 年

转眼今年已是考上大学 40 周年了。40 年前的高考改变了人生，开启了人生的新征程。4 年的大学生活，给我的乡愁注入了新的元素，母校情、老师情、同学情，成为人生的新坐标、新动力。40 年来，北师大一直在影响着我，在我为人、为事、为文、为官、为师的身上，处处留下北师大的影子。大学同学也一直保持着密切联系。大学毕业后，我到中共中央文献研究室工作了 5 年，后又到中共中央宣传部工作了 5 年。中央机关这 10 年，使我业务转了型，给我人生塑了型，特别是在龚育之同志的熏陶下，走上了理论研究和宣传工作的道路。1993 年，在毛泽东诞辰 100 周年之际，也是我大学毕业10周年之际，我的第一本专著《毛泽东与中国文艺》，由人民文学出版社出版。这是我国较早系统研究毛泽东文艺生平思想的专著，在学界产生了一定影响。1993年10月，我迎来了人生的又一次转折，到中共北京市西城区委宣传部挂职副部长，一年后留下来做常务副部长主持工作，一年多后任部长，前后共7年。2000年10月调中共北京市委宣传部，又一个10月，又干了7年，先是任副部长，后兼任北京市社科联党组书记。在市、区宣传部这14年，连文带武，摸爬滚打，受到了锻炼，虽然也有困难挫折，但还是很有收获、非常愉快的，尤其是在市委宣传部那7年，工作环境非常好，干成了许多事，宣传了许多全国重大先进典型，最“得意之笔”是，2005年在中国人民抗日战争纪念馆，具体主持了全国纪念抗战胜利60周年大型主题展览筹备工作。2007年10月，又是一个10月，人生再转折：北京市委市政府决定让我筹备成立市委社会工委、市社会办，我任首任书记、主任。从组织谈话到上任，不到48小时。我从“光杆书记、主任”“皮包工委、办公室”干起，一干11年。这11年，艰难困苦、披荆斩棘，但辛苦并快乐着，收获了大量社会建设理论花朵与实践成果，铸就了我的“不悔人生”！2018年10月，又一个10月，响应母校召唤，经组织批准，我调到北京师范大学中国教育与社会发展研究院，从事社会建设研究与教学工作。今年初，出版专著《十年磨一“建”：社会建设理论体系与实践路径研究》（上、下册），110万字，算是在北京市委社会工委、社会办11年的毕业论文，交给北师大的入职考卷。40年后，又回到母校，圆了当老师的初心梦，在国家级高端智库继续承担从事社会建设的使命，我感到很幸运，也很有压力。我要在母校重新学习，学习如何当一个好老师、一个好教授。

谨以此文纪念考入北京师范大学40周年，感谢人生路上所有给我关爱和帮助的人！

母亲节忆母亲*

今天是母亲节。今夜是个不眠之夜。

19年前母亲离开人世，当时我19岁，至今整整19年。19年的养育之恩、19年的怀念之情，一起涌上心头……

我的母亲像所有从旧社会过来的农村妇女一样，身上有许多时代烙印。出生于1925年的她，裹过脚，不识字，没去过县城，很少抛头露面。更使我难以置信的是，母亲连属于自己的名字都没有：婚前没正式名字，婚后随夫姓，称宋李氏；新中国成立后倒是起了个名字“李素贞”，可1976年我入团外调时，偶然发现我姨妈大名也叫“李素贞”。亲姐俩竟多年共用了一个名字！

我的母亲像所有农村妇女一样，没有惊人之举，一生辛勤劳动，一生默默做人。一年365天，几乎天天下地干活，争争吵吵、传闲话的事绝对与她无缘。但在给左邻右舍帮忙的人群里，肯定有她的身影。谁都说母亲是个好人。难怪在为她送葬时，乡亲们将棺材高高举起。这是我们家乡对逝者的最高礼仪。

我的母亲像所有农村妇女一样，是家庭的顶梁柱。母亲出嫁时只有十几岁。作为哥俩共守一根“独苗”的父亲，常年在外工作。家庭所有重负都靠母亲一人承担。母亲曾为我曾祖母、祖父、祖母、堂祖父、堂祖母、外祖父、外祖母7个老人养老送终；先后生养过我们四男四女8个孩子，其中有三女一男夭折，长大成人的只有姐姐、哥哥、我和弟弟三男一女4个。母亲用瘦弱而坚强的身躯，支撑一个偌大的家庭达30多年。直到为7个老人送终、4个孩子长大成人之后，她再也支撑不住了，因患食道癌一病不起。

---

* 本文刊发于《北京西城报》(1998年5月18日)、《北京日报》(2000年6月14日)。

我的母亲像所有母亲一样，都希望自己的孩子成材。她少言，教导我们的始终只有一句话："做个好人，好好做人。"除此再也不会说别的。长大后我才明白，其实不必再说别的，因为再说别的，也是这句话的展开，也要归拢到这句话上来。我越来越感到这句话的分量有多么重、标准是多么高。母亲虽然不识字，但特别希望我们姐弟几个有文化，说砸锅卖铁也要供我们上学。我上中小学时正是"文化大革命"的年代。许多农家孩子都弃学了，母亲却从不让我和弟弟耽误学习。晚上，我们写作业，她默默地陪着我们做针线活儿。记得 1976 年我正读初二时，公社信用社想选我去做会计。面对许多人求之不得的好机会，性情温和的母亲却断然回绝了此事，坚持让我读完高中。结果，没等我高中毕业就恢复高考了。1979 年我考上了大学。1981 年弟弟考上了中专。我姐姐是"文化大革命"前中专毕业。只有我哥哥是"文化大革命"期间中学停课后当了工人。让我终生遗憾的是，当我拿到大学的录取通知书时，母亲已是食道癌晚期了；更使我悲痛的是，在我离家赴京报到 40 个小时之后，我的母亲永远离开了人间，终年只有 54 岁。

母亲是一本读不完的书，是一首写不完的诗，是一支唱不完的歌。当然，我的母亲很普通。但正因为普通才有代表性。所以，我觉得自己不是在写自己的母亲，而是在写那个时代所有的中国普通农村母亲。我们不应忘记那些最普通的母亲。

今天是母亲节，谨以此文怀念母亲。

1998 年 5 月 10 日晚于西城区委办公室

每逢端午想爷爷*

今天是端午节。每逢端午想爷爷。1972 年的今天，72 岁的爷爷因患胃癌逝世。每当端午节，我就想起爷爷。这不只是因为这一天是爷爷的忌日，更主要的是，我与爷爷有深厚的感情，我从小崇敬他，他给我留下了许多难忘的记忆。

爷爷一生艰辛。爷爷属鼠，出生于 1900 年，八国联军进北京之年，中华大地大灾大难之年。爷爷从小受尽苦和累。他在兄弟四人中排行老小，大哥一女无子，二哥过继给叔叔，三哥无后，他也只有一子（我父亲）一女，而且，他的三个哥哥都去世比较早。一个上有老、下有小、女多男少的大家庭，几十年就靠我爷爷支撑。包括在他父辈几个大家庭里边，许多家务事、田里活都主要靠我爷爷一人扛着。爷爷曾经给我讲过一件事，说他的堂叔，突然有几天见面不理他。后来费了好大劲才了解到，是嫌他这一年还没主动给堂叔准备红泥土（农村盘土炕用的土坯原料）。我爷爷一听便说："嗨！不早说！这多大的事啊?!"于是，爷爷三天不回家，吃住在打谷场，一人三天用独轮车推了满满一场红泥土。然后说："叔，你看够用了吗?"他的堂叔说："用不了！用不了!"大有大的难处。在一个大家族，里里外外"一把手"，这在旧社会极其贫穷落后的农村里，生活多么艰辛是难以想象的。但爷爷面前无难事，身高将近一米八的他，腰板始终挺得直直的。

爷爷是响当当的庄稼汉。他干农活技艺高超。这在农村叫"把式"。一个村子里有几个"把式"，是数得过来的。精耕细作、修房盖屋一定要有几个"把式"出场，否则是撑不过去的。爷爷样样精通，绝对是"好把式""老把式"。他一向谦虚低调。但对我这个当孙子的，曾经一半自豪一

---

* 此文刊发于《北京纪事》（2020 年第 10 期）。

半教诲地跟我说："全村每家房上都有我垒的砖。"他带我在村里玩时，经常指给我看："你看，他们家这面墙是我垒的！整齐不?"得意之情溢于言表。所谓墙面整齐，不仅是当时，要多年不走样。这就叫"独挡一面"。这可不是说着玩的。爷爷干农活一直到生病前。70岁的时候他说："我给人家盖了一辈子房。我要尽快给自己三个孙子盖新房。哪怕盖好就死，也不后悔了。"谁知，竟一语成谶，连累带气，新房盖好后爷爷一病未起。因为自知不久人世，说是怕死后晚辈们住着别扭，爷爷坚持自己不住新房。爷爷不住，母亲和晚辈们也坚持不住。直到几个月爷爷去世后，我父母把灵棚搭在新房，才让他老人家最后"住"进新房。

我与爷爷感情很深。我父母长期分处城乡。父亲长期在石家庄和山西军工厂工作，我姐姐、哥哥先后上学、上班；我母亲一直在老家务农，我与弟弟在母亲身边长大。我3岁时弟弟出生，此后，晚上我就跟爷爷一起睡。有些故事就是爷爷躺在炕上给我讲的。爷爷在家里脾气很大，父母、姑姑都很怕他。但爷爷对外人很和气，对我和弟弟尤其亲。有好吃的，一定分给我和弟弟吃。作为大男人，每年我生日时，爷爷一定亲自下厨做闷饼，为我和弟弟一起过生日（我弟弟农历比我小3岁3天，我们每年一起过生日）。在我的记忆里，爷爷每年只有这一次下厨。爷爷不识字，每每看到我们读书、考出好成绩，他都十分高兴。我上小学后，平时每天家里吃饭，爷爷就让我坐在大桌副座上。母亲和弟弟只能在小桌。爷爷有个性，平时话不多，与不对脾气的人不说话。但一见到我和弟弟，就笑逐颜开。干完农活，还经常给我和弟弟做玩具。实在没得做了，就带我们玩火柴盒，或者帮我们嗑瓜子，让我们来回数3遍，数对了才让吃。爷爷临终前，特意把我和弟弟叫到床前做临终交代，好像跟我们有说不完的话。

我很崇敬爷爷。爷爷是"三八式"老党员。他1938年入党，是当地最早的地下党员。我曾经问他为什么入党？爷爷跟我说，当时入党参加革命，就是不怕牺牲打鬼子。爷爷是个大明白人。有两件事，我小时不懂，长大懂事后肃然起敬。一是作为一个老党员、德高望重的人，组织上几次让他当村队干部，他都谢绝了，理由是"我没文化，干不好"。他一辈子安心做一个普通党员、一个普通农民。二是作为共产党员，"文化大革命"期间，他很少参加村党支部会议，理由除了没有文化外，又加了一条"耳朵聋了”。其实，后来我才明白，他是对“文化大革命”大批判有看法。有一天，村革委会征求他意见，问他岁数大了是否自愿退党。他明确表示：“我不退党，除非组织开除我。我快 70 岁了，不认字，耳朵也聋了，去开会是摆设，还是在其他事情上做党员吧!”组织上当然没有开除他的意思。他确实在其他方面做得都很优秀。爷爷是我人生路上的最早导师。在大学申请入党，以爷爷为榜样是动力之一。

爷爷去世那天，我们家里里外外全是人。那天中午，家里吃的是新麦子面鸡蛋韭菜包子。等大家吃完午饭，爷爷才咽下了最后一口气。爷爷就是这样一个人：一辈子不麻烦人，临终也让大家吃好饭。爷爷去世时，我 12 岁。因为父亲哥哥和姐姐都在外工作，爷爷去世后，我这个 12 岁的小“男子汉”就接过爷爷的班，协助妈妈当起了家。什么迎来送往、红白喜事等出头露面的事，我这个“小大人”代表家里和母亲就冲在前面了，直到 1979 年 19 岁时我考上大学离开家乡为止。不过，与此同时，母亲也离开人世。这个家也没了。

我与爷爷相差 60 岁，整整一个甲子，都属鼠。今年我也 60 岁了，又一个甲子。回忆与爷爷生活 12 年的日子，回想 60 年的人生，越来越充满对爷爷的崇敬，越来越感到爷爷对我的影响是深远的。

每逢端午想爷爷。每当想起爷爷，就想写点纪念文字，但多年来因为各种忙，一直没能如愿。今年端午，因新冠肺炎疫情宅在家里，得空写上这篇短文，以表达对爷爷的深切怀念之情。

2020 年端午节于望京家中

都市里也有我的乡愁*

非常高兴参加由北京师范大学北京文化发展研究院主办的首届城市文化发展高峰论坛！

今天论坛的主题是“都市里的乡愁”。借此机会，我表达三点感想。

第一，北师大有我“乡愁”，我对母校及北京文化发展研究院充满感情。

北师大有我“乡愁”。我出于河北农村，1979 年考入北京师范大学，在首都北京学习、工作、生活了将近 40 年。北京是我的第二故乡。北师大是我第二故乡里的第一个“村庄”。来到母校，就像回到家乡一样，总有一种特别的亲近感。母校情与乡愁一样，让人永远思念和难忘。

北京文化发展研究院有我“乡愁”。因为它凝结了我对北京和北师大的深厚感情。我是这个研究院成立的最早倡导者、有关工作的参与者和长期关注者。这个研究院成立于 14 年前的 2002 年。那年是北京师范大学百年校庆。我作为北师大中文系毕业生，作为北京市委宣传部副部长，很想在母校百年校庆时做点贡献，也希望借助母校的学科优势，推动北京文化发展工作。于是，就提出了一个建议：整合各方资源，共建一个北京文化发展研究院。这个建议，得到了各个方面的响应。这个研究院，作为北师大百年校庆项目，由教育部、北京市与北京师范大学共建。名誉院长是全国人大常委会副委员长许嘉璐先生，启功先生等一批文化大师是学术顾问，北京市委副书记龙新民是院长，我和北京市宣传文化部门许多负责人兼任副院长。今天主持会议的沈湘平教授是继刘利、刘勇教授之后的第三任执行副院长。刘利院长有开创之功，刘勇院长大力发展业绩，沈湘平院

---

* 本文是 2016 年 12 月 18 日在北京师范大学北京文化发展研究院主办的“都市与乡愁”——首届城市文化发展高峰论坛上的致辞。作为序言，收入中国社会科学出版社《城市与乡愁》一书。收入本书时略作删改。

长而今迈步从头越。14 年来，在校领导的重视下，在北京文化发展研究院历任常务副院长、执行副院长主持之下，在社会各界关心支持下，北京文化发展研究院取得了丰硕的成果。其中，有两点令我印象极其深刻：一是每年一本《北京文化发展报告》，质量非常高；二是该报告每年和其他成果贯穿一条主线，就是紧紧围绕北京城市文化发展进行研究。这个研究院，为北京文化研究搭建了一个新的大平台，促进了北京文化新的大发展。今天，我要借此机会，向 14 年来支持参与研究院工作、推动北京文化发展的各位领导、专家学者和老师们，表示衷心感谢和崇高敬意！

第二，社会文化是乡愁的根和魂，我对今天论坛的主题很感兴趣。

社会文化是乡愁的根和魂。许嘉璐老师曾经说过一句话：文化在街道里、在家庭里。对此观点我非常赞同。我一直认为，中国文化有三个层面，或者说有三种形态：一是政治文化，二是经济文化，三是社会文化。在中国特色社会主义文化体系中，政治文化，也就是我们所说的社会主义核心价值观，是核心，就像果核一样；经济文化，也就是这些年火爆起来的文化产业，是外壳，就像果皮和包装一样；社会文化，是指人文文化，包括城市文化、乡村文化乃至街道文化、社区文化、家庭文化、企业文化、机关文化、校园文化等等，就像果实、果肉一样。这些年，我们对政治文化高度重视，社会主义核心价值观体系不断完善，对文化产业推动也很快，但是对社会文化重视不够。在社会主义文化发展中，三个层面都很重要。政治文化作为核心，是根本，是种子。文化产业作为载体和外包装，也很重要，能提升文化价值。但果实决定了果品的品质。高品质的果实，使优质的种子得以流传推广，使优美的外表有真正的内涵。

现在，我国已经进入城市化时代，已融入社会化时代。全国城镇化率到 2015 年底已经达到 56%以上。我国已经从农业化国家进入城市化国家。研究中国文化，我认为今后应当更多地研究城市文化，更准确地说，是城市社会文化。文化在社会里。文学是人学。文化学是人文学。研究文化要以人民为中心，以社会为基础，要特别注重研究包括社区文化、社会组织文化、社会企业文化等在内的城市社会文化。我在都市里的“乡愁”情结中，除了母校北师大，就是北京社会文化。这是我的关注点、兴奋点，也是我参加这个活动的重要原因。

第三，城市社会问题是我关注的焦点，我对今天论坛的成果充满期待。

有这么多学术大家来参加论坛，并将发表高见，使我充满期待。我刚才粗粗看了一下论文集，发现有许多新观点、新材料。我非常希望也相信，今天的论坛一定会取得丰硕成果。我期待着论坛进一步激发我的都市乡愁热情，激发我对北京社会文化研究的热情。

预祝论坛取得圆满成功！

上篇

科学理论研究

马克思主义中国化理论，有很强的时代性、社会性、实践性，是指导中国社会发展的科学指南。我在党的十一届三中全会后考上大学，在党的十二大闭幕后走上工作岗位，在历史转折中起步，与中国特色社会主义事业发展同行，在中央、市、区三级宣传部门工作过，而且，有幸“上接天线”，研究党的文献，“下接地气”，从事社会工作。我主要从社会文化层面研究毛泽东文艺思想，从推动中国社会发展的视角研究中国特色社会主义理论体系。40 年来，苦苦思索、孜孜以求，不断有新的收获。

龚育之引领我走上理论工作道路*

一个人的成长和发展是有许多外在条件的。我走上理论工作道路，首先是大学毕业分配到中共中央文献研究室，有了一个到理论研究单位工作的机会，更重要的是遇到几位大专家，特别是在龚育之同志身边工作多年。今年是龚育之同志诞辰 90 周年、逝世 12 周年，怀念、感激之情油然而生。

我 1983 年从北京师范大学中文系本科毕业，被分配到了中共中央文献研究室秘书处。中共中央文献研究室是党的文献编辑研究、党和国家领导人著作编辑、生平思想研究机构。当时，我的政治理论和历史知识也只有高考的底子和大学公共课水平，与其他五位一起分配来的毕业生相比，有先天不足。他们或者是学哲学、学历史、学政治的，或者直接分配到了业务部门。但我也有优势，一是学的中文，文字基础相对好些；二是在秘书处工作可以天天接触领导，学习的机会更多。当时中共中央文献研究室有三位副主任，分别是龚育之、逄先知、金冲及。他们都是大专家。我经常向他们请教，向他们学习了许多东西。

这其中，对我影响最大的是龚育之同志。当时中共中央文献研究室严格执行规定，只有主任配专职秘书，三位副主任都只配兼职联络员。我在秘书处开始给金冲及同志兼做联络员，后来，组织调整我改做龚育之同志的联络员。1988 年初，龚育之同志调任中宣部副部长，我随其调任秘书，直到 1994 年，他任中共中央党校副校长、我调北京市西城区委宣传部工作，我们才分开。前后加起来，在他身边工作 11 年。即使后来不在一起工作了，我们也一直保持非常密切的联系。我仍然经常去请教，他有些事情也交我办。龚育之同志是对我事业发展影响最大的人。他引领我走上了理

---

* 本文刊发于《解放日报》(2020 年 1 月 2 日)，刊发时有删节。

论工作道路。

带我写文章，使我开了理论研究的“窍”

多写文章是尽快走上理论研究道路的“捷径”。龚育之同志悉心指导我写文章，特别是通过带我写《“红学”一家言》，使我开了理论研究的“窍”。

大学毕业分配到中共中央文献研究室，因为专业不太对口，前两年我写党的文献研究文章还很吃力。1986 年初，我把即将发表的大学毕业论文《人称代词修辞艺术刍议》清样送给龚育之同志提意见。该文引用了不少《红楼梦》中的例句。两天后龚育之同志把我叫到他办公室说：“文章我看了，挺有意思的。”然后谦虚地说：“多年来我一直有个想法，想写一篇关于毛泽东读《红楼梦》的文章，也收集了一些材料，但感觉对《红楼梦》研究不够，一直没动笔。今年是毛主席逝世十周年，我正准备组织编一本《毛泽东的读书生活》。看了你的文章，我有一个想法，我们合写一篇毛泽东读《红楼梦》的文章如何？我把资料给你。你先研究起草，然后我帮你修改。”听了他的话，我既喜出望外，又感到很惶恐。我心里很清楚，他这是想带带我。我花了一个多月时间，写成了近万字的初稿。随后他做了大量修改，最后定题目为《“红学”一家言》。文章从 1964 年他与几个人听毛泽东在北戴河谈哲学时谈到《红楼梦》写起，然后分两部分写：一是“把《红楼梦》当历史读”①，二是“对‘红学’作历史的评价”②，分别系统介绍了毛泽东对《红楼梦》和“红学”的论述，并谈了作者的观点。这篇文章，除收入《毛泽东的读书生活》一书外，1986 年 9 月 9 日，毛泽东逝世十周年纪念日当天，整版刊发于上海《文汇报》。此书至今几乎年年再版。此文多有转载，并受到李希凡等红学家的肯定。1988 年，中国古典文学专家郭豫适先生编辑出版了一卷本《红楼梦研究文选》。编者说，这本书，“时限从清朝乾隆年间直至现在共二百多年”，“古今中外，择要选

①② 龚育之，逄先知，石仲泉．毛泽东的读书生活．北京：生活·读书·新知三联书店，1986：221，231．

编”，共选了71篇有代表性的文章，“希望能够做到‘一卷在手，览其概要’”①。该书把《“红学”一家言》作为20世纪七八十年代“红学”研究文章的代表作收入其中。在这篇文章的写作过程中，我学到了许多东西，学到了文献研究文章材料组织和观点提炼的方法，开了理论研究的“窍”。

此后不久，我从秘书处调到新成立的理论研究组工作，走上了理论研究业务工作岗位，并改做龚育之同志的联络员，与他开始了更为密切的长期合作。此后多年，我的重点文章发表前，都会请龚育之同志指教。他非常善于指导，既非常尊重原作，又能点到要害。每每如此，受益匪浅。

带我编书做课题，使我进了理论研究的“门”

编辑领导人著作、参与重大课题研究，对于做学术是全面锻炼。龚育之同志带我编党的文献集、写研究著作，特别是带我编辑《毛泽东论文艺(增订本)》，奠定了我的专业基础，使我进了理论研究的“门”。

到理论研究组后，我首先做的一项重要工作是，收集编辑马克思主义经典作家和中国共产党关于社会主义发展阶段的论述摘编，并写出了长篇综述和研究文章，为龚育之同志和党的十三大报告起草组研究社会主义初级阶段理论提供参考资料。这项工作做了大半年，阅读了大量马克思主义经典著作和党的文献。“摘编”编印了上下册两大本、十多万字。综述文章三万多字，研究文章一万多字，比较系统地介绍和研究了关于社会主义发展阶段的理论。因为编辑和写作的基础工作主要是我承担的，所以收获很大。

1988年龚育之到中宣部后，由于工作环境局限，难以开展工作，特别是1991年9月被免除副部长后，就没多少工作可做了。在这段时间，他深入研究和思考了一些重大问题，独自干了几件对党的事业很有意义的事情。其中有两件事，我在直接参与的过程中也受益匪浅。

第一件事，带我编辑《毛泽东论文艺（增订本)》。为纪念毛泽东的《在延安文艺座谈会上的讲话》发表50周年，人民文学出版社负责人约请

① 郭豫适. 红楼梦研究文选. 上海：华东师范大学出版社，1988.

龚育之同志编辑《毛泽东论文艺（增订本）》。因为我是学中文的，这时也与他一样空闲起来，龚育之同志就把该书编辑和注释的任务直接交给了我，让我一个人做基础工作，他做编审。只有我们两个人，这大概是历史上领导人著作编辑人员最少的个例。我心里清楚，他这是有意给我事情做，继续培养我的业务能力，让我全面锻炼。从 1991 年下半年开始，我集中精力做资料收集和编辑注释工作，整天泡在中共中央文献研究室的档案室和资料室里。我初编后，送他审定。1992 年 5 月，在毛泽东的《在延安文艺座谈会上的讲话》发表 50 周年之际，《毛泽东论文艺（增订本）》正式出版发行。在出版座谈会上，龚育之同志介绍了编辑情况。该增订本增编了大量毛泽东论文艺文稿，有大量的注释。在一个时期内，该书是一部权威的毛泽东文艺著作选读本。这次指导与合作，全面锻炼了我编辑注释文献著作的能力，更重要的是，使我在查阅毛泽东文稿档案和相关资料的过程中，全面掌握了第一手材料，系统研究了毛泽东文艺生平思想，并由此产生了一批有影响的文章和第一部专著《毛泽东与中国文艺》，使我在中共中央文献研究室工作几年的基础上，不仅进一步有了量的积累，而且有了质的飞跃。1992 年、1993 年、1994 年，我连续三年各有一篇文章被《新华文摘》收录。我的这本专著，在 1993 年毛泽东诞辰 100 周年之际，由人民文学出版社出版发行。该书是我国较早系统研究毛泽东文艺生平思想的著作，产生了一定影响，使我在这个研究领域有了学术地位，可以说是进了理论研究的“门”。

第二件事，协助收集邓小平论述资料。1991 年 9 月，被免去中宣部副部长职务后，龚育之同志想把改革开放以来邓小平的论述，全面、历史、系统地重新温习一遍，力求从中追寻中国特色社会主义的发展轨迹和方向，寻找一些理论灵感和指导。于是，他让我帮他收集、复印、整理有关邓小平论述的全部公开和内部的文献资料。那一年多的时间，我不是跑中共中央文献研究室，阅看有关毛泽东文艺论述的档案资料，就是泡在中宣部资料室，查阅、复印、整理邓小平的论述资料。在这个过程中，重新发现了邓小平关于市场经济、改革开放等许多深刻论断。龚育之同志很兴奋，于是写出了 4 万字的长文《在有中国特色的社会主义旗帜下——读邓小平著作的笔记》。1992 年邓小平南方谈话后，长文被上海《解放日报》

"抢去"，1992 年 4 月 16 日、17 日、18 日连续三天连载，在思想理论界引起了很大轰动。这篇长文，从学习邓小平著作的必要性谈起，从建设有中国特色的社会主义理论的基础、建设有中国特色的社会主义理论的结构和以经济建设为中心、坚持改革开放、坚持四项基本原则、祖国统一和对外关系等方面，系统梳理了邓小平理论的重要观点，并进行了深刻阐述，最后得出两个重要结论，提出一个重要观点。两个重要结论是："路子走对了，政策不会变""警惕右，主要是防止'左'"；一个重要观点是：要坚持马克思主义的坚定性和创造性。在这篇长文中，龚育之还呼吁编辑出版《邓小平文选》第三卷[①]。在这个过程中，我跟随他系统学习研究了邓小平理论，为以后我在中国特色社会主义理论研究方面取得一系列成果、在北京市委宣传部分管理论工作奠定了坚实基础。

这里还应当提到一件事：指导开展"马克思主义中国化的历史进程和基本经验"课题研究。2005 年，北京市中国特色社会主义理论体系研究中心承接了马克思主义理论研究和建设工程重大课题"马克思主义中国化的历史进程及基本规律"。当时，我作为北京市委宣传部主管理论工作的副部长，北京市社科联党组书记、常务副主席和北京市中国特色社会主义理论研究中心常务副主任，具体牵头负责组织落实此项目。由于此课题十分重大，我恭请龚育之同志担纲首席专家。此时，他身体已经很衰弱，出于对事业的使命感，也出于对我工作的支持，在我反复恭请下，他答应此事，后来又请石仲泉同志协助主持。从 2005 年到 2006 年，他抱病多次主持课题组会议，花了大量心血。他指导设计了写作提纲，提出了一系列重要的新观点。他提出，马克思主义中国化，就是马克思主义在中国的具体化、民族化、时代化，它的实质是中国共产党人对马克思主义的理论创新。他提出，总结马克思主义中国化的基本规律，时机还不够成熟，建议课题题目改为"马克思主义中国化的历史进程和基本经验"。这个建议得到了中央有关部门的批准。他强调，这个课题还是要着重在马克思主义中国化，应着重在"化"出了什么独特的东西方面。他指出，马克思主义中国化要突出"探索"这两个字。马克思主义中国化，总的说来，是一个不

① 龚育之. 在有中国特色的社会主义旗帜下：读邓小平著作的笔记. 北京：人民出版社，1992：640，642，644.

断探索、反复探索的过程，从不成熟到成熟、成熟了又不成熟、还要再探索的过程。他强调，要正确看待我们党对马克思主义中国化的探索。毛泽东也好，邓小平也好，作为马克思主义中国化的主要代表人物，都有一个面对在探索过程中遇到的困难、挫折乃至失败，要寻找新出路，催生出马克思主义中国化新成果的过程。他强调，要正确看待马克思主义中国化进程中的“异端”。要坚持实践标准，重视那些曾被认为是“异端”而被实践证明是正确的理论创新。他认为，改革开放以来，马克思主义中国化有三大拨乱反正（从“两个凡是”到实事求是，从“以阶级斗争为纲”到以经济建设为中心，从封闭半封闭僵化半僵化到全面改革和对外开放）、三大理论创新（社会主义初级阶段论、社会主义市场经济论、社会主义和谐社会论）。他指出，马克思主义中国化的基本经验大致可以归纳为三点：一是从马克思主义中国化的实质来看，马克思主义基本原理同中国具体实际相结合是双向的、互动的；二是从马克思主义中国化的内涵来看，马克思主义中国化不但要“民族化”，而且要“当代化”；三是从马克思主义中国化的具体要求来看，既要真正掌握和运用马克思主义的立场、观点和方法，又要正确认识和联系当代中国与世界发展的实际。这个课题成果，凝聚了他一生对马克思主义中国化历史和基本经验的深入思考。听了龚育之同志一系列新观点，我和课题组成员有醍醐灌顶之感。这个课题研究成果，在龚育之同志逝世后，由石仲泉同志主持编写形成《马克思主义中国化研究：历史进程和基本经验》一书，被中宣部评为优秀成果。在该课题研究和该书的编写过程中，我从龚育之和石仲泉同志等专家那里学到了许多东西，对马克思主义中国化历史及基本经验，对许多重大理论和实践问题有了更加全面、更加深入的思考和认识。

为我的书写序，促进我不断提高理论水平

好的序言，就像好老师写的作业批语一样，让人受启发、长见识、有提高。龚育之同志为我编写的许多书作过序。他作的序，都有这样的良好效果。久而久之，使我的理论水平不断提高。

理论研究确有一些锻炼提高的有效方法。我个人体会，写文章、编

书、写书就是很好的方法。在中宣部工作5年多，客观上没多少工作可做，主观上也想抓紧时间学习理论。从1990年到1992年，中央先后要求全党学习哲学，学习党史，学习科学社会主义理论。那几年，我花时间最多的是与同事们编书，具体说是应出版社之约，组织编写学习辅导材料。既然要写稿子、当主编，就要认真学习马克思主义原著、研读理论学习纲要、阅看参考资料，像写毕业论文一样做精心准备。所以，那几年，我是认认真真学习钻研了理论。3年下来，全面、系统、深入地把马克思主义理论和中共党史学了一遍，相当于又上了一个马克思主义理论专业研究生。这个编书的过程，使我进一步奠定了理论基础，使我在日后的北京市宣传理论工作领导岗位上能够从容工作。

这期间编写的书，有一些价值还是较高的。这些书，我也大多送龚育之同志审阅，并请他写序。他在序中给我的鼓励，是我前进的动力，提出的思想理论观点，是我努力的方向。多年下来，这一系列序言，对我思想理论水平的影响是整体性、系统性的。

比如，1990年全党学哲学时，我与中共中央文献研究室几位老同事编了一本书《马克思主义哲学通义——基本观点和发展》①，分十个专题，选编了马克思主义经典作家、我国党和国家领导人、党的十一届三中全会以来党中央文献的有关论述，采用“语录体”编辑，全书仅15.3万字。稿子初编后，我送龚育之同志审阅。他除了提出修改意见外，还同意注明他审稿，并写了序。他在序中首先对编原文、学原著的方法给予了充分肯定。其次，对不仅学习研究马、恩、列著作，而且还要学习研究毛、周、刘著作，特别是把党的十一届三中全会以来党的重要文献列入编选范围，给予了充分肯定。最后，他写了这样一段话：“至于摘录这种方法，这些年人们较多地谈到它的弊端。我认为，第一，选摘论点、论述，应注意科学性、全面性，避免主观任意性、片面性；第二，应把阅读摘录当作引导人们选读原著的索引，而不是代替读原著。只要注意这两点，阅读文献摘录不失为一种有益的学习方法。延安整风时编辑的文献摘录《马恩列斯思想方法论》和20世纪60年代初田家英主编的《毛泽东著作专题摘录》，不是

① 此书由龚希光、梁翔踪、李捷、宋贵伦编，龚育之审稿，中国广播电视出版社1990年出版。

至今还有人记起它们，并且交口称赞吗?”在编辑该书的过程中，我不仅从马克思主义和党的文献中学到了哲学理论，而且从龚育之同志那里学到了思想方法和工作方法。近十多年来，中共中央文献研究室编辑出版了一系列关于党和国家领导人的“重要论述摘编”，不能肯定说是受了龚育之观点的影响，但至少可以说思路是相通的，事实证明，效果也是好的。

又比如，1996 年初，作为北京市西城区委宣传部部长的我，主编了一本书——《’96 国旗下的演讲》。当时，我在调研中发现，中小学校每周一早晨升国旗仪式上的演讲稿，或者学生自己写，或者老师、家长代笔，既劳民，又不规范。我认为，基层宣传部门应当为学校爱国主义教育提供服务。于是，我就决定带领西城区委宣传部同志编写一本“国旗下的演讲”，为中小学开展国旗教育提供一本参考教材。随后，还带领大家编制了《西城区百部爱国主义教育影片与中小学课堂教学相结合的方案》，将百部爱国主义教育影片与中小学课程分别对应起来，以期达到观影与教学相互促进的效果。按照同一思路，还编制了《西城区爱国主义教育基地与中小学课堂教学相结合的方案》。春节期间，我给龚育之同志拜年时谈到此事，他很高兴，并答应为《’96 国旗下的演讲》一书写序。他写的这篇序不长，现抄录于此：

每周一次的升国旗仪式，
国旗下的歌唱，
国旗下的演讲，
……

这些，在成长中儿童、少年的心灵的深处，将留下毕生铭记的整体印象。

国旗是祖国的象征。为什么说“祖国”?就是因为我们祖祖辈辈在这里生活，在这里劳作，在这里创造，在这里收获，在这里历经艰难和苦辛，在这里得到温馨和欢乐的国家。

祖祖辈辈，这就成为历史。

祖国从历史中来。今天从昨天，从前天，从以往中来，今天又变成昨天，变成前天，变成历史……

所以，了解历史，才能了解祖国，才能对祖国有深厚的认同感、归属感、责任感，才能提高我们作为中国人、作为中国公民的自觉性。

所以，中国共产党很重视让我们的儿童、少年、青年学习和懂得中国的历史，学习和懂得中国人民在中国共产党领导下奋斗的历史。

了解祖国的历史，不仅从历史课中，不仅从语文课中，而且从各种课程中，从学校、家庭和社会的整个生活中。

每周一次在国旗下讲一讲祖国历史上的这一周，讲一讲其中的一件历史大事，或者一个历史纪念日，或者一位历史人物，无疑是进行历史教育的一种很好的形式。

为学校的老师和同学们作国旗下的演讲准备一点素材，供他们选用，无疑是帮助他们充实这种演讲的内容，提高这种演讲的水平的很好的努力。

正因为如此，我愿意为这本《'96 国旗下的演讲》的出版，写这样几句祝贺的话，并且希望作者们在听取教师们和学生们的意见的基础上，把《'97 国旗下的演讲》《'98 国旗下的演讲》……编写得更好。

龚育之

一九九六年二月七日①

这篇散文诗般的短序，情理交融，读来令人心潮澎湃又多受启迪。其中对我事业的支持也溢于言表。这时的龚育之同志已被中央重新起用，担任中共中央党校副校长、中共中央党史研究室常务副主任。序言中也饱含着一个党史工作负责人的责任感和使命感。

龚育之同志为我的许多书写过序，其中有两篇序令人终生难忘。

一是为我的第一本专著《毛泽东与中国文艺》写序。前面说到，1992年为纪念毛泽东的《在延安文艺座谈会上的讲话》发表50周年，我在龚育之同志带领下编辑了《毛泽东论文艺（增订本）》。这期间和之后，围绕这本书的编辑，龚育之同志写了一系列研究文章，发表在他在《读书》杂志开设的《大书小识》专栏中。我也写了一系列文章，分别发表在《人民日报》《文汇报》等报刊上。1993年是毛泽东诞辰100周年。人民文学出版社编辑希望我能在已有研究基础上，编写一本关于研究毛泽东文艺生平思

① 宋贵伦. '96 国旗下的演讲. 北京：九洲图书出版社，1996.

想的著作。这年也正好是我大学毕业 10 周年，这对我来说是难得的机遇。于是，我就用一年多的时间编写成了《毛泽东与中国文艺》这部专著。这本书，我当然更要请龚育之同志审核并作序。他在序的开头这样写道："宋贵伦同志的书《毛泽东与中国文艺》已经脱稿，嘱我写几句话，我乐意应命，因为我知道他为这本书是做了很多准备的。"[①] 他认为，我在北师大中文系学习和中共中央文献研究室工作的经历，与他合写《"红学"一家言》、合编《毛泽东论文艺（增订本）》的过程，都是间接和直接的准备。他还进一步说，这本书向读者介绍的内容，比增订本"面要宽得多"。他认为，"在广泛地多方面地搜集资料的基础上，这本书对毛泽东文艺思想的历史发展做了一番系统的整理，并且做了若干新的论断和概括"。他说，书中把 1936 年 11 月毛泽东在中国文艺协会成立大会上的演讲，作为毛泽东文艺思想的开端，"就是新的有见地的"。他认为，关于毛泽东文艺思想发展的"三个高峰"的概括、关于新时期党的文艺路线的中心和基点的概括，"也是有启发的"。他最后说，"这样的概括，如果离开历史和现实，做空疏的讨论，是没有什么意思。贵伦同志的这本书，联系丰富的历史资料和现实情况来做这样的概括，就可以对统摄资料起到提纲挈领的作用"[②]。这其中，在对我鼓励和鞭策的同时，他也指出了努力的方向。

二是为我的"另一本文集"作序。这"另一本文集"，即本书，当时根本没成书。《毛泽东与中国文艺》出版后，我就到中共北京市西城区委宣传部挂职副部长了，一年后留下来做常务副部长，两年多后任部长。在西城区工作 7 年，出版过《构架文明：西城区实施精神文明建设十大工程》等书籍。2000 年调北京市委宣传部，又工作了 7 年，任主管理论和宣传教育的副部长，后兼任市社科联党组书记、常务副主席。这期间，也出过一些书，但都还算不上理论著作。在北京市、区宣传部门工作 14 年，我前后发表过不少理论文章，也一直想结集出版，但由于忙于行政事务，一直未来得及。那些年，龚育之同志常常半开玩笑地向别人描述我的工作状态，说我是"上管马克思主义（理论），下管吐痰扫地（精神文明）"，意思是说，基层宣传工作面宽、很忙。

---

① 宋贵伦. 毛泽东与中国文艺. 北京：人民文学出版社，1993：1.

② 同①1-3.

2006年底，龚育之同志再次病重住进北京医院。医院离北京市委很近，我经常去探视。2007年2月25日夜，他的病情加重，第一次报了病危。随后，许多人到医院去看他。当时他已带上呼吸机，不能说话，就给夫人孙小礼老师写了一个字条："他们大概是跟我作最后告别来了。"我得知后，顿感这种精神状态不利于治疗。由于当时大夫不让靠近，我就迅速给他写了一封短信递到病房。大意是：您不必紧张，其实没什么问题。现在是春节期间。大家到家里给您拜年，才知道您住院，就都跑到医院来给您拜晚年来了。我还说：您好好养病治疗。北京市社科联正筹备换届，特邀请您做顾问。我正在编文集，还等着您过几天好起来给我作序。其实，我的书根本还没顾上编。当时只是想安慰他，给他精神减减压，让他分散一下注意力。此后，他的病情果真趋向好转！但到三四月，又出现高烧不退、病情恶化。3月17日是个星期六，一大早我突然接到孙小礼老师的电话。她说，老龚今天一早从昏迷中醒来就反复问："小宋不是说让我给他的书写序吗?"我听后泪流满面。老领导病成这样，还一直想着我的事。与孙老师商量，我迅速编写出一个文章目录，当天下午送到了医院。我在附言中写道："您别着急，过几天好些再写。简单写几句希望的话就行。"谁知，他从17日晚到20日，用4天时间，给我口述了一篇近2 000字的序。他口述一段，就昏迷好一阵，醒后再口述，2 000字的序，断断续续用了整整4天！孙老师帮助记录，整理出来念给他听，最后按他的意见定稿。他的序言，首先从我们多年合作谈起。他说："宋贵伦同志的论文集即将编订出版。作者要我在前面写几句话。这于我是义不容辞的。因为，从党的十二大以后，先是在中共中央文献研究室，后是在中共中央宣传部，我们两人有过长期、愉快的合作，是友好的搭档。"然后，回顾了我们合作相处的过程和典型事例。他表扬我能"在紧张忙碌中坚持联系实际进行理论思考"，没被行政事务所"淹没"。他在最后说：理论工作是宣传工作的灵魂，"对党的指导思想的研究和宣传不能只是逻辑的、抽象的、框架的，而应该是历史的、具体的、生动的"。这与其说是对我的鼓励，不如说是对我的希望，也是对党的宣传工作的科学态度。这是老领导给我留下的最后的宝贵精神财富。他用生命最后的光和热照亮我、温暖我、引导我。我一直努力按这个要求去做，久而久之，使我养成了联系实际进行理论思考的习惯。四五月，他的病情又有所好转。但6月11日突然病危，再次昏迷。这次昏迷再也没有醒来。2007年6月12日9时，龚育之同志逝世。

龚育之同志生前最后一年多关注的重点是社会主义和谐社会理论问题。他参与了十六届六中全会文件的研究和起草等相关工作。2007年8月8日，在北京奥运会倒计时一周年之际，我也写过一篇学习党的十六届六中全会通过的《中共中央关于构建社会主义和谐社会若干重大问题的决定》的体会文章，发表在《北京日报》上。没想到，两个月后的10月13日，在党的十七大召开前两天，我被任命为中共北京市委社会工作委员会书记、北京市社会建设工作办公室主任，走上了构建和谐社会的工作岗位，且在这个岗位上工作了11年。2018年11月，在机构改革和即将年满60岁之际，我响应母校召唤、经组织批准，调北京师范大学中国教育与社会发展研究院任教授、博士生导师，从行政岗位转到国家级高端智库，专职从事社会建设理论研究和教学工作。如果龚育之同志在天有灵，大概也会为我沿着社会建设理论和实践道路不断前行而感到欣慰的。

龚育之同志离开我们已经12年了。他12年前给我作序的“文集”，至今还没编就。这是一件非常遗憾、十分抱歉的事。12年来，确实是工作繁忙，也确实想“宁可晚些，但要好些”，希望再丰富一些内容，特别是把有关社会建设方面的重点文章也编选进来。但此事确实也不应该再拖了。我将尽快编辑成书，以此告慰龚育之同志。

谨以此文纪念龚育之同志诞辰90周年。

写于2019年国庆节期间

“红学”一家言*

毛泽东很喜欢读《红楼梦》，自己反复读，也劝人反复读。他多次谈过应该怎样读《红楼梦》，龚育之同志有机会听到过一回。那是1964年8月18日在北戴河，毛泽东找几个哲学工作者谈话，除了几个别的人，还有吴江、邵铁真。根据龚育之当时的记录，毛泽东是这样说的：

> 《红楼梦》我至少读了五遍……我是把它当作历史读的。开头当故事读，后来当历史读。什么人都不注意《红楼梦》的第四回，那是个总纲，还有《冷子兴演说荣国府》，《好了歌》和注。第四回“葫芦僧乱判葫芦案”，讲护官符，提到四大家族：“贾不假，白玉为堂金作马。阿房宫，三百里，住不下金陵一个史。东海缺少白玉床，龙王来请金陵王。丰年好大雪，珍珠如土金如铁。”《红楼梦》写四大家族，阶级斗争激烈，几十条人命。统治者二十几人（有人算了说是三十三人），其他都是奴隶，三百多个，鸳鸯、司棋、尤二姐、尤三姐等等。讲历史不拿阶级斗争观点讲，就讲不通。《红楼梦》写出来有二百多年了，研究红学的到现在还没有搞清楚，可见问题很难。有俞平伯、王昆仑，都是专家。何其芳也写了个序，又出了个吴世昌。这是新红学，老的还不算。蔡元培对《红楼梦》的观点是不对的，胡适的看法比较对一点。①

这段话从《红楼梦》谈到“红学”，本文也就分这样两个部分，进一步介绍毛泽东的一些有关论点，并简单地谈谈我们的看法。

---

* 此文与龚育之同志合写，收入1986年9月三联书店出版的《毛泽东的读书生活》一书，转载于《文汇报》（1986年9月9日）等报刊。1993年收入作者专著《毛泽东与中国文艺》时又作了少量增补。

① 中共中央文献研究室. 毛泽东文艺论集. 北京：中央文献出版社，2002：208-209.

一、把《红楼梦》当历史读

毛泽东对《红楼梦》评价极高。他在《论十大关系》中说过，我国“工农业不发达，科学技术水平低，除了地大物博，人口众多，历史悠久，以及在文学上有部《红楼梦》等等以外，很多地方不如人家，骄傲不起来”[①]。这里提到《红楼梦》，固然有幽默的成分，确实也是引以为豪。《红楼梦》足以卓立于世界文学名著之林而无逊色。如同意大利的但丁、英国的莎士比亚、法国的巴尔扎克、俄国的托尔斯泰是他们各自民族的骄傲和世界人民的骄傲一样，《红楼梦》的作者曹雪芹是我国人民也是世界人民的骄傲。

把《红楼梦》当故事读，是读小说的初浅层次。把《红楼梦》当历史读，进到了读小说的较深层次。怎么叫作把《红楼梦》当历史读呢？我们体会，头一个意思，是要了解《红楼梦》在怎样的历史背景下产生，《红楼梦》中的思想反映了怎样的历史进步要求。

1962年1月在扩大的中央工作会议上，毛泽东在谈到西方资本主义的发展从十七世纪开始经过了好几百年的时候说：“十七世纪是什么时代呢？那是中国的明朝末年和清朝初年。再过一个世纪，到十八世纪的上半期，就是清朝乾隆时代，《红楼梦》的作者曹雪芹就生活在那个时代，就是产生贾宝玉这种不满意封建制度的小说人物的时代。乾隆时代，中国已经有了一些资本主义生产关系的萌芽，但是还是封建社会。这就是出现大观园里那一群小说人物的社会背景。”[②]

1958年8月，毛泽东在审阅和修改陆定一的《教育必须与生产劳动相结合》这篇文章时，加写了这样一段话：“中国教育史有人民性的一面。孔子的有教无类，孟子的民贵君轻，荀子的人定胜天，屈原的批判君恶，司马迁的颂扬反抗，王充、范缜、柳宗元、张载、王夫之的古代唯物论，关汉卿、施耐庵、吴承恩、曹雪芹的民主文学，孙中山的民主革命，诸人情况不同，许多人并无教育专著，然而上举那些，不能不影响对人民的教

---

① 毛泽东．毛泽东文集：第7卷．北京：人民出版社，1999：43.

② 中共中央文献研究室．毛泽东文艺论集．北京：中央文献出版社，2002：207.

育，谈中国教育史，应当提到他们。”①

“人民性”一词，毛泽东不多用，但在这里用了。“人民性”的含义，同《新民主主义论》中用的“民主性”（吸收中国古代文化的“民主性的精华”），大致是一个意思。《红楼梦》作为“民主文学”，它的“人民性”或“民主性”，表现在哪里呢？人们对此作过许多讨论。毛泽东说得很有分寸：“不满意封建制度。”仅此而已，没有夸大和拔高。不满意封建制度的什么？方面很多，人们也有详细的论列。毛泽东着重的是作者、书中人物不满意封建制度对人的摧残，是作者、书中人物对封建家族中被迫害、被侮辱和被毁灭的人们的同情，是作者、书中人物对妇女的尊重，是作者、书中人物在黑暗和丑恶中对光明和美好的向往与追求。

毛泽东把《红楼梦》和《金瓶梅》加以比较。他说：“《金瓶梅》是《红楼梦》的祖宗，没有《金瓶梅》就写不出《红楼梦》。但是，《金瓶梅》的作者，不尊重女性，《红楼梦》《聊斋志异》是尊重女性的”②。这对于理解《红楼梦》之所以成为“民主文学”是很重要的。他还说过：“有些小说如《官场现形记》等，光写黑暗，鲁迅称之为谴责小说。只揭露黑暗，人们不喜欢看。《金瓶梅》没有传开，不只是因为它的淫秽，主要是它只暴露黑暗，虽然写得不错，但人们不爱看。《红楼梦》就不同，写得有点希望么。”③

把《红楼梦》当历史读的又一个意思，是要通过《红楼梦》所描写的四大家族的衰败，来了解整个封建统治阶级的衰败。把点明金陵四大家族（贾、史、王、薛）“一损俱损，一荣俱荣”的第四回，以及《冷子兴演说荣国府》，作为《红楼梦》全书的总纲，发前人之所未发，是卓有见地的。“脂戚本”第四回总批有一首七绝，头两句是：“请君着眼护官符，把笔悲伤说世途。”这也是有识之语，但还没有用它来总括全书。在毛泽东看来，《红楼梦》全书，也就是一部四大家族衰败史。在四大家族中，《红楼梦》其实只写了一个家族——贾府。从一家看四家，从四家看代表整个封建统治阶级的百千个“大族名宦之家”。清代二知道人在《红楼梦说梦》一书

---

① 陆定一．教育必须与生产劳动相结合．红旗，1958（7）．

② 中共中央文献研究室．毛泽东文艺论集．北京：中央文献出版社，2002：206－207．

③ 同②207－208．

里说得好："太史公纪三十世家，曹雪芹只纪一世家。……然雪芹纪一世家，能包括百千世家。"① 从贾家的衰落，可以看到封建社会灭亡的必然。

贾府衰败的原因，冷子兴作了评论。毛泽东有一次提到这一点。他说："《红楼梦》第二回上，冷子兴讲'安富尊荣者尽多，运筹谋画者无一'。说得有点太过，探春也当过家，不过她是代理。但是贾家也就是那么垮下来的。"② 冷子兴还说过，贾府这个大家族"今日的儿孙竟是一代不如一代了"。这就是说，一个家族垮下来，首先在于这个家族的人垮了下来。安富尊荣养成一代又一代无用的膏粱纨绔。贾府的爷们，哪个不是如此！唯一一个有思想、有才华、有个性的，却是这个家族和这个制度的"逆子"——贾宝玉。这样的家族、这样的阶级，还能有什么前途呢？

曹雪芹笔下的贾宝玉是封建家族的"逆子"，并不说明曹雪芹主观上要反对封建制度。毛泽东说："曹雪芹在《红楼梦》里还是想补天，想补封建制度的天。但是《红楼梦》里写的却是封建家族的衰落。可以说是曹雪芹的世界观和他的创作发生矛盾。"③ 这个分析，很容易让我们想起恩格斯评论巴尔扎克的话："他**看到了**他心爱的贵族们灭亡的必然性，从而把他们描写成不配有更好命运的人……这一切我认为是现实主义的最伟大胜利之一……"④。

把《红楼梦》当历史读，还有一个意思，是要通过《红楼梦》来形象地了解中国封建社会的生活。

早在 1938 年，毛泽东在"鲁艺"的一次讲演中就指出：《红楼梦》是一部好书，现在许多人鄙视这部书，不愿提到它，认为它只是描写了一些哥哥妹妹的事情。其实《红楼梦》是一部很好的小说，特别是它有极丰富的社会史料。刘少奇有一次同毛泽东谈话，刘少奇说：《红楼梦》讲到很细致的封建社会情况。毛泽东也说：《红楼梦》"写的是很细致的、很精细的社会历史"⑤。

---

① 一粟．古典文学研究资料汇编·红楼梦卷：第 3 卷．北京：中华书局，1963：102.

② 中共中央文献研究室．毛泽东年谱（一九四九—一九七六）：第 5 卷．北京：中央文献出版社，2013：218.

③ 毛泽东．毛泽东文集：第 8 卷．北京：人民出版社，1999：393.

④ 马克思，恩格斯．马克思恩格斯选集：第 4 卷．2 版．北京：人民出版社，1995：684.

⑤ 中共中央文献研究室．毛泽东文艺论集．北京：中央文献出版社，2002：206.

要了解中国封建社会，当然要读理论书，这些书可以帮助我们从政治、经济、文化各方面对封建社会作科学的分析；当然要读历史书，这些书可以帮助我们了解封建社会的许多历史事实。但是，读这些都还不够。还要读《红楼梦》这类描写封建社会生活面貌的文艺作品，这样才能使我们对封建社会得到许多细致的生动的形象的了解，而这些，从理论书和历史书中是不容易得到的。

关于封建社会的生活，毛泽东首先着眼的是阶级斗争。《红楼梦》反映封建社会的阶级斗争，有它的局限性。它没有直接描写农民和他们的斗争。它主要写了封建大家族的内部及其周围的社会生活中的各种不同性质和情况的阶级斗争。毛泽东要人们注意对贾府的人口作阶级的分析。三十多个主子、三百多个奴隶，他们之间既有鲜明的阶级分野，又处在极其复杂交错的阶级关系之中。毛泽东要人们注意对书中令人瞩目的几十桩人命案件作阶级分析，这些人命案件也有不同的性质和情况，但都暴露了封建统治的残忍和罪恶。简单地贴阶级标签是不能深入历史的，但分析历史、分析《红楼梦》描写的人物和事件的钥匙，的确是阶级分析。离开这个钥匙，离开历史唯物主义，的确不可能分析清楚。

同时，毛泽东注意的，也不只是阶级斗争。比如，他注意到了《红楼梦》里反映出来的中国封建社会土地买卖的问题。他说过，我国很早以前就有土地买卖。《红楼梦》里有这样的话：“陋室空堂，当年笏满床。衰草枯杨，曾为歌舞场。蛛丝儿结满雕梁，绿纱今又糊在蓬窗上。”这段话说明了在封建社会里社会关系的兴衰变化、家族的瓦解和崩溃。这种变化造成了土地所有权的不断转移，也助长了农民留恋土地的心理①。

他注意到了《红楼梦》里反映出来的中国封建家长制的动摇。他说过，我国家长制度的不能巩固是早已开始了。从《红楼梦》中就可以看出家长制度是在不断分裂中。贾琏是贾赦的儿子，不听贾赦的话。王夫人把凤姐笼络过去，可是凤姐想各种办法来积攒自己的私房。荣国府的最高家长是贾母，可是贾赦、贾政各人又有各人的打算②。

---

① 中共中央文献研究室．毛泽东年谱（一九四九——一九七六）：第4卷．北京：中央文献出版社，2013：253．

② 同①257．

总之，把《红楼梦》当历史读，这是读小说的一个重要的视角，一个高明的视角。马克思主义者读《红楼梦》这样的小说，尤其不能忽视这个视角。恩格斯就是这样读小说的。他说过，巴尔扎克“在《人间喜剧》里给我们提供了一部法国‘社会’，特别是巴黎‘上流社会’的卓越的现实主义历史，他用编年史的方式几乎逐年地把上升的资产阶级在 1816—1848 年这一时期对贵族社会日甚一日的冲击描写出来，……围绕着这幅中心图画，他汇集了法国社会的全部历史，我从这里，甚至在经济细节方面（诸如革命以后动产和不动产的重新分配）所学到的东西，也要比从当时所有职业的史学家、经济学家和统计学家那里学到的全部东西还要多”①。列宁也是这样读小说的，他说过：“列甫·托尔斯泰是俄国革命的镜子。”② 这不就是把巴尔扎克、托尔斯泰的小说当作历史读吗？

但是，我们也不要把这个重要的视角当作唯一的视角，而排斥其他。比如，艺术的视角，人物塑造和语言运用的视角，以至于版本的沿革、作者及其身世的考证、同外国作品的比较等等，也都是阅读《红楼梦》，特别是研究《红楼梦》必不可少的视角。在各自的视角里，都可以有所发现，做出有价值的研究。各种视角的综合，才能对《红楼梦》做出全面的研究。

这里还要提到，毛泽东自己，也不是只限于历史这一个视角。他对《红楼梦》中人物的塑造和语言的运用也很欣赏。他多次谈到凤姐这个人物写得好。他在文章和谈话中经常引用《红楼梦》中的故事和语言，并同我们的现实生活联系起来。例如，在“三反”的时候，用“贾政做官”的故事，来教育共产党员干部警惕受人包围；在 1957 年 3 月 1 日最高国务会议的结束语中，用王熙凤对刘姥姥说的“大有大的难处”来说明大国的事情也并不那么好办；在 1957 年的宣传工作会议上，用王熙凤说过的“舍得一身剐，敢把皇帝拉下马”来鼓励立志改革的志士仁人；在访苏的时候，用林黛玉说的“不是东风压倒西风，就是西风压倒东风”来比喻国际形势；在 1958 年召开的成都会议上，用小红说的“千里搭长棚，没有不散的筵席”来说明聚散的辩证法和“没有一件事情不是相互转化的”。毛泽东

---

① 马克思，恩格斯. 马克思恩格斯选集：第 4 卷. 2 版. 北京：人民出版社，1995：683-684.

② 列宁. 列宁选集：第 2 卷. 2 版. 北京：人民出版社，1972：369.

要求理论文章、政治演说也要注意创造“新鲜活泼的、为中国老百姓所喜闻乐见的中国作风和中国气派”，而引用中国文学作品中的人物、故事、语言是途径之一。《红楼梦》大概是毛泽东最常引用的。这也是毛泽东读《红楼梦》的一个特点。

二、对“红学”作历史的评价

毛泽东在北戴河的谈话谈到新旧“红学”，虽然语焉不详，但为对“红学”的发展做出历史的评价勾画了一个轮廓。“红学”研究大体分为三个阶段：“旧红学”，由胡适、俞平伯在二十年代开创的“新红学”，新中国成立以后用马克思主义研究《红楼梦》的“新红学”。“红学”从何时算起？也许可以说，从有《红楼梦》就开始有“红学”，脂砚斋是第一个“红学家”，显然由于他和曹雪芹关系亲近，读到过曹雪芹在不断增删中的草稿（包括后来佚散的那部分稿子），并且预闻了《红楼梦》的创作，“脂评”本身已经成为“红学”研究的对象。以后还有许多评点派的红学家，这里就不去说他们了。蔡元培是新文化的一名先驱，作为红学家，却是“旧红学”的最后一名代表。蔡元培属于“索隐派”。“索隐派”用小说中的人物去附会历史上实有的人物。比如说，“金陵十二钗”写的是明末清初江南的十二个名士（都是男的!）。这是荒唐的。毛泽东说“蔡元培对《红楼梦》的观点是不对的”，就是针对“索隐派”而言的。胡适批评“旧红学”，建立“新红学”。毛泽东说：“胡适的看法比较对一点。”这是对以胡适、俞平伯为代表的“新红学”的历史作用的积极评价。“新红学”的研究工作主要在三方面：《红楼梦》作者的考证、《红楼梦》版本的考证、对《红楼梦》思想和艺术的评论。前两方面的工作有开拓性的意义，至今还在延展之中。“新红学”对《红楼梦》的思想和艺术的评论有两个著名论点，一曰《红楼梦》是作者曹雪芹的自传，一曰《红楼梦》的风格是怨而不怒。这里面有合理的因素，也有许多可批评的东西。

1954 年，山东大学《文史哲》月刊第九期发表了李希凡、蓝翎的文章《关于〈红楼梦简论〉及其他》。不久，在 10 月 10 日《光明日报》上又发表了他们的《评〈红楼梦研究〉》。两文都是批评俞平伯对《红楼梦》的思想和艺术的评论。毛泽东详细阅读了这两篇文章，杠杠、圈圈画满了全篇，还写了一些批注。他在批语中称《关于〈红楼梦简论〉及其他》是“很成熟的文章”，在李希凡、蓝翎的名字下批注道：“青年团员，一个二十二岁，一个廿六岁”；在文章的四五处毛泽东也画了问号。在《评〈红楼梦研究〉》一文中，作者谈到了贾府衰败的原因：“这样的豪华享受单依靠向农民索取地租已不能维持，唯一的出路只有大量的借高利贷，因而它的经济基础必然要走向崩溃。”毛泽东批注：“这一点讲得有缺点。”1954 年 10 月 16 日，毛泽东给中央政治局同志和其他有关同志写了一封信，即大家都知道的那封引起轩然大波的《关于〈红楼梦〉研究问题的信》。由于这封信，在文艺界、学术界开展了对俞平伯的《红楼梦》研究的批评，并发展到对胡适的政治、学术和哲学观点的全面批判。

平心而论，李希凡、蓝翎的文章提出了一个用马克思主义历史唯物主义观点研究《红楼梦》和评价以往的“红学”研究的新问题、新任务。如果说，“红学”史上的第一次飞跃，是 20 年代以胡适、俞平伯为代表的考证派“新红学”的建立；那么，“红学”史上的第二次飞跃，应该说是 50 年代以李、蓝为开端的用马克思主义历史唯物主义观点来研究《红楼梦》的“新红学”的建立。

但是，学术批评搞成了政治运动，声势压人代替了说理论争。这就不利于对以前的“红学”作全面的、有分析的历史评价。这个历史教训是需要认真吸取的。

应当指出，1956 年 5 月 26 日陆定一在中南海怀仁堂作报告，代表中共中央向知识界宣布“百花齐放、百家争鸣”的方针。在这个报告中，陆定一特别讲到两年前对俞平伯《红楼梦》研究的批评。他说：“俞平伯先生，他政治上是好人”，对他的批评是有错误和缺点的，“当时确有一些批判俞先生的文章是写得好的。但是有一些文章则写得差一些，缺乏充分的说服力量，语调也过分激烈了一些。至于有人说他把古籍垄断起来，则是并无根据的说法。这种情况，我要在这里解释清楚”①。这是代表中共中央作了自我批评。这一历史事实，也许还不为一些青年朋友所知晓。

---

① 百花齐放，百家争鸣. 人民日报，1956-06-13.

1986年1月，中国社会科学院文学研究所召开了庆贺俞平伯从事学术活动六十五周年会议。中国社会科学院院长胡绳在会上讲话。他说：“早在二十年代初，俞平伯先生已开始对《红楼梦》进行研究，他在这个领域里的研究具有开拓性的意义。对于他研究的方法和观点，其他研究者提出不同的意见或批评本来是正常的事情。但是一九五四年下半年因《红楼梦》研究而对他进行政治性的围攻是不正确的。这种做法不符合党对学术艺术所应采取的双百方针。《红楼梦》有多大程度的传记性成分，怎样估价高鹗续写的后四十回，怎样对《红楼梦》作艺术评价，这些都是学术领域内的问题。这类问题只能由学术界自由讨论。”① 应该说，32年前的那场批判的是非，已经有了明确的历史结论。

毛泽东北戴河谈话中谈到的其他几个红学家，这里作一点简单介绍。

吴世昌，是当时刚从英国回国不久的一位红学家。他的研究主要也在版本和作者的考证方面，但在这方面的许多具体问题上，他同胡适的观点有尖锐分歧。

王昆仑，是著名的政治活动家。他的《红楼梦人物论》一书，脍炙人口，所以他同时又成为引人注目的红学家。他的这部人物论，写在全国解放以前，后重新修订，逐篇在《光明日报》上登载，显然已引起了毛泽东的注意和兴趣。

何其芳，当时是文学研究所所长，他为人民文学出版社出版的新版《红楼梦》写了一篇长序，是用马克思主义观点研究《红楼梦》的一篇力作。他在许多问题上与李希凡的观点有分歧。这说明马克思主义的研究者之间，在学术问题上也要进行百家争鸣。

毛泽东在这次谈话中，把所有这些红学家，从胡适到何其芳，都称为新红学家，对他们的“红学”研究给予不同程度的积极评价。当然在他看来，用马克思主义的阶级斗争的观点来研究《红楼梦》的工作，还做得不够，所以许多问题还没有搞清楚。他积极提出自己对《红楼梦》的基本观点，这也是参加百家争鸣。只有在百家争鸣的民主的和谐的气氛中，以马克思主义为指导来研究《红楼梦》，而又容纳各种层次和各个方面的研究，

---

① 参见《文学评论》一九八六年第二期.

允许和鼓励各种不同观点之间的平等批评和自由讨论，才能促进“新红学”的健康发展。

“文化大革命”后期，曾经掀起了一个所谓的“评红”的热潮。这期间传出了毛泽东对《红楼梦》的若干说法，如说《红楼梦》不是爱情小说，而是政治小说，写爱情是为了掩盖政治。这显然是偏颇之论，并且被一些别有用心的人利用了。那是“红学”研究在一个不正常的政治环境下出现的不正常现象。这里就不予介绍和评论了。

《毛泽东论文艺（增订本）》编选和注释的特色*

经中共中央文献研究室审核批准，1992年5月，人民文学出版社出版了《毛泽东论文艺（增订本）》一书。

这本书是在1983年第三版《毛泽东论文艺》的基础上增补、修订而成的。增订本保留了原版的基本内容（如《在延安文艺座谈会上的讲话》、《新民主主义论》中的“新民主主义的文化”各节、《关于正确处理人民内部矛盾的问题》中的“百花齐放、百家争鸣”一节，这些都是毛泽东论文艺的经典之作），又在原来基础上增补了大量文稿，因而内容更丰富、更全面了；同时删去了原版中论述一般文化、理论、新闻问题而没有直接涉及文艺的7篇文稿，因而主题更集中、专题性更强了。

党的十一届三中全会以来，毛泽东著作的编辑出版工作取得了新进展，陆续发表了毛泽东的许多单篇文稿和文集。增订本所增补的文稿中，有39篇是党的十一届三中全会以来陆续公开发表的。

比如，“同音乐工作者的谈话”，是1979年9月9日为纪念毛泽东逝世三周年由《人民日报》首次公开发表的，1986年收入《毛泽东著作选读》新编本。这篇谈话，从理论和实践上阐述了文艺的民族性、多样性和时代性及其辩证关系，是毛泽东论文艺的又一经典之作。增订本增补了这篇重要文稿。

比如，在鲁迅诞辰100周年之际，《人民日报》（1981年9月22日）发表了《论鲁迅》一文。这是1937年毛泽东在陕北公学鲁迅逝世周年纪念大会上的演讲记录稿。毛泽东在许多文章中谈到鲁迅，但专论鲁迅，这是唯一的一篇。其中一些论述，如说鲁迅是现代中国的“圣人”，以及对

---

* 本文与人民文学出版社编辑罗君策同志合写，发表于《人民日报》（1992年7月16日）。此标题原为副题，原主标题为“全面·深入·翔实”。

“鲁迅精神”的概括，是很引人注意的。增订本当然没有忽略这篇著作。

又如，1982年5月23日，为纪念毛泽东的《在延安文艺座谈会上的讲话》发表40周年，《人民日报》发表了1939—1949年《毛泽东同志给文艺界人士的十五封信》，在广大文艺工作者中引起了很好反响。1983年《毛泽东书信选集》出版，又发表了多封毛泽东给文艺界人士和关于文艺问题的书信。增订本增补了这些书信，还首次公开发表了6封这样的书信，总共选了34封，单独编为一辑。这些书信，是毛泽东文艺理论与实践的重要组成部分，反映了毛泽东与文艺家的广泛交往和毛泽东对文艺、文艺工作者的关心和支持，是既有思想价值又饶有兴味的宝贵文献。读一读延安文艺座谈会之前毛泽东给文艺家的那几封信，包括收在题解中的给诗人艾青的几封信（因为原稿已在“文化大革命”中丢失，根据艾青记忆提供的这几封信不好收入正文，只能放在题解中），对于了解讲话的产生经过、理解讲话精神，是会有帮助的。

在增补的文稿中，还包括一些重要题词和批示。如“抗日的现实主义，革命的浪漫主义”（1939年5月《为鲁迅艺术学院周年纪念题词》）、“百花齐放，推陈出新”（1951年《为中国戏曲研究院题词》）和“古为今用，洋为中用”（1964年9月27日《关于“古为今用，洋为中用”的批示》）等等。它们言简意赅地体现了党的文艺工作方针。增订本没有忽视它们。

除前面提到的6封书信外，还有9篇文献在这个增订本中首次正式公开发表。其中有5篇新中国成立前曾在党的报刊上发表过，新中国成立后未再正式发表，因而不大为人们所熟悉；有10篇则是从未正式公开发表过的。

比如，《在中国文艺协会成立大会上的讲话》（1936年11月22日），是毛泽东作为中国共产党领导人就文艺问题向文艺界所作的第一次讲话，曾发表在1936年11月30日《红色中华》创刊号《红中副刊》上。讲话首次强调了革命文艺工作在革命战争中的地位和作用，提出了文艺为工农大众服务的思想。增订本增补这篇文稿，而且作为全书的开卷篇，应该说是很合适的。

又如，《统一战线同时是艺术的指导方向》（1938年4月10日），是毛泽东在鲁迅艺术学院成立大会上讲话的一部分，柯仲平记录的，经毛泽东亲笔订正过。这篇文稿生动地指出了“亭子间的人”（来自上海等地的左翼文艺工作者）和“山顶上的人”（来自革命老根据地的文艺工作者）各自的长短处，简明扼要地指出艺术的指导方向是统一战线。增订本增补了这篇长期被忽视了的文稿。

再如，1949 年 7 月 1 日《中共中央给中华全国文学艺术工作者代表大会的贺电》，毛泽东在审定时对原稿作了大量修改，因而增订本把它作为毛泽东文稿补入。贺电提出：“我们的任务主要地就是发展生产和发展文化教育。”① “广泛地发展为人民服务的文艺工作，使人民的文艺运动大大发展起来，借以配合人民的其他文化工作和人民的教育工作，借以配合人民的经济建设工作。”② 这些都是非常重要的思想。可见，十一届三中全会以后，党中央提出的“文艺为人民服务，为社会主义服务”和文艺要服从于、服务于经济建设这个中心的方针，是毛泽东文艺思想的继承和发展。

增订本的选稿就是由这样三部分文稿组成的：原版中的保留 11 篇、十一届三中全会以后陆续公开发表过的增补 39 篇、在该书中首次正式公开发表的 15 篇，共计 65 篇。这 65 篇文稿上起 1936 年，下至 1976 年，包括了毛泽东从遵义会议后到逝世整整 40 年的科学的文艺著作，是毛泽东文艺思想的集中体现。

原版《毛泽东论文艺》题解、注释甚少。增订本除了采用《毛泽东选集》第二版修订过的注释，《毛泽东著作选读》《毛泽东书信选集》《毛泽东新闻工作文选》中有关文稿的题解和注释之外，还增加了一些新题解和新注释。

比如，《关于画裸体模特儿问题的批示》曾以“致陆定一等”为题收入《毛泽东书信选集》。增订本增加了题解，介绍了毛泽东批示的背景材料，为读者了解批示的原因和意义提供了帮助。

又如，《致萧三》（1941 年 1 月 29 日）中说：“诗读过了，很有意思。报纸既不登，就在街头发表好了。”街头发表是什么意思？编者在这里增加了一条注释，介绍了当时延安广泛开展的街头诗运动的盛况。了解了这

① 中共中央文献研究室．毛泽东文艺论集．北京：中央文献出版社，2002：129.

② 同①130.

段历史，疑问便可迎刃而解。

另外，增订本还纠正了一些史实错误。比如，“百花齐放，推陈出新”，《毛泽东题词墨迹选》等书中说，这是 1952 年毛泽东给第一届全国戏曲观摩演出的题词。这个判断是不准确的。其实这是 1951 年为中国戏曲研究院成立题的词。增订本纠正了这一错误，并收入了毛泽东这个题词的完整手迹（包括抬头和署名）。又如，《致刘大杰》一信，在有关材料中，毛泽东写信时间被定为“8 月 12 日”（1975 年），在中共中央文献研究室审核增订本时，经有关同志仔细辨认手迹，“8 月”为“2 月”之误，写信时间应为 1976 年 2 月 12 日。

总之，《毛泽东论文艺（增订本）》是党的十一届三中全会以来党的文献编辑工作的一个新成果。它为广大读者学习、研究、宣传毛泽东文艺思想提供了一个更为全面、更为完善的版本。

毛泽东文艺思想的集中体现*

——介绍《毛泽东论文艺（增订本）》

为纪念毛泽东的《在延安文艺座谈会上的讲话》发表50周年，经中共中央文献研究室审核批准，人民文学出版社决定将《毛泽东论文艺》（1983年第三版）一书加以增补、修订，重新出版。笔者应人民文学出版社之约，在龚育之同志指导下，为该书的选稿、编辑和注释做了具体工作。现将该书的一些情况介绍如下，以飨读者。

一、增订的目的和主要内容

1958年人民文学出版社出版了《毛泽东论文艺》第一版。其中选编毛泽东文稿15篇，均为当时即已公开发表过的。1961年第5次印刷时，易名为《毛泽东论文学和艺术》，并增加了《对晋绥日报编辑人员的谈话》。1964年出版第二版，书名为《毛泽东论文学与艺术》，又增加了《在中国共产党宣传工作会议上的讲话》，这样共有17篇文稿。1983年按1964年版重排，出第三版，书名恢复为《毛泽东论文艺》。现在出版的增订本是第四版。

另外，1966年、1967年人民文学出版社还出版过《毛泽东论文艺》。1966年版也收文稿17篇，只是把《在延安文艺座谈会上的讲话》（以下简称《讲话》）提到卷首，打破了原书完全按年代顺序编排的体例。1967年版在此基础上又增加了《关于〈红楼梦〉研究问题的信》。这是一段插曲。

原版《毛泽东论文艺》有开创之功，是较早出版的一本毛泽东专题著

---

* 此文写于1992年5月《毛泽东论文艺（增订本）》出版之际，曾发表于《文汇报》（1992年5月27日），《新华文摘》1992年第7期予以转载。由于版面限制，发表时编者对原稿作了删节。本书收入原稿，并对个别文字略作修改。

作集，30 多年来一直是广大文艺工作者学习、宣传、研究毛泽东文艺思想的最主要的必读书和必备书之一。然而，34 年后再看此书，确实感到已经很难满足广大文艺工作者、理论工作者的需求，主要是：

（1）所选篇目太少，需做大量增补。

毛泽东是伟大的无产阶级革命家、思想家、理论家，还是诗人和书法家。在半个多世纪的革命生涯中，他十分关注文艺工作，发表过许多关于文艺问题的讲话、文章，有许多这方面的题词、电报，与广大文艺工作者有广泛的接触，与许多文艺家有书信来往。他的文艺文稿至少上百篇。仅党的十一届三中全会以来编辑出版的《毛泽东著作选读》（上下册）、《毛泽东书信选集》、《毛泽东新闻工作文选》、《毛泽东题词墨迹选》等书中，就有几十篇，况且还有许多未公开发表过的。因而，一个只有十几篇文稿的《毛泽东论文艺》，是不能满足广大读者学习和研究的需求的，与毛泽东本人在这方面的实际贡献也是很不相称的。所以，读者和出版者都感到原版《毛泽东论文艺》应该大量增补。

（2）所作题解、注释甚少，需要增订。

初版《毛泽东论文艺》发行时，《毛泽东选集》第四卷还没出版，由于多种原因，它的题解和注释都很简单。这就给读者阅读带来许多困难，影响读者理解原著。34 年来，情况发生了很大变化，党的文献编辑工作取得了许多成果。今天应该吸收这些成果，尤其那些已经收入《毛泽东选集》的，都需要按照《毛泽东选集》第二版的题解、注释进行修订。

（3）所选文稿有的没直接论述文艺问题，可以删减。

原版《毛泽东论文艺》中有 7 篇文稿是论述文化、理论工作的，并没有直接论及文艺工作。比如开卷篇《文化运动》，节选自《湖南农民运动考察报告》一文。这段文字，只是一般地提到“农民的文化运动”，却无一字涉及文艺活动。又如《五四运动》《改造我们的学习》《反对党八股》等，虽然都与文艺有一些关系，但都没直接论述文艺问题。这样的文稿还有很多，若都选入，专题文集也就失去了“专”的特色和优势。至于《对晋绥日报编辑人员的谈话》那更是明显超出了文艺的范畴而纯属新闻方面的问题了（本来初版也没收入），这样的文稿也有很多，以不收为宜。因而，对于原版《毛泽东论文艺》，除了增、改之外，还要删减。

为了满足广大文艺工作者、理论工作者学习和研究的需要，为了向广大读者提供一个更加完善的毛泽东文艺专题文集，人民文学出版社出版了《毛泽东论文艺（增订本）》。

增订本共收入毛泽东自1936—1976年的文稿65篇，分为两辑。第一辑选编毛泽东有关文艺工作的论述、讲演、批示、电报、题词等，共31篇，其中10篇是原版中已收的，21篇是新增补的；第二辑选编毛泽东给文艺界人士和关于文艺问题的书信，共34封，除原版已收的1篇外，其余都是新增补的。每辑分别按年代顺序编排。原版中那7篇论述文化、理论工作的文稿，因为没有直接论及文艺工作，这一版没有收入。这样，增订本保留原版文稿11篇（原版中的《在中国共产党全国宣传工作会议上的讲话》，在增订本中只选取第六点、第七点两节，并以“片面性问题”和“‘放’还是‘收’?”为题变成两篇，因而实际上增订本保留了原版中的10篇文稿），新增54篇。其中新增文稿有15篇是新发表的。

增订本中的文稿，凡选自《毛泽东选集》第二版、《毛泽东著作选读》（1986年新编本、1965年甲种本）、《毛泽东书信选集》（1983年版）、《毛泽东新闻工作文选》（1983年版）的，一般都采用上述各书中原有的题目、题解和注释，个别题目、题解和注释，为求得体例一致，由本书编者略作调整。凡选自《毛泽东题词墨迹选》或在本书中第一次正式发表的，由本书编者写了题解和注释，原来没有题目的，由本书编者拟了题目。

增订本还收入了毛泽东的有关照片和手迹。

这样，增订本就以崭新的面貌呈现在广大读者面前。编辑者力图达到新水平，使之成为一部选稿多、专题性强、注解内涵丰富、有鲜明特色的毛泽东文艺著作集。

二、关于新发表的15篇文稿

上面说过，在新增补的54篇文稿中，有15篇是新发表的。所谓“新发表的”，是指两类文稿：一类是新中国成立前曾在党的报刊正式发表，但新中国成立后未再发表过；一类是从未正式发表过。

其中第一类有5篇：《在中国文艺协会成立大会上的讲话》（1936年11

月22日）、《统一战线同时是艺术的指导方向》（1938年4月10日）、《为鲁迅艺术学院周年纪念题词》（1939年5月）、《中共中央给中华全国文学艺术工作者代表大会的贺电》（1949年7月1日）、《在中华全国文学艺术工作者代表大会上的讲话》（1949年7月6日）。第二类有10篇：《关于接待抗战文艺工作团的电报》（1938年5月19日）、《关于中国历史上的民主文学》（1958年8月22日）、《在关于使用模特儿情况来信上的批示》（1967年8月4日）、《关于电影〈创业〉的批示》（1975年7月25日）、《致刘雪苇》（1938年5月28日）、《致萧三》（1941年1月29日）、《致萧军》（1941年8月12日）、《致欧阳山》（1942年4月9日）、《致欧阳山、草明》（1942年4月17日）、《致刘大杰》（1976年2月12日）。

下面简要地介绍一下其中一些重要文稿的有关情况。

《在中国文艺协会成立大会上的讲话》 这是增订本的开卷篇，也是毛泽东作为中国共产党领导人专门就文艺问题向文艺界所作的第一次讲话。

为了联络各地的文艺团体、各方面的文艺家，以及一切对文艺有兴趣者，在抗日民族统一战线的目标下，共同推动新的文艺工作，结成统一战线中新的战斗力量，丁玲、成仿吾、李伯钊等34人倡议组成文艺工作者协会。1936年11月22日，协会在保安县（今志丹县）召开成立大会。由毛泽东提议、全体会员通过，协会定名为“中国文艺协会”。毛泽东在成立大会上的这个讲演，1936年11月30日《红色中华》创刊号《红中副刊》以“毛泽东讲演略词”为题发表。

毛泽东这篇文章，内容也非常重要。《在延安文艺座谈会上的讲话》的一些重要思想在这里已有雏形。

他首先称赞说：“今天这个中国文艺协会的成立，这是近十年来苏维埃运动的创举。”因为“中国苏维埃成立已很久，已做了许多伟大惊人的事业，但在文艺创作方面，我们干得很少”。“过去我们是有很多同志爱好文艺，但我们没有组织起来，没有专门计划的研究，进行工农大众的文艺创作。就是说过去我们都是干武的。”

然后他指出：“现在我们不但要武的，我们也要文的了，我们要文武双全。”这同1942年在《讲话》中讲“文武两个战线”文武两支军队、“朱（德）总司令的军队和鲁（迅）总司令的军队”一脉相承。当时“中国有两条战线，一条是抗日战线，一条是内战。要结成抗日民族统一战线，把日本帝国主义赶出去，争取中国民族的独立解放，首先我们就要停止内战”。“怎样才能停止内战呢？我们要文武两方面都来。要从文的方面去说服那些不愿停止内战者，从文的方面去宣传教育全国民众团结抗日。如果文的方面说服不了那些不愿停止内战者，那我们就要用武的去迫他停止内战。你们文学家也要到前线上去鼓励战士，打败那些不愿停止内战者。”①

文章最后有一个提法很值得注意。他说：“发扬苏维埃的工农大众文艺，发扬民族革命战争的抗日文艺，这是你们伟大的光荣任务。”② 这时，上海文艺界（主要是左翼文艺团体）关于“国防文学”和“民族革命战争的大众文学”两个口号的争论，已经进行了多半年，也肯定引起了毛泽东的注意。毛泽东这个讲演中提出的“两个发扬”，可否看作是对“两个口号”的兼容并取，而又更倾向于“民族革命战争的大众文学”这一口号呢？更重要的是，这里包含了为工农大众服务的思想。这是 1942 年《讲话》中提出的文艺为人民大众服务思想的雏形。

《统一战线同时是艺术的指导方向》 它是 1938 年 4 月 10 日毛泽东在鲁迅艺术学院成立大会上的讲话的一部分，刊登在 1938 年 4 月 30 日《新中华报》上。提供这份记录的柯仲平在报上说明，这段话经过“毛泽东先生的亲笔订正”。

为了培养革命文艺力量，由毛泽东、周恩来、林伯渠、徐特立、成仿吾、艾思奇、周扬等倡议，1938 年 4 月 10 日鲁迅艺术学院在延安正式成立。“我们决定创立这所艺术学院，并且以已故的中国最大的文豪鲁迅先生为名，这不仅是为了纪念这位伟大的导师，并且表示我们要向着他所开辟的道路大踏步前进。”③ 毛泽东在成立大会上讲了话，档案中保存着这次讲话的记录。可惜这个记录的全文未经毛泽东亲笔订正。这里选用的只是毛泽东亲笔订正的一部分。但这一部分很重要。有同志曾经批评历来《毛泽东论文艺》的辑本不收录柯仲平提供的这段记录。这个批评是对的。这

① 中共中央文献研究室．毛泽东文艺论集．北京：中央文献出版社，2002：3.

② 同①4.

③ 文化部党史资料征集工作委员会，《延安鲁艺回忆录》编委会．延安鲁艺回忆录．北京：光明日报出版社，1992：1.

次增订本弥补了这个缺陷。

这段话文字不长，但却形象生动地描绘了部分“亭子间的人”（来自上海等地的文化人）和部分“山顶上的人”（来自革命根据地的文化人）的长短处，简明扼要地指出了艺术工作的指导方向。毛泽东说：“亭子间的人弄出来的东西有时不大好吃，山顶上的人弄出来的东西有时不大好看。有些亭子间的人以为‘老子是天下第一，至少是天下第二’；山顶上的人也有摆老粗架子的，动不动，‘老子二万五千里’。”他认为，“现在应当不以那为满足——过去的东西，可以认为是准备时期的东西。应该把自大主义除去一点”；应该“组织十年来的文化成果，训练起万千的文化干部，送到全国各战线上去工作”；“作风应该是统一战线。统一战线同时是艺术的指导方向”①。

《为鲁迅艺术学院周年纪念题词》 鲁迅艺术学院成立一周年纪念日，本应是 1939 年 4 月 10 日，因当时突击开荒，纪念活动延期到 5 月 10 日举行。毛泽东、朱德、张闻天、刘少奇、陈云、李富春等出席纪念大会，并为鲁艺题了词。毛泽东的题词是：“抗日的现实主义，革命的浪漫主义。”②这个题词，许多回忆录里都有记载。可惜的是题词的原件或照片据说没保存下来。1940 年 1 月 24 日《新华日报》的《延安通讯》专栏发表了方然 1939 年秋写的一篇通讯，题目是“延安底文艺工作”。文章引述了这个题词，并说这是“毛泽东同志指出的创作方法”。方然这篇文章的写作时间距毛泽东题词时间不久，可以看作是当时的记载。以此文为根据，加上有许多回忆录印证，把这个题词收入《毛泽东论文艺（增订本）》，是合理的。增订本出版后，我们从光明日报出版社 1992 年 8 月出版的《延安鲁艺回忆录》一书中看到了所收的毛泽东题词手迹。但编者注明：“1940 年毛泽东同志为鲁艺题词。”这是编者搞错了，还是毛泽东后来又补写的，需要进一步考证。

这个题词极其重要。它说明毛泽东提倡革命的现实主义与革命的浪漫主义相结合的创作方法，由来已久，而且是一贯的。这个问题将在本文第三部分展开谈。

---

① 中共中央文献研究室. 毛泽东文艺论集. 北京：中央文献出版社，2002：13.

② 同①24.

《致萧三》和《讲话》发表前给文艺家的34封信 增订本收入34封给文艺家和关于文艺问题的信，并单独成辑，编者是有一定考虑的。诚然，所收书信有的文字比较简单；但我们认为，它们也是毛泽东文艺理论与实践的重要组成部分，其价值不只在字内。对一个文艺家、对一部文艺作品、对一个文艺活动如何评价、什么态度，虽然语句不多，但常常反映毛泽东的文艺思想。有时也许只是记录一件事情，但前后连贯起来恰恰能说明许多问题。通读34封书信，相信读者会有许多收获。由于篇幅限制，只能列举第一次正式公开发表的两篇作简要说明。

萧三是毛泽东的同乡，著名诗人。他们二人多有书信来往。《致萧三》（1941年1月29日）为首次正式公开发表。信中说："诗读过了，很有意思。报纸既不登，就在街头发表好了。有暇望来谈。"文字很简单。可"报纸既不登，就在街头发表好了"又是什么意思呢？我们在这里作了一条注释，现抄录如下："抗战时期延安广泛开展了街头诗运动。诗人们把自己的诗贴在（或写在）大街的土墙上、石头上、树干上……，拿到群众中去朗诵，以接受群众的批评。萧三是这场运动的组织者之一。"① 这样，毛泽东对街头诗的态度不是一目了然了吗？

最能说明问题的是《讲话》发表前有几封给欧阳山、草明的信。在1942年4月9日给欧阳山的信中他说："来信收到。拟面谈一次，如同意，请于今日惠临一叙，并盼与草明同志偕来。"② 4月13日给欧阳山、草明的信中说："前日我们所谈关于文艺方针诸问题，拟请代我搜集反面的意见，如有所得，祈随时赐示为盼！"③ 4月17日在给欧阳山、草明的信中说："四月十五日来信阅悉，我现在尚不能够对你提出的问题作答复，待研究一下罢。如果你们在搜集材料，那很好，正反两面都盼搜集，最好能给我一个简明的说明书，不知文艺室同志有暇为此否？"④ 在4月13日那封信的题解中，编者还注了这样一段话："在同一天，毛泽东也给萧军、罗烽、艾青等写了同样内容的信。据艾青回忆，在这之前毛泽东写信给他：'有

---

① 中共中央文献研究室. 毛泽东文艺论集. 北京：中央文献出版社，2002：263.

② 同①269.

③ 同①270-271.

④ 同①272.

事商量，如你有暇，敬祈惠临一叙。'" 4 月 11 日毛泽东与艾青谈了有关文艺方针诸问题。接到 4 月 13 日的信后，艾青将自己对文艺工作的意见写成文章寄给毛泽东。不日毛来信说："大著并来函读悉，深愿一谈，因河水大，故派马来接，如何？乞酌。"根据毛泽东等的意见，艾青对文章进行了修改，5 月 15 日以"我对目前文艺上几个问题的意见"为题发表在《解放日报》上。延安文艺座谈会后，艾又写信给毛，要求到前线去。毛回信说："来信收到，赞成你去晋西北，但不宜走得太远，因同蒲路不好过。目前这个阶段，希望你蹲在延安学习一下马列主义，主要是历史唯物论，然后到前方，切实研究一下农村阶级关系，不然对中国战况总是不很明晰的。不知你意如何？此致敬礼！"在信纸的边上又加了一句："待天晴，我再约你面谈。"可惜的是，艾青保存的毛泽东给他的这些信在"文化大革命"中都遗失了［参见艾青《漫忆四十年前的诗歌运动》（《艾青选集》第三卷，第 488-491 页）］[①]。

读了给欧阳山、草明的这几封信及其题解，无疑会加深对《讲话》形成情况的了解和内容意义的理解。

《中共中央给中华全国文学艺术工作者代表大会的贺电》和《在中华全国文学艺术工作者代表大会上的讲话》 中华全国文学艺术工作者代表大会于 1949 年 7 月 2—19 日在北平举行。这是文学艺术工作者全国规模的第一次盛会。中共中央 7 月 1 日发出贺电，7 月 2 日在大会开幕之际刊载于《人民日报》。毛泽东在审定电文时，对原稿作了大量修改。因而，这个贺电也收入《毛泽东论文艺（增订本）》中。7 月 6 日下午 7 点 20 分，当周恩来在大会上的政治报告即将结束时，毛泽东来到会场。周恩来中断报告，毛泽东向代表们作了简短的讲话。7 月 7 日《人民日报》报道了这段讲话的内容。

《贺电》有两个观点值得注意。第一，"人民革命的胜利，人民政权的建立，是决定一切的"。这是因为，"如果没有人民革命的胜利，如果没有人民政权的建立，进步的文学艺术工作者就不可能有今天这样的大团结，进步的文学艺术工作就不可能在全国范围内和全体规模上获得自己的发

① 中共中央文献研究室．毛泽东文艺论集．北京：中央文献出版社，2002：270.

展”。而且，“人民革命的胜利和人民政权的建立，给人民的文化教育和人民的文学艺术开辟了发展的道路”。第二，革命胜利后的主要任务就是发展生产和发展文化教育。文艺发展要配合其他文化教育工作，配合经济建设工作。《贺电》指出：“我们中国是处在经济落后和文化落后的情况中。在革命胜利以后，我们的任务主要地就是发展生产和发展文化教育。”“我们相信，经过你们这次大会，全中国一切爱国的文艺工作者，必能进一步团结起来，进一步联系人民群众，广泛地发展为人民服务的文艺工作，使人民的文艺运动大大发展起来，借以配合人民的其他文化工作和人民的教育工作，借以配合人民的经济建设工作。”① 用今天的话说，就是服务、服从于经济建设工作。

《关于中国历史上的民主文学》 它是 1958 年 8 月 22 日毛泽东在审阅陆定一《教育必须与生产劳动相结合》一文时加写的一段话。因为是毛泽东亲笔改的，当然可以作为毛泽东的著述收入《毛泽东论文艺（增订本）》中。

这段话不长，是这样说的：“中国教育史有人民性的一面。孔子的有教无类，孟子的民贵君轻，荀子的人定胜天，屈原的批判君恶，司马迁的颂扬反抗，王充、范缜、柳宗元、张载、王夫之的古代唯物论，关汉卿、施耐庵、吴承恩、曹雪芹的民主文学，孙中山的民主革命，诸人情况不同，许多人并无教育专著，然而上举那些，不能不影响对人民的教育，谈中国教育史，应当提到他们。”② “人民性”一词，毛泽东不多用，但在这里用了。“人民性”的含义，同《新民主主义论》中用的“民主性”（吸收中国古代的“民主性的精华”）大致是一个意思。毛泽东把关汉卿的《窦娥冤》等、施耐庵的《水浒传》、吴承恩的《西游记》、曹雪芹的《红楼梦》当作“民主文学”，或者说有“人民性”，这是很深刻的。在这以后的许多场合，在谈到以上几个作家的几部作品时，他也有这样的意思。尤其是对《红楼梦》。他认为《红楼梦》的民主性表现在作者和主人公“不满意封建制度”。说得很有分寸，没有拔高和夸大。他还说过，《金瓶梅》的作者，不尊重女性。《红楼梦》《聊斋志异》是尊重女性的。这对于理解

① 中共中央文献研究室. 毛泽东文艺论集. 北京：中央文献出版社，2002：129-130.

② 同①191.

《红楼梦》之成为“民主文学”是很重要的。

关于使用模特儿问题的两个批示 1965年5月12日，中央美术学院教师闻立鹏、王式廓、李化吉写信，反映废除模特制以后教学活动遇到的困难和问题，认为真人（模特儿）写生是美术基本功训练的重要方法，提出至少在油画专业和雕塑专业应该有一定的人体习作。毛泽东1965年7月18日在这封信上作了批示。批示中说：“此事应当改变。画男女老少裸体Model是绘画和雕塑必须的基本功，不要不行，封建思想，加以禁止，是不妥的。即使有些坏事出现，也不要紧。为了艺术学科，不惜小有牺牲。请酌定。”① 这个批示，曾收入《毛泽东书信选集》中，这次收入《毛泽东论文艺（增订本）》不属于新发表的文稿。介绍它，是因为它与另一篇新发表的文稿有联系。

使用模特儿问题，多年来一直有争议。尽管毛泽东作了批示，但不同的看法仍然存在，包括当时的中央宣传部副部长张际春同志。本来这也应该是允许的。但在“文化大革命”中，这“不同的看法”就被看成了“反对毛主席”。为此，1967年7月27日张际春给毛泽东并党中央写信，说明他对使用裸体模特儿的意见和对毛泽东1965年那个批示的讨论情况。毛泽东阅后作了如下批示：“画画是科学，就画人体这问题说，应走徐悲鸿素描的道路，而不走齐白石的道路。”② 这就是增订本新发表的《在关于使用模特儿情况来信上的批示》。

这两个批示体现出来的毛泽东的科学态度和科学精神，是值得我们认真学习的。

《关于电影〈创业〉的批示》 1975年7月18日长春电影制片厂张天民分别给毛泽东和邓小平写信，对江青和文化部核心小组批判故事影片《创业》“在政治上、艺术上都有严重错误”的“十条意见”提出不同看法，并建议重新上演。毛泽东于当月25日写了如下批语：“此片无大错，建议通过发行。不要求全责备，而且罪名有十条之多，太过分了，不利调整党的文艺政策。”③ 这个批示，虽然也是本书第一次正式公开发表的文稿，但内容早已为广大读者所熟知，无须多叙。

---

①② 中共中央文献研究室．毛泽东文艺论集．北京：中央文献出版社，2002：229-230.

③ 同①234.

《致刘大杰》这是目前发现的毛泽东的最后一篇文艺文稿，也是《毛泽东论文艺（增订本）》的终卷篇。在“评法批儒”中，上海复旦大学中文系教授刘大杰先生为修改自己的著作《中国文学发展史》，于1975年8月给毛泽东写了一封信，就如何评价韩愈和李商隐的诗谈了自己的看法。在“抑韩扬柳”的同时，他也认为，韩愈虽非法家，但也不是醇儒，不能一概否定。毛泽东于1976年2月12日写了复信，信中说：“我同意你对韩愈的意见，一分为二为宜。李义山无题诗现在难下断语，暂时存疑可也。奉复久羁，深以为歉，诗词与论，拜读欣然，不胜感谢。”[①] 毛泽东一生酷爱中国古典文学，直到去世，床上还堆满了这方面的书。在生命垂危之际，在病魔缠身的情况下，他还仔细阅读了一个教授的来信和作品，还在思考学术研究问题，并复了信，这实在令人起敬。

还有一点需要说明的是，在以前的有关内部材料中，毛泽东复信时间确定为“一九七五年八月十二日”。这次增订本送审时，经中共中央文献研究室有关同志考证，落款时间应为“二月十二日”，即复信时间应为1976年2月12日。理由是：尽管由于毛泽东重病在身，“二月”之“二”写得不标准，但仔细看绝不是“八”。

三、毛泽东文艺理论的主要内容

毛泽东文艺思想是马克思主义普遍原理与中国革命文艺运动实践相结合的科学体系。毛泽东是坚持和发展马克思列宁主义的光辉典范，他根据理论联系实际的原则，创立了毛泽东文艺思想的科学体系；邓小平是我国社会主义建设和改革开放新时期坚持和发展马克思列宁主义、毛泽东思想的杰出代表，他坚持实事求是原则，为毛泽东文艺思想的新发展做出了巨大贡献。毛泽东和邓小平的文艺理论，主要体现在他们各自的科学著作中，因而，学习、研究、宣传、运用毛泽东文艺思想，首先和主要的是学好他们的科学的文艺著作。具体到毛泽东而言，就是学习《毛泽东论文艺（增订本）》，因为它是毛泽东科学的文艺著作集。那么，毛泽东文艺理论

---

① 中共中央文献研究室．毛泽东文艺论集．北京：中央文献出版社，2002：338.

的主要内容有哪些呢?

1. 文艺工作的方向是为人民大众服务

文艺为人民大众，首先是为工农兵服务的观点，是毛泽东文艺理论的根本点。它是对马列主义文艺理论的继承和发展，是对五四以来我国文学革命运动和文艺创作实践经验的科学总结，具有重大的历史意义。1905年，列宁在《党的组织和党的出版物》中首先提出，无产阶级文艺“是为千千万万劳动人民，为这些国家的精华、国家的力量、国家的未来服务”。在二三十年代，我国左翼文艺运动开始倡导无产阶级文学，还提倡表现“红军及工农群众的英勇战斗的伟大的题材”，但由于当时思想上的弱点和条件的限制，文艺为谁服务的问题无论是在理论上还是在实践中都没有得到真正解决。只有到了遵义会议之后的延安时期，才有可能真正解决这个问题。1936 年毛泽东在《在中国文艺协会成立大会上的讲话》中就提出了“进行工农大众的文艺创作”“发扬苏维埃的工农大众文艺”的任务，到了1942 年的《讲话》就系统化了。《讲话》鲜明地提出：“我们的文学艺术都是为人民大众的，首先是为工农兵的，为工农兵而创作，为工农兵所利用的。”毛泽东这一论断是符合实际的。在当时，“人民大众”包括四种人：“最广大的人民，占全人口百分之九十以上的人民，是工人、农民、兵士和城市小资产阶级”。这四种力量都是革命的重要力量，但他们的地位和作用又不是平列的。旧中国经济文化十分落后，工人、农民和革命士兵，人数最多，是革命的主力军；小资产阶级也是一支重要的革命力量，可靠的同盟者。因而当时提倡首先为工农兵服务有科学的道理和客观的依据，尤其是对于大部分出身于城市小资产阶级的文艺家来说，要求他们首先为工农兵服务就更有针对性。

《讲话》发表以来，在文艺服务对象的认识和实践方面，我们取得了巨大成绩，也经历了许多曲折，积累了许多经验教训。主要是简单地甚至僵滞地理解文艺为工农兵服务。这与《讲话》的基本精神是不相符的。《讲话》所体现的是全心全意为人民服务的根本宗旨。

大家知道，社会主义制度在我国建立以后，剥削阶级作为阶级已经不复存在，知识分子已经成为工人阶级的一部分，“人民群众”的含义已经远远超出了“工农兵”的范围。1956 年“双百”方针提出后，有人对继续单独强调“为工农兵服务”提出疑问，但随之而来的反右派斗争扩大化，这些意见受到批判。1961年，周恩来在《在文艺工作座谈会和故事片创作会议上的讲话》中对文艺的服务对象作了一个新概括：“为工农兵服务，为劳动人民服务，为无产阶级专政制度下的人民大众服务”，这显然是考虑到社会主义时期的特点，试图纠正片面强调“为工农兵服务”的偏颇，但是，这一正确主张也被“打入冷宫”。1962年5月，为纪念《讲话》发表二十周年，《人民日报》发表社论，明确提出文艺“为最广大的人民群众服务”，并且提出二十年前后历史条件的变化，“我国人民已经胜利地完成了新民主主义革命，建立了中华人民共和国，正在进行社会主义建设”；“最广大的人民群众”包括“各族工人、农民、知识分子及其他劳动人民，各民主党派和民主人士，爱国的民族资产阶级分子，爱国侨胞和其他一切爱国人士”。这个“人民民主统一战线内的以工农兵为主体的全体人民，都应当是我们文艺服务的对象和工作的对象”。但是，十年动乱中，这篇社论被作为“全民文艺论”的典型遭到批判。

回过头来看1936年毛泽东提出的那“两个发扬”，深感其立论很全面、很科学。“发扬苏维埃的工农大众文艺”，实际上就是讲文艺为人民服务；“发扬民族革命战争和抗日文艺”，实际上就是讲文艺为当时的中心任务——革命服务。1949年7月，毛泽东在中央给全国文代会的贺电中提出的“一个主要任务”（发展生产和发展文化教育）、“一个广泛”（广泛地发展为人民服务的文艺工作）、“两个配合”（配合人民的其他文化工作和人民的教育工作，配合人民的经济建设工作），也是这个思路，也是讲两个服务。阐明了文艺—中心任务—人民的关系：文艺的根本方向是为人民服务，而这个服务主要通过为现阶段的中心任务服务来实现。这是一个科学的思想方法。

因而，党的十一届三中全会以后，党中央提出“文艺为人民服务、为社会主义服务”，是对“文艺为政治服务”偏颇的纠正，是对历史经验教训的科学总结，是对毛泽东文艺思想的继承和发展。

在《讲话》中，毛泽东还详细地论述了文艺如何为人民服务的问题。强调要处理好普及与提高的关系问题；要学习生活、学习社会，走与人民群众相结合的道路；要学习马克思主义，提高自己的思想素质；等等。

2. “百花齐放、百家争鸣”的方针，是促进艺术发展和科学进步的方针，是促进我国社会主义文化繁荣的方针

这是毛泽东的《关于正确处理人民内部矛盾的问题》中的一句话。增订本以“百花齐放、百家争鸣”为题，节选了该文第八节的有关部分。《“放”还是“收”?》（节选自《在中国共产党全国宣传工作会议上的讲话》）也是专讲“双百”方针的。

最先提出的是“百花齐放”。早在 1942 年的《讲话》中，毛泽东就提出：要“容许各种各色艺术品的自由竞争”[①]。1951 年毛泽东提出“百花齐放，推陈出新”。这是他为中国戏曲研究院成立题的词。需要说明的是，包括《毛泽东题词墨迹选》在内的许多书，都说这是 1952 年给第一届全国戏曲观摩演出的题词，这是不准确的。增订本特意收入毛泽东题词手迹。手迹中，“中国戏曲研究院”与“百花齐放，推陈出新”及“毛泽东”是连在一起写的。中国戏曲研究院 1951 年 4 月 3 日成立。这个时间比次年 10 月的全国戏曲观摩演出要早一年半。至于 1959 年 9 月 21 日新华社播发的《十年来祖国戏剧事业空前繁荣》中说，早在 1950 年，毛主席就亲自提出了“百花齐放，推陈出新”的方针，目前尚未发现第一手材料。

“推陈出新”是早在 1942 年 10 月毛泽东为延安平剧院成立题的词。这与其以前提出的“剔除其封建性的糟粕，吸收其民主性的精华”（《新民主主义的文化》）、“我们必须继承一切优秀的文学艺术遗产，批判地吸收其中一切有益的东西”（《讲话》），以及后来在《论联合政府》中提出的对于中国古代文化“既不是一概排斥，也不是盲目搬用，而是批判地接收它，以利于推进中国的新文化”，一直到 1964 年 9 月 27 日在《关于“古为今用，洋为中用”的批示》中明确提出的“古为今用”，都是我们对待中国传统文化的正确方针，只不过表述不同、角度不同。其中“推陈出新”“古为今用”是最简明的概括。

与“古为今用”同时提出的“洋为中用”是我们对待外来文化的正确方针。关于这个问题，在上段列举的各篇文稿中都有详细的论述。这里不再列举。需要说明的有两点。第一，早在《新民主主义的文化》中毛泽东

---

① 中共中央文献研究室. 毛泽东文艺论集. 北京：中央文献出版社，2002：73.

就指出，中国在大量吸收外国的进步文化方面，工作还做得很不够。“凡属我们今天用得着的东西，都应该吸收。”我认为，这句话对52年后的今天来说，仍然适用。邓小平和中央政治局不是号召我们“必须大胆吸收和借鉴人类社会创造的一切文明成果”吗？要承认落后，要正视差距。第二，1956年毛泽东在《同音乐工作者的谈话》中指出：“向古人学习是为了现在的活人，向外国人学习是为了今天的中国人。”“中国的面貌，无论是政治、经济、文化，都不应该是旧的”，“应该学习外国的长处，来整理中国的，创造出中国自己的、有独特的民族风格的东西”①。在这个过程中，就要允许试验，允许失误，允许纠正。

推陈出新、古为今用、洋为中用，都是百花齐放的应有之义。如同邓小平在全国第四次文代会上所指出的那样，要“坚持百花齐放、推陈出新、洋为中用、古为今用的方针，在艺术创作上提倡不同形式和风格的自由发展，在艺术理论上提倡不同观点和学派的自由讨论”。

不同形式和风格的自由发展，就是百花齐放；不同观点和学派的自由讨论，就是百家争鸣。“百花齐放、百家争鸣”方针，是1956年党中央在讨论十大关系的过程中确定的关于科学和文化工作的重要方针。4月25日毛泽东在中央政治局扩大会议上发表了《论十大关系》的讲话。28日他在会上说：“百花齐放、百家争鸣”，我看这应该成为我们的方针。艺术问题上百花齐放，学术问题上百家争鸣。5月2日在最高国务会议第七次会议上，他又对“百花齐放”和“百家争鸣”的含义作了详细的解释。

1956年5月26日，中宣部部长陆定一向自然科学家、社会科学家、医学家、文学家和艺术家作了题为“百花齐放，百家争鸣”的讲话，系统阐述了党中央提出的“双百”方针。

1957年2月毛泽东在《关于正确处理人民内部矛盾的问题》、3月《在中国共产党全国宣传工作会议上的讲话》中，进一步系统地论述了“双百”方针。增订本节选了其中有关部分。他明确宣布：“百花齐放，百家争鸣，这是一个基本性的同时也是长期性的方针，不是一个暂时性的方针。”

---

① 中共中央文献研究室. 毛泽东文艺论集. 北京：中央文献出版社，2002：153-155.

1957年下半年以后反右派斗争的扩大化，尤其是“文化大革命”，使“双百”方针受到严重破坏。1975年，毛泽东也曾尖锐地指出：“百花齐放都没有了！”强调党的文艺政策应该调整一下，要逐步扩大文艺节目，逐步活跃起来。但是，调整文艺政策的工作很快又被“反击右倾翻案风”运动打断了。直到党的十一届三中全会以后，实行拨乱反正，纠正了“左”的错误，我们才更加自觉地贯彻“双百”方针。

3. 提倡现实主义与浪漫主义相结合的创作方法

前面已经说过，早在1939年毛泽东就提出了“抗日的现实主义，革命的浪漫主义”。1934年苏联正式把“社会主义现实主义”写入《苏联作家协会章程》，确定为苏联文艺创作和文艺批评的基本方法。受其影响，我国当时也曾有人提出“新民主主义的现实主义”。“抗日的现实主义”自然也由此而来。值得注意的是“革命的浪漫主义”的提出和把“抗日的现实主义”同“革命的浪漫主义”相联系的提法。这说明，毛泽东作为辩证唯物主义者、历史唯物主义者和“革命的能动的反映论”者，不仅主张创作上的现实主义、反对唯心主义的艺术至上，而且不赞成记流水账式的“写实”主义，认为艺术上的浪漫主义并非全无道理。1942年他在《讲话》中指出：“文艺作品中反映出来的生活却可以而且应该比普通的实际生活更高，更强烈，更有集中性，更典型，更理想，因此就更带普遍性。革命的文艺，应当根据实际生活创造出各种各样的人物来，帮助群众推动历史的前进。”这实际上道出了革命浪漫主义的特质。

毛泽东1958年3月22日在成都会议上讲话中，谈到搜集民歌问题时指出，我看中国诗的出路恐怕是古典同民歌这两个东西结婚，产生第三个东西。形式是民族的形式，内容应该是现实主义与浪漫主义的对立统一。同年5月8日在八大二次会议上，他明确提出，无产阶级的文学艺术应采用革命的现实主义与革命的浪漫主义相结合的创作方法。

对于创作方法，毛泽东还认为，只能提倡不能强迫。这在1956年5月他对陆定一的《百花齐放，百家争鸣》、1958年2月对周扬的《文艺战线上的一场大辩论》批阅意见中都有明确表示。邓小平在全国第四次文代会上也明确强调了这一点：“在文艺创作、文艺批评领域的行政命令必须废止。”

4. 统一战线同时是艺术的指导方向

前面说过，这是毛泽东在1938年提出的。1940年在《新民主主义论》中、1942年在《讲话》中、1944年在《文化工作中的统一战线》中，以及在新中国成立后的许多著作中，他都谈到了这个问题。这足以说明问题之重要。当然，在这些著作中，论述角度、阐发层次不尽相同。但说到底是两个问题：一个是文艺界的统一战线问题，即增强和扩大文艺界的团结问题；一个是文艺工作的统一战线问题，即增强和扩大党和文艺界的团结问题。

关于文艺界的统一战线问题，毛泽东认为有三个层次：第一是在文艺的政治方向上，第二是在民主上，第三是在艺术方法艺术作风上。

在文艺政治方向上的统一战线，就是指在服务和服从于一定历史阶段党的中心任务这一点上团结起来。在当时中国的中心任务是抗日，“因此党的文艺工作者首先应该在抗日这一点上和党外的一切文学家艺术家（从党的同情分子、小资产阶级的文艺家到一切赞成抗日的资产阶级地主阶级的文艺家）团结起来”①。党的十一届三中全会后，党中央和邓小平同志提出坚持四项基本原则基础上的团结和统一、增强以社会主义为政治基础的团结、文艺为社会主义服务等等，都是在这个层次讲的。在这个问题上，我们要防止否定文艺政治方向的资产阶级自由化观点，更要吸取“文艺从属于政治”“政治标准第一”的沉痛教训。

在民主一点上团结起来，就是要建立爱国主义基础上的更广泛的统一战线。在过去，只要不阻碍抗日，在今天，只要是爱国、赞成祖国统一，即使不赞成社会主义制度的人也要积极争取团结。文艺作品的内容也不应该是单一的，如同邓小平在全国第四次文代会上所指出的那样：“英雄人物的业绩和普通人们的劳动、斗争和悲欢离合，现代人的生活和古代人的生活，都应当在文艺中得到反映。”“我们衷心祝愿文艺队伍更加团结壮大。不论是专业的或是业余的文艺工作者，一切社会主义的和爱国的文艺工作者，一切维护祖国统一的文艺工作者，都要更好地互相帮助、互相学习，把全部精力集中于文艺的创作、研究或评论。”②

---

① 中共中央文献研究室. 毛泽东文艺论集. 北京：中央文献出版社，2002：71.

② 邓小平. 邓小平文选：第2卷. 2版. 北京：人民出版社，1994：210，212.

在艺术方法艺术作风上团结起来，是毛泽东一贯强调的。增订本中有许多文稿都谈到了这个问题。关于艺术方法，前面已经提到，毛泽东主张社会主义的现实主义，但反对搞强迫，不能强求一律；艺术作风上，也要提倡不同形式和风格的自由发展，提倡不同观点和学派的自由讨论。如同列宁所说，在文学事业中，“绝对必须保证有个人创造性和个人爱好的广阔天地，有思想和幻想、形式和内容的广阔天地”。

总之，文艺的统一战线是三个层次，而不是两个，更不是一个，尤其要防止把艺术问题上升为政治问题。要贯彻邓小平在全国第四次文代会上提出的思想：“对实现四个现代化是有利还是有害，应当成为衡量一切工作的最根本的是非标准。”

增强和扩大党同文艺界的团结，较之文艺界内部的团结更为重要，因为某种程度上说，它起决定作用，在党取得执政地位以后尤其如此。因而必须加强和改善党对文艺工作的领导。

加强和改善党对文艺工作的领导，有许多工作要做。在这个问题上有过右的干扰，但根深蒂固的还是“左”。我们要旗帜鲜明地反对资产阶级自由化，但要注意方式方法，切忌以“左”反右，这样不但右反不掉，而且还会使“左”的东西发展。在全国第四次文代会上，邓小平鲜明地指出：“党对文艺工作的领导，不是发号施令，不是要求文学艺术从属于临时的、具体的、直接的政治任务，而是根据文学艺术的特征和发展规律，帮助文艺工作者获得条件来不断繁荣文学艺术事业，提高文学艺术水平，创作出无愧于我们伟大人民、伟大时代的优秀的文学艺术作品和表演艺术成果。”① 这是邓小平对毛泽东文艺思想的发展和贡献。

党对文艺事业的领导是政治原则、政治方向的领导。党要制定正确的文艺方针、政策，做好思想政治工作，保证文艺沿着正确的方向发展；要通过党组织的保证监督作用和党员的先锋模范作用去开展工作；按德才兼备的标准向文艺部门推荐重要干部人选，加强领导班子建设。但是，党不能取代政府机关管理文艺的职能，也不能包办群众文艺团体的活动。党的领导机关要充分尊重文艺的特点和规律，对具体的作品和学术观点，只要

---

① 邓小平．邓小平文选：第 2 卷．2 版．北京：人民出版社，1994：213.

不违反宪法、法律和国家有关规定，不违背四项基本原则，都应该允许存在。党的领导者要正确执行党的路线、方针和政策，努力探索和研究在新的历史条件下领导好文艺工作的方式和方法，要尊重、理解和关心文艺工作者，充分调动他们的积极性，团结一致，促进文艺事业长期繁荣发展。

以上四点，是毛泽东对毛泽东文艺思想的主要贡献，也是《毛泽东论文艺（增订本）》的主要内容。毛泽东晚年犯过错误，尤其是发动和领导了“文化大革命”。他的错误理论不在增订本选题范围。因而，学习、研究毛泽东文艺思想，还必须把毛泽东文艺思想同毛泽东晚年错误区别开来；还必须同学习邓小平有关论述，尤其是《在中国文学艺术工作者第四次代表大会上的祝辞》和1992年南方谈话结合起来；还必须同学习十一届三中全会以来党的有关文献，尤其是中共中央通过的《关于建国以来党的若干历史问题的决议》《关于社会主义精神文明建设指导方针的决议》《关于进一步繁荣文艺的若干意见》，党的十四大报告和近几年来党和国家领导人的有关讲话等结合起来。总之，要面对新情况，研究新问题，提出新观点，发展毛泽东文艺思想，进一步繁荣社会主义文艺。

毛泽东文艺思想发展的三个高峰*

从五四新文化运动马克思主义思想在中国得到传播，到党的十四大系统阐发邓小平建设有中国特色的社会主义理论，马克思主义同中国革命文艺运动的实际相结合，经过了三个历史时期：新民主主义革命时期，新中国成立以后到党的十一届三中全会以前的社会主义革命和建设时期，党的十一届三中全会以后的社会主义现代化建设和改革开放的历史新时期。毛泽东文艺思想的发展有三个阶段：1936 年 11 月《在中国文艺协会成立大会上的讲话》，是毛泽东文艺思想的开端；1949 年 7 月经毛泽东大量修改的《中共中央给中华全国文学艺术工作者代表大会的贺电》，是全国革命胜利后毛泽东文艺思想进一步发展的开端；党的十一届三中全会后党中央拨乱反正、召开中国文学艺术工作者第四次代表大会，是改革开放新时期毛泽东文艺思想新的大发展的开端。毛泽东文艺思想的发展形成了三个高峰：以 1942 年毛泽东发表《在延安文艺座谈会上的讲话》提出“文艺为人民大众服务”为主要标志，毛泽东文艺思想的发展形成了第一个高峰；以 1956 年毛泽东、党中央提出“百花齐放、百家争鸣”的方针和毛泽东发表《同音乐工作者的谈话》为主要标志，毛泽东文艺思想的发展形成了第二个高峰；以 1979 年邓小平发表《在中国文学艺术工作者第四次代表大会上的祝辞》，并逐步形成有中国特色的社会主义文艺理论为标志，毛泽东文艺思想的发展出现了第三次高峰。

一

五四新文化运动，高举民主和科学的旗帜，向 2 000 多年以来的封建

---

* 此文收入本人 1993 年由人民文学出版社出版的专著《毛泽东与中国文艺》。

旧思想、旧礼教、旧道德、旧文化发起猛烈冲击，从而大大解放了人们的思想，打开了新思想、新道德、新文化进入和传播的闸门。在各种新思潮的激烈竞争中，中国的进步力量最终选择了马克思主义思想，并且使这个思想在中国的土地上生根、发芽、开花、结果。五四新文化运动，是近代中国思想解放运动的开端，是马克思主义思想在中国传播的开端，是中国无产阶级和人民大众的新民主主义革命运动的开端，是马克思主义思想与中国革命文艺运动相结合的开端。

五四以后，左翼文艺运动的兴起，是马克思主义与中国新文艺运动结合的重大步骤；而革命根据地的文艺运动的兴起，则是革命文艺与革命群众紧密结合的先导，是革命文艺与革命战争紧密结合的先导。它们为毛泽东文艺思想产生和形成作了准备。尤其是鲁迅等的文艺理论与实践、瞿秋白的文艺理论著作与译著，为马克思主义文艺理论的传播及与中国文艺实践的结合作出了突出贡献。

在 20 世纪 20 年代末 30 年代初，毛泽东思想作为中国的马克思主义理论已经开始形成。毛泽东已写出了许多科学的理论著作，其代表作是 1925 年的《中国社会各阶级的分析》，1927 年的《湖南农民运动考察报告》，1928 年的《中国的红色政权为什么能够存在?》《井冈山的斗争》，1929 年的《关于纠正党内的错误思想》，1930 年的《星星之火，可以燎原》《反对本本主义》等。这些都是政治著作、哲学著作、军事著作。尽管毛泽东非常熟悉中国传统文艺，尽管他已经创作了许多既充满革命激情又颇具艺术魅力的旧体诗词，尽管他已经开始关注革命文艺运动，但那时他还没有关于文艺问题的著作，作为科学体系的毛泽东文艺思想，较之哲学思想、政治思想、军事思想，形成要晚些。这与当时的革命斗争的发展和毛泽东注意的中心有关。哲学思想是理论的基础，政治斗争、武装斗争是压倒一切的实践任务。在这种情况下，尤其是在长征结束前，毛泽东还不大可能拿出很多精力研究和思考文艺工作。

二

到 1936 年 11 月，以毛泽东发表的一篇文艺著作《在中国文艺协会成立大会上的讲话》提出“发扬苏维埃的工农大众文艺，发扬民族革命战争的抗日文艺”[①] 为标志，毛泽东文艺思想开始产生。围绕创办鲁迅艺术学院，党和毛泽东进行了一系列的文艺思想建设。1938 年 4 月 10 日在“鲁艺”成立大会上，毛泽东提出，要组织“山顶上的人”和“亭子间的人”，组成文艺界的抗日族统一战线；不但组织是抗日民族统一战线的组织，作风也是抗日民族统一战线的作风；明确指出“统一战线同时是艺术的指导方向”[②]。同月 28 日，在“鲁艺”所作的《怎样做艺术家》的演讲中，毛泽东提出，既有远大的政治理想，又有丰富的斗争经验、良好的艺术修养的文艺工作者，才是伟大的艺术家，才能写出“又好吃又好看”的作品来[③]。1939 年在“鲁艺”成立一周年时，毛泽东题了词：“抗日的现实主义，革命的浪漫主义。”在纪念大会上，李维汉宣布了党中央为“鲁艺”制定的教学方针：“以马列主义的理论与立场，在中国新文艺运动的历史基础上，建设中华民族新时代的文艺理论与实际，训练适合今天抗战需要的大批艺术干部，团结与培养新时代的艺术人才，使鲁艺成为实现中共文艺政策的堡垒与核心。”[④] 这表明发展马列主义文艺理论，将马克思主义与中国新文艺运动相结合的问题，已经提上了党中央工作的议事日程，毛泽东文艺思想的许多基本观点正在形成。到 1940 年毛泽东发表《新民主主义论》，全面总结五四新文化运动以来的文化运动史、详细阐明新民主主义文化的理论和纲领，指出新民主主义的文化，就是无产阶级领导的人民大众的反帝、反封建的文化，就是民族的科学的大众的文化。《新民主主义论》虽然不是文艺问题专论，但毛泽东所论述的新民主主义文化是以新民主主义的文艺为主要内容的。新民主主义文艺理论是包含在新民主主义文化理论之中的。

1942 年开始的延安整风运动的主要目的，是解放全党首先是领导干部的思想，克服土地革命战争时期，尤其是王明路线占统治地位时盛行的把马克思主义教条化、把苏联经验和国际决议神圣化的思想影响。作为延安整风运动重要组成部分的文艺界整风，以延安文艺座谈会为开端。《在延

---

① 中共中央文献研究室．毛泽东文艺论集．北京：中央文献出版社，2002：4.

② 同①13.

③ 同①17-18.

④ 文化部党史资料征集工作委员会，《延安鲁艺回忆录》编委会．延安鲁艺回忆录．北京：光明日报出版社，1992：16.

安文艺座谈会上的讲话》是毛泽东文艺思想发展达到成熟的代表作。它标志着马克思主义与中国革命文艺实践相结合，即毛泽东文艺思想发展形成了第一个高峰。

《讲话》在马克思主义文艺理论发展史上是一篇里程碑式的文献。概括起来，《讲话》的主要贡献包括两个方面：第一，首次系统地论述了文艺与生活、革命文艺与人民生活的关系，指出文艺要源于生活、高于生活，革命的文艺应当根据实际生活创造出各种各样的人物来，帮助群众推动历史前进；第二，首次系统地论述了文艺家与党、与革命、与工农兵群众的关系，指出革命文艺家要站在无产阶级的和人民大众的立场，对于共产党员来说也就是站在党性和党的政策的立场，为人民大众，首先是为工农兵服务，为革命服务（在当时就是为抗战服务）。从而丰富了马克思主义文艺理论的宝库。

革命文艺的正确方向是为人民大众服务，这是《讲话》的最重要的理论成果，是毛泽东文艺思想的最基本的主题。对这个问题的明确提出和系统论述，标志着毛泽东文艺思想的科学体系已经创立。

延安文艺座谈会以后，毛泽东文艺思想得到了进一步丰富和发展。比如，1942 年 5 月 28 日毛泽东在中央高级学习组作报告，专门介绍了文艺界的情况和延安文艺座谈会的情况，提出了许多重要理论观点，尤其是关于文艺统一战线的论述非常深刻。他说，我们主张革命的东西是从最低的到最高的，艺术的东西也是从最低的到最高的。意思是说，在革命问题上，从拥护抗日思想的大地主、大资产阶级，到坚持马克思列宁主义立场的无产阶级，我们都团结，或者说从抗日到马列主义我们都提倡；在艺术问题上也是如此，从启蒙萌芽状态起，直到艺术性最高的，从墙报、民歌、民间故事等，直到托尔斯泰、鲁迅、高尔基，艺术高到天上的我们要，低到地下的我们也要①。毛泽东这个报告，可以看作是《讲话》精神的丰富和发展。又如，1944 年毛泽东在《文化工作中的统一战线》中，丰富和发展了文化工作统一战线的思想。

党的七大前后，毛泽东等与文艺家的交往越来越密切了，对文艺工作

① 中共中央文献研究室．毛泽东文艺论集．北京：中央文献出版社，2002：92-93．

也越来越关心了。1944 年 1 月 9 日他读过郭沫若的《虎符》以后，“深为感动”，称赞郭沫若“做了许多十分有益的革命的文化工作”，致信向他表示庆贺；同一天他又写信给杨绍萱、齐燕铭，谈了平剧《逼上梁山》的观后感，称“从此旧剧开了新生面”，“你们这个开端将是旧剧革命的划时期的开端”；同年 4 月 2 日致信周扬，称周扬为《马克思主义与文艺》一书写的编者序言“写得很好。你把文艺理论上几个主要问题作了简明的历史叙述，借以证实我们今天的方针是正确的，这一点很有益处，对我也是上一课”。同时他谦虚地说，把他“配在马、恩、列、斯……之林觉得不称”；4 月 29 日致信李鼎铭，谈了《永昌演义》一书的读后感，并提出了修改意见；5 月 27 日致信胡乔木，认为艾青《秧歌剧的形式》一文“切实、生动，反映了与具体解决了年来秧歌剧的情况和问题，除报上发表外，可印成小册，可起教本的作用”；7 月 1 日凌晨致信丁玲、欧阳山，祝贺丁玲写出了《田保霖》、欧阳山写出了《活在新社会里》这样的好文章；11 月 21 日致信郭沫若，称赞《甲申三百年祭》和《反正前后》；1945 年 2 月 22 日致信萧三，称赞他的《第一步》写得很好；还几次与柳亚子诗书往来；1945 年 11 月还为悼念冼星海题了词……这一系列文艺实践活动，反映了毛泽东对文艺工作的关心和支持。

党的七大以后，毛泽东和党中央的主要精力又集中在紧张的战争——抗日战争全面反攻和三年解放战争上了。

三

新中国成立前夕，中华全国文学艺术工作者第一次代表大会在北平召开。1949 年 7 月 1 日中共中央发出了经毛泽东大量修改过的贺电。毛泽东在贺电中指出：“在革命胜利以后，我们的任务主要地就是发展生产和发展文化教育。”号召“广泛地发展为人民服务的文艺工作，使人民的文艺运动大大发展起来，借以配合人民的其他文化工作和人民的教育工作，借以配合人民的经济建设工作”①。这一个“主要任务”一个“广泛”两个

① 中共中央文献研究室．毛泽东文艺论集．北京：中央文献出版社，2002：129-130.

“配合”非常重要，应该看作是全国革命胜利后党的文艺路线的新起点，应该看作是全国革命胜利后毛泽东文艺思想进一步发展的开端。

新中国成立初期，1951年毛泽东提出的“百花齐放，推陈出新”的正确方针，丰富了毛泽东文艺思想的内容，促进了新中国成立初期的戏曲改革。而1951年开始的批判电影《武训传》运动、1954年以后开展的批判《〈红楼梦〉研究》，尽管在提倡用历史唯物主义观点研究文艺方面有积极的一面，但学术批评搞成了政治运动，声势压人代替了说理论争，在文化思想界开了对思想问题、学术问题进行政治批判的不好先例。1955年开始的批判胡风文艺思想运动，更是混淆了敌我，造成了新中国成立后思想文化领域的一大冤案。

1956年这一年，在我们党的历史上，在我国社会主义的发展史上，在毛泽东文艺思想发展史上，是很重要的一年。这一年，我们党在总结历史经验教训、突破苏联模式、寻找自己的正确道路上，有许多可贵的探索。单说文艺方面，在这一年，毛泽东根据新中国成立后党在全国范围取得执政地位和社会主义基本制度初步建立的新情况，及时地确立了“百花齐放、百家争鸣”这一繁荣社会主义文艺的基本方针。而《同音乐工作者的谈话》则是“百花齐放、百家争鸣”思想的展开论述。在如何对待民族文艺传统、如何对待外来文艺、如何发展中国现代文艺等问题的论述中，充分体现了“百花齐放、百家争鸣”的思想。以毛泽东提出“双百”方针和发表《同音乐工作者的谈话》为标志，形成了毛泽东文艺思想发展的一个新的高峰。

提出“百花齐放、百家争鸣”，实质上就是在文艺工作和学术研究中倡导解放思想、实事求是。“双百”方针的提出，是毛泽东和党中央对马克思主义文艺理论的创造性贡献。坚持“百花齐放、百家争鸣”，是毛泽东文艺思想的另一个基本观点。

只可惜，“双百”方针提出只有一年的时间，它的健康发展，就被反右派斗争扩大化打断了。20世纪60年代初，周恩来的《在文艺工作座谈会和故事片创作会议上的讲话》和《对在京的话剧、歌剧、儿童剧作家的讲话》等的发表，“文艺八条”的制定，对“左”的文艺理论和实践进行了初步纠正。但1963年、1964年，毛泽东作出关于文艺工作的两个批示后，尤其是“文化大革命”爆发后，在“以阶级斗争为纲”的错误思想指导下，形成了文艺工作的“左”的指导方针。这个错误方针的制定和实行，使毛泽东文艺思想的科学内容受到极大歪曲和破坏。

四

1978 年真理标准大讨论和党的十一届三中全会之后，以邓小平同志为主要代表的中国共产党人，坚持解放思想、实事求是的思想路线，正确总结了几十年来特别是新中国成立以来党指导文艺的成功经验和失败教训，坚持以经济建设为中心，坚持四项基本原则，坚持改革开放的基本路线，继承了毛泽东文艺思想的科学内容，纠正了毛泽东晚年在文艺指导方针方面的错误，而且在许多方面又有了新的发展和新的开拓。以邓小平 1979 年发表的《在中国文学艺术工作者第四次代表大会上的祝辞》为主要标志，我们党将毛泽东文艺思想的发展推向一个新的、目前仍在继续发展的高峰——第三个高峰。

这主要表现在以下几个方面：

第一，随着全党工作重点的转移，提出了以经济建设为中心来繁荣文艺和“精神文明重在建设”的指导思想，强调全党全国人民要坚定不移地以经济建设为中心，文艺要服务和服从于经济建设这个中心，不能偏离这个中心，不能搞多个中心；纠正了“文化大革命”、“以阶级斗争为纲”、大批判运动开路和“破”字当头的“左”的错误思想。邓小平在全国第四次文代会上明确指出：“同心同德地实现四个现代化，是今后一个相当长的时期内全国人民压倒一切的中心任务，是决定祖国命运的千秋大业。”“对实现四个现代化是有利还是有害，应当成为衡量一切工作的最根本的是非标准。文艺工作者，要同教育工作者、理论工作者、新闻工作者、政治工作者以及其他有关同志相互合作，在意识形态领域中，同各种妨害四个现代化的思想习惯进行长期的、有效的斗争。”① 在 1992 年南方谈话中，他又进一步指出：“判断的标准，应该主要看是否有利于发展社会主义社会的生产力，是否有利于增强社会主义国家的综合国力，是否有利于提高

① 邓小平. 邓小平文选：第 2 卷. 2 版. 北京：人民出版社，1994：208-209.

人民的生活水平。”① 这是彻底的辩证唯物主义观点。文艺工作也应当坚持这个根本标准，以是否有利于社会主义经济发展、是否有利于社会主义精神文明建设、是否有利于社会主义文艺繁荣来衡量文艺工作的成败得失。“重在建设”包括两个层次的含义：一个是文艺工作服从和服务于经济建设这个中心，一个是文艺工作本身以建设为中心、以繁荣为中心。同时要坚持“一手抓繁荣，一手抓扫黄”，坚决反对资产阶级自由化。文艺要坚持以经济建设为中心和“重在建设”的方针，这是文艺工作最重要的拨乱反正，是邓小平建设有中国特色社会主义文艺理论的核心内容。

第二，党的十一届三中全会后的1980年，党中央宣布：我们的文艺工作总的口号应当是“文艺为人民服务、为社会主义服务”。1980年7月26日《人民日报》以这个口号为题发表了社论。这个口号，继承了毛泽东提出的文艺为人民大众服务的思想，用“为人民服务”包容、涵盖了“为工农兵服务”，使服务对象更加广泛；用“为社会主义服务”取代了“文艺为政治服务”，更全面、更科学地概括了文艺工作的总任务和根本目的。为人民服务就是为人民的根本利益和最大利益服务，为社会主义服务就是为社会主义的根本任务服务。经济建设是当前我国人民的根本利益和最大利益，是我国社会主义的根本任务和中心任务。“文艺为人民服务、为社会主义服务”这个口号，不仅能更完整地反映社会主义时代对文艺的历史要求，而且更符合文艺规律。因为在今天，“人民大众”的范围已大大超出了“工农兵”的范围；虽然文艺不可能完全脱离政治，但不能要求文艺为某一项具体的政治运动、政治任务和政治口号服务，这样势必会导致文艺的单一化、概念化、公式化。况且政治和文艺都属于上层建筑，要求上层建筑以上层建筑为服务目的，显然是不合适的，在正常的和平建设时期尤其是不应当的。政治和文艺都应该为经济基础服务，应该以为社会主义建设服务为目的。

第三，随着改革开放的进行，提出要认真总结历史经验，正确贯彻“百花齐放、百家争鸣”的方针。强调新形势下要加强和改善党对文艺工作的领导，要充分尊重文艺的特点和规律；要倡导创作自由、学术自由、

① 邓小平．邓小平文选：第3卷．北京：人民出版社，1993：372.

讨论自由、批评和反批评自由，只要不违反宪法、法律和国家有关规定，一切思想上无害、艺术上可取能给予人们以艺术享受和娱乐的作品，都允许存在；在艺术创作上提倡不同形式和风格的自由发展，在艺术理论上提倡不同观点和学派的自由讨论；提出适应社会主义市场经济体制的建立，要加快和深化文艺体制改革；文艺要面向世界、面向未来、面向现代化，创造出以马克思主义为指导的，批判继承历史传统而又充分体现时代精神的，立足本国而又面向世界的，这样一种高度发达的社会主义文艺。在新时期，“百花齐放、百家争鸣”，不仅体现在文艺创作、文艺评论、文艺理论研究上，而且要体现在文艺的对外开放和文艺体制的改革上。这样，就使“双百”方针在改革开放条件下，有了更为丰富的内涵和新的时代内容。

坚持以经济建设为中心来繁荣文艺，坚持为人民服务、为社会主义服务的方向，坚持“百花齐放、百家争鸣”的方针，团结一切拥护社会主义的文艺工作者、一切维护祖国统一的爱国的文艺工作者，为把我国建设成为富强、民主、文明的社会主义现代化强国而奋斗，这是邓小平建设有中国特色社会主义文艺理论的主要内容和党在社会主义初级阶段建设有中国特色社会主义文艺的具体路线。这个理论，是以邓小平同志为主要代表的中国共产党人对毛泽东文艺思想的继承和发展，是集体智慧的结晶。这个具体路线是党的“以经济建设为中心，坚持四项基本原则，坚持改革开放”的总路线在文艺工作中的具体体现。党的文艺工作是党的工作的一部分。党的文艺工作的具体路线是从属于党的总路线的。文艺繁荣是配合、服务、服从于经济建设这个中心的，“二为”方向是四项基本原则在文艺工作中的具体体现，“双百”方针则是改革开放总方针在文艺中的具体体现。在党的“一个中心、两个基本点”的总路线的指引下，毫不动摇地坚持以经济建设为中心，繁荣文艺，坚持“二为”方向和“双百”方针这个文艺工作的具体路线，是当代文艺家、文艺工作者光荣、伟大的使命和应当达成的基本共识。

纵观马克思主义与中国革命文艺运动实际相结合的历史，毛泽东文艺思想的发展与中国的思想解放运动是密切相关的。每次思想解放运动都促进了毛泽东文艺思想的大发展。五四新文化运动，是中国现代史上的第一次伟大的思想解放运动，它促进了马克思主义思想与中国革命文艺运动实际的结合，为毛泽东文艺思想的产生做了准备；延安整风运动是第二次思想解放运动，在这次思想解放运动中，毛泽东发表《在延安文艺座谈会上的讲话》，毛泽东文艺思想科学体系从此创立，毛泽东文艺思想发展形成了第一个高峰；1956 年党对社会主义发展道路初步探索过程，也是思想解放的过程，在这个过程中，毛泽东、党中央提出了“百花齐放、百家争鸣”的方针，形成了毛泽东文艺思想的另一基本点，使毛泽东文艺思想的发展出现了又一个高峰；1978 年真理标准大讨论开启的思想解放运动，是我党历史上最伟大、最持久、最广泛的思想解放运动，在这次思想解放运动中，形成了坚持以经济建设为中心来繁荣文艺和精神文明重在建设、坚持“二为”方向和“双百”方针的理论体系，将毛泽东文艺思想的发展推向第三个高峰。党的十一届三中全会以来的思想解放运动仍在进行中，毛泽东文艺思想的第三个高峰，在邓小平南方谈话和十四大精神鼓舞下迅速发展。只要坚持解放思想、实事求是，毛泽东文艺思想和邓小平建设有中国特色社会主义文艺理论就会不断取得新的大发展。

毛泽东面面观*

——答《德育报》记者问

在毛泽东诞辰100周年即将到来之际，大学同窗、山西《德育报》社长张卓玉，就学习、宣传、研究毛泽东生平思想问题前来采访。下面是答问录。

一、不了解一点毛泽东，就不了解中国的过去、现在和未来

问：几年来，经常读到你关于毛泽东研究的文章，读后很受启发，也了解到不少材料。你是如何对这个课题发生兴趣的？

答：命运使然，环境使然。你知道，1983年北京师范大学中文系毕业后，我就被分配到中共中央文献研究室工作，便走上了党的领导人著作编辑和生平研究的岗位。首先要干好本职工作，然后在工作中产生了越来越浓厚的兴趣，以至于调中共中央宣传部工作后兴趣未减，工作之余笔耕不止，变成铅字的也算不少，当然有分量的东西还不多。

问：太谦虚了吧？

答：那倒不是。有分量的东西是不容易搞出来的。

问：为什么至今兴趣不减呢？

答：在中国不了解一点毛泽东，搞宣传、搞理论乃至搞社会科学，恐怕不行；否则，就不了解中国的过去，也不可能了解中国的现在和未来。

问：为什么这么说呢？

答：道理很简单。因为毛泽东的名字是与中国共产党和中华人民共和国的历史分不开的。成功分不开，失误也分不开；过去分不开，现在和将

---

* 此文刊发于《德育报》（1993年第12期）。

来也分不开。现在党中央强调用邓小平建设有中国特色的社会主义理论武装全党。这个理论是对毛泽东思想的继承，也是对毛泽东晚年错误的纠正，当然更有在新形势下的新发展和新开拓。不了解毛泽东思想对在哪里、毛泽东晚年错在哪里，怎么能正确掌握有中国特色的社会主义理论？怎么能贯彻好党的基本路线？

问：也就是说了解过去是为了现在，对吧？

答：非常对。

问：那么，请你帮助我们了解一点毛泽东吧？

答：帮助不敢当。只能说着试试看。

二、从集哲学家、政治家、诗人于一身的内在气质把握毛泽东

问：毛泽东很复杂，可以从各个角度研究，使人感到很难把握。

答：是的。毛泽东是伟大的马克思主义者，是伟大的无产阶级革命家、战略家和理论家，是伟大的哲学家和诗人。他对中国革命的贡献、对马克思主义理论的贡献、他的诗词创作成就，都是划时代的。他的集哲学家、政治家、诗人于一身的内在气质，以及由此产生的理论成果和实践成就，都是值得我们认真研究而且必须是系统研究的。

问：请你展开谈谈，好吗？

答：好的。先说政治和哲学在毛泽东理论与实践中的交融。

三、毛泽东的政治著作充满了哲学思想

他的哲学著作实际上是对中国革命和建设实践的哲学总结。毛泽东深受中国传统文化的影响，而且首先接受的是中国传统文化思想，而后受到西方思想的影响，最后选择了马克思主义。他自己多次讲过，他的学习，第一阶段是在私塾里学孔子，第二阶段是进学校学资本主义，后来客观形势使他和他周围的人转向马克思主义。又说，我读了 8 年孔夫子，又读了 6 年资产阶级的书，24 岁才知道马克思。在湖南第一师范学习后期，毛泽东上承朱熹思想，下受杨昌济影响，孜孜寻求“宇宙之真理”。西方近代

文化思潮，诸如社会进化论、改良主义、无政府主义、实用主义等等，他都接触过、追求过，但都没成为他的坚定信仰。在各条道路都走不通的情况下，他才最终选择了马克思主义。他认为，这个选择是“无可如何的山穷水尽诸路皆走不通了的一个变计”。从此，毛泽东走上了马克思主义的道路，并逐步使马克思主义理论与中国实际相结合，创造了毛泽东思想的理论。在这个过程中，尤其是在延安时期，他阅读了大量的马克思主义哲学著作。1988 年，中共中央文献研究室编辑的《毛泽东哲学批注集》是这方面的客观反映。他写作了大量的哲学著作，诸如《反对本本主义》《中国革命战争的战略问题》《实践论》《矛盾论》《论持久战》《〈农村调查〉的序言和跋》《改造我们的学习》《关于领导方法的若干问题》《党委会的工作方法》《论十大关系》《关于正确处理人民内部矛盾的问题》《学习马克思主义的认识论和辩证法》等等。这些哲学著作，是毛泽东对马克思主义理论宝库的极大丰富，是对辩证唯物主义和历史唯物主义的极大发展，是扎根于中国的马克思主义哲学思想，这些著作奠定了毛泽东作为伟大的马克思主义哲学家的历史地位。

问：他的哲学著作，好像又不是纯理论性的。

答：是的。毛泽东的哲学思想和哲学理论，不是凭空想象的，不是照搬马列的教条，而是马克思主义理论与中国革命和建设实际创造性地结合的产物。换句话说，他不仅是哲学家，更重要的是革命家、政治家。他的哲学著作不是在书斋里写作出来的，而是来自革命实践，来自他几十年领导中国人民革命和建设的实践。因而，他的哲学著作很少是纯理论性的。从另外一个角度说，他的哲学著作实际上是对中国革命和建设实践的哲学总结。如《反对本本主义》是针对当时红军中存在的不注重调查研究的现象说的，《中国革命战争的战略问题》《论持久战》是讲在军事战争中如何运用辩证法，《关于领导方法的若干问题》和《党委会的工作方法》是讲领导哲学，《论十大关系》是经济建设工作的辩证法……

问：另一方面，在毛泽东关于革命和建设问题的著作中，也充满了哲学思想。

答：是的。如《中国社会各阶级的分析》中提出的分清敌我友是革命的首要问题，团结一切可以团结的力量结成革命的统一战线的思想；《星星之火，可以燎原》《中国的红色政权为什么能够存在?》中提出的“星星之火，可以燎原”；《〈共产党人〉发刊词》中提出的革命的“三大法宝”及其辩证关系；《新民主主义论》中提出的新民主主义政治与新民主主义的经济、新民主主义的文化的辩证统一关系；《论联合政府》中提出的“人民，只有人民，才是创造世界历史的动力”，以及理论联系实际、密切联系群众、批评和自我批评的三大作风及其相互关系；《在中国共产党第七届中央委员会第二次全体会议上的报告》中提出的“从我们接管城市的第一天起，我们的眼睛就要向着这个城市的生产事业的恢复和发展”，否则“我们就不能维持政权，我们就会站不住脚，我们就会失败”和全党同志务必继续保持谦虚谨慎、戒骄戒躁和艰苦奋斗的优良传统和作风；《论人民民主专政》中提出的民主与专政的关系；等等。这些不仅是光辉的政治思想，也是光辉的哲学思想。

四、毛泽东是一位极富诗人气质的政治领袖

问：在毛泽东研究方面，你更侧重研究毛泽东文艺思想，请你从毛泽东作为哲学家、政治家、诗人的综合气质上，再进一步谈谈，好吗?

答：好的。毛泽东是一位极富诗人气质的政治领袖。他以余事做诗人。他一生酷爱中国古典文学，上起《诗经》，下至明清文学作品，直到鲁迅著作，他涉猎广博。这使得他有很深的文学造诣。他的诗词创作、语言艺术，成就卓著、举世公认。因而，他可以以诗会友，可以与学人谈论文艺研究问题。这使得他深谙文艺规律，一生有大量的文艺著作、讲话、题词、批语、书信等等。这些，都集中反映在人民文学出版社 1992 年 5 月出版的《毛泽东论文艺（增订本）》一书中。这本书，是在龚育之同志带领下选稿、编辑、注释的。最后经中共中央文献研究室审核批准。这是到目前为止编辑人员最少的一本领导人著作。该书共收入毛泽东 1936 年到 1976 年的文艺文稿 65 篇，是毛泽东文艺思想的集中体现，是毛泽东文艺理论与实践的客观反映。其中《在中国文艺协会成立大会上的讲话》、《在延安文艺座谈会上的讲话》和经毛泽东大量修改过的《中共中央给中华全国文学艺术工作者代表大会的贺电》中提出的文艺为人民大众服务、为经

济建设和其他文化教育工作服务的方向，《为中国戏曲研究院题词》《关于“古为今用，洋为中用”的批示》《百花齐放，百家争鸣》《“放”还是“收”?》中提出的“百花齐放、百家争鸣”方针，《为鲁迅艺术学院周年纪念题词》等文稿中提出的现实主义与浪漫主义相结合的创作方法，《统一战线同时是艺术的指导方向》《文化工作中的统一战线》等著作中提出的“统一战线同时是艺术的指导方向”，《新民主主义的文化》和《同音乐工作者的谈话》中指出的中国文艺发展的道路，等等，都是毛泽东文艺思想的重要内容，是毛泽东对马克思主义文艺理论的重要贡献。

五、作为政治家，他常常把文艺作品当社会历史读

问：作为政治家，毛泽东阅读文艺作品与普通人有什么不同吗?

答：有的。作为无产阶级革命家、政治家，作为一个拥有几千万党员、领导世界四分之一人口的大党的杰出领导人，毛泽东常常从政治的高度和历史的角度观察、思考、评论文艺现象。这也是非常自然的。恩格斯指出巴尔扎克“在《人间喜剧》里给我们提供了一部法国‘社会’特别是巴黎‘上流社会’的卓越的现实主义历史”，列宁说“列甫·托尔斯泰是俄国革命的镜子”，就是把巴尔扎克和托尔斯泰的小说当历史读。毛泽东也把《红楼梦》当历史读。他说，《红楼梦》写的是很精细的社会历史。又说，你要不读一点《红楼梦》，你怎么知道什么叫封建社会?因而，毛泽东点明金陵四大家族（贾、史、王、薛）“一损俱损，一荣俱荣”的第四回，以及《冷子兴演说荣国府》，作为《红楼梦》全书的总纲，发前人之所未发，是卓有见地的。由此可见，把文学作品当历史读是一个非常重要的视角。当然，这不是唯一的视角。而且，毛泽东也不忽视其他视角，比如艺术的视角，人物塑造和语言运用的视角，以至版本沿革、作者及其身世的考证、同其他作品比较等等视角。毛泽东多次谈到凤姐这个人物写得好。他经常引用《红楼梦》中的语言。他把《红楼梦》同《金瓶梅》《官场现形记》《聊斋志异》等作过比较。他说，《金瓶梅》是《红楼梦》的祖宗，没有《金瓶梅》就写不出《红楼梦》。但是，《金瓶梅》的作者，不尊重女性，《红楼梦》《聊斋志异》是尊重女性的。他还说过，有些小说如

《官场现形记》，光写黑暗，鲁迅称之为谴责小说。只揭露黑暗，人们不喜欢看。《金瓶梅》没有传开，不只是因为它的淫秽，主要是它只暴露黑暗，虽然写得不错，但人们不爱看，《红楼梦》就不同，写得有点希望①。

他有大量诗作。但他的诗也不同于一般的文人诗，尤其是像《沁园春·雪》等代表作，大都是政治抒情诗，是政治家、哲学家的杰出诗作。

六、如果说鲁迅的语言像咖啡，那么毛泽东的语言就像茶

问：另一方面，善于引用文学故事和文学语言，也是毛泽东文章的一大特色。

答：是的。在今文（现代汉语文章）中，有两个人文章语言最有特色。一个是鲁迅，一个就是毛泽东。如果说鲁迅的语言像咖啡，那么毛泽东的语言就像茶。鲁迅的语言，尤其是杂文，没有文化的人或文化水平低的人很难懂，但一旦读懂，就越读越有味道，如同喝惯咖啡就越喝越上瘾一样；毛泽东的语言，人人可懂，但不同水平的人，理解的程度却不尽相同，如同人人都能喝茶但不常喝的与常喝的、普通人与品茶专家不可同日而语一样，收获肯定不同。

问：你这个比喻很恰当。

答：任何比喻都是蹩脚的。这个比喻是从欣赏者的角度说的，不是在鲁迅与毛泽东之间比高低。况且，茶和咖啡也很难说谁好谁坏，爱喝茶还是爱喝咖啡都没什么关系，最好都爱喝，都能喝，都能喝出水平。

问：能否先举例谈谈毛泽东政治论文语言的文学特色呢?

答：好的。在政治著作中，毛泽东经常以文学名著为例，引用其中的故事和语言，并同现实生活紧密联系起来，以增加政治论文的生动性。引经据典、谈古论今，是毛泽东语言的一大特色。这方面的例子是很多的。比如，1962 年在著名的七千人大会上，当谈到中国要富强起来至少需要上百年时间、西方资本主义的发展从 17 世纪开始也经过了好几百年的时候，毛泽东说："十七世纪是什么时代呢？那是中国的明朝末年和清朝初年。

① 中共中央文献研究室. 毛泽东文艺论集. 北京：中央文献出版社，2002：205-210.

再过一个世纪，到十八世纪的上半期，就是清朝乾隆时代，《红楼梦》的作者曹雪芹就生活在那个时代，就是产生贾宝玉这种不满意封建制度的小说人物的时代。乾隆时代，中国已经有了一些资本主义生产关系的萌芽，但是还是封建社会。这就是出现大观园里那一群小说人物的社会背景。”① 在“三反”“五反”的时候，他用贾政做官的故事教育共产党员干部要警惕受人包围。

问：那么，在哲学著作中呢?

答：在哲学著作和谈话中，毛泽东更是经常引用文学故事和人物语言，使抽象的哲学理论变得更形象、更生动、更通俗易懂。

比如，1964 年 8 月 18 日毛泽东在北戴河关于哲学工作的谈话中，有一大段话谈到怎样读《红楼梦》。他是这样说的：“《红楼梦》我至少读了五遍……。我是把它当作历史读的。开头当故事读，后来当历史读。什么人都不注意《红楼梦》的第四回，那是个总纲，还有《冷子兴演说荣国府》，《好了歌》和注。第四回‘葫芦僧乱判葫芦案’，讲护官符，提到四大家族：‘贾不假，白玉为堂金作马。阿房宫，三百里，住不下金陵一个史。东海缺少白玉床，龙王来请金陵王。丰年好大雪，珍珠如土金如铁。’《红楼梦》写四大家族，阶级斗争激烈，几十条人命。统治者二十几人（有人算了说是三十三人），其他都是奴隶，三百多个，鸳鸯、司棋、尤二姐、尤三姐等等。讲历史不拿阶级斗争观点讲，就讲不通。《红楼梦》写出来有二百多年了，研究红学的到现在还没有搞清楚，可见问题很难。有俞平伯、王昆仑，都是专家。何其芳也写了个序，又出了个吴世昌。这是新红学，老的还不算。蔡元培对《红楼梦》的观点是不对的，胡适的看法比较对一点。”② 毛泽东这段话是很有见地的。

还有，1957 年 3 月 1 日最高国务会议的结束语中，用王熙凤对刘姥姥说的“大有大的难处”来说明大国的事情也并不那么好办；在访苏的时候，用林黛玉说的“不是东风压倒西风，就是西风压倒东风”来比喻国际形势；在 1958 年召开的成都会议上，用小红说的“千里搭长棚，没有不散的筵席”来说明聚散的辩证法和“没有一件事情不是相互转化的”。

---

① 中共中央文献研究室．毛泽东文艺论集．北京：中央文献出版社，2002：207.

② 同①208-209.

问：毛泽东不愧是大政治家、大哲学家、大学问家。

答：所以，毛泽东不懂文艺、毛泽东文艺思想算不上理论的说法，是没根据的。

七、毛泽东文艺理论，不是创作技巧的学问，而是文艺政策思想和艺术哲学的理论

问：毛泽东文艺理论是不是与一般文艺理论也有所不同呢？

答：当然。毛泽东文艺理论是马克思主义理论与中国文艺发展和创作实践相结合的产物。就总体而言，它不是创作技巧的学问，而是艺术哲学的理论。诸如关于"为人民服务、为社会主义服务"的马克思主义的文艺方向观问题，关于马克思主义的指导与"双百"方针问题，关于推陈出新、古为今用、洋为中用的方针问题，关于党的领导与文艺工作的统一战线问题，关于现实主义与浪漫主义创作方法相结合问题，等等。这既是马克思主义文艺的基本原理，又是党的政治方针和政策的重要内容，同时也是哲学问题——每一对概念都是辩证统一的关系，是马克思主义哲学在文艺实践中的运用和发展。毛泽东的《同音乐工作者的谈话》，既是文艺专论，也是哲学著作。党的十三届四中全会以后，党中央号召全党学习马克思主义哲学，在有关部门确定的"学习马克思主义哲学必读书目"中，《同音乐工作者的谈话》就在其中。因此，我们说，毛泽东是集哲学家、政治家、诗人于一身的杰出人物，他的著作也往往既是哲学著作，又是政治教科书，又是文艺理论著作。总之，有着非常丰富的内涵。

问：由此看来，科学评价毛泽东，完整、准确地理解毛泽东思想，说起来容易，做起来很难啊！

答：确实如此。历史也证明如此。从党的七大提出毛泽东思想至今快半个世纪了，党的十一届三中全会召开也有 14 年多了，否定毛泽东思想的观点一直存在；肯定毛泽东晚年错误的现象也时有发生，1989 年春夏之交的政治风波和国际变局之后，有人认为毛泽东关于党内有资产阶级的理论是正确的，提出要搞"多中心"。当然，持这两种观点的人都是极少数。

八、纪念不是为了怀旧，而是为了今天前进和未来发展

问：最后，请你谈谈我们今天应当怎样纪念毛泽东，好吗？

答：这是一个很大、很难回答的题目。谈一点个人体会，不对的地方，请你和读者批评指正。纪念毛泽东，当然首先要缅怀他的丰功伟绩。但我认为不仅如此，主要不是如此。纪念不是怀旧，而是为了今天前进和未来发展。所有纪念的目的都应如此。纪念毛泽东更是如此。因为，我们今天的事业是毛泽东开创的事业的继续和发展。没有昨天，就没有今天；今天不前进、明天不发展，也就断送了昨天。为了今天的前进和明天的发展，就要继承昨天正确的东西、纠正错误的部分，而且还要开创新的局面。忘记过去，当然是错误的；但如果得出过去什么都好，甚至认为还要提“以阶级斗争为纲”，那就走向了真理的反面。

九、邓小平建设有中国特色社会主义理论同毛泽东的理论与实践是继承、纠正和发展的关系

问：坚持马克思列宁主义、毛泽东思想是四项基本原则之一，党的十四大又举起了邓小平建设有中国特色社会主义理论的旗帜，是否有矛盾呢？

答：没矛盾。如同党的七大举起毛泽东思想的旗帜并不意味着否定和贬低马列主义一样，党的十四大举起了邓小平建设有中国特色社会主义理论的旗帜，也并不意味着否定和贬低毛泽东思想。恰恰相反，是继承，是发展。党的七大举起毛泽东思想的旗帜，是强调马克思主义必须同中国革命实践相结合，说明这个结合已经产生了新的理论，中国革命的、自己的理论；党的十四大举起邓小平建设有中国特色社会主义理论的旗帜，是强调毛泽东思想在当代中国有了新的重大的发展，中国建设社会主义开始形成了自己的新的理论。

在50年代末60年代初，毛泽东在读苏联《政治经济学教科书》时的谈话中，曾经指出，任何国家的共产党人，任何国家的无产阶级思想界，

都要创造新的理论，写出新的著作，才能解决面对的新问题。任何国家、任何时候，单靠老东西是不行的。

1989 年 5 月 16 日，邓小平曾经指出："多年来，存在一个对马克思主义、社会主义的理解问题。……马克思去世以后一百多年，究竟发生了什么变化，在变化的条件下，如何认识和发展马克思主义，没有搞清楚。绝不能要求马克思为解决他去世之后上百年、几百年所产生的问题提供现成答案。列宁同样也不能承担为他去世以后五十年、一百年所产生的问题提供现成答案的任务。真正的马克思列宁主义者必须根据现在的情况，认识、继承和发展马克思列宁主义。

"世界形势日新月异，特别是现代科学技术发展很快。现在的一年抵得上过去古老社会几十年、上百年甚至更长的时间。不以新的思想、观点去继承、发展马克思主义，不是真正的马克思主义者。

"列宁之所以是一个真正的伟大的马克思主义者，就在于他不是从书本里，而是从实际、逻辑、哲学思想、共产主义理想上找到革命道路，在一个落后的国家干成了十月社会主义革命。中国伟大的马克思列宁主义者毛泽东，并不是在马克思、列宁的书本里寻求在落后的中国夺取新民主主义革命胜利的途径。马克思能预料到在一个落后的俄国会实现十月革命吗？列宁能预料到中国会用农村包围城市夺取胜利吗？

"在革命成功后，各国必须根据自己的条件建设社会主义。固定的模式是没有的，也不可能有。墨守成规的观点只能导致落后，甚至失败。"①

邓小平这些话讲得是很深刻的。如果认为马克思、列宁所建立的基本的理论原则和方法，对于解决现在的问题无能为力了，这是"马克思主义过时论"。搞资产阶级自由化的人竭力攻击马克思主义过时，我们要坚决反对和批驳。我们强调要用马列主义、毛泽东思想的基本的理论原则和方法来研究新情况，解决新问题，正是因为我们认为马列主义、毛泽东思想有用，没有过时。但是，如果认为面对新形势、解决新问题，无须我们进行新的研究，形成新的观点，如果认为分析新形势、解决新问题的具体结论和具体方案，在马克思、列宁、毛泽东的著作中全部有现成的了，那也

① 邓小平．邓小平文选：第 3 卷．北京：人民出版社，1993：291-292．

是不对的。运用马克思主义的立场、观点和方法研究新情况、解决新问题得出新结论、取得新发展，是我们后继者的责任。我们要尊重先驱者，遵循他们的基本教导，又不能不承担起历史赋予后继者的使命。

毛泽东思想是中国共产党人创造的解决中国革命问题的新的理论，它是指导中国革命走向胜利的伟大旗帜；邓小平建设有中国特色社会主义的理论，是在总结过去 30 年经验教训基础上，在 14 年改革开放的新的伟大实践中，中国共产党人创造的解决中国社会主义现代化建设问题的新的理论，是“一面引导全国各族人民迈向 21 世纪的伟大旗帜”，是引导中国社会主义现代化建设走向胜利的伟大旗帜。

问：那么，邓小平建设有中国特色社会主义理论同毛泽东的理论与实践是怎样的关系呢？

答：著名理论家龚育之认为有三重关系：继承的关系、纠正的关系、发展创新的关系。我认为这个概括是很全面、很准确的。邓小平建设有中国特色社会主义理论继承了毛泽东思想，纠正了毛泽东晚年的错误，同时又有新的开拓和新的发展。当然，还要继续不断开拓和发展。

因此，纪念毛泽东，学习、宣传、研究毛泽东思想，必须把毛泽东思想同毛泽东晚年错误区别开来，必须同学习、宣传、研究邓小平建设有中国特色社会主义理论结合起来，必须同学习、宣传、研究十一届三中全会以来党的路线、方针、政策结合起来，必须同改革开放和社会主义现代化建设的实际结合起来。

总之，一是要用联系的眼光多角度地、全面地看待毛泽东，不能就事论事；二是要用历史的眼光辩证地、客观地看待毛泽东，不溢美、不遮丑。

邓小平文艺理论对毛泽东文艺思想的新发展*

党的十一届三中全会以来，以邓小平同志为主要代表的中国共产党人，解放思想，实事求是，继承了毛泽东文艺思想，纠正了毛泽东晚年在文艺理论与实践方面的错误，而且在许多问题上又有了新的开拓，逐步形成了建设有中国特色社会主义文艺理论体系，使毛泽东文艺思想有了新的大发展。

那么邓小平建设有中国特色社会主义文艺理论在哪些方面发展了毛泽东文艺思想呢？我认为，主要有五个方面：

第一，坚持以经济建设为中心来繁荣文艺和精神文明“重在建设”的指导思想，这是党的十一届三中全会以后党中央明确提出的正确指导思想，是对“以阶级斗争为纲”“‘破’字当头”“大批判开路”错误指导思想的纠正，是文艺工作最重要的拨乱反正，是对毛泽东文艺思想的新发展、新开拓。

在党的十一届三中全会不久，邓小平就指出：“社会主义制度优越性的根本表现，就是能够允许社会生产力以旧社会所没有的速度迅速发展，使人民不断增长的物质文化生活需要能够逐步得到满足。按照历史唯物主义的观点来讲，正确的政治领导的成果，归根结底要表现在社会生产力的发展上，正确的政治领导的成果，归根结底要表现在社会生产力的发展上，人民物质文化生活的改善上。”① 在1979年10月，在《在中国文学艺术工作者第四次代表大会上的祝辞》中，他更明确地指出，“对实现四个现代化是有利还是有害，应当成为衡量一切工作的最根本的是非标准”。一切文艺工作者“都要更好地互相帮助、互相学习，把全部精力集中于文艺的创作、研究或评论”②。

---

* 本文发表于《文汇报》(1993年12月24日)，《新华文摘》(1994年第2期) 全文转载。

① 邓小平. 邓小平文选：第2卷. 2版. 北京：人民出版社，1994：128.

② 同①212.

1989 年春夏之交的政治风波平息以后，邓小平强调党的十一届三中全会以来的路线、方针、政策没有错、不能变。按照这种精神，党中央明确提出："繁荣文艺是各级文化部门的中心任务"。"从中央到地方，党政各级文化领导部门和领导干部都必须以高度的责任感，全神贯注地致力于充分调动广大文艺工作者的积极性和创造性，发动他们为全社会提供足够数量的优质精神产品。""检验文艺领导工作是否有成绩以及成绩大小，根本标准就是看健康的社会主义的文艺是否繁荣。如果一个地方、一个部门长期出不了优秀作品，出不了杰出人才，甚至搞得群众没书看、没戏看，就如同搞得群众没粮吃、没菜吃一样，这样的领导不能说是称职的，也是不会取得广大群众的拥护与支持的。"① 1991 年元宵佳节江泽民号召大家"着眼于现在，着眼于未来，着眼于人民的利益，着眼于社会主义文艺的繁荣"。

1992 年春天，邓小平南方谈话再次强调指出："应该主要看是否有利于发展社会主义社会的生产力，是否有利于增强社会主义国家的综合国力，是否有利于提高人民的生活水平。"② 在党的十四大上江泽民又重申了"精神文明重在建设"的思想。

第二，坚持"文艺为人民服务、为社会主义服务"的方向，这是十一届三中全会以来党中央明确提出的新口号，是对毛泽东文艺思想（为人民大众服务）的继承，纠正了"文艺为工农兵服务""为政治服务"的偏颇。

1949 年 7 月 1 日，毛泽东在《中共中央给中华全国文学艺术工作者代表大会的贺电》中提出了"一个主要任务"(革命胜利后的主要任务就是发展生产和发展文化教育)、"一个广泛"（广泛地发展为人民服务的文艺工作)、"两个配合"（配合人民的其他文化工作和人民的教育工作、配合人民的经济建设工作)③。实际上就是讲文艺要为人民服务、为经济建设服务。这是一个很好的思路。党的八大明确提出了繁荣我国的科学和艺术，使它们为社会主义建设服务的问题。可惜随着对国内主要矛盾的错误判断和"以阶级斗争为纲"的"左"的错误的发展，"为经济建设服务"没能

---

① 中共中央文献研究室．十三大以来重要文献选编：上．北京：人民出版社，1991：851.

② 邓小平．邓小平文选：第 3 卷．北京：人民出版社，1993：372.

③ 中共中央文献研究室．毛泽东论文艺（增订本）．北京：人民文学出版社，1992：83.

引起重视，而是被“为政治服务”和“以阶级斗争为纲”的口号所淹没。1956年“双百”方针提出后，有人曾对继续单独强调“为工农兵服务”提出疑问，但因随之而来的反右派斗争扩大化，这些意见都成了“反党反社会主义”的言论。1961年周恩来在《在文艺工作座谈会和故事片创作会议上的讲话》中结合时代特点提出文艺“为工农兵服务，为劳动人民服务，为无产阶级专政制度下的人民大众服务”，试图纠正片面强调“为工农兵服务”的偏颇“文化大革命”。1962年5月，《人民日报》发表社论，明确指出，《讲话》发表以后的20年，历史发生了很大变化，文艺要“为最广大的人民群众服务”。“文化大革命”十年动乱中，这篇社论作为“全民文艺论”的典型遭到批判。

直到党的十一届三中全会毅然抛弃“以阶级斗争为纲”，确定把党和国家的工作重点转移到经济建设上来，尤其是邓小平在第四次全国文代会上发表重要讲话确定了文艺工作的大政方针之后，党中央明确提出了“文艺为人民服务、为社会主义服务”的口号。这个口号，不仅继承了毛泽东提出的文艺为人民大众服务的基本思想，纠正了只提“为工农兵服务”“为政治服务”的偏颇；而且也有新发展和新开拓，发展了党的八大提出的“文艺为社会主义建设服务”的思想，强调文艺要服务和服从于经济建设这个中心，发展了文艺为人民服务的思想，强调社会主义现代化是当前广大人民最根本、最高的利益。这就把党的“一个中心、两个基本点”的基本路线贯穿其中，使“二为”方向有了新的、具体的时代内容。

第三，党的十一届三中全会以后，邓小平和党中央反复强调，要认真总结历史经验和教训，正确坚持“百花齐放、百家争鸣”的方针，这是对毛泽东文艺思想的继承。而且随着改革开放的不断深入，不断赋予新的内涵，不断增添新的时代内容。

“百花齐放、百家争鸣”方针，是1956年党中央在讨论“十大关系”的过程中确定的关于科学和文化工作的重要方针。可是，1957年反右派斗争的扩大化，严重损害了这个方针的贯彻执行，并且导致用“以阶级斗争为纲”的理论对这个方针做出片面的、错误的解释。一系列错误的、过火的政治批判，尤其是“文化大革命”，使“双百”方针遭到更严重的破坏。

党的十一届三中全会以后，党中央拨乱反正，重申“双百”方针的科学意义。这集中体现在邓小平在全国第四次文代会上的讲话、《中共中央关于社会主义精神文明建设指导方针的决议》、《中共中央关于进一步繁荣文艺的若干意见》和江泽民 1991 年元宵文艺讲话等文献中。邓小平强调，新形势下要加强和改善党对文艺工作的领导，要充分尊重文艺的特点和规律；要倡导创作自由、学术自由、讨论自由、批评和反批评自由，只要不违反宪法、法律和国家有关规定，一切思想上无害、艺术上可取、能给予人们以艺术享受和娱乐的作品，都允许存在；在艺术创作上提倡不同形式和风格的自由发展，在艺术理论上提倡不同观点和学派的自由讨论；提出适应社会主义市场经济体制的建立，要加快和深化文艺体制改革；文化要面向世界、面向未来、面向现代化，创造出以马克思主义为指导的、批判继承历史传统而又充分体现时代精神的、立足本国而又面向世界的这样一种高度发达的社会主义文艺。在新时期，“百花齐放、百家争鸣”不仅体现在文艺创作、文艺评论、文艺理论研究上，而且要体现在文艺的对外开放和文艺体制的改革上。同时，强调要坚持四项基本原则、反对资产阶级自由化，强调要警惕右，但主要是防止“左”。这样，就使“双百”方针在改革开放条件下，有了更为丰富的内涵和新的时代内容。

第四，在社会主义和爱国的旗帜下建立广泛的文艺工作统一战线，这是邓小平建设有中国特色的社会主义文艺理论的重要内容。

早在 1938 年，毛泽东就提出：“统一战线同时是艺术的指导方向。”1940 年在《新民主主义论》中、1942 年在《在延安文艺座谈会上的讲话》中、1944 年在《文化工作中的统一战线》中，毛泽东都谈到了文艺工作的统一战线问题。建立广泛的文艺工作统一战线，是党的一贯方针。这个理论，在新民主主义时期和新中国成立初期运用得是比较好的。1956 年党中央还曾提出过在爱国主义和社会主义基础上的团结。“‘百花齐放，百家争鸣’，既是为了动员一切积极因素，所以又是一个加强团结的政策。在什么基础上的团结？在爱国主义的基础上，在社会主义的基础上。团结起来干什么？建设社会主义的新中国，并且同国内外敌人作斗争。”① 但在当时

---

① 陆定一. 百花齐放，百家争鸣. 人民日报，1956-06-13.

并没引起注意。不久发生的反右派斗争，尤其是在“文化大革命”中，阶级斗争严重扩大化，文艺工作的统一战线受到很大损害。

党的十一届三中全会后，邓小平在《在中国文学艺术工作者第四次代表大会上的祝辞》中提出：“一切社会主义的和爱国的文艺工作者，一切维护祖国统一的文艺工作者，都要更好地互相帮助、互相学习，把全部精力集中于文艺的创作、研究或评论。”① 在这里，邓小平为我们树立了两面旗帜：社会主义的旗帜和爱国的旗帜。在这两面旗帜下团结起来，是建设有中国特色的社会主义文艺理论的重要内容。

第五，加快和深化文艺体制改革，是党的十一届三中全会以后文艺工作的新课题，是社会主义现代化建设和改革开放实践给文艺工作提出的新的任务和新的要求，是邓小平建设有中国特色社会主义文艺理论对毛泽东文艺思想的新开拓。

党的十一届三中全会以后，我国进入改革开放新时期。十二大党中央做出全面改革的决策；十二届六中全会通过的《中共中央关于社会主义精神文明建设指导方针的决议》提出了进行文化管理体制改革的任务；党的十三大以后的《中共中央关于进一步繁荣文艺的若干意见》（简称《意见》），首次比较系统地论述了文艺体制改革问题。《意见》指出，文艺体制改革的目的是进一步发展文艺生产力，繁荣社会主义的文艺，满足人民日益增长的文化生活需求。文艺体制改革首先要理顺党、政府和群众文化团体之间的关系，明确它们各自的职能。党要实行政治领导，加强对文艺的宏观指导。政府主要是通过法律、行政、经济等多种手段，对文艺事业进行指导、规划，协调、服务、监督和管理。文联的主要职能是负责对各团体会员联络、协调和服务，协会除了上述职能外，还负有搞好评论、办好刊物、保障人员正当权益的职责。《意见》指出，在文艺管理体制上，要扩大各类文艺事业单位的自主权，引入竞争机制，促进人才流动，以增强文艺事业单位的生机和活力，调动文艺工作者的积极性和创造性。要在艺术表演团体中积极而审慎地推行“双轨制”：国营的艺术表演团体要少而精，代表国家和地方艺术水平或者具有特殊历史保留价值的艺术表演团

① 邓小平．邓小平文选：第2卷．2版．北京：人民出版社，1994：212.

体，由政府文化主管部门主办非国营的艺术表演团体，由艺术家自由组合，实行集体所有制或个体所有制，自主经营，独立核算，自负盈亏。《意见》指出，政府对文化市场实行宏观调节和间接领导，运用市场机制来组织和引导群众的文化消费，是提高精神产品质量和服务质量的方式之一，我们文艺工作必须把社会效益作为最高标准。要努力提高精神产品的质量，改善经营管理，提高经济效益，使社会效益和经济效益很好地结合起来。党的十四大确定建立社会主义市场经济体制的目标，对文艺体制改革提出了新的任务和要求。一年多来，文艺体制改革在理论和实践上都有了新的发展。

以上五条是邓小平建设有中国特色社会主义文艺理论的主要内容，也是党的基本路线在文艺工作中的具体反映。这个理论简要概括起来就是：坚持以经济建设为中心来繁荣文艺，坚持为人民服务、为社会主义服务的方向，坚持“百花齐放、百家争鸣”的方针，团结一切可以团结的文艺家、文艺工作者，为中华民族文艺的极大繁荣而奋斗！核心内容是以经济建设为中心来繁荣文艺，坚持“二为”方向和“双百”方针。

总之，以经济建设为中心来繁荣文艺，坚持“二为”方向，坚持“双百”方针，这就是我们的基本经验，这就是邓小平建设有中国特色社会主义文艺理论的主要内容。这个理论还将随着实践的发展而不断发展、丰富和完善，不断注入新的时代内容。

邓小平建设有中国特色社会主义理论的三条主线*

学习、宣传、研究邓小平建设有中国特色社会主义理论，要在精读《邓小平文选》原文、领会十四大精神及掌握《邓小平同志建设有中国特色社会主义理论学习纲要》要点基础上得其要领。我体会，就是要紧紧围绕什么是社会主义、怎样建设社会主义这个基本理论问题，密切联系当前实际，牢牢把握三条主线：一是解放思想、实事求是的思想路线，二是“一个中心、两个基本点”的政治路线，三是“一切为了群众、一切依靠众，从群众中来、到群众中去”的工作路线。三条主线互相交织，共同贯穿于邓小平建设有中国特色社会主义理论之中。解放思想、实事求是，是这个理论的精髓：“一个中心、两个基本点”，是这个理论的结构；工作路线是这个理论的根基。

一、第一条主线：解放思想、实事求是的思想路线，这是理论的精髓

解放思想、实事求是，是党的十一届三中全会重新确立的党的思想路线，是邓小平建设有中国特色社会主义理论的精髓。这条思想路线，既有历史的继承性，又有鲜明的时代感。实事求是是马列主义、毛泽东思想的精髓。作为马列主义、毛泽东思想继承和发展的邓小平建设有中国特色社会主义理论，精髓也是实事求是。邓小平强调解放思想、实事求是，一则本来二者就是一回事。如同他自己所说，解放思想，就是使思想和实际相

---

* 此文 1994 年收入《西城区领导干部理论文章汇编》，后多有转载，原题为“掌握科学体系领会基本观点——试论邓小平建设有中国特色社会主义理论的三条主线”，收入本书时略有删改。

符合，使主观和客观相符合，就是实事求是。二则是针对“左”的思想的长期影响，鲜明地提出了改革的任务、体现了“警惕右，但主要是防止‘左’”的思路。

解放思想、实事求是思想路线贯穿于拨乱反正和全面改革的全过程。邓小平说，党的十一届三中全会以来“我们主要做了两件事，一是拨乱反正，二是全面改革”。解放思想、实事求是思想路线的重新确立，有力地推动和保证了拨乱反正的进行。进行真理标准大讨论，批评“两个凡是”，冲破了“左”的束缚；召开十一届三中全会，提出工作重心转移，实现了伟大的历史转折；平反冤假错案，大批解放老干部，端正了组织路线；作出《关于建国以来党的若干历史问题的决议》，正确估价历史，重申毛泽东思想的指导地位，统一了全党的思想。解放思想、实事求是思想路线的重新确立，有力地推动和保证了全面改革的进行：实行家庭联产承包责任制，发展乡镇企业，创办经济特区，引进外资，提出社会主义初级阶段理论和社会主义市场经济理论，等等。没有解放思想、实事求是，哪有拨乱反正和全面改革？不坚持解放思想、实事求是，哪有这一系列的实践成就和理论成果？

邓小平在拨乱反正和全面改革中一以贯之地坚持解放思想、实事求是，解决了关系党和国家前途和命运的重大课题，作出了两大历史性贡献：一是科学地评价了毛泽东同志，维护了毛泽东思想的历史地位；二是成功地找到了在中国建设社会主义的正确道路，创立了建设有中国特色的社会主义理论。试想，没有解放思想、实事求是的精神和胆识，又怎能有这样了不起的贡献？

解放思想、实事求是，始终是我们的事业兴旺发达、我们的党永葆蓬勃生机的法宝。历史已经充分证明而且将更充分证明这一点。坚持解放思想、实事求是的思想路线，最重要的是搞清楚什么是社会主义、怎样建设社会主义，重要的是坚持一切从社会主义初级阶段的实际出发，核心是尊重实践，关键是坚持实践标准。

二、第二条主线：“一个中心、两个基本点”的政治路线，这是理论的结构框架

以经济建设为中心，坚持改革开放，坚持四项基本原则，是邓小平同

志在改革开放之初就反复强调的。从党的十一届三中全会，经过党的十二大，到党的十三大形成“一个中心、两个基本点”的规范表述。这条基本路线，是历史经验的科学总结，是党的十一届三中全会以来党的路线、方针、政策的总概括，是邓小平建设有中国特色社会主义理论的主体结构。因而，把握邓小平建设有中国特色社会主义体系，最重要的、最基本的是把握“一个中心、两个基本点”的全面性和整体性。

四项基本原则是立国之本，改革开放是强国之路，经济建设是一切工作的中心。“两个基本点”要有机地结合在经济建设的实践之中。“两个基本点”坚持得好不好，归根结底要看是否有利于社会主义现代化建设。“一个中心、两个基本点”是马克思主义辩证唯物论和历史唯物论的统一，是国内外历史经验的科学总结。历史经验证明，离开“一个中心”谈“两个基本点”，搞无谓的争论，没有理论意义和实践意义；离开“两个基本点”，经济建设也就失去了方向和动力。因而，要毫不动摇地坚持“一个中心、两个基本点”。

坚持党的基本路线一百年不动摇，有伟大的历史意义和重要的现实意义。“不坚持社会主义，不改革开放，不发展经济，不改善人民生活，只能是死路一条。”① 这是邓小平同志总结国内外历史经验教训得出的正确结论。在东欧剧变、苏联解体、国际共产主义处于低潮的时候，中国社会主义之所以没像多米诺骨牌那样随之而倒，根本上是因为坚持了“一个中心、两个基本点”的正确路线。回顾新中国成立以来的历史，联系社会主义在有些国家遇到的挫折，足见党的十一届三中全会、邓小平南方谈话和党的十四大是多么伟大！

用邓小平建设有中国特色社会主义理论武装全党，坚持党的基本路线一百年不动摇，是一个长期任务，是一个需要反复强调的问题。这是关系党和国家兴衰成败的大问题。历史、现实都告诉我们：只有坚持党的基本路线，才能得到人民的信任和拥护。只有按照基本路线坚定不移地干下去，一直干到 21 世纪中叶，才能基本实现社会主义现代化。

坚持“一个中心、两个基本点”的基本路线，核心是尊重生产力，关

① 邓小平．邓小平文选：第 3 卷．北京：人民出版社，1993：370.

键是坚持生产力标准，判断各方面工作的是非得失，归根到底要以是否有利于发展社会主义社会的生产力、是否有利于增强社会主义国家的综合国力、是否有利于提高人民的生活水平为标准。

三、第三条主线："一切为了群众、一切依靠群众，从群众中来、到群众中去"的工作路线，这是理论的根基

人民群众是我们党的力量源泉和胜利之本。群众路线是邓小平建设有中国特色社会主义理论的根基并贯穿其中。邓小平多次说："农村改革中的好多东西，都是基层创造出来，我们把它拿来加工提高作为全国的指导。"① 他在十二大开幕词中说："我们党提出的各项重大任务，没有一项不是依靠广大人民的艰苦努力来完成的。"② 我们党所领导的改革开放和社会主义现代化建设的全部活动和整个过程，都必须全心全意地依靠人民群众。

坚持群众路线的问题，在执政的情况下，主要是端正党风和密切联系群众问题。执政党的党风，党同人民群众的联系，是关系党生死存亡的问题。端正党风、密切党群关系要从三个层次去分析和研究问题。第一个层次是党员与群众的关系。党员也是群众中的一员，是群众中的先进分子，主要是干好本职工作，要靠在工作和生活中的模范行动发挥带动作用。当前的主要问题是如何更有效地加强基层党组织建设，使全体党员更好地发挥模范带头作用。第二个层次是党员领导干部与群众的关系。党的领导干部是人民的公仆，要坚持全心全意为人民服务的根本宗旨，要靠勤政廉政来发挥模范带头作用。当前的问题是如何将反腐败和廉洁自律工作引向深入。第三个层次是执政党与人民的关系。中国共产党是全国人民的领导核心，必须依靠广大工人、农民、知识分子，必须依靠各族人民的团结，必须依靠全体社会主义劳动者、拥护社会主义的爱国者和拥护祖国统一的爱国者的最广泛的统一战线。当前的主要问题是如何进一步坚持和健全民主集中制。根本上是加强党的自身建设。

---

① 邓小平．邓小平文选：第 3 卷．北京：人民出版社，1993：382.

② 同①4.

坚持党的群众路线，核心是尊重群众，关键是坚持群众拥护标准，即要看人民拥护不拥护、支持不支持、赞成不赞成、高兴不高兴、答应不答应。群众拥护的事、支持的事、赞成的事、高兴的事，要全心全意地去做；群众不拥护的事、不支持的事、不赞成的事、不高兴的事就不去做，即使是事情本身正确，如果群众反对，也不要急于去做，也要耐心等待，赢得群众的理解和支持后再去做。

四、三条主线与三个尊重、三个标准

学习邓小平建设有中国特色社会主义理论，要牢牢把握三条主线：思想路线、政治路线、工作路线，核心是做到三个尊重：尊重实践、尊重生产力、尊重群众，关键是把握三个标准：实践标准、生产力标准、群众拥护标准。

三条主线的概括，与基于十四大报告九条概括的《邓小平同志建设有中国特色社会主义理论学习纲要》相一致。党的十四大报告将邓小平建设有中国特色社会主义理论内容概括为九条。中宣部制定的《纲要》第二部分以此为依据展开为十六章。十六章实质上包括了五大部分：第一、二、三章为第一部分，是讲这个理论的精髓和基础（解放思想、实事求是的思想路线是这个理论的精髓，是哲学基础；社会主义本质论是这个理论在科学社会主义学说方面的基础；社会主义初级阶段论是这个理论在中国基本国情判断方面的基础）；第四、五章为第二部分，是讲以经济建设为中心的理论；第六、七、八章为第三部分，是讲改革开放的理论；第九、十、十一、十二、十三、十五、十六章为第四部分，是讲坚持四项基本原则的理论；第十四章为第五部分，是讲党的群众路线的理论。如果将第二、三、四部分合并，五大部分就可以合为三大块：第一块讲党的思想路线，第二块讲党的政治路线，第三块讲群众路线。三条主线（或叫三大块）、五大部分、十六章均源于“九条”，互相吻合。以《纲要》为线索，认真研读邓小平原著，从三大块、到五大部分、到十六章，再到《邓小平文选》第三卷，从大处着眼，从总体到具体，由粗到细，由大到小，由浅入深，对于基层干部党员来讲，会有利于从整体上把握邓小平建设有中国特色社会主义理论体系。

三条主线，也可以理解为邓小平建设有中国特色社会主义理论的三个活的灵魂。邓小平主持起草的《关于建国以来党的若干历史问题的决议》，把实事求是、群众路线、独立自主这三点概括为“毛泽东思想的活的灵魂”。江泽民在党的十四大报告中，将邓小平建设有中国特色社会主义理论概括为九条。头一条是这样写的：“在社会主义的发展道路问题上，强调走自己的路，不把书本当教条，不照搬外国模式，以马克思主义为指导，以实践作为检验真理的唯一标准，解放思想，实事求是，尊重群众的首创精神，建设有中国特色的社会主义。”在这个概括中，把思想路线、群众路线、走自己的的路结合在一起是很有新意的。我觉得也可以把党的思想路线、政治路线、群众路线作为邓小平建设有中国特色社会主义理论的三个活的灵魂来理解。

三条主线是党的生命线。党和国家的命运取决于解放思想、实事求是坚持得好不好，“一个中心、两个基本点”坚持得好不好，群众路线坚持得好不好。

三个尊重是坚持邓小平建设有中国特色社会主义理论和党的基本路线一百年不动摇的基石。关键是要尊重实践、尊重生产力、尊重群众。

三个标准是衡量我们各项工作得失的准绳。只要坚持实践标准、生产力标准和群众拥护标准，我们的事业就会长盛不衰。

我们今天应当怎样宣传邓小平南方谈话*

今天是邓小平南方重要谈话发表10周年。作为一个宣传工作者，我在思考一个问题：今天，我们应当怎样宣传南方谈话？

与研究工作不同，宣传是要面向群众的。面向群众，就要宣传那些最基本、最重要、最需要把握的东西。我感到，至少要做到以下两点：

第一，要从群众需要出发，宣传南方谈话的基本观点。因为，老百姓需要的是最基本的东西，要掌握的是马克思主义的基本原理。

邓小平南方谈话发表10年了。10年的理论与实践、10年的国际国内经验教训，都充分证明了邓小平南方谈话中的基本观点是非常重要、非常正确的，是需要反复强调、继续宣传的。诸如，“革命是解放生产力，改革也是解放生产力。”① “要坚持党的十一届三中全会以来的路线、方针、政策，关键是坚持‘一个中心、两个基本点’。不坚持社会主义，不改革开放，不发展经济，不改善人民生活，只能是死路一条。基本路线要管一百年，动摇不得。”② “改革开放胆子要大一些，敢于试验，不能像小脚女人一样。看准了的，就大胆地试，大胆地闯。”③ 判断姓“资”姓“社”的标准，应当主要看是否有利于发展社会主义社会生产力，是否有利于增强社会主义国家综合国力，是否有利于提高人民的生活水平。“计划多一点还是市场多一点，不是社会主义与资本主义的本质区别。社会主义的本质，是解放生产力，发展生产力，消灭剥削，消除两极分化，最终达到共同富裕。”④ “右可以葬送社会主义，‘左’也可以葬送社会主义，中国要警惕

---

* 此文是作者2002年2月18日在北京市纪念邓小平南方重要谈话发表10周年座谈会上的发言，刊发于《北京党史》（2002年第2期）。

① 邓小平．邓小平文选：第3卷．北京：人民出版社，1993：370．

② 同①370－371．

③ 同①372．

④ 同①373．

右，但主要是防止‘左’。”“抓住时机，发展自己，关键是发展经济。”[①] “发展才是硬道理。”[②] “中国要出问题，还是出在共产党内部。对这个问题要清醒，要注意培养人，要按照‘革命化、年轻化、知识化、专业化’的标准，选拔德才兼备的人进班子。”[③] “实事求是是马克思主义的精髓，要提倡这个，不要提倡本本。”[④] “从现在起到下世纪中叶，将是很要紧的时期，我们要埋头苦干。我们肩膀上的担子重，责任大啊！”[⑤] 等等。对于这些，我们要反复强调、不断宣传。

第二，要站在历史制高点上，宣传南方谈话的重要地位。因为，南方谈话和邓小平理论，是党的基本经验的科学总结，在中国化马克思主义发展史上具有承前启后的重要作用。

在中国共产党 80 年的奋斗史上，形成了三大理论成果：毛泽东思想、邓小平理论和江泽民“三个代表”重要思想。这三大成果是继承与发展的关系，而邓小平理论是承前启后的。这三大成果的形成，与十一届三中全会以来我们党的三次经验总结是密不可分的。

党的十一届三中全会以来第一次经验总结，是党的十一届六中全会。在总结建党 60 年特别是新中国成立 32 年以来党的基本经验基础上，作出《关于建国以来党的若干历史问题的决议》，重新评价了毛泽东的历史功绩，确立了毛泽东思想的指导地位和科学内涵，指出毛泽东思想的主要内容有六条，强调“毛泽东思想的活的灵魂，是贯串于上述各个组成部分的立场、观点和方法，它们有三个基本方面，即实事求是，群众路线，独立自主”[⑥]。这次经验总结和对毛泽东思想科学内涵的概括，是在邓小平亲自主持下进行的。以此为理论基础，邓小平理论发展起来。

第二次经验总结是 1992 年党的十四大。在江泽民同志 1991 年在庆祝建党 70 周年大会上的讲话，特别是在 1992 年邓小平南方谈话的基础上，

① 邓小平．邓小平文选：第 3 卷．北京：人民出版社，1993：375.
② 同①377.
③ 同①380.
④ 同①382.
⑤ 同①383.
⑥ 中共中央文献研究室．三中全会以来重要文献选编：下．北京：人民出版社，1982：832.

党的十四大总结了建党70多年来，特别是改革开放14年以来的经验，确立了邓小平建设有中国特色社会主义理论的指导地位和科学内涵。江泽民在报告中把邓小平建设有中国特色社会主义理论概括为九条。其中第一条这样写道："在社会主义的发展道路问题上，强调走自己的路，不把书本当教条，不照搬外国模式，以马克思主义为指导，以实践作为检验真理的唯一标准，解放思想，实事求是，尊重群众的首创精神，建设有中国特色的社会主义。"① 在这个概括中，把解放思想、实事求是，尊重群众的首创精神，建设有中国特色社会主义连在一起，是很有新意的，与毛泽东思想的"三个活的灵魂"相一致，可以理解为邓小平理论的三个活的灵魂。通俗一点讲，贯穿在邓小平理论中有三条主线：解放思想、实事求是的思想路线，"一个中心、两个基本点"的政治路线，尊重群众的首创精神的工作路线。进一步说，要坚持"三个尊重""三个标准"：尊重实践、尊重生产力、尊重群众的首创精神，坚持实践标准、生产力标准、群众拥护标准。这些基本的立场、观点、方法贯穿于邓小平理论之中，集中体现在南方谈话里，是对毛泽东思想的新的发展。

第三次经验总结是2001年7月1日江泽民同志在庆祝建党80周年大会上的讲话。讲话在总结建党80年特别是十四大以来近10年经验的基础上，论述了党的九条光辉业绩和三条基本经验，系统论述了"三个代表"重要思想的科学内涵和重大意义。"三个代表"重要思想是对毛泽东思想、邓小平理论的继承与发展，特别是对邓小平理论"三条主线""三个尊重""三个标准"的运用和发展，即强调我们党要始终代表中国先进生产力的发展要求，突出发展是硬道理的思想，把生产力标准直接引入党的性质的表述中来，赋予党的先进性坚实的实践特征；强调我们党要始终代表中国先进文化的前进方向，提升文化的历史作用，把文明标准直接引入对党的性质的表述中来，赋予党的先进性突出的社会特征；强调我们党要始终代表中国最广大人民的根本利益，强调人民群众的历史地位，把群众拥护标准直接引入对党的性质的表述中来，赋予党的先进性鲜明的人民特征。

① 中共中央文献研究室．十四大以来重要文献选编：上．北京：人民出版社，1995：10.

三代中央领导集体，形成了三大理论成果。在其中，邓小平和邓小平理论承前启后的历史作用是显而易见的。而南方谈话在党的历史和邓小平理论中的重要地位以及对“三个代表”重要思想形成的影响也是显而易见的。

理论上的清醒与政治上的坚定*

党的十四届六中全会提出，认真搞好党风廉政建设，对县级以上领导干部要进行以讲学习、讲政治、讲正气为主要内容的党性党风教育。

这是党中央抓党风廉政建设的一项重要措施。党的十四届五中全会以来，江泽民反复强调，领导干部一定要“讲学习、讲政治、讲正气”。在庆祝建党75周年座谈会上的讲话中，又系统论述了努力建设高素质干部队伍问题，强调了理论上的清醒与政治上成熟的一致性。认真学习十四届六中全会文件和江泽民同志的一系列讲话，深刻领会讲学习、讲政治、讲正气的重要性及其辩证关系，很有现实和历史意义。

讲学习要牢牢把握邓小平理论的三条主线

江泽民同志多次指出，讲学习，“最根本的是学习马列主义、毛泽东思想特别是邓小平同志建设有中国特色社会主义理论”。那么，邓小平理论的核心是什么呢？我体会，学习、宣传、研究邓小平建设有中国特色社会主义理论，要紧紧围绕什么是社会主义、怎样建设社会主义这个基本理论问题，紧密联系实际，牢牢把握三条主线，即解放思想、实事求是的思想路线，“一个中心、两个基本点”的政治路线，“一切为了群众、一切依靠群众，从群众中来、到群众中去”的群众路线。三条主线互相交织，共同贯穿在邓小平建设有中国特色社会主义理论之中。“解放思想、实事求是”，是这个理论的精髓；“一个中心、两个基本点”，是这个理论的结构；群众路线是这个理论的根基。

---

* 此文刊于《解放日报》（1996年11月13日）。

坚持第一条主线——思想路线，核心是尊重实践，关键是坚持实践标准

解放思想、实事求是，是党的十一届三中全会重新确立的党的思想路线，是邓小平建设有中国特色社会主义理论的精髓。邓小平强调解放思想、实事求是。他说："解放思想，就是使思想和实际相符合，使主观和客观相符合，就是实事求是。"针对"左"的思想的长期影响，鲜明地提出了改革的任务，体现了"警惕右，但主要是防止'左'"的思路。

解放思想、实事求是思想路线贯穿于拨乱反正和全面改革的全过程。邓小平说，党的十一届三中全会以来，"我们主要做了两件事，一是拨乱反正，二是全面改革"。解放思想、实事求是思想路线的重新确立，有力地推动和保证了拨乱反正的进行：进行真理标准大讨论，批评"两个凡是"，冲破了"左"的束缚；召开党的十一届三中全会，提出工作重心转移，实现了伟大的历史转折；平反冤假错案，大批解放老干部，端正了组织路线；作出《关于建国以来党的若干历史问题的决议》，正确估价历史，重申毛泽东思想的指导地位，统一了全党的思想。解放思想、实事求是思想路线的重新确立，有力推动和保证了全面改革的进行；实行家庭联产承包责任制，发展乡镇企业，创办经济特区，引进外资，提出社会主义初级阶段理论和社会主义市场经济理论；等等。没有解放思想、实事求是，哪有拨乱反正和全面改革？不坚持解放思想、实事求是，哪有这一系列的实践成就和理论成果？

邓小平在拨乱反正和全面改革中一以贯之地坚持解放思想、实事求是，解决了关系党和国家前途和命运的重大课题，做出了两大历史性贡献，一是科学地评价了毛泽东同志，维护了毛泽东思想的历史地位；二是成功地找到了在中国建设社会主义的正确道路，创立了建设有中国特色社会主义理论。试想，没有解放思想、实事求是的精神和胆识，又怎能有这样了不起的贡献？

当前，坚持解放思想、实事求是的思想路线，最重要的是搞清楚什么是社会主义、怎样建设社会主义，重要的是坚持一切从社会主义初级阶段的实际出发，核心是尊重实践，关键是坚持实践标准。

坚持第二条主线——政治路线，核心是尊重生产力，关键是坚持生产力标准

“一个中心、两个基本点”的基本路线，是历史经验的科学总结，是党的十一届三中全会以来党的路线、方针、政策的总概括，是邓小平建设有中国特色社会主义理论的主体结构。因而，把握邓小平建设有中国特色社会主义体系，最重要的、最基本的是把握“一个中心、两个基本点”的全面性和整体性。

四项基本原则是立国之本，改革开放是强国之路，经济建设是一切工作的中心。“两个基本点”要有机地结合在经济建设的实践中。历史经验证明，离开“一个中心”谈“两个基本点”，搞无谓的争论，没有积极意义。离开基本点，经济建设也就失去了方向和动力。因而，要毫不动摇地坚持“一个中心、两个基本点”。

坚持党的基本路线一百年不动摇，有伟大的历史意义和重要的现实意义。“不坚持社会主义，不改革开放，不发展经济，不改善人民生活，只能是死路一条。”这是邓小平同志总结国内外历史经验教训得出的正确结论。回顾新中国成立以来的历史，联系社会主义在有些国家遇到的挫折，足见党的十一届三中全会、邓小平南方谈话和党的十四大是多么伟大！

用邓小平建设有中国特色社会主义理论武装全党，坚持党的基本路线一百年不动摇，是一个长期任务，是一个需要反复强调的问题，这是关系到党和国家兴衰成败的大问题。历史经验告诉我们，只有坚持党的基本路线，才能得到人民的信任和拥护；只有按照党的基本路线坚定不移地干下去，一直干到21世纪中叶，才能基本实现社会主义现代化。

坚持“一个中心、两个基本点”的基本路线，核心是尊重生产力，关键是坚持生产标准。判断各方面工作的是非得失，归根到底要以是否有利于发展社会主义社会的生产力、是否有利于增强社会主义国家的综合国力、是否有利于提高人民的生活水平为标准。

坚持第三条主线——群众路线，核心是尊重群众的首创精神、关键是坚持群众拥护标准

人民群众是我们党的力量源泉和胜利之本，群众路线是邓小平建设有

中国特色社会主义理论的根基并贯穿其中。邓小平多次说："改革开放中许许多多的东西，都是群众在实践中提出来的，是群众的智慧，集体的智慧。我的功劳是把这些新事物概括起来，加以提倡。"我们党所领导的改革开放和社会主义现代化建设的全部活动和整个过程，都必须全心全意地依靠人民群众。

坚持群众路线的问题，在执政的情况下，主要是端正党风和密切联系群众问题。执政党的党风，党同人民群众的联系，是关系党生死存亡的问题。端正党风、密切党群关系要从三个层次去分析和研究问题。第一个层次是党员与群众的关系。党员也是群众中的一员，是群众中的先进分子，主要是干好本职工作，要靠在工作和生活中的模范行动发挥带动作用。当前的主要问题是如何更有效地加强基层党组织建设，使全体党员更好地发挥模范带头作用。第二个层次是党员领导干部与群众的关系。党的领导干部是人民的公仆，要坚持全心全意为人民服务的根本宗旨，要靠勤政廉政来发挥模范带头作用。当前的问题是如何把反腐败和廉洁自律工作引向深入。第三个层次是执政党与人民的关系。中国共产党是全国人民的领导核心，必须依靠广大工人、农民、知识分子，必须依靠各族人民的团结，必须依靠全体社会主义劳动者、拥护社会主义的爱国者和拥护祖国统一的爱国者的最广泛的统一战线。当前的主要问题是如何进一步坚持和健全民主集中制，根本上是加强党的自身建设。

坚持党的群众路线，核心是尊重群众、关键是坚持群众拥护标准，即要看人民拥护不拥护、支持不支持、赞成不赞成、高兴不高兴、答应不答应。群众拥护的事、支持的事、赞成的事、高兴的事，要全心全意地去做：群众不拥护、不支持、不赞成、不高兴、不答应的事就不去做，即使是事情本身正确，如果群众反对，也不要急于去做，也要耐心等待，赢得群众的理解和支持后再去做。

三条主线与三个活的灵魂

三条主线，也可以理解为邓小平建设有中国特色社会主义理论的三个活的灵魂，邓小平同志主持起草的《关于建国以来党的若干历史问题的决议》，把实事求是、群众路线、独立自主这三点概括为“毛泽东思想的活的灵魂”。江泽民同志在党的十四大报告中，将邓小平建设有中国特色社会主义理论概括为九条。头一条是这样写的：“在社会主义的发展道路问题上，强调走自己的路，不把书本当教条，不照搬外国模式，以马克思主义为指导，以实践作为检验真理的唯一标准，解放思想，实事求是，尊重群众的首创精神，建设有中国特色的社会主义。”在这个概括中，把思想路线、群众路线、走自己的路、建设有中国特色社会主义这三者结合在一起是很有新意的。走自己的路，建设有中国特色社会主义核心是坚持党在社会主义初级阶段的基本路线。因而，三条主线，也可以作为邓小平建设有中国特色社会主义理论的三个活的灵魂来理解。

讲政治，首先是讲政治理论，关键是讲政治路线

江泽民同志指出，为了使全党同志首先是各级领导干部提高政治水平、理论水平，全面地正确地积极地贯彻党的基本路线，必须坚持不懈地学习马列主义、毛泽东思想，特别是邓小平同志建设有中国特色社会主义理论。江泽民同志明确提出，政治上的成熟来源于理论上的成熟。学习江泽民同志的一系列讲话，我体会，讲政治的内容可以进一步扩展、分解成十个方面：第一，讲政治，首先要讲政治理论，即首先要讲马列主义、毛泽东思想，特别是邓小平建设有中国特色社会主义理论，因为这是我们党的指导思想。毛泽东指出，“主义譬如一面旗子”。讲政治首先要高高举起我们党的旗帜。第二，讲政治，关键是讲政治路线（政治方向），讲坚持党的基本路线一百年不动摇。这是所有问题的关键所在。第三，要讲政治方针（政治大局），社会主义现代化最大的政治，正确处理改革、发展、稳定的关系，就是最大意义上的讲政治。第四，要讲政治立场，也就是要站在党和人民利益的立场上考虑和解决问题。第五，要讲政治原则，要与党中央保持高度一致。第六，要讲政治观点，或者说要有政治意识，党的领导地位、社会主义方向时刻不能忘记。第七，要讲政治责任，要有为党、为国、为民奋斗的责任心和使命感。第八，要讲政治纪律，要严格遵照党纪国法办事。第九，要讲政治敏感性，要时刻警惕国内外敌对势力的

颠覆和破坏。第十，要有政治鉴别力，要善于用政治眼光分析判断问题。

三条主线与“三讲”

从以上论述可以看出，学习邓小平建设有中国特色社会主义理论，不仅是讲学习的核心内容，而且与讲政治乃至讲正气密不可分。如同江泽民所说：“我们有些干部，在关键时刻把握不住方向，在重大原则问题上分不清是非，在工作中发生这样那样的偏差，追根溯源，都与此有关。”政治上的坚定、作风上的正派都源于理论上的清醒。一个对马列主义、毛泽东思想特别是邓小平建设有中国特色社会主义理论不了解甚至不信任的领导干部，不可能从真正意义上讲学习、讲政治、讲正气。这是因为，邓小平理论的三条主线与“三讲”是贯通的。不能正确把握三条主线就很难正确把握“三讲”。

三条主线与“三观”

坚持邓小平理论的三条主线，与树立正确的世界观、人生观、价值观也是密不可分的。马克思主义世界观的核心是唯物辩证法，是实事求是。树立正确的世界观就是要坚持解放思想、实事求是的思想路线。马克思主义的人生观，从根本上说，就是为共产主义远大理想、为社会主义现代化建设的最近理想而奋斗。在当前和今后相当长的时间内，就是毫不动摇地坚持党在社会主义初期阶段的基本路线。正确的价值观，从根本上说就是实现党的根本宗旨，全心全意为人民服务，一切从人民的利益出发，坚持走群众路线。可见，三条主线与“三观”也是贯通的。只有深刻理解和把握了邓小平理论的三条主线，才可能树立和坚持正确的世界观、人生观和价值观。

总之，邓小平理论的三条主线与“三讲”“三观”是统一的。只有理论上的清醒，才有政治上的坚定、作风上的正派、思想道德上的完善。只有认真学习、努力掌握邓小平同志建设有中国特色社会主义理论，才能真正做到讲学习、讲政治、讲正气，才能牢固树立正确的世界观、人生观、价值观。

举旗　知情　抓关键*

——跨世纪中国的正确走向

在敬爱的邓小平同志逝世后，在党的十五大召开前，人们都在观察中国的走向，关注我们党将以什么样的形象展现在世人面前，关注跨世纪的中国将向何处去。在这个历史关头，江泽民于5月29日在中共中央党校省部级干部进修班毕业典礼上发表了重要讲话。这个讲话，站在跨世纪的历史高度，抓住关系党和国家前途命运的根本性问题，作了全面、深刻、科学的回答，充分表明了以江泽民同志为核心的党的第三代中央领导集体把邓小平开创的建设有中国特色社会主义的事业全面推向21世纪的决心和信念，集中反映了全党全国人民的共识和心愿。这个讲话具有重大的现实意义和深远的历史意义。我们必须认真学习领会、全面贯彻落实。

江泽民在讲话中阐述了四个问题：关于邓小平建设有中国特色社会主义理论，关于社会主义初级阶段，关于经济发展和经济体制改革，关于党的建设。我体会，一是强调高举旗帜问题；二是强调把握国情问题；三是强调抓住两个关键问题——改革发展与党的建设。我将其概括为举旗、知情、抓关键。这些都是关系我们党和国家前途命运的根本性问题。

一、高举邓小平建设有中国特色社会主义理论伟大旗帜

（一）旗帜问题至关紧要

早在20世纪20年代，毛泽东就指出，“主义譬如一面旗子”。他认为“主义”很重要、旗帜很重要。他称赞陈独秀在上海创办的刊物《共产党》

---

* 这是1997年6月在北京市西城区宣传干部学习江泽民同志5月29日在中央党校重要讲话培训班上所作的辅导报告整理稿。收入本书时，作了删节和文字修改。

“颇不愧‘旗帜鲜明’四字”①。江泽民同志在“5·29”重要讲话中明确指出：“旗帜就是方向，旗帜就是形象。”一个党、一个国家，没有鲜明的旗帜，没有明确的方向，没有独特的形象，就很难发展，很难自立于世界民族之林。作为中国这样的大国，作为中国共产党这样的大党，尤其如此。苏联解体的原因有很多，其中一个重要的原因是丢掉了共产党和社会主义的旗帜，结果整个国家四分五裂，整个党如鸟兽散；东欧剧变的原因也有很多，但一个不可忽视的原因是没有独特的形象，结果，苏联一倒，也就随之而倒。中国共产党在民主革命时期鲜明地举起了马列主义、毛泽东思想的旗帜，将亿万中国人民团结在这面旗帜下，推翻了三座大山，建立了新中国。20 世纪 50 年代初，由于缺乏经验，由于一味学习苏联，结果路越走越窄。虽然 1956 年党的八大制定了正确的路线，60 年代初也试图调整，但由于“左”的错误指导思想，特别是“文化大革命”，并没有真正搞清楚什么是马克思主义、什么是社会主义，因而，也没有真正举起科学意义上的马克思主义、社会主义旗帜，使党和国家面临“山重水复疑无路”的局面。党的十一届三中全会以后，恢复了马克思列宁主义、毛泽东思想的科学地位，明确了建设有中国特色社会主义的方向，确立了“一个中心、两个基本点”的基本路线，树立了中国特色社会主义的新形象，使党和国家进入“柳暗花明又一村”的境界。特别是党的十四大鲜明地举起邓小平建设有中国特色社会主义理论的旗帜以后，我国各项事业迅猛发展，国际地位明显提高。举起了鲜明的旗帜，明确了前进方向，树立了良好的形象，这是中国强盛的根本原因。可见，旗帜问题至关重要。

（二）用当代马克思主义解决当代问题

毛泽东同志在 1960 年读苏联《政治经济学教科书》的时候，说过这样的话：马列的书必须读。这是第一。但是单靠这些是不行的。任何国家的共产党人，任何国家的无产阶级思想家，都要创造自己的理论，写出新的著作。他还说，现在我们已经进入社会主义时代，出现了新的一系列的问题。如果不适应新的需要，写出新的著作，形成新的理论，也是不行的。

① 中共中央文献研究室．毛泽东书信选集．北京：人民出版社，2003：11.

邓小平指出："世界形势日新月异，特别是现代科学技术发展很快。现在的一年抵得上过去古老社会几十年、上百年甚至更长的时间。不以新的思想、观点去继承、发展马克思主义，不是真正的马克思主义者。""绝不能要求马克思为解决他去世之后上百年、几百年所产生的问题提供现成答案。列宁同样也不能承担为他去世后五十年、一百年所产生的问题提供现成答案的任务。我想，毛泽东也是如此，不承认这一点，也不是真正的马克思主义者。"① 解决当代问题，必须运用当代的马克思主义。

邓小平建设有中国特色社会主义理论是马克思主义在中国发展的新阶段。江泽民在讲话中以四个"新"论证了这一点。第一，这个理论，坚持解放思想、实事求是，在新的实践基础上继承前人又突破陈规，开拓了马克思主义的新境界。第二，这个理论，坚持科学社会主义理论和实践的基本成果，抓住搞清楚什么是社会主义、怎样建设社会主义这个基本理论问题，深刻地揭示社会主义的本质，把对社会主义的认识提高到新的科学水平。第三，这个理论，坚持用马克思主义的宽广视野观察世界，对当前时代特征和国际形势变化进行正确分析，作出了新的科学判断。第四，总起来说，这个理论总结近20年我国改革开放和社会主义现代化建设的新鲜经验，总结新中国成立以来我国社会主义发展成功和失误的历史经验，总结国际经验，第一次比较系统地初步回答了中国这样经济文化比较落后的国家如何建设社会主义、如何巩固和发展社会主义的一系列基本问题，形成了新的建设有中国特色社会主义理论的科学体系，是新境界、新水平、新论断、新体系。在当代中国，只有这个理论而没有别的理论能够解决社会主义的前途和命运问题。

譬如电脑一样，从"286"到"686"是一个不断发展升级的过程。邓小平建设有中国特色社会主义理论与马列主义、毛泽东思想既是一脉相承的又是与时俱进的。在鲜艳的邓小平建设有中国特色社会主义理论伟大旗帜中包含着马克思列宁主义、毛泽东思想。在当代中国，高举邓小平建设有中国特色社会主义理论伟大旗帜，就是真正意义上的高高举起马克思列宁主义、毛泽东思想的伟大旗帜。任何将邓小平建设有中国特色社会主义理论

① 邓小平．邓小平文选：第3卷．北京：人民出版社，1993：291-292.

同马克思列宁主义、毛泽东思想割裂开来、对立起来的观点都是错误的。

（三）深刻领会邓小平理论实质

邓小平建设有中国特色社会主义理论内容非常丰富，要把握精神实质。主要是牢牢把握三条主线，核心是做到三个尊重，关键是坚持三个标准。三条主线即解放思想、实事求是的思想路线，“一个中心、两个基本点”的政治路线，“一切为了群众、一切依靠群众，从群众中来、到群众中去”的群众路线。三个尊重是尊重实践、尊重生产力、尊重群众的首创精神，三个标准是实践标准、生产力标准、群众拥护标准，即“三个有利于”的标准。

邓小平建设有中国特色社会主义理论的三条主线与毛泽东思想的“三个活的灵魂”是一致的，与正在开展的“三讲”教育也是贯通的。讲学习，当前首要的是学好邓小平建设有中国特色社会主义理论；讲政治，首要的是讲高举邓小平建设有中国特色社会主义理论的伟大旗帜；讲正气，首要的是把邓小平建设有中国特色社会主义理论落到实处。没有理论上的清醒，就没有政治上的坚定、作风上的正派。

二、把握社会主义初级阶段的基本国情

（一）了解形成过程

社会主义发展阶段问题，历来为马克思主义者所重视。马克思、列宁等曾用“不发达的社会主义”“发达的社会主义”这一对概念来区分，但有些大而化之。毛泽东 1957 年在《关于正确处理人民内部矛盾的问题》和《一九五七年夏季的形势》中，明确使用了“建立”和“建成”两个概念。在前一篇讲话中，他指出：“我国的社会主义制度还刚刚建立，还没有完全建成。”[①] 在后一篇讲话中则明确指出，从现在起，“只有经过十至十五年的社会生产力的比较充分的发展，我们的社会主义经济制度和政治制

① 毛泽东．毛泽东文集：第 7 卷．北京：人民出版社，1999：214.

度，才算获得了自己的比较充分的物质基础（现在，这个物质基础还很不充分），我们的国家（上层建筑）才算充分巩固，社会主义社会才算从根本上建成了。”① 这个思路无疑是正确的，但从“建立”到“建成”显然当时估计太短促了，所以，就制定了一套过急的路线、方针、政策。到 50 年代末，特别是在“文化大革命”中，又认为我国社会主义社会仍然处在两个阶级、两条路线激烈斗争的“过渡时期”，因而，又把民主革命时期那一套搬来，进而发展到搞阶级斗争扩大化。总的说，在党的十一届三中全会前，我们对于社会主义发展阶段问题的认识是不完全清醒的。

党的十一届三中全会以后，邓小平同志和党中央才提出社会主义初级阶段这一科学论断，并逐步形成科学理论体系。1979 年 3 月，邓小平在《坚持四项基本原则》中指出：“现在搞建设，也要适合中国情况，走出一条中国式的现代化道路。”② 同年 9 月，叶剑英在庆祝建国 30 周年讲话中，首次使用了“社会主义制度还处在幼年时期”这个概念。在 1981 年邓小平主持起草的《关于建国以来党的若干历史问题的决议》中，首次明确提出了“我们的社会主义制度还是处于初级阶段”这个论断。1982 年党的十二大报告，1986 年十二届六中全会决议都重申了这一论断，而且进行了正面论述。党的十三大报告系统论述了社会主义初级阶段理论，并以此为根据明确概括和全面阐述了党的基本路线，提出了经济建设发展的路线、经济和政治体制改革的原则、加强和改善党的领导等任务。

（二）把握基本要点

社会主义初级阶段的论断包括两层含义：第一，我国已进入社会主义社会；第二，我国的社会主义社会还处在不发达的阶段。进一步说，对这个理论至少要掌握以下几个要点：

（1）中国最基本的国情、最大的实际是处在社会主义初级阶段。我国已建立社会主义制度，但经济文化还十分落后，民主法制还不健全，这个阶段至少需要 100 年的时间。

---

① 中共中央文献研究室．建国以来重要文献选编：第 10 册．北京：中央文献出版社，1994：372－491.

② 邓小平．邓小平文选：第 2 卷．2 版．北京：人民出版社，1994：163.

（2）社会主义初级阶段的主要矛盾是人民的日益增长的物质文化需要同落后的社会生产之间的矛盾。

（3）党在社会主义初级阶段的基本路线是坚持“一个中心、两个基本点”。

（4）社会主义的根本任务是解放生产力、发展生产力，逐步实现“三步走”发展战略。

（5）社会主义初级阶段经济体制改革的目标是实现“两个根本性转变”，逐步建立社会主义市场经济体制。

（6）社会主义初级阶段政治体制改革的目标是建立健全社会主义民主政治。

（7）社会主义初级阶段的文化建设是建设有中国特色社会主义的新文化。

（8）社会主义初级阶段的总体目标是把我国建设成为一个富强、民主、文明的社会主义现代化国家。

（三）认识现实意义

在“5·29”重要讲话中，江泽民明确指出，十一届二中全会以来，党正确地分析国情，做出了我国还处于社会主义初级阶段的科学论断。这是邓小平建设有中国特色社会主义理论的重要基础，是我们制定路线、方针、政策的根本出发点。今天所以有必要重新强调这个问题，是因为：面对前所未有的机遇和挑战，面对改革攻坚和开创新局面的艰巨任务，我们解决种种矛盾，澄清种种疑惑，认识为什么必须实行现在这样的路线和政策而不能实行别样的路线和政治，关键还是在于对所处社会主义初级阶段的基本国情要有统一认识和准确把握。

江泽民总书记在这里强调了两个“重要基础”：一个是邓小平建设有中国特色社会主义理论的重要基础，一个是对现阶段中国基本国情判断的实际基础。离开社会主义初级阶段这个基础，高举旗帜就是空话，发展改革稳定就是空谈。

三、建立比较完善的社会主义市场经济体制，保持国民经济持续快速健康发展，是必须解决好的关键性课题

这部分是江泽民重要讲话中最有新意的部分，在许多方面发展了邓小

平经济思想，也是我们相对陌生的部分，需要认真学习和深刻体会。

（一）认真学习和把握邓小平经济理论的科学体系

依据马克思主义原理，结合中国实际，邓小平经济理论从党的十一届三中全会以来不断形成、发展、完善，大的关节点有六个：（1）党的十一届三中全会提出了以经济建设为中心；（2）经过十二大到十二届三中全会提出有计划的商品经济理论；（3）1992年邓小平南方谈话提出了一系列新观点，基本形成理论框架；（4）党的十四大正式提出建立社会主义市场经济体制理论；（5）十四届三中全会作出关于建立市场经济体制的决定，提出实现两个“根本性转变”；（6）这次江泽民讲话提出一系列新观点。

《邓小平经济理论学习纲要》中将邓小平经济理论的基本观点和科学理论体系概括为15个方面：（1）强调走自己的路；（2）强调从社会主义初级阶段出发；（3）强调社会主义的本质论；（4）强调发展生产力是社会主义的根本任务；（5）强调多种所有制并存和逐步实现共同富裕；（6）强调社会主义也可以搞市场经济；（7）强调改革是动力，是必由之路，是自我完善；（8）强调对外开放是改革和建设的必然要求；（9）强调“三步走”，隔几年上一个台阶；（10）强调农业是国民经济的基础和根本；（11）强调科学技术是第一生产力；（12）强调经济工作要按客观规律办事；（13）强调自力更生，勤俭建国，艰苦创业；（14）强调两个文明协调发展、全面进步；（15）强调坚持党的基本路线一百年不动摇。

（二）深刻认识经济发展改革的重要性、紧迫性、严峻性

在谈到经济发展和经济体制改革时，江泽民同志指出：社会主义的根本任务是解放和发展生产力，中国解决所有问题的关键在于依靠自己的发展，改革开放是发展的强大动力。从现在起到下世纪前十年，是我国向第三步战略目标迈进的关键时期。在这个时期，能不能建立比较完善的社会主义市场经济体制，保持国民经济持续快速健康发展，是我们必须解决好的两个关键性课题。为此，必须在转换经济体制、优化经济结构、发展科学技术以及提高对外开放水平等方面，取得突破性进展。

短短一段话，江泽民同志用了两个“必须”、四个“关键”，可见问题

之重要、之紧迫、之严峻，句句都是警醒性的语言。

（三）坚持“三个有利于”标准，不搞争论，在所有制改革、国有企业改革方面取得新突破

江泽民指出，完善以公有制为主体、多种所有制经济共同发展的所有制结构，具有重大意义。要坚持生产关系一定要适合生产力发展水平的马克思主义基本观点，以是否有利于发展社会主义社会的生产力、有利于增强社会主义国家的综合国力、有利于提高人民的生活水平为标准，努力寻找能够极大促进生产力发展的公有制实现形式，一切符合“三个有利于”的所有制形式都可以而且应该用来为社会主义服务，一切反映社会化生产规律的经营方式和组织形式都可以大胆利用。江泽民在这里重申了“三个有利于”，强调了两个“一切”，为大胆改革探索开了绿灯。

江泽民说，国有经济是我国国民经济的支柱。加快国有企业改革，是摆在全党面前的重要而又十分艰巨的任务。中央历来十分重视国有企业的改革和发展问题，提出了一系列正确的指导思想和方针政策。现在的关键，是要进一步统一认识，狠抓落实。要继续抓好建立现代企业制度的试点，集中力量搞好一批关系国民经济命脉、具有经济规模、处于行业排头兵地位的国有大型企业的改革和发展。要下决心打破条条块块的分割，切实解决“大而全、小而全”和不合理重复建设问题。要以资本为纽带，通过市场组建跨地区、跨行业、跨所有制和跨国经营的，竞争力较强的大企业集团。要继续采取改组、联合、兼并、租赁、承包经营和股份合作制、出售等形式，加快放开搞活国有小型企业的步伐。要把深化企业改革同产业结构调整、政府机构改革以及整个城市改革结合起来进行。江泽民在这里强调了五个“要”，要求在这五个方面统一思想、狠抓落实。

四、办好中国的所有事情关键都在党

在谈到党的建设时，江泽民强调，我们肩负着带领全国各族人民把有中国特色社会主义事业全面推向 21 世纪，建设富强、民主、文明的社会主义现代化国家的历史重任。加强和改善党的领导，进一步把我们党建设好，

是完成这项伟大使命的根本保证。江泽民指出，党的建设任务还很繁重，需要做好多方面的工作。他提出了四个方面的任务。

（一）首要任务是创造四种“风气”

他指出，深入、扎实、持久地用邓小平建设有中国特色社会主义理论武装全党，是党的建设的首要任务。党内一定要努力创造一种认真学习的风气、民主讨论的风气、积极探索的风气、求真务实的风气。

（二）努力建设一支高素质的领导干部队伍

他指出，大力加强各级领导班子建设，努力建设一支高素质的干部队伍，是党的建设又一项重大任务。要以思想政治建设为重点，把各级领导班子建设成为坚决贯彻党的基本理论和基本路线、全心全意为人民服务、具有领导现代化建设能力的坚强领导集体。我们的领导干部，不仅要有胜任工作的理论政策水平和业务能力，而且要有政治上的坚定性，有良好的思想作风和道德品质。高级干部更要在这方面做出好样子。

（三）坚持不懈地反腐败

江泽民指出，反腐败是关系党和国家生死存亡的严重政治斗争，必须进一步加大力度，坚持不懈地进行下去。既要树立持久作战的思想，又要一个一个打好阶段性战役。要坚持标本兼治，多管齐下。各级领导干部能否以身作则，对加强党风廉政建设、推动反腐败斗争的深入发展至关重要。各级党组织要切实加强对干部的日常管理和监督。

（四）维护和增强党的团结

江泽民特别强调维护和增强党的团结。我国的改革开放和现代化建设正处在承前启后、继往开来的重要时期，任务十分繁重和艰巨，尤其需要全党同志加强团结。我们讲团结，是在邓小平建设有中国特色社会主义理论和党的基本路线基础上的团结。讲团结，必须讲大局。要正确处理全局利益和局部利益的关系，把党和国家的利益放在首位同时又充分兼顾各方面的利益。各级领导干部首先是高级干部，要带头贯彻民主集中制原则，严守纪律，维护大局，加强团结。

一脉相承的“三个代表”重要思想*

江泽民“三个代表”重要思想，是没丢老祖宗的新话，是对毛泽东和邓小平党建理论的继承与发展。毛泽东思想的“三个活的灵魂”是实事求是、群众路线、独立自主；贯穿在邓小平理论中的“三条主线”是解放思想、实事求是的思想路线，“一个中心、两个基本点”的政治路线，“一切为了群众、一切依靠群众，从群众中来、到群众中去”的工作路线。江泽民“三个代表”重要思想，正是对这“三个活的灵魂”和“三条主线”的继承与发展，是建设有中国特色社会主义经济、政治、文化三大纲领同党的性质有机结合的产物。

如果说，以“三条主线”为基本框架、以“三个有利于”为根本标准的邓小平理论，回答了什么是社会主义、怎样建设社会主义的基本问题，那么，江泽民“三个代表”重要思想，则从根本上进一步回答了在充满希望和挑战的21世纪，我们要建设一个什么样的党、怎样建设党的问题。

一、“三个代表”重要思想：一个重大的历史性课题

（一）“三个代表”重要思想是全面加强党的建设的伟大纲领，也是从理论和实践结合上需要进一步研究解决的历史性课题

2000年初，江泽民在考察广东工作时提出了“三个代表”的重要思想。他指出，要把中国的事情办好，关键取决于我们党。只要我们党始终成为中国先进社会生产力的发展要求、中国先进文化的前进方向、中国最

---

* 此文作为优秀征文，入选中共中央召开的庆祝建党80周年理论研讨会，题为“江泽民‘三个代表’重要论述对毛泽东和邓小平党建理论的继承与发展”，《前线》（2001年第1期）曾以“从‘三个活的灵魂’‘三个有利于’到‘三个代表’”为题刊发。

广大人民的根本利益的忠实代表，我们党就能永远立于不败之地，永远得到全国各族人民的衷心拥护并带领人民不断前进。此后，在考察江苏、浙江、上海工作时，在十五届五中全会上，又多次论述这一重要思想。江泽民关于“三个代表”的重要论述，具有极为重大的现实意义和长远的指导意义。这一重要论述，从根本上进一步回答了在充满希望和挑战的21世纪，我们要建设一个什么样的党、怎样建设党的问题，是在新的历史条件下全面加强党的建设的伟大纲领，是永远保持党的先进性、战斗力和创造力的行动指南；同时，也是从理论和实践结合上需要进一步研究解决的一个重大历史性课题。如同江泽民同志在十五届五中全会上所指出的那样，要使全党同志深刻认识和全面正确地把握“三个代表”重要思想的要求，还有大量的工作要做，首先需要从理论和实践的结合上进一步加以研究和阐述。

（二）“三个代表”重要思想是立党之本、执政之基、力量之源，是毛泽东思想、邓小平理论的新发展

江泽民“三个代表”重要思想，是一个马克思主义的纲领性的重要论断，是马克思主义党建学说的新发展。说其重要，是因为，这是从事关党和国家命运的高度做出的战略思考，如同江泽民在十五届五中全会上所指出的，“三个代表”的要求，是根据我们党的性质、宗旨和历史经验、现实需要提出来的，也是为了在新的时期新的实践中更好地全面落实毛泽东思想、邓小平理论关于党的建设的要求提出来的，是我们党的立党之本、执政之基、力量之源；说其是新发展，是因为，这是在继承马克思主义、毛泽东思想、邓小平理论基础上，对党的性质和宗旨的新概括，对党的建设总目标的新表述，对党的历史经验的新总结，对新形势下各级党组织和党员干部提出的新要求。江泽民“三个代表”重要思想是对毛泽东思想、邓小平理论的继承，而且有了新的发展，从根本上进一步回答了在充满挑战和希望的21世纪，我们党要把自己建设成为一个什么样的党、怎样建设党的问题。从江泽民重要论述对毛泽东思想、邓小平理论继承与发展的角度，探讨“三个代表”与“三个活的灵魂”“三个有利于”的辩证统一关系，对我们深刻理解、全面贯彻江泽民“三个代表”重要思想有非常重要的意义。

二、从“三个活的灵魂”到以“三个有利于”为核心的“三条主线”：邓小平对毛泽东思想的继承与发展

（一）“三个活的灵魂”是以邓小平同志为核心的党的第二代中央领导集体对毛泽东思想的新概括，同时也是邓小平理论形成和发展的新起点

1981 年党的十一届六中全会讨论通过了由邓小平主持起草的《关于建国以来党的若干历史问题的决议》（简称《决议》）。《决议》全面总结了历史经验，科学地评价了毛泽东同志的历史功绩，进一步确立了毛泽东思想的指导地位。《决议》从关于新民主主义革命、关于社会主义革命和建设、关于革命军队的建设和军事战略、关于政策和策略、关于思想政治工作和文化工作、关于党的建设等六个方面，概括了毛泽东思想的主要内容，以及它对马列主义的继承与发展。在此基础上，明确指出：“毛泽东思想的活的灵魂，是贯穿于上述各个组成部分的立场、观点和方法，它们有三个基本方面，即实事求是，群众路线，独立自主。”① 毛泽东思想的这“三个活的灵魂”，是以毛泽东同志为核心的党的第一代中央领导集体，在长期革命斗争实践中创造性地运用马克思主义的结果；是以邓小平同志为核心的党的第二代中央领导集体，正确总结历史经验，结合新的历史实践，对毛泽东思想的科学体系做出的新的高度概括。以此为理论基础，以改革开放和现代化建设为新的实践基础，逐步形成了邓小平理论的基本框架和科学体系。

（二）邓小平在理论和实践中，丰富和发展了“三个活的灵魂”，努力做到三个尊重，坚持三个标准，沿着三条主线在理论上不断发展、在实践中不断创新，根本出发点和最终落脚点是“三个有利于”

邓小平在改革开放的伟大实践中，紧紧围绕什么是社会主义、怎样建

---

① 中共中央文献研究室. 三中全会以来重要文献选编：下. 北京：人民出版社，1982：832.

设社会主义这个基本问题，紧密联系实际，牢牢把握三条主线，即解放思想、实事求是的思想路线，“一个中心、两个基本点”的政治路线，“一切为了群众、一切依靠群众，从群众中来、到群众中去”的工作路线；努力做到三个尊重，即充分尊重实践、尊重生产力、尊重群众的首创精神；坚持三个标准，即坚持实践标准、生产力标准、群众拥护标准，领导全党和各族人民不断向现代化建设目标迈进。

解放思想、实事求是的思想路线，是邓小平理论的精髓，贯穿于拨乱反正和全面改革的全过程。十一届三中全会以来，全党主要做了两件事，一是拨乱反正，二是全面改革。解放思想、实事求是思想路线的重新确立，有力地推动和保证了拨乱反正的进行，有力地推动和保证了全面改革的进行。邓小平在拨乱反正和全面改革中一以贯之地坚持解放思想、实事求是，解决了关系党和国家前途和命运的重大课题，做出了两大历史性贡献：一是科学地评价了毛泽东同志，维护了毛泽东思想的历史地位；二是成功地找到了在中国建设社会主义的正确道路，创立了邓小平理论。解放思想、实事求是，始终是我们的事业兴旺发达、我们的党永葆蓬勃生机的法宝。历史已经充分证明而且将更充分证明这一点。坚持解放思想、实事求是的思想路线，最重要的是搞清楚什么是社会主义、怎样建设社会主义，重要的是坚持一切从社会主义初级阶段的实际出发，核心是尊重实践，关键是坚持实践标准。

以经济建设为中心，坚持改革开放、坚持四项基本原则，是邓小平同志在改革开放之初就反复强调的。从党的十一届三中全会，经过党的十二大，到党的十三大形成“一个中心、两个基本点”的规范表述。这条基本路线，是历史经验的科学总结，是党的十一届三中全会以来党的路线、方针、政策的总概括，是邓小平理论的主体结构。坚持“一个中心、两个基本点”的基本路线，核心是尊重生产力，关键是坚持生产力标准。判断各方面工作的是非得失，归根到底要以是否有利于发展社会主义社会的生产力、是否有利于增强社会主义国家的综合国力、是否有利于提高人民的生活水平为标准。

人民群众是我们党的力量源泉和胜利之本。群众路线是邓小平理论的根基而且贯穿其中。邓小平同志多次说：“改革开放中许许多多的东西，都是群众在实践中提出来的。”“这是群众的智慧，集体的智慧。我的功劳是把这些新事物概括起来，加以提倡。”① 他在十二大开幕词中说：“我们党提出的各项重大任务，没有一项不是依靠广大人民的艰苦努力来完成的。”② 我们党所领导的改革开放和社会主义现代化建设的全部活动和整个过程，都必须全心全意地依靠人民群众。坚持群众路线的问题，在执政的情况下，主要是端正党风和密切联系群众问题。坚持党的群众路线，核心是尊重群众的首创精神，关键是坚持群众拥护标准，即要看群众拥护不拥护、支持不支持、赞成不赞成、高兴不高兴、答应不答应。

三条主线、三个尊重、三个标准互相联系，共同贯穿在邓小平理论科学体系之中，其根本出发点和落脚点是“三个有利于”。

（三）党的十四大江泽民对邓小平建设有中国特色社会主义理论的高度概括很有新意，与毛泽东思想的“三个活的灵魂”相一致，也是以江泽民同志为核心的党的第三代中央领导集体坚持发展邓小平理论的新起点

按照党的十四大精神，中央有关部门1994年编写出版了《邓小平同志建设有中国特色社会主义理论学习纲要》（简称《纲要》）。这个《纲要》是到目前为止最具权威性的邓小平理论学习读本。它与三条主线、三个标准的思路也非常吻合。这个《纲要》第二部分将邓小平理论的内容展开为十六章。十六章实质上包括了五大部分：第一、二、三章为第一部分，是讲这个理论的精髓和基础（解放思想、实事求是的思想路线是这个理论的精髓，是哲学基础；社会主义本质论是这个理论在科学社会主义掌握方面的基础；社会主义初级阶段论是这个理论在中国基本国情判断方面的基础），核心是讲思想路线；第四、五章为第二部分，是讲以经济建设为中心的理论；第六、七、八章为第三部分，是讲改革开放的理论；第九、十、十一、十二、十三、十五、十六章为第四部分，是讲坚持四项基本原则的理论；第十四章为第五部分，是讲党的群众路线的理论。如果将第

---

① 邓小平．邓小平年谱（一九七五——一九九七）：下卷．北京：中央文献出版社，2004：1350.

② 邓小平．邓小平文选：第3卷．北京：人民出版社，1993：4.

二、三、四部分再合并，就变成三大块：第一部分为第一块，实质是讲思想路线，第二、三、四部分为第二块，讲政治路线，第五部分为第三块，讲工作路线，十六章、五大部分，三大块与三条主线互相吻合。

这个《纲要》源于十四大报告。1992 年江泽民在十四大报告中将邓小平建设有中国特色社会主义理论的内容概括为九条，第一条是这样说的：“在社会主义的发展道路问题上，强调走自己的路，不把书本当教条，不照搬外国模式，以马克思主义为指导，以实践作为检验真理的唯一标准，解放思想，实事求是，尊重群众的首创精神，建设有中国特色的社会主义。”在这个概括中，江泽民同志把解放思想、实事求是，尊重群众的首创精神与建设有中国特色社会主义这三者连在一起叙述，是很有新意的。这三者与毛泽东思想“三个活的灵魂”实事求是、群众路线、独立自主相一致，与邓小平理论的三条主线相吻合。其中，“解放思想、实事求是”“尊重群众的首创精神”与“实事求是”“群众路线”一脉相承；而在现阶段，最大的独立自主就是走自己的路、建设有中国特色的社会主义。十四大报告是以江泽民同志为核心的党的第三代中央领导集体坚持发展邓小平理论的新起点。

三、从“一个中心、两个基本点”到“三大纲领”“三讲”再到“三个代表”重要思想：江泽民对毛泽东思想和邓小平理论的继承与创新

（一）党的十五大确立邓小平理论的指导地位并提出建设有中国特色社会主义的经济、政治、文化纲领，是对邓小平理论的继承与发展

1997 年邓小平同志逝世后，江泽民和党中央发表了一系列重要文献，特别是悼念邓小平的三篇重要文献、《关于在全党深入学习邓小平理论的通知》和党的十五大报告。党中央在十四大以来重要论述的基础上，对邓小平理论的科学体系、历史地位和指导意义作了全面、深入、系统的阐述，并明确提出，邓小平理论为我党的指导思想。如果说，从党的十一届三中全会，经过党的十二大、十三大到南方谈话，邓小平理论成为马克思

主义在中国发展的新阶段，那么，十三届四中全会特别是十四大以后，以江泽民同志为核心的党的第三代中央领导集体在诸多方面又使邓小平理论有了新的发展。这种继承与创新的关系，具体表现在下面论述的三个问题。

（二）在探讨邓小平理论科学体系的同时，也丰富和发展了邓小平理论；在将邓小平理论写在党的旗帜上的同时，也渗透了党的第三代中央领导集体的理论思考

党的十三届四中全会以后，特别是十四大以后，以江泽民同志为核心的党的第三代中央领导集体，在学习、阐述、实践邓小平理论的同时，也不断丰富和发展邓小平理论。这集中体现在党中央一系列重要文献和江泽民一系列重要讲话中，如党的十四大报告、江泽民在学习《邓小平文选》第三卷报告会上的讲话、在邓小平同志追悼大会上的悼词等。特别是十五大报告关于邓小平理论的历史地位和指导意义的论述，关于最大的实际就是中国现在处于并将长期处于社会主义初级阶段的论述，关于以公有制为主体、多种所有制共同发展是我国社会主义初级阶段的一项基本制度的论述，关于全面认识公有制经济的含义和关于公有制实现形式可以而且应当多样化的论述，关于完善分配结构和分配方式的论述，关于依法治国的论述，关于扩大基层民主的论述，关于“在一个中国原则下，什么问题都可以谈”的论述，等等，都不同程度地发展了邓小平理论。

（三）在坚持党的基本路线的同时，对社会主义初级阶段理论进一步作了阐发，并明确提出了党在该阶段的基本纲领

按照邓小平坚持党的基本路线一百年不动摇的要求，在党的十三大、十四大基础上，党的十五大比较完整地论述了社会主义初级阶段理论的基本内涵，结合社会主义市场经济的新形势，论述了党的基本路线，并进而提出了建设有中国特色社会主义的经济纲领、政治纲领和文化纲领，明确提出：“建设有中国特色社会主义的经济，就是在社会主义条件下发展市场经济，不断解放和发展生产力。”“建设有中国特色社会主义的政治，就是在中国共产党领导下，在人民当家作主的基础上，依法治国，发展社会主义民主政治。”“建设有中国特色社会主义的文化，就是以马克思主义为

指导，以培育有理想、有道德、有文化、有纪律的公民为目标，发展面向现代化、面向世界、面向未来的，民族的科学的大众的社会主义文化。”而且明确指出：“这个纲领，是邓小平理论的重要内容，是党的基本路线在经济、政治、文化等方面的展开，是这些年来最主要经验的总结。”①

（四）在强调加强党的建设的同时，明确提出了“讲学习、讲政治、讲正气”的要求，并在全党进行“三讲”教育

以江泽民同志为核心的党的第三代中央领导集体高举邓小平理论的伟大旗帜，坚持党的基本路线不动摇，始终抓住两个关键问题进行理论和实践探索：一是经济发展，二是党的建设。因为，解决中国的所有问题的关键是经济发展，办好中国的事情关键在党。党的十四大以后，党中央进一步加大了党的建设的力度。十四届四中全会把党的建设作为新的伟大工程提到了全党面前。在十四届五中全会及其以后的一段时间内，江泽民同志反复强调领导干部一定要“讲学习、讲政治、讲正气”。十四届六中全会明确提出，在“双学”活动中，“对县级以上领导干部要集中进行一次以讲学习、讲政治、讲正气为主要内容的党性党风教育”。十五大以后，集中时间以整风精神开展“三讲”教育活动在全党铺开。

学习江泽民同志的一系列讲话，我体会，讲学习，主要是学习党的基本理论，即马克思主义、毛泽东思想，特别是邓小平理论，其精髓是解放思想、实事求是的思想路线；讲政治，首要的是坚持党的政治路线，即“一个中心、两个基本点”的基本路线；讲正气，从根本意义上说，是坚持党的工作路线，即“一切为了群众、一切依靠群众，从群众中来，到群众中去”的群众路线。由此可见，“三讲”与邓小平理论的“三条主线”也是一致的。因此，从这个意义上说，“三讲”是江泽民同志从党建角度对邓小平理论的实践和发展。

（五）在坚持“三个基本”的基础上进行“三讲”教育的过程中，提出“三个代表”重要思想

从以上论述可以看出，在坚持党的基本理论、党的基本路线、提出建

① 中共中央文献研究室．十五大以来重要文献选编：上．北京：人民出版社，2000：18-19．

设有中国特色社会主义基本纲领的基础上，在“三讲”教育的过程中，江泽民“三个代表”重要思想这一党的建设的伟大纲领孕育而生。

四、“三个代表”重要思想：不丢老祖宗的新话

（一）江泽民“三个代表”重要思想与毛泽东思想“三个活的灵魂”、邓小平以“三个有利于”为核心的三条主线一脉相承，与党的三大目标与三大纲领相一致

邓小平多次讲过，老祖宗不能丢，但又要有新话。“三个代表”重要思想，既没丢老祖宗，又是新话，是对马克思主义、毛泽东思想、邓小平理论的继承与发展。前面说过，毛泽东思想“三个活的灵魂”是实事求是、群众路线、独立自主；邓小平理论的核心是坚持解放思想、实事求是的思想路线，“一个中心、两个基本点”的政治路线和“一切为了群众、一切依靠群众，从群众中来、到群众中去”的工作路线，归根结底用实践标准、生产力标准和群众拥护标准，也即“三个有利于”标准来衡量；而江泽民“三个代表”重要思想，正是对毛泽东思想、邓小平理论的继承与发展，是社会主义初级阶段党的富强、民主、文明三大目标和建设有中国特色社会主义经济、政治、文化三大纲领同党的性质有机结合的产物，即突出发展是硬道理的思想，把生产力标准直接引入党的性质的表述中来，赋予党的先进性坚实的实践特征；提升文化的历史作用，把文明标准直接引入到对党的性质的表述中来，赋予党的先进性突出的社会特征；强调人民群众的历史地位，把群众拥护标准直接引入对党的性质的表述中来，赋予党的先进性鲜明的人民特征。这样，就使党的性质、宗旨、目标、纲领、任务达到了有机结合和完美统一。

（二）如果说以“三条主线”为基本框架、以“三个有利于”为根本标准的邓小平理论回答了什么是社会主义、怎样建设社会主义的问题，那么，“三个代表”重要思想在此基础上进一步回答了建设一个什么样的党、怎样建设党的问题

“三个代表”的重要思想，是以江泽民同志为核心党的第三代中央领

导集体站在世纪交替的历史高度，着眼我国改革开放和社会主义现代化建设全局，继承历史，立足现实，前瞻未来所做出的精辟论断；是深入总结我们党近80年来历史经验、深入思考世界社会主义运动历史经验、紧密联系我们党面临的形势任务和现实状况做出的科学结论；是对党的性质、宗旨和历史任务的新概括，对马克思主义建党学说的新发展，对各级党组织和广大党员的新要求。

如果说，以三条主线为基本框架、以“三个有利于”为根本标准的邓小平理论，回答了什么是社会主义、怎样建设社会主义的基本问题，那么，江泽民“三个代表”重要思想，从根本上进一步回答了在充满希望和挑战的21世纪，我们要建设一个什么样的党和怎样建设党的问题。

党的十六大报告的一个主题与三条主线*

党的十六大报告郑重地提出了一个鲜明主题："高举邓小平理论伟大旗帜，全面贯彻'三个代表'重要思想，继往开来，与时俱进，全面建设小康社会，加快推进社会主义现代化，为开创中国特色社会主义事业新局面而奋斗。"这个主题全面而深刻地回答了在新世纪、新阶段，我们党带领全国人民举什么旗、以什么样的精神状态走什么样的路、实现什么目标的重大问题。整个报告围绕这个主题，围绕这三个方面展开：始终贯穿"三个代表"重要思想这个灵魂、"解放思想、实事求是、与时俱进"这个精髓、"全面建设小康社会"这个目标。把握主题，就要把握住主题所包含的、贯穿于报告始终的灵魂、精髓和目标这三条主线。

一、高举旗帜与把握灵魂

高举旗帜，就是高举马克思列宁主义、毛泽东思想、邓小平理论的伟大旗帜，就是高举"三个代表"重要思想的伟大旗帜。"三个代表"重要思想，是我们党必须长期坚持的指导思想，是十六大报告的主线。学习十六大报告，首先要把握这个主线。把握旗帜和灵魂，必须做到：

首先，要了解"三个代表"重要思想提出的时代背景。"三个代表"重要思想，是根据新形势、新变化，面对新世纪、新时代提出来的，深刻地回答了建设一个什么样的党、怎样建设党这一重大问题。

其次，要深刻理解"三个代表"重要思想的理论意义。"三个代表"重要思想，同马列主义、毛泽东思想、邓小平理论一脉相承。所谓一脉相承，就是说，其最基本的、最主要的东西是一致的，是相通的，是贯穿

---

* 本文刊发于《北京日报》(2003年1月27日)，原题为"灵魂·精髓·目标——关于贯穿十六大报告的三条主线"。

的。毛泽东思想最基本、最主要的东西是“三个活的灵魂”，即实事求是、群众路线、独立自主。邓小平理论最基本、最核心的东西是“三个有利于”标准，展开来说，就是实践标准、生产力标准、群众拥护标准。“三个代表”重要思想，强调代表中国先进生产力的发展要求、代表中国先进文化的前进方向、代表中国最广大人民的根本利益，同毛泽东思想、邓小平理论一样，都是强调坚持党的思想路线、政治路线（基本路线）、工作路线（群众路线）这三个最基本的东西。说一脉相承，相承的“脉”就是党的思想路线、政治路线、工作路线这三条主线。

再次，要深刻认识“三个代表”重要思想的实践意义。“三个代表”重要思想是我们党的立党之本、执政之基、力量之源，是我们建党 80 多年、新中国成立 50 多年、改革开放 20 多年、十三届四中全会以来 13 年实践经验的科学总结，是对共产党执政规律、社会主义建设规律和人类社会发展规律认识的深化。改革开放以来，我们党有四次大的经验总结，对马克思主义中国化理论的发展起到了巨大推动作用。第一次是 1981 年，建党 60 周年的时候，党中央召开了十一届六中全会，通过了《关于建国以来党的若干历史问题的决议》。决议总结了建党 60 年，特别是新中国成立以后 32 年的经验教训，正确评价了毛泽东同志的功过，重新确立了毛泽东思想在全党的指导地位。这是以邓小平同志为核心的党的第二代中央领导集体做出的杰出贡献。第二次大的经验总结，是 1992 年党的十四大。十四大报告全面总结了建党 70 年的经验，特别是改革开放 14 年的经验，明确提出邓小平建设有中国特色社会主义理论的主要内容。这是以江泽民同志为核心的党的第三代中央领导集体的突出贡献。到了十五大，又进一步对邓小平理论概括、总结，但都是以此为基础的。第三次大的经验总结，是 2001 年江泽民的“七一”重要讲话。讲话全面总结了建党 80 年的经验，归纳了九条光辉业绩、三条基本经验，这三条基本经验就是理论联系实际、走群众路线、加强党的建设，最后归结为“三个代表”重要思想。第四次经验总结，就是十六大报告。十六大报告进一步对我们党的经验，特别是十三届四中全会以来的 13 年，进行了全面的总结，归纳了十条基本经验（“十个坚持”），归结为“三个代表”重要思想。

最后，要对党的基本经验深刻认识、全面把握。这里特别要注意三点：一是不要过分拘泥“十条”这个数字，重要的是领会精神实质；二是要搞清楚这些基本经验与党的基本理论、基本路线、基本方针的内在关系；三是要把握基本经验的内在有机联系。

二、与时俱进与把握精髓

“继往开来，与时俱进”，是十六大主题的第二个重要内涵，是贯穿十六大报告始终的精髓，是“三个代表”重要思想的精髓，是党的思想路线的新概括。

关于与时俱进与把握精髓，首先，要深刻领会“三个代表”重要思想的深刻内涵。十六大报告对“三个代表”重要思想的深刻内涵概括了“三个坚持”“四个必须”。“三个代表”重要思想的核心是“先进”，关键是“代表”。“三个代表”重要思想要求我们党始终保持先进性，始终坚持与时俱进，始终站在时代的前列，不被时代所淘汰；始终保持人民性，始终坚持执政为民，始终保持同人民群众的血肉联系，不被人民所抛弃。我们必须从保持党的先进性和人民性的高度，从长期保持党的执政地位的高度，来理解“三个代表”重要思想的深刻内涵，增强贯彻“三个代表”重要思想的自觉性、紧迫性、责任感和使命感。

其次，要了解党的思想路线的发展过程和深刻内涵。解放思想、实事求是、与时俱进，是十六大报告对我们党的思想路线的新概括。延安时期，毛泽东提出了“实事求是”。改革开放初期，邓小平提出了“解放思想、实事求是”。在现代化建设新阶段，江泽民提出了“解放思想，实事求是，与时俱进”。有的专家学者提出，江泽民“三个代表”重要思想，开辟了中华民族实现伟大复兴的新局面，时代的主题词是“创新”，学说的精髓是“解放思想、实事求是、与时俱进”。我认为，这个概括是很精辟的。解放思想、实事求是、与时俱进，是发展的关系，有明显的时代特征；同时又是统一的关系，解放思想是前提，实事求是是途径，与时俱进是目的。三者继承发展、有机联系、相互结合、辩证统一。

最后，要深刻理解与时俱进的含义。十六大报告对与时俱进的含义首次作了深刻论述。十六大报告指出，要坚持“三性”：党的全部理论和工作，要体现时代性，把握规律性，富于创造性。坚持与时俱进，就是要做到“三个一定要”：一定要适应新变化，一定要充满创造精神，一定要善于在解放思想中统一思想。

要深刻理解“四个必须”，要搞清楚这“四个必须”是从什么角度提出来的。“必须使全党始终保持与时俱进的精神状态，不断开拓马克思主义理论发展的新境界”，是从坚持党的思想路线角度，对如何贯彻“三个代表”重要思想提出的任务和要求。“必须把发展作为党执政兴国的第一要务，不断开创现代化建设的新局面”，是从坚持党的政治路线（也就是基本路线）角度，对如何贯彻“三个代表”重要思想提出的任务和要求。“必须最广泛、最充分地调动一切积极因素，不断为中华民族的伟大复兴增添新力量”，是从坚持党的工作路线（也就是党的群众路线），对如何贯彻“三个代表”重要思想提出的任务和要求。“必须以改革的精神推进党的建设，不断为党的肌体注入新活力”，是从加强党的自身建设角度，对如何贯彻“三个代表”重要思想提出的任务和要求。其中，第一个“必须”是全面贯彻“三个代表”重要思想的前提条件，第二个“必须”是中心任务，第三个“必须”是根本宗旨，第四个“必须”是组织保证和根本动力。

三、建设小康社会与围绕目标

关于这个问题，不仅要了解小康概念的由来，了解全面建设小康社会与“三步走”战略和现代化的关系，而且还要把握小康社会的宏伟蓝图。十六大报告在这一部分提出了一系列新论述、新观点、新论断，比如，（1）要走新型工业化路子，“形成以高新技术产业为先导、基础产业和制造业为支撑、服务业全面发展的产业格局”。（2）全面繁荣农村经济，走中国特色的城镇化道路。（3）积极推进西部大开发，推进区域经济的协调发展。西部打基础，中部快调整，东部快升级。（4）必须毫不动摇地巩固和发展公有制经济；必须毫不动摇地鼓励和支持、引导非公有制经济发展，特别强调绝对不能把二者对立起来，要统一起来。（5）“坚持效率优先、兼顾公平，既要提倡奉献精神，又要落实分配政策，既要反对平均主义，又要防止收入悬殊。初次分配注重效率，发挥市场的作用，鼓励一部分人通过诚实劳动、合法经营先富起来。再分配注重公平，加强政府对收入分配的调节职能，调节差距过大的收入”。报告还特别提出，以共同富裕为目标，扩大中等收入者的比重，提高低收入者的收入水平。(6) 坚持“引进来”和“走出去”，全面提高对外开放的水平。(7) 千方百计扩大就业，不断改善人民生活。(8) 推进政治建设和政治体制改革，也是我们全面建设小康社会的一个重要目标。(9) 发展社会主义民主政治最根本的是要把坚持党的领导、人民当家作主和依法治国有机结合起来。(10) 社会主义民主政治要着重加强制度建设。(11) 高度强调程序化在社会主义民主制度建设中的重要地位。(12) 强调扩大公民的有序政治参与。

四、党的建设与根本保证

搞好中国的事情关键在党。不加强和改进党的建设，党员干部没有一个好的精神状态，十六大精神的落实就缺乏保证。所以，一定要落实根本保证和精神状态问题，要全面推进党的建设新的伟大工程。

十六大报告对于加强和改进党的建设提出了六项任务，包括思想理论建设、执政能力建设、民主集中制建设、干部队伍建设、基层党的建设、作风建设六个方面。其中包括许多新观点和新表述，比如，(1) 对于加强和改进党的建设提出了四个“一定要”的总体要求。(2) 对党的性质进行了新的概括，将三个“先锋队”“三个代表”写进党的性质中。(3) 强调在全党兴起学习贯彻“三个代表”重要思想的新高潮。(4) 党员干部要成为学习和实践“三个代表”重要思想的模范，成为勤奋学习、善于思考的模范，成为解放思想、与时俱进的模范，成为勇于实践、锐意创新的模范。(5) 从五个方面强调要提高领导能力和执政能力。(6) 指出党内民主是党的生命，对人民民主具有重要的示范和带动作用，提出要通过党内民主来推动人民民主发展。(7) 提出了发展党内民主的新举措。(8) 从增强党的阶级基础和扩大党的群众基础出发，提出了发展党员的新政策，重申了“七一”重要讲话的观点。(9) 强调党的作风建设的核心是保持党同人民群众的血肉联系。(10) 提出把社会主义物质文明、政治文明和精神文明建设协调发展作为党的历史任务。总之，我们要紧紧围绕十六大的主题来把握，围绕主题所包含的并贯穿十六大报告始终的灵魂、精髓、目标这三条主线来把握，也就是要高举旗帜、与时俱进、建设小康。做到这三条，要靠党建做保证，要有一个良好的精神状态。学习宣传贯彻十六大精神，总体围绕一个主题、三条主线，加上一个保证、一个精神状态。在此基础上，具体理解把握一系列新思想、新观点、新论断。

把创新作为党必须长期坚持的治党治国之道*

2003年7月1日，我有幸参加了中央在北京召开的“三个代表”重要思想理论研讨会，亲耳聆听了中共中央总书记胡锦涛所作的“七一”重要讲话。在讲话中，胡锦涛明确提出：“把创新作为党必须长期坚持的治党治国之道”。胡锦涛的这一重要概括，是科学判断和全面把握国际形势的发展变化，正确应对世界多极化和经济全球化以及科技进步的发展趋势，得出的正确结论，是我们经过不懈努力实现既定的发展目标的重要保障。为了深刻认识、全面贯彻落实胡锦涛的这一重要概括，并以这一重要概括为指针，办好北京创新研究院，我这里谈四点学习体会。

一、把创新作为党长期坚持的治党治国之道，是走进新时期的中国共产党人坚持与时俱进的正确选择

众所周知，马克思、恩格斯在《共产党宣言》中曾经指出：“资产阶级在它的不到一百年的阶级统治中所创造的生产力，比过去一切世代创造的全部生产力还要多，还要大。”在刚刚过去的20世纪100年，人类社会再次创造出奇迹。据统计，至20世纪末，全球经济总规模已由世纪初的1万多亿美元增加到近30万亿美元，增长了近29倍。

需要指出的是，在此次人类社会创造的奇迹中，科技进步、科技创新逐步成为主要的推动力量。据统计，在20世纪全球经济高增长中，科技进步、科技创新的贡献率，已由世纪初的5%左右，上升到世纪末的60%～70%，并呈继续上升趋势。总结20世纪100年，可以说，科技革命方兴未艾，创新浪潮此起彼伏。科学技术正以前所未有的广度和深度，深刻影响

---

* 本文系作者2004年5月30日在首都师范大学北京创新研究院成立大会上的讲话。

着人们的生产方式和生活方式，推动着经济结构、生产组织和经营模式的不断变革，带来生产力发生跨越式的发展。

展望21世纪，应当看到，创新理念和创新能力将成为经济和社会发展的根本动力和决定性因素。人类的进步、国家的繁荣，将比以往任何时候都更加依赖于创新理念及其应用这种理念的能力与效率。缺乏创新能力，一个人将一事无成，一个企业或单位将丧失存在的根基，一个国家将在国际竞争中受制于人，一个民族将难以屹立于世界先进民族之林。

十六大报告提出，我们要紧紧抓住21世纪头20年的重要战略机遇期，集中力量全面建设小康社会。正如胡锦涛在2003年7月1日重要讲话中指出的："这个宏伟目标令人振奋又十分艰巨。"从国际看，世界多极化和经济全球化趋势在曲折中发展，综合国力竞争日趋激烈，在发达国家中，美国第一经济强国的地位得到巩固和加强，其他国家也都在调整发展战略，提高综合国力；从国内看，进入全面建设小康社会、加快推进社会主义现代化建设的新阶段后，我国社会内部，如经济成分、就业方式，组织形式，利益关系和分配方式等将日益多样化，各种深层次矛盾将逐步显露。这些都为党提高科学判断、应对复杂局面的能力，提出了更高的要求。中国是世界上最大的发展中国家，曾经有过灿烂辉煌的过去，也曾遭受过百年的屈辱。在21世纪100年，我们又面临新的时代挑战。抓住机遇，迎接挑战，赢得挑战，除了按照胡锦涛指出的，"把创新作为党必须长期坚持的治党治国之道"，我们已别无选择。

二、把创新作为党长期坚持的治党治国之道是对中国共产党人积极推动社会历史发展的一贯思想的集中概括

应当看到，在创新问题上，中国共产党人是有远见卓识的。中国共产党的历史说明，我们的党是一个坚持一脉相承而又与时俱进、坚持实事求是而又不断创新的党。早在40多年前，毛泽东在读苏联《政治经济学教科书》时就曾说过，单靠老祖宗是不行的。任何国家的思想家，都要创造新的理论，写出新的著作。后来，他还说，人类总得不断地总结经验，有所发现，有所发明，有所创造，有所前进。党的十一届三中全会后，邓小平

曾多次指出："世界形势日新月异，特别是现代科学技术发展很快。现在的一年抵得上过去古老社会几十年、上百年甚至更长的时间。不以新的思想、观点去继承、发展马克思主义，不是真正的马克思主义者。"[①] 可以说，邓小平理论的创立和发展，就是邓小平和中央领导集体为我们全党做出的思想理论创新的光辉典范。江泽民反复讲创新。他说："创新是一个民族进步的灵魂，是国家兴旺发达的不竭动力。""创新，包括理论创新、体制创新、科技创新及其他创新。20 多年来，我们党领导人民进行改革开放和现代化建设取得的伟大成就，都是与我们不断进行的理论创新、体制创新、科技创新等分不开的。邓小平理论的形成和发展，就是我们党在新时期坚持理论创新的集中体现和取得的最伟大的成果。"他强调："全党同志必须统一认识，必须在建设有中国特色社会主义的伟大事业中坚持创新、创新、再创新。"

上述情况充分说明，中国共产党人关于创新问题的论述，是中华民族乃至全人类的宝贵的思想财富，这一思想财富充分体现了当代社会先进文化的前进方向，是"三个代表"重要思想的有机组成部分。

因此，我们要坚定地以胡锦涛"七一"重要讲话为指导，在学习和实践"三个代表"重要思想的过程中，注意系统研究、深刻阐发中国共产党人关于创新问题的论述，使广大干部群众对"创新问题"的认识，达到胡锦涛"七一"重要讲话所要求的新高度。我认为，这是全党的责任、全国人民的心愿，尤其是中国哲学社会科学工作者的崇高的历史使命。

三、把创新作为党长期坚持的治党治国之道，需要自然科学和哲学社会科学两支队伍，哲学社会科学工作者是一支不可替代的重要力量

值得注意的是，目前在国际、国内尚存在一种倾向，即狭义地把创新活动理解为主要是自然科学技术的事。但只要我们认真学习中国共产党人关于创新问题的论述，就会发现，中国共产党人关于创新问题的论述，是

---

① 邓小平．邓小平文选：第 3 卷．北京：人民出版社，1993：291-292.

在积极探索中国特色社会主义经济、政治、文化的发展规律的过程中，是在坚持马克思主义的世界观和方法论，创造性地运用它们分析当今世界和中国的实际，为我们在新的时代条件下运用辩证唯物主义和历史唯物主义认识和把握社会发展规律、更好地推进我国社会主义事业的基础上提出来的。因此，中国共产党人关于创新问题的论述，业已对创新的内容作出了更为全面的概括，赋予创新一个更加广阔而深刻的内涵，即创新不仅是自然科学技术和与此相关的产业的创新，而且包括了对中国社会主义建设具有关键意义的理论创新、体制创新、教育创新、文化创新等等。中国共产党人关于创新问题的论述，对于创新的重大意义、内容、根本途径、最终目的、衡量标准，理论创新和体制创新、科技创新及其他创新的关系以及全党同志在创新中所肩负的神圣职责等等，都进行了明确的阐发。可以说，已经形成了一个具有中国特色的创新思想体系。

在对创新内涵的认识上，西方一些国家的学者已有深刻的领悟。如“9·11”事件后，在美国召开的2002年世界经济论坛年会上有人指出：“这个世界怎么变得如此脆弱？尽管缩小‘数字鸿沟’非常重要，但我们是不是忽略了更重要的‘宗教鸿沟’、文化（或文明）鸿沟！”

因此，搞创新，尤其是进行具有中国特色社会主义的创新活动，需要动员和组织自然科学和哲学社会科学两支队伍。正如江泽民2002年考察中国社会科学院时指出的：“建设有中国特色社会主义，需要在实践和理论上不懈进行探索，不断在实践的基础上提出创新的理论，用发展着的理论指导实践。在这个实践和理论的双重探索中，哲学社会科学具有不可替代的重要作用，哲学社会科学工作者是一支不可替代的重要力量。”

四、把创新作为党长期坚持的治党治国之道，必须学习和实践“三个代表”重要思想，努力做到“三个坚持”

为了肩负起历史赋予中国哲学社会科学的崇高历史使命，为了全面贯彻落实胡锦涛关于“把创新作为党必须长期坚持的治党治国之道”的重要指示，为了能在以上活动中做出我们应有的贡献，我对北京创新研究院的科研工作提出三点要求和希望。

（一）必须坚持用“三个代表”重要思想统领创新研究的全部工作

我们搞创新研究，不是随心所欲地标新立异，脱离实际地异想天开。创新不能割断历史，不能无所遵循。如果说敢于创新是表现了一种勇气、一种精神的话，那么善于创新则需要科学理论的指导和科学方法的运用。正如胡锦涛在“七一”讲话中指出的：“新的时代呼唤新的理论，新的理论指导新的实践。”我们必须坚持以反映时代特征和实践要求的科学理论指导创新研究工作。“三个代表”重要思想，反映了我国最广大人民的共同意愿，体现了当今世界和中国发展的时代精神，显示了马克思主义科学理论的强大力量，是全党全国人民在新世纪新阶段继续团结奋斗的共同思想基础，是统领我国各项工作（当然包括创新研究工作）的重要思想。在“三个代表”重要思想的指导下，发扬解放思想、实事求是、与时俱进、不断创新的精神，我们的创新研究工作就一定能够取得丰硕的成果。

（二）必须坚持实践第一的观点，以最广大人民的实践为理论创新的源泉，以实现最广大人民的根本利益为理论创新的目的

这是胡锦涛在“七一”讲话中对理论创新工作提出的要求，我们必须认真贯彻落实。大家知道，2003 年初，胡锦涛视察北京时提出了北京要“在经济、政治、文化及党的建设的各个领域，在改革发展稳定的各个方面都努力走在全国的前列”的要求。当年 7 月 23 日至 24 日召开的中共北京市委九届五次全会，审议并通过了《关于认真学习贯彻“三个代表”重要思想，振奋精神乘势而上，全面完成 2003 年各项任务的决议》。全会指出，下半年全市工作总的要求是：认真学习胡锦涛总书记的重要讲话精神，兴起学习贯彻“三个代表”重要思想新高潮，坚持以“新北京、新奥运”为主题，以发展为第一要务，以创新为强大动力，以不断改善人民生活为根本出发点，认真总结防治“非典”的经验教训，对内凝聚人心，对外重塑形象，采取新举措，实现新发展，全面完成今年的各项任务。全会特别强调指出，一定要切实增强创新意识。创新是治党治国之道。做好首都的各项工作，必须坚持与时俱进，始终体现时代性，把握规律性，富于

创造性。要有创新的紧迫感、创新的魄力和创新的智慧。要从北京的实际出发，创造性地贯彻执行中央的大政方针和对首都工作的各项要求，依靠创新解决首都工作的难题，靠创新来实现首都发展的新跨越。因此，我希望，北京创新研究院的同志们，应继续弘扬胡锦涛提倡的“万众一心、众志成城，团结互助、和衷共济，迎难而上、敢于胜利”的战胜“非典”的伟大民族精神，积极行动起来，立足北京，面向全国，认真研究首都北京乃至全国改革开放和现代化建设提出的重大理论与实际问题，围绕全面建设小康社会的宏伟目标，在认识世界、传承文明、创新理论、资政育人、服务社会方面不断有新的建树。

（三）必须坚持用马克思主义态度做好创新研究工作

胡锦涛在“七一”讲话中指出，坚持用马克思主义态度学习贯彻好“三个代表”重要思想，并将其归纳为“三个结合”即坚持学习理论和指导实践相结合、坚持改造客观世界和改造主观世界相结合、坚持运用理论和发展理论相结合。我认为，这“三个结合”对于做好创新研究工作同样是至关重要的。“七一”讲话后，胡锦涛在不同场合又进一步阐发了这些思想。如在中共中央政治局第六次集体学习时，胡锦涛强调，必须大力加强党的思想理论建设，坚持用科学的理论指导实践。在同团中央新一届领导班子成员座谈时，胡锦涛指出，要勤于学习，善于创造，甘于奉献，等等。坚持用马克思主义态度做好创新研究工作，首先要弄懂什么是“马克思主义态度”、什么是“创新”。我认为，北京创新研究院首先应当成为一所学习型的研究院。党的十六大提出，把“形成全民学习、终身学习的学习型社会，促进人的全面发展”作为我国全面建设小康社会的奋斗目标之一。这是党中央基于社会主义现代化建设规律，向全党全民发出的新的学习动员令。我们北京创新研究院的全体干部和科研人员，要积极响应党的号召，深刻认识抓好学习与推动创新研究工作的辩证关系，切实确立与时俱进的学习观念，人人争做勤奋学习的模范。

应当看到，我们身处的21世纪，是人类社会发展史上极其复杂、极其重要的世纪。在这个世纪，人类社会将继续由农耕经济转向工业经济，同时开始向知识经济、信息化时代转换。新时代的特点是，全社会生产方式和生活方式的全面转换。在此过程中，已经和即将出现的许多新情况、新特点及其转换的速度、跨度，是马克思主义经典作家在他们的时代很难具体想象的。面对这样的形势，我们的学习任务和实践任务都更加艰巨了。但是，只要我们坚持马克思主义实事求是的精神，坚定地“把创新作为党必须长期坚持的治党治国之道”，时时想到胡锦涛的提醒，我们就有可能摸准时代跳动的脉搏，在推进理论创新、制度创新、科技创新、文化创新以及其他各方面创新上取得新的突破，推动前无古人的、壮丽的社会主义伟大事业不断前进。

加强马克思主义中国化研究 坚持和发展中国特色社会主义*

一、马克思主义中国化研究是历史性的课题

（一）说其是历史性课题，一个意思是说，马克思主义中国化是个老话题，不是新概念

早在1938年党的六届六中全会上，毛泽东同志就鲜明地提出了马克思主义“中国化”的命题和任务，并做出了精辟论述。毛泽东说：“没有抽象的马克思主义，只有具体的马克思主义。所谓具体的马克思主义，就是通过民族形式的马克思主义，就是把马克思主义应用到中国具体环境的具体斗争中去，而不是抽象地应用它。成为伟大中华民族之一部分而与这个民族血肉相联的共产党员，离开中国特点来谈马克思主义，只是抽象的空洞的马克思主义。因此，马克思主义的中国化，使之在其每一表现中带着中国的特性，即是说，按照中国的特点去应用它，成为全党亟待了解并亟须解决的问题。”① 可见，马克思主义中国化这个概念提出已近70年了。只是到新中国成立后，党中央正式出版《毛泽东选集》时，毛泽东才亲笔将其中的“通过民族形式的马克思主义”改为“马克思主义必须和我国的

---

* 本文是2007年9月在北京市“马克思主义中国化的历史进程和基本经验”课题组会议上的讲话整理稿，刊发于《中国特色社会主义研究》（2007年第5期），原题目为“加强马克思主义中国化研究 坚持和发展中国特色社会主义——研读龚育之同志有关观点随感”，收入本书时删除了与下文重复的部分内容。

① 中共中央文献研究室，中央档案馆．建党以来重要文献选编（一九二一—一九四九）：第15册．北京：中央文献出版社，2011：651.

具体特点相结合并通过一定的民族形式才能实现”，将其中的“马克思主义的中国化”改为“使马克思主义在中国具体化”。这两种表述的含义是完全一致的。同我们党曾一度不用“毛泽东思想”这一表述一样，完全是因为顾及当时苏共的看法、考虑国际关系所作的文字性修改。20 世纪 60 年代中苏论战中，也涉及马克思主义中国化这个命题。苏共认为，说马列主义中国化就是搞民族主义。在 1961 年 1 月中共八届九中全会上，毛泽东说六中全会上写了马克思主义中国化，他本人也讲过。他说，所谓马克思主义中国化就是马克思主义普遍真理跟中国革命具体实践的统一，一个普遍、一个具体，两个东西的统一就叫中国化。可见毛泽东的态度是明确的，而且有深刻见解。

（二）说其是历史性课题，另外一个意思，是说这是一个历史性任务。80 多年来，中国共产党人一直为之奋斗

党的十六大以后，以胡锦涛同志为总书记的党中央，从党和国家事业发展全局出发，决定实施马克思主义理论研究和建设工程。2004 年 3 月，中共中央发出《关于进一步繁荣发展哲学社会科学的意见》，提出要实施马克思主义理论研究和建设工程。4 月 27 日，胡锦涛总书记在会见中央实施马克思主义理论研究和建设工程工作会议代表时指出，当今世界政治、经济、文化、科技、军事等领域出现了一系列新变化、新矛盾、新问题，我国改革发展也面临着一系列新任务、新情况、新课题。我们党要带领全国各族人民抓住重要机遇期，全面建设小康社会，把改革开放和现代化建设继续推向前进，就必须进一步高扬马克思主义理论的伟大旗帜，用马克思主义中国化的最新成果邓小平理论和“三个代表”重要思想武装全党、教育人民，用发展着的马克思主义指导新的实践，并在实践中不断丰富和发展马克思主义。正是基于以上考虑，中央决定实施马克思主义理论研究和建设工程。这是关系党和国家事业发展的战略任务，是中央加强党的理论建设的重大举措，意义深远，任务繁重。胡锦涛总书记讲得十分透彻。

（三）说其是历史性的课题，再一个意思是说它是根本性、长远性的建设

中央实施马克思主义理论研究和建设工程的主要任务，一是加强对马

克思主义中国化理论成果的研究；二是加强对重大现实问题的研究；三是加强对马克思主义基本观点的研究；四是加强对马克思主义理论研究的学科体系建设、反映马克思主义最新成果的教材体系建设，把马克思主义在中国发展的最新理论成果贯穿到哲学社会科学中；五是加强和改进高校思想政治理论课；六是加强马克思主义理论队伍建设。这些都是基础性的建设，而马克思主义中国化理论成果研究是根本性的、长远性的建设。几年来，胡锦涛总书记在一系列重要讲话中多次强调指出："继续在新的时代条件下把马克思主义基本原理同中国具体实际相结合，不断推进马克思主义中国化。"

二、北京市承担的"马克思主义中国化的历史进程和基本经验"课题是一项重大任务

2001年，经中共中央宣传部批准，北京市成立邓小平理论研究中心（后来按中宣部统一要求改名为"北京市邓小平理论和'三个代表'重要思想研究中心"），成为继中央党校、教育部、中国社会科学院、国防大学和上海市、广东省之后第七个全国邓小平理论和"三个代表"重要思想研究基地。该研究中心由市委分管领导担任主任，由市委宣传部指导，办公室设在北京市社科联。该中心充分发挥首都优势，聘请郑必坚、龚育之、逄先知、金冲及、侯树栋、杨春贵、李君如、李忠杰、石仲泉等50多位理论家做学术顾问，聘请中央党校、中央文献研究室、中央党史研究室、中央编译局、教育部、中国社会科学院、国防大学等中央党政军研究机关和首都高校的近百名专家学者作特邀研究员。研究中心成立6年来，完成了中央交办的一系列重大理论课题，产生了一大批理论成果。

2004年3月中共中央发出《关于进一步繁荣发展哲学社会科学的意见》之后，中共北京市委印发《关于进一步繁荣发展首都哲学社会科学的意见》，提出实施马克思主义理论研究和建设工程、"新北京、新奥运"战略构想研究和推进工程、机制创新工程和人才队伍建设工程的任务。3年多来，以邓小平理论和"三个代表"重要思想研究中心为龙头，以社科

联、社科规划办为双翼，以社科院、党校、高校、党委政府研究室为基础，并搭建一系列新平台，在马克思主义中国化研究、“新北京、新奥运”战略思想研究、基础理论、应用理论和决策咨询研究、社科普及、学会管理与服务和人才队伍建设等方面都取得了明显的成效。

2004 年 4 月中央实施马克思主义理论研究和建设工程工作会议后，中央将“马克思主义中国化的历史进程和基本经验”的重大研究课题交由北京市邓小平理论和“三个代表”重要思想研究中心承担。北京市委高度重视，成立了以中央党校原副校长龚育之、中央党史研究室原副主任石仲泉为首席专家，以中央党政军研究机关和首都高校、市属研究部门专家构成的课题组。课题组成立以来，紧紧围绕“五个一”的任务开展工作：一部核心专著——《马克思主义中国化研究：历史进程和基本经验》，初稿大部分已经完成，将于明年上半年正式出版；一个马克思主义中国化文献资料中心，已经成立；一套马克思主义中国化文献资料汇编，已着手编辑；一个马克思主义中国化研究交流平台——“马克思主义中国化论坛”已经建立，并已举办两届（去年是首届，在北京；今年是第二届，在武汉与武汉大学合办）；一部电视专题片，已着手拍摄，明年上半年播出。

三、深化马克思主义中国化研究，坚持和发展中国特色社会主义理论

胡锦涛总书记今年 6 月 25 日在中央党校的重要讲话，内涵丰富，思想深刻，是我们党对共产党执政规律、社会主义建设规律、人类社会发展规律认识的深刻总结，是对新时期我们党治国理政实践经验的深刻总结，是对马克思主义中国化理论的继承和发展，是坚持和发展中国特色社会主义的政治宣言书。讲话提出的“一个始终不渝”、“四个坚定不移”和关于深入贯彻落实科学发展观的一系列重要观点，需要我们进一步认真学习、深刻领会，并以此为指导，进一步加强马克思主义中国化研究、推动马克思主义理论研究和建设工程的实施，不断开创马克思主义中国化理论发展的新境界。学习胡锦涛总书记重要讲话，我有如下体会：

（一）坚持一脉相承而又与时俱进的原则，深化马克思主义中国化历史进程的研究

马克思主义中国化的历史进程是一脉相承而又与时俱进的发展过程。在五四新文化运动特别是中国共产党成立以来的历史长河中，马克思主义基本原理与中国具体实践相结合，大致经过了新民主主义革命时期（1919—1949年）、社会主义革命和建设探索时期（1949—1978年）、社会主义改革开放时期（1978年至今）三个历史阶段；出现了两次历史性的飞跃；相继探索出了两条成功的道路，一个是新民主主义道路，一个是中国特色社会主义道路；产生了四大理论成果，即毛泽东思想、邓小平理论、“三个代表”重要思想和科学发展观等一系列重大战略思想。

在马克思主义中国化的理论体系中，以毛泽东思想为主要标志的新民主主义理论可谓马克思主义中国化理论上篇，以邓小平理论和“三个代表”重要思想及科学发展观等战略思想为主要标志的中国特色社会主义理论，可谓马克思主义中国化理论下篇。上、下两篇一脉相承而又与时俱进。上篇的基本原理将长期发挥指导作用，下篇将是一个持续发展、不断完善的历史过程。说“主要标志”，一是说代表性；二是说毛泽东思想中也有为中国特色社会主义探索和准备的内容，邓小平理论中也有新民主主义的贡献，但分别作为第一次、第二次历史性飞跃的重要成果，毛泽东思想对马克思主义中国化的主要创新在新民主主义，邓小平理论的主要成就在中国特色社会主义。

马克思主义中国化理论的上下篇是一脉相承的。新民主主义理论的核心就是毛泽东思想的“三个活的灵魂”：实事求是，独立自主，群众路线。与其一脉相承的、贯穿在中国特色社会主义理论中的是三条主线：解放思想、实事求是、与时俱进的思想路线，“一个中心、两个基本点”的政治路线，尊重群众的首创精神的工作路线。

马克思主义中国化理论上下篇又是与时俱进、不断创新的，而且对马克思主义发展有许多重大创新。其中，新民主主义理论主要有三大创新：统一战线论、武装斗争论和党的建设论，这是以毛泽东同志为核心的党的第一代中央领导集体带领全党创造的。中国特色社会主义理论也有三大创

新：社会主义初级阶段论、社会主义市场经济论、社会主义和谐社会论，是以邓小平同志为核心的党的第二代中央领导集体、以江泽民同志为核心的党的第三代中央领导集体和以胡锦涛同志为总书记的党中央带领全党创造的。

（二）坚持理论联系实际，认真总结马克思主义中国化的基本经验

马克思主义中国化的基本经验，可以从不同角度概括和总结。如果说马克思主义中国化的历史进程应当从“化”出了什么独特的东西角度来总结，那么，马克思主义中国化的基本经验，应当从如何“化”的角度来概括。从这个角度来说，我认为，马克思主义中国化的基本经验可以概括为坚持“一个中心”、“三个着眼于”和“五个有机结合”。

“一个中心”，即以现实问题和我们正在做的事情为中心；“三个着眼于”，即“着眼于马克思主义理论的运用，着眼于对实际问题的理论思考，着眼于新的实践和新的发展”。这是毛泽东、邓小平，特别是近十多年来江泽民同志、胡锦涛同志和党中央反复强调的。这是最基本的经验，因为，“离开本国实际、时代发展来谈马克思主义，没有意义。静止地孤立地研究马克思主义，把马克思主义同它在现实生活中的生动发展割裂开来、对立起来，没有出路”。纵观马克思主义中国化的历史进程，从新民主主义到中国特色社会主义，从“第一次历史性飞跃”到“第二次历史性飞跃”，从毛泽东思想、邓小平理论、“三个代表”重要思想到科学发展观等一系列重大战略思想，成功的根本经验就是坚持了“一个中心”“三个着眼于”；反之，历史上“左”的、右的探索，其失败的教训，根本上是违背了或没很好地坚持“一个中心”“三个着眼于”。“五个有机结合”，即第一，坚持理论与实际相统一，把马克思主义普遍真理与中国的具体实际有机结合起来，形成具有民族特色、时代特征、国情特点的马克思主义理论新成果；第二，坚持继承与创新相统一，把坚持马克思主义基本原理与总结我国历史基本经验、吸纳现实创新成果结合起来，形成反映规律、富于创造、指导实践的马克思主义理论新成果；第三，坚持领袖创新与群众创造相统一，把党的领袖及其领导集体的创新与理论家的创造、群众的智慧

有机结合起来，形成具有政治权威、学术价值、深入浅出的马克思主义理论新成果；第四，坚持务虚与务实相统一，把研究理论与制定路线、方针、政策有机结合起来，形成立足当前、面向长远、治国理政的马克思主义理论新成果；第五，坚持独创与包容相统一，把坚持马克思主义的原则性与灵活性有机结合起来，形成体系完备、重在建设、开放包容的马克思主义理论新成果。这五个方面是对“一个中心”“三个着眼于”的进一步展开，是基本经验。当然，这个归纳和概括只是个人的粗浅体会，还极不成熟，只是抛砖引玉。

（三）坚持以马克思主义中国化为主线，以中国特色社会主义为主题，不断推动理论创新

中国共产党人理论创新的主线是马克思主义中国化，当代中国共产党人理论创新的主题是中国特色社会主义。中国特色社会主义是当代中国的马克思主义，是当代中国发展、进步的旗帜。我们必须毫不动摇地坚持和发展中国特色社会主义。在当代中国，坚持和发展中国特色社会主义，就是要坚持以邓小平理论和“三个代表”重要思想为指导，深入贯彻落实科学发展观，坚持解放思想，坚持改革开放，坚持推动科学发展、促进社会和谐，坚持为夺取全面建设小康社会新胜利而不懈奋斗；就是要增强责任感、使命感，坚持理论联系实际的优良学风，不断开拓马克思主义中国化理论发展的新境界，形成马克思主义中国化理论的新成果，不断推动中国特色社会主义的新发展。

龚育之对马克思主义中国化研究的重要贡献*

2004 年 4 月中央实施马克思主义理论研究和建设工程工作会议后，中央将“马克思主义中国化的历史进程和基本经验”重大研究课题交由北京市邓小平理论和“三个代表”重要思想研究中心承担。北京市委高度重视，成立了以中央党校原副校长龚育之、中央党史研究室原副主任石仲泉为首席专家，以中央党政军研究机关和首都高校、市属研究部门专家构成的课题组。

龚育之同志是我党著名的马克思主义理论家、中共党史专家、教育家、自然辩证法研究专家。他担任首席专家后，不顾体弱多病，亲自指挥研究，多次抱病参加课题组会议等研讨活动，提出了一系列重要观点。

（1）基本经验概括起来就是基本规律。规律就是经验的总结。最初，中央交办课题的题目是“马克思主义中国化的历史进程及基本规律”。课题组讨论时，认为规律难以把握，而且容易空泛。根据大家的意见，在 2004 年 9 月 24—26 日课题组第一次全体会议上，龚育之同志提出将“基本规律”改为“基本经验”，并指出，“基本经验概括起来就是基本规律。规律就是经验的总结”。在 2005 年 1 月 13 日课题组会议上，他又进一步指出，用“基本经验”比“基本规律”更易接受，可把经验总结达到规律性认识的高度。此项建议得到上级的批准。

（2）马克思主义中国化的历史进程，可以考虑从三个历史阶段、两次历史性飞跃和三大理论成果的角度来概括。在 2004 年 9 月课题组第一次全体会议上，龚育之同志提出，马克思主义中国化的历史进程，要按理论发展的过程来概括。在 2005 年 1 月 13 日和以后几次课题组会议上，他又进

---

* 本文刊发于《学习时报》（2007 年 10 月 1 日），原题目为“加强马克思主义中国化研究　坚持和发展中国特色社会主义——研读龚育之同志有关观点随感”，收入本书时有删节。

一步明确指出：马克思主义中国化的历史进程，可以考虑从三个历史阶段、两次历史性飞跃和三大理论成果的角度来概括。三个历史阶段：新民主主义革命、新中国成立后到党的十一届三中全会、党的十一届三中全会以后；两次历史性飞跃：第一次历史性飞跃发生在新民主主义革命时期，第二次历史性飞跃发生在党的十一届三中全会之后；三大理论成果：毛泽东思想、邓小平理论、“三个代表”重要思想。他还对三个历史阶段提出了深刻见解，认为按马克思主义同中国实际相结合的历史性飞跃来划分，三个历史阶段可表述为：第一次历史性飞跃，第一次历史性飞跃的延伸和第二次历史性飞跃的准备，第二次历史性飞跃。并明确指出，中国特色社会主义应从十一届三中全会算起，以前算准备。中国特色社会主义道路是十一届三中全会后邓小平带领全党创立的。

(3) 在研究马克思主义中国化时，要把马克思主义的当代化和民族化结合起来。在 2005 年 1 月 13 日课题组会议上，龚育之同志首先谈了这个问题。此后不久，以“关于马克思主义的当代化与民族化问题”为题，先后被《学习时报》和《人民日报》刊发，在理论界产生了很大反响。龚育之强调，应当把民族化、时代化这两点突出出来。他认为，马克思主义的当代化，“就是要把马克思主义同当前时代的发展、同当前时代的特征结合起来”。马克思主义的民族化，“就是要把马克思主义同各自国家的情况，同各自国家革命和建设的实践结合起来；在中国，就是同中国情况、同中国革命和建设的实际结合起来，就是中国化”。“强调马克思主义的当代化与民族化，实际上就是说，要在不同的时代背景下、不同的民族环境中，灵活运用马克思主义，不断发展马克思主义。”

他特别强调，讲马克思主义中国化，不能只讲民族化，不能忽视时代化，要强调马克思主义同当代中国实际和时代特征相结合。

(4) 研究马克思主义中国化，要着重研究“化”出了什么特殊的东西。在 2006 年 5 月 7 日的课题组会议上，龚育之同志围绕如何处理史、论的关系谈了自己的看法。他指出，反映马克思主义中国化的历史进程，不能离开历史，但完全按照史的线索来写，就是党史而不是思想理论发展史了，侧重点应当是为什么要“中国化”，特别是“化”出了什么独特的东西。2006 年 6 月 17 日，在首届马克思主义中国化论坛上，他又进一步论述了这个观点，指出："所谓独特的东西，一方面是指它是马克思主义的新发展，另一方面又是指它同马克思主义既有的东西有相异之处。需要研究：这些独特的东西是怎么得来的？是怎么在中国革命和建设的过程中得到检验和证实的？'化'的过程中哪些是根据中国的情况和经验发展了马克思主义，引导中国革命和建设走向胜利的东西？哪些是不符合中国情况又不符合马克思主义基本原理，使中国革命和建设招致损失的东西？中国共产党是如何一次又一次克服这些失误，走上和重新走上马克思主义中国化的创造性道路的？要把回答这些问题摆在突出地位，既不是完全摆脱历史的叙述，又不是完全依附在历史的叙述里面。马克思主义中国化'化'出了新民主主义和中国特色社会主义，'化'出了毛泽东思想、邓小平理论、'三个代表'重要思想和十六大以来党中央一系列重大战略思想。"

（5）马克思主义中国化，要突出"探索"两个字。这是 2006 年 6 月 17 日在首届马克思主义中国化论坛上龚育之同志强调的第二个观点。

他认为，马克思主义中国化，总的说来，是一个不断探索、反复探索的过程，从不成熟到成熟，成熟了又不成熟，还要再探索的过程。

他还特别强调两点：第一，成功是探索，失败也是探索。毛泽东思想、邓小平理论的产生和发展经历了探索的过程，而建党初期作为党的最高领导人的陈独秀，无论贡献和失误都属于探索的过程；新中国成立后，党和毛泽东的成功和错误也应从成功的探索和失误的探索来分析和看待。第二，马克思主义中国化成熟了，又会陷入新的不成熟，成熟了的中国共产党又面对着许多新的问题，还需要在马克思主义的当代化、民族化方面继续做出新的创造性的探索。

在 2005 年 1 月 13 日课题组会议上，他还明确提出，眼界要宽。在绪论写作中，不仅要表现马克思主义这一支，对于也是马克思主义发端的、又同马克思主义若即若离，甚至分道扬镳的其他理论支派，既要批判，也要客观评价、恰当判断。

（6）新出来的东西与马克思主义原来的东西有所不同，这才是创新，巨大的重要创新，"甚至有时被认为是"异端"的创新。"马克思主义中国化与'异端'问题"是龚育之同志在首届马克思主义中国化论坛上讲话的标题。他指出，"毛泽东思想就包含许多重大的甚至被某些马克思主义者认为是‘异端’的创新”。比如，中国革命的道路是农村包围城市，不是以城市为中心；中国革命的主力军是农民，而不是工人；等等，就被传统的马克思主义者看来有点“左道旁门”，有点“另类”，有点“异端”。他说，邓小平也说过“异端”问题。邓小平说，党的十二届三中全会通过的《关于经济体制改革的决定》“有些是我们老祖宗没有说过的话，有些新话”。“过去我们不可能写出这样的文件，没有前几年的实践不可能写出这样的文件。写出来，也很不容易通过，会被看作‘异端’”。他还介绍说，这句话在《建设有中国特色社会主义》小册子中没有收入，在编辑《邓小平文选》第三卷时，经邓小平本人同意恢复了。

龚育之同时强调指出，对“异端”要分析。有属于创造性发展的“异端”，也有自以为创造性发展，其实却属于错误的东西，比如“大跃进”、人民公社化、“文化大革命”就曾被作为马克思主义的重大的创造性发展。是不是创造性发展，要用实践标准来检验。

(7) 党的十一届三中全会以来，有“三大拨乱反正”和“三大理论创新”。这是龚育之同志在首届马克思主义中国化论坛上提出的又一个重要观点。“三大拨乱反正”，是指从“两个凡是”到实事求是，从“以阶级斗争为纲”到以经济建设为中心，从封闭半封闭僵化半僵化到全面改革和对外开放；“三大理论创新”是指社会主义初级阶段论、社会主义市场经济论和社会主义和谐社会论。

(8)“马克思主义中国化研究，要在求准、求深、求实、求共识基础上求新。”这是龚育之同志2005年12月16日在课题组会议上讲话的重点，以后又反复讲过多次。他既强调创新，更强调创新的前提和基础。强调要在准确、深刻、实在上下功夫。他还特别强调，因为这部著作是集体著作、是基本读物，要在相当范围里有共识或可以求得共识。在求共识的基础之上，努力求新，力求思考得新、概括得新、文字表达得新，还可以通过别的方式求新。

今年6月12日，龚育之同志因病医治无效不幸逝世。他的逝世，不仅对我们课题组是不可弥补的损失，对中国马克思主义理论界、中共党史界也是极大的损失。

中篇

社会文明构建

40 年来大部分时间是在宣传部门工作。我认为，社会文明建设是宣传工作的主业，也是社会建设的核心。1993 年到 2007 年，我在中共北京市委、西城区委宣传部担任负责人，在基层社会文明体系构建和实践路径方面，投入了许多精力、倾注了大量心血。在西城区，我结合创建全国文明城区编著过一本书，叫《构架文明：西城区实施精神文明建设十大工程》；在北京市，结合开展爱国主义教育、典型宣传、精神文明创建活动，推动社科事业改革发展以及参与国庆活动筹备、主持纪念抗战胜利 60 周年展览等，展开了一些理论和实践探索。

不断提高思想政治工作的能力*

党的十六届四中全会审议通过了《关于加强党的执政能力建设的决定》。作为宣传思想工作者，把十六届四中全会精神落到实处，就是要不断加强思想政治工作能力建设。具体说，要在以下四个方面下功夫。

一、不断提高加强学习的能力

学习能力是第一位的能力建设。主要是加强三个方面的学习：

第一，加强科学理论学习，包括马克思列宁主义、毛泽东思想，特别是中国特色社会主义理论和时事政治。这是中国共产党人的基本功课。学习中，要把握好精读原文和领会实质相结合、理论和实际相结合、一脉相承和与时俱进相结合的原则，不断提高马克思主义理论素养。

第二，加强现代科学知识学习，包括现代经济知识、法律知识、科学知识、文化知识、历史知识学习。这是现代领导干部必备而又缺乏的素养。学习中，要坚持集中学习与业余学习相结合、读书学习与技能培训相结合、系统学习与“临时充电”相结合，不断增长社会主义现代化知识。

第三，加强实践经验学习，主要包括两个方面的内容：一是学习他人的成功经验，“三人行必有我师”；二是学习自己的切身经验，“吾日三省吾身”，经常自我提升。

二、不断提高改进方法的能力

从某种程度上说，有方法就是有能力。面对新形势、新任务、新要

---

* 本文是作者 2004 年 11 月 3 日在北京市“学习贯彻十六届四中全会精神，不断提高思想政治工作能力培训班”上的辅导报告提纲。

求，不断改进思想方法和工作方法，主要体现在四个方面。

第一，抓重点。就总体而言，宣传工作的重点是“以科学的理论武装人，以正确的舆论引导人，以高尚的精神塑造人，以优秀的作品鼓舞人”。具体说，理论工作的重点是抓理论学习、理论教育、理论宣传，新闻工作的重点是抓舆论把控、亮点宣传、深度报道，宣传教育工作的重点是抓思想教育、典型宣传、品牌活动，文化工作的重点是出文艺精品、丰富群众文化生活。

第二，抓规范。宣传工作要力戒“运动式”、随意性，这有多年的历史教训。宣传思想工作的“五个一工程”、中青年社科理论人才“百人工程”，都是抓规范。我在西城工作时，抓宣传工作“十个一”评选和百部爱国主义影片教育、爱国主义基地教育与中小学课堂教学相结合方案，都是试图抓规范。

第三，抓协调。统领全局，协调各方，是提高党的执政能力建设的一个指导原则。宣传工作也要发挥协调作用，领着大家一起干，调动方方面面的积极性。比如，今年建国 55 周年游园展览牵头任务落实到北京后，我们协调国家有关部委和全国各省区市，一个月完成了 5 大公园、15 个专题、20 多个展览的筹备任务。时间紧、任务重，不经过有效的组织协调，是很难圆满完成的。

第四，抓落实。宣传思想工作要彻底改变“虚头巴脑”的形象，工作一定要落到实处，一定要不断地督促检查，一定要有考核的手段，定了的事情就要一做到底，绝不能半途而废、虎头蛇尾。

三、不断提高练好基本功的能力

1. 善于学习，心中要有新观点

宣传干部不学习理论、不接触实践，就难以做好自身的工作。对于新观点、老说法要心中有数，要不断积累，不断寻找新的东西。

2. 善于调研，胸中要有新情况

眼前有什么变化、信息、动态，要及时了解，要靠调研。新情况、新问题不断出现，共性的东西少，个性的东西多，针对不同的问题要做不同的分析。

3. 善于总结，胸中要有新经验

把感觉的东西总结出来变成经验，把现象总结成形象，树立典型，善于挖掘。

4. 善于创新，胸中要有新招数

有了套路、有了规范还不够，还要有亮点、有创新，每年都有新东西，使工作有吸引力、凝聚力、感召力。

5. 善于归纳，胸中要有新思路

工作几年下来，要把自己的经验、观点、做法理一下，变成方法，变成思路，甚至变成区域发展思路。这个要求很高，但宣传干部特别是负责人，要做到“有为”和“有位”，就要朝着这方面努力。西城区“重点建设五街、大力发展五业”的思路，就是在《西城区宣传画册》基础上演变而来的。

四、不断提高做好群众工作的能力

要重视维护实现社会公平，做好关心群众生产生活工作，加强对群众的教育和引导，要善于联系群众、服务群众、宣传群众、教育群众。这是新时期落实党的群众路线的新要求。

基层干部工作的难点在于既要领会吃透中央的方针、政策，上级布置的任务精神，又要做好群众的思想工作，协调群众的各种利益关系。工作中既不能对群众耍威风，也不能出现党跟着群众跑的现象，群众需要引导，需要教育。我认为，围绕工作重点，有针对性地做好群众教育和引导工作，主要有以下几点：

（1）处理好讲道理与讲实惠的关系；

（2）处理好解决思想问题与解决实际问题的关系；

（3）处理好推心置腹与换位思考的关系；

（4）处理好联系群众、服务群众、宣传群众、教育群众的关系；

（5）处理好一把钥匙开一把锁和多把钥匙开多把锁的关系，个别问题个别解决，共同问题一起解决，要把问题分门别类，归纳出解决的办法和思路；

（6）处理好锦上添花与雪中送炭的关系；

（7）处理好情、理、法的关系；

（8）处理好个别要求与一般号召的关系；

（9）处理好冷处理与热处理的关系；

（10）处理好个人努力与借助外力的关系。

应该看到，思想政治工作在新的历史条件下，遇到了前所未有的挑战，同时，也为我们加强和改进思想政治工作提供了难得的机遇。只要我们坚持解放思想、实事求是、与时俱进、开拓创新，我们的思想政治工作一定会取得更大的成效。

把党的先进性要求落实到宣传思想工作实践中*

胡锦涛总书记在庆祝中国共产党成立85周年暨总结保持共产党员先进性教育活动大会上的讲话，科学总结了建党85年以来保持和发展党的先进性的成功经验，明确提出了进一步推进党的先进性建设的要求。作为宣传思想工作者，要按照党中央和市委要求，密切结合我市宣传思想工作实践，把学习宣传贯彻党的先进性建设重大战略思想落到实处。

一、要充分体现以人为本的要求

（1）要坚持党的根本宗旨，坚持为人民服务和为社会主义服务的方向，坚持“百花齐放、百家争鸣”的方针。（2）坚持贴近现实、贴近基层、贴近群众，真正落实尊重人、理解人、关心人的要求。（3）要坚持以群众拥护为标准，落实“三个一切”，即一切为了人民、一切依靠人民、一切成果由人民共享，让广大人民群众充分享受宣传思想工作和精神文明建设的成果，不断满足人民日益增长的精神文化需求，充分体现全面发展的要求。宣传思想工作是为各项工作服务的，要为经济社会全面发展服务，要充分体现全面发展的要求。（4）要放在经济建设、政治建设、文化建设、社会建设四个建设的全局中想事情、做工作，只有这样才能真正做到服务中心、服务大局。（5）要从与党的各项工作有机结合的战略高度来想事情做工作，综合考虑、规划、落实。（6）要从工作建设、机制建设、队伍建设相互促进的角度来想事情、做工作，充分体现协调发展的要求。（7）宣传思想工作所确定的任务、所采取的步骤，不能离开经济建设、政

* 本文刊于《北京工作》（2006年第7期）。

治建设、文化建设、社会建设，要围绕四个建设搞好服务和配合，要与中心任务相一致。(8) 宣传思想工作要与我们所在的地区、所在的单位的工作实际和广大干部群众的思想实际相协调，要与自身的特点、职能、地位、任务相协调。(9) 要有所为，有所不为，不断加强和改进，充分体现可持续发展的要求。(10) 要着眼促进人与自然、社会的和谐发展。(11) 要着眼促进“四个建设”的可持续发展，看全局、看长远、看趋势，不能有与可持续发展相违背的导向，不能宣传违背发展规律的政绩工程、形象工程，不能搞劳民伤财的形式主义，树立的典型、宣传的经验不能有悖于可持续发展的要求。(12) 要着眼长效机制的形成和长远发展。

二、要与构建社会主义和谐社会首善之区的实践紧密结合起来

宣传思想工作应当紧紧围绕构建社会主义和谐社会首善之区目标来开展工作，要有所作为。具体说，要处理好十个关系：处理好讲道理和讲实惠的关系，处理好解决思想问题与解决利益问题的关系，处理好推心置腹与换位思考的关系，处理好热情服务与宣传引导的关系，处理好一把钥匙和多把钥匙的关系，处理好锦上添花与雪中送炭的关系，处理好以德服人与以理服人的关系，处理好个别要求与一般号召的关系，处理好冷处理与热处理的关系，处理好个人努力与发挥合力的关系。

三、要与加强党的执政能力建设实践紧密结合起来

我们这个党是不是先进、是不是有执政能力，其中很重要的方面，就是看宣传思想工作在凝聚人心上能不能发挥作用。我们一定要从这样的高度来充分认识宣传思想工作的地位和作用，做到十个“牢牢把握”：(1) 牢牢把握一个政治方向，就是坚持以邓小平理论和“三个代表”重要思想为指导，以科学发展观为统领；(2) 牢牢把握一个原则，重在建设，服务中心，服务大局，服务基层；(3) 牢牢把握一个宗旨，就是以人为本，实现好、维护好、发展好群众利益；(4) 牢牢把握一个目标，就是构建社会主义和谐社会首善之区；(5) 牢牢把握一个主题，就是“新北京、

新奥运”的战略构想；(6) 牢牢把握一个工作重点，就是鼓舞士气、化解矛盾；(7) 牢牢把握一个工作载体，让广大干部群众特别是青少年在开展道德实践和群众性精神文明创建活动中受到教育、陶冶情操、提高素质；(8) 牢牢把握一个着力点，就是坚持“三贴近”，增强时效性、针对性、吸引力和感染力；(9) 牢牢把握一个方法，立足当前，着眼长远，在科学化、规范化、制度化上下功夫；(10) 牢牢把握一个目标，就是建首善创一流。

四、与提高自主创新能力的实践有机结合起来

宣传思想工作者要提高自主创新能力，要做到“十个善于”：(1) 善于学习，心中要有新观点；(2) 善于发现，心中要有新情况；(3) 善于研究，心中要有新体会；(4) 善于总结，心中要有新思路；(5) 善于创新，心中要有新招数；(6) 善于抓重点，要处理好点面的关系；(7) 善于抓难点，处理好经常性工作与突击性工作的关系；(8) 善于抓协调，处理好“有为”与“有位”的关系；(9) 善于抓规范，处理好具体工作与机制建设的关系；(10) 善于抓落实，处理好“虚”与“实”的关系。

五、与实现“新北京、新奥运”战略构想的实践紧密结合起来

当前，在做好经常性工作、全面抓落实的前提下，应把三个事情抓紧抓实抓好。一是深入广泛地开展社会主义荣辱观的学习宣传教育实践活动。要抓落实、逐步做。持之以恒，必有成效。二是深入广泛地开展“迎奥运、讲文明、树新风”的宣传教育实践活动。作为北京来说，以举办奥运会为契机，围绕迎接奥运，鼓舞士气，凝聚力量，宣传思想工作有大量的工作要做。这项工作中央和市委已有部署，关键是狠抓落实。三是以弘扬人文奥运理念为重点，在宣传思想工作和精神文明建设工作方面取得新突破和新成效。要用人文奥运这个理念来吸引人、凝聚人、鼓舞人，把以人为本思想落到实处。

《前线》是我“老朋友”*

《前线》50岁，我48岁，敢说《前线》是“老朋友”，是否有些夸张？我不认为夸张。因为我是《前线》的老读者、老作者、老编者，与《前线》许多人是老交情。

我是《前线》的老读者。我1979年考入北京师范大学中文系，从河北来到北京。在大学期间，考时事政治，我最爱看的刊物之一是《前线》（当时叫《学习与研究》），因为它通俗易懂。大学毕业分配到中共中央文献研究室，由于是学中文的，政治理论底子薄，于是就“恶补”。一方面，补党史知识，认真研究党的文献；另一方面，紧跟时代步伐，学习新召开的重要会议文件和中央领导新发表的讲话。其中，《学习与研究》关于中央会议文件和中央领导讲话的辅导专辑，很及时，很“解渴”，很受欢迎。那时，我就认识了常来中共中央文献研究室约稿的记者王占柱同志。他现在是《前线》屈指可数的“老资格”，当编辑部主任就有十六七年了。我当《前线》读者近30年了，应当算老读者了吧？

我是《前线》的老作者。20年前的1988年，我在《学习与研究》第5期上发表了一篇文章《“社会主义现代化”比“四个现代化”包含更广泛的内容》，是学习党的十三大报告的体会。党的十三大提出了“把我国建设成为富强、民主、文明的社会主义现代化国家”的奋斗目标。我认为，这个“现代化”比“四个现代化”内涵更广泛。我还追述了历史。从1957年毛泽东提出“三个现代化”、1959年提出“四个现代化”，到1979年叶剑英《在庆祝中华人民共和国成立三十周年大会上的讲话》，1981年党中央通过的《关于建国以来党的若干历史问题的决议》、1982年党的十二大报告、1986年党的十二届六中全会通过的《中共中央关于社会主义精神文

---

* 本文是作者为纪念《前线》杂志创刊50周年而作，收入2008年11月同心出版社出版的《站在理论宣传的前线》一书。

明建设指导方针的决议》乃至党的十三大报告形成了社会主义现代化的概念。我认为，这是一个渐进的过程。现代化的概念在不断丰富和发展。虽然当时还没有“三位一体”“四位一体”的概念，但我认为，当初还是有感悟在里面的。当时，并没有多少人注意这个问题。但《前线》的领导陶一凡同志和记者王占柱同志注意到了。感谢他们给我发表了这篇文章！也就是因为这篇文章，我和陶一凡同志相知（但当时并不相识）。后来，他还给我打电话约过稿，因为忙，我未能从命。这时，我已随龚育之同志从中共中央文献研究室到中宣部工作了。后来，我在《前线》上还发表过不少文章。我和许多人一样，很看重能在《前线》上发表文章，很愿意把重要文章在《前线》上发表。因为《前线》不仅影响大，而且形象好，活泼而不乱来。说明《前线》编辑队伍是一支政治强、业务精、作风正的队伍，而且保持了这么多年。20年的作者了，算不算《前线》的老作者呢？应该算。

我是《前线》的老编者。我没在《前线》工作过，不是编内编辑。但从2000年10月到市委宣传部工作，一直到2007年12月离开，按部领导工作分工，我一直分管理论、联系《前线》工作。按照前任副部长王学勤同志留下的“惯例”，作为分管领导，《前线》每期的本刊评论员文章我要负责审阅。从2000年第11期到2007年第12期，这7年多的时间，前后审改了80多篇本刊评论员文章，而且是认真出题目、认真修改，甚至有许多篇是重写或亲自写。我还经常与历任社长、总编研究编辑工作。我接管联系《前线》后，在大家的共同努力下，2002年年发行量由3万多份升至5万份；2007年底，我离任前，主持召开了2008年《前线》发行座谈会，听董颖社长说，在大家共同努力下，2008年又增了2000多份。看到《前线》越办越好，影响越来越大，真是很高兴。当7年多的编外编辑，算是老编者了吧？

《前线》有我许多老朋友。从陶一凡、程曼珍、刘宗明、邵毓奎、王学勤、刘牧雨、董颖到韩凯等历任社长、总编辑，他们在任时，我都直接打过交道，都是老朋友、好朋友。陶一凡、王学勤同志还曾经是我在市委宣传部的领导。在副总编、部主任乃至编辑记者中更是有许多老朋友。我在西城区委担任宣传部部长时，就认识了发行部主任张智谦同志。十几年来，《前线》的编辑发行座谈会，我几乎每年参加，出过不少主意。比如，《前线》封面、封底加插图，就是我在 20 世纪 90 年代几次呼吁的结果。我认为，思想应当解放，插照片后，可丰富版面，可宣传北京。与《前线》那么多领导、编者、记者认识 20 多年，还不算老朋友?

当然，我与许多老前辈不好比。论哪个单项都有比我资格老的，我肯定进不了“单项”决赛，但把我《前线》的“读龄”“作龄”“编龄”“友龄”综合到一起，大概也没几个可比的。论“全能比赛”，可能还真能排上号。所以，我说是《前线》的“老朋友”，也不算太夸张。

在《前线》50 岁生日之际，应邀写上这些话，拉拉家常。按说，《前线》作为市委机关刊物，是很严肃的。但过生日了，拉拉家常，活跃一下气氛，好像也不为过。

2008 年是北京奥运会举办年、中国改革开放 30 周年、《前线》创刊 50 周年。百年梦想一朝圆，《前线》五十而知天命，真是令人兴奋不已！

祝《前线》生日快乐！祝《前线》永远坚定、清醒地站在改革开放、创新求实的前线，永远坚定、清醒地站在中国特色社会主义理论、实践进步的前线！

我与北京市社科联三十年*

今年是北京市社科联成立三十周年，很巧合，也是我大学毕业参加工作三十年。我与北京市社科联有三十年的不解之缘。

与市社科联结缘是从发表文章开始的。1983年7月，我从北京师范大学中文系毕业，分配到中共中央文献研究室办公室工作。几乎同时，7月7日，北京市社科联成立。事后，《光明日报》发了消息，当时引起了我的关注。这与我学文科有关，与工作单位搞研究有关，也与北京较早成立这么一个机构感到很新鲜有关。1986年，中共中央文献研究室成立理论研究组，我从办公室调入该组。首先承担的一项重点任务，是在主持工作的副组长石仲泉同志带领下，与同一办公室的张宁同志一起，协助中共中央文献研究室副主任龚育之同志收集整理马克思主义经典作家、中国共产党关于社会主义发展阶段问题的论述。当时，正在筹备党的十三大。作为党的十三大报告起草人，龚育之同志特别关注社会主义初级阶段问题的研究，召开了一系列座谈会，收集整理了一系列材料。事后知道，他是党的十三大报告总纲“社会主义初级阶段基本路线”部分的主要起草人之一。我作为研究人员兼他的联络员，做了一些辅助性工作。我们翻阅了马、恩、列、斯等马克思主义经典作家著作及有关材料，翻阅了毛、周、刘、朱、邓、陈等党和国家领导人的著作和文献档案，整理编辑了一套《社会主义发展阶段论述摘编》。在此基础上，我和张宁同志合写了一篇长篇综述文章，先是发表在中共中央文献研究室内刊《文献与研究》（后改名为《党的文献》）上，后经北师大李敬德老师推荐，发表在《科学社会主义》上。该文是较早研究社会主义初级阶段问题的文章，而且因为占有大量党的文献材料，所以，多有转载和摘编，产生了一定影响。而该刊就是北京市社

---

* 本文收入《我与社科联》一书。

科联刊物《中国特色社会主义研究》的前身。这已是 26 年前的事情了。其实，比这还早些，我就与市社科联主办的《理论信息报》有联系，常在该报摘发“豆腐块”文章，与该报编辑部的周叔进、张国安、张楠同志早在此前就是好朋友了。

与北京市社科联结缘，还因为与张文启、王学勤两位同志的特殊关系。我与他们都是北师大校友，后来我还成了他们两位的继任者。1988 年初，我随龚育之同志到中宣部做专职秘书工作。作为分管理论工作的副部长，龚育之同志非常关心各地社科联工作。那两年，结合筹备纪念党的十一届三中全会召开十周年理论研讨会，有关部门召开了一系列座谈会，与各省市社科联有广泛接触。从那年开始，他曾通过多种方式和渠道呼吁成立全国社科联，但始终未能如愿。耳濡目染，我对社科联的感性和理性认识也更深了。1989 年下半年，我随龚育之同志到北师大调研高校政治思想工作，结识了时任北师大党委宣传部部长的张文启同志、研究生会主席王学勤同志。我们一见如故，交往一直未断。后来，他们两位分别担任了市社科联党组书记、市委宣传部分管理论工作的副部长。我与他们的交往更密切，当然与北京社科联的交往也更密切了。1993 年 10 月，我到中共北京市西城区委宣传部挂职副部长，一年后调任常务副部长，1996 年任部长，成了他们两位的下级。更有意思的是，后来我居然成了他们两位的继任者。2000 年 10 月，我从西城区委宣传部调到市委宣传部，接替王学勤副部长的工作，主管理论工作，当然也联系社科联。我一到任，干的第一项重点工作，就是与已任社科联党组书记的张文启同志一起筹备市社科联第四次代表大会。在这次大会上，我也当选市社科联副主席。2005 年 10 月，我又接替已过退休年龄的张文启同志兼任市社科联党组书记，将学勤、文启同志原有责任兼于一身。由于我们三人的关系，对市社科联的感情和责任就非同一般。

与北京市社科联结下不解之缘，更主要是在分管和兼任的 7 年。在市委宣传部和市社科联工作 7 年的日子里，与社科联新老领导、专家学者、机关同志结下了深厚友谊。在市委市政府领导下，在市委宣传部指导下，在王大明、陶西平、满运来三任主席带领下，在张文启等同志的支持下，干成了不少事情，使北京市社科联工作有了一个新格局，站在了新的历史起点上。一是党组领导班子健全了，长期保持7人状态，是历史上最多的。在党组班子里，先后与张文启、李敬汶、石梅、张兆民、辛国安、单允茹、马仲良、陆奇等同志共事。他们和中层干部都比我年长，对我的工作很支持。我一般每两周来社科联开一次办公会，工作运行顺畅。我们团结和谐，非常愉快。二是队伍壮大了，机关引进和提拔了一批年纪轻、学历高的同志，中层干部成长平台建立起来了，全机关共有80来人，成了社科大楼的大单位。三是拓宽了工作领域，形成了一系列工作品牌，比如，建立了邓小平理论研究基地，设立了北京市邓小平理论研究中心及其办公室（后几经更名，现叫北京市中国特色社会主义理论体系研究中心及其办公室）。该办公室成立后做了大量工作，每年组织编写大量文章，特别是在龚育之、石仲泉同志主持下，完成了马克思主义理论研究和建设工程重大课题——“马克思主义中国化的历史进程和基本经验”。经过几年的努力，市社科联形成了一系列品牌活动和项目，如马克思主义中国化论坛、自然科学与社会科学“两界”高峰论坛、社会科学学术前沿论坛、中青年学者百人工程论坛、社科普及周、周末社区大讲堂等，另外，还有社科名人文库、百人工程文库等，都是社科联工作的新载体、新支撑点。可以说，经过多年的积累，社科联工作的“四梁八柱”形成了。四是形成了工作新格局。2007年1月20日，北京市社科联第五次代表大会召开。中央政治局委员、市委书记刘淇等市四套领导班子出席大会，刘淇书记讲了话。王大明等老领导、金冲及等著名专家、首都学界部分人士、有关部门负责人，悉数到场，盛况空前，可谓北京社科界里程碑式的盛会。陶西平主席致开幕辞，张文启同志主持开幕式，我受四届常委会委托做了工作报告。报告中提出的做到六个“必须坚持”、六个“努力成为”，实施六大“建设工程”，完成六大“工作任务”，基本构建了市社科联工作新格局。五是进行了形象设计和宣传，如出了一系列专版、专刊、宣传册，确定了社科联会标、会徽，创作了社科工作者之歌，确定了马克思主义中国化论坛、百人工程论坛、社科普及周、周末社区大讲堂标识。另外，社科联大厦主体工程建成，只是未来得及完成内装修，倒是促成了原社科大楼外装修。还促成社科联由事业单位变成“参公”单位。还在西城区成立了第一个区县级社科联，这既是市社科联工作的新突破，也圆了我在西城工作时的一个梦。这 7 年，特别是在社科联主持工作的两年多，与大家一起干了不少事。虽然很辛苦，但“快乐着”。这些事，都是大家一起干的。之所以说起，是因为大都是社科联“三十而立”之事。

2007 年 10 月，我被任命为市委社会工委书记、市社会办主任，着手筹备新机构。直到该年底，蔡赴朝部长才宣布免去我的市委宣传部副部长职务；次年 3 月，不再担任市社科联党组书记，由史秋秋同志接任，按满运来主席要求，我仍任副主席。这半年三边跑，非常累。这之后，对市社科联关心就少多了。但市社科联作为市级“枢纽型”社会组织，我和市委社会工委、市社会办是非常重视和支持的。

北京市社科联“三十而立”了。许多人是奉献者、见证者，而也有一些同志，如第二届主席张大中，社科联顾问龚育之、黄枬森，事业发展部主任杨节同志等，已不在世了。纪念社科联三十年，应当有个名录，如同社科联的“家谱”，让大家都记住这个“家”，记住这个家庭的每一个人。

北京市社科联刚到而立之年，今后的路还很长。社科联的地位和作用怎么估价都不过分。就说两条：一是作为其中的人来说，社会科学家都是思想家、理论家，都是党和国家的宝贝。社科联发挥好桥梁纽带作用，一头连着党和政府，一头连着思想家、理论家，地位和作用该有多重要！二是作为所干的事来说，社会科学对推动科学发展、社会和谐的作用是巨大的，如果说自然科学是阳光，社会科学就是水，都不可缺。作为思想库、智囊团的社科联，地位和作用该有多重要！

我与北京社科联 30 年的情缘很深，对社科联的人、事、物都有很深的感情，要说的话也很多，但篇幅有限。我想了一下，我对社科联工作、事业的理解，对社科专家、社科工作者的情感，凝聚在“五个一”上。一是一个“章程”。市社联五次大会通过的章程我花了许多心血，反复修改多次。二是一个“报告”。市社科联五次大会报告，我是反复修改、反复推敲过的。三是一个“会徽”。五次大会前，我主持策划了市社科联会徽，由清华美院李飒老师设计。会徽图案由打开的书本和飞扬的九篇华章组成。打开的书本象征社科学术研究，飞扬的九篇华章象征社科研究成果丰硕，其中中间三篇华章代表社科三大学科文、史、哲，并排列组成“s”（“社会科学”英文“social science”的首字母）形，上下纷飞的六篇华章则代表活跃的社科研究“六路大军”——社科院系统、高校系统、党校（行政学院）系统、党政研究部门、部队研究系统和民办社科机构。底色为中国红，比喻大力弘扬中华民族优秀文化传统。四是一个“会标”。图案为九篇华章，是会徽精华的艺术再现。取六边形，也寓意“六路大军”团结协作。五是一个“会歌”。会歌是会徽寓意的艺术表达。这是我为2007年社科普及周文艺晚会创作的社科工作者之歌《华章飞扬》，由著名曲作家孟卫东作曲，著名歌唱家廖昌永首唱。我希望它成为社科联会歌。

最后，我想用这首歌结束本文：

绽放的花朵在春天里芬芳，丰收的果实在秋天里飘香，
辛劳的汗水在苦读中挥洒，勤奋的心血在求索中流淌。
让时光精心描绘，描绘篇章的华彩；
用激情挥毫撰写，撰写华彩的篇章。
让华彩的篇章飞过高山、飞过大海、飞向蓝天，
让华章飞扬、飞扬，
让华章飞扬！

思想的光芒像鲜红的太阳，智慧的双翼在宇宙中翱翔，
历史的碑记在思索中铭刻，文明的长歌已汇成了交响。
让世界一起感知，感知篇章的华彩；
与人类共同分享，分享华彩的篇章。
让华彩的篇章飞过既往、飞过今朝、飞向未来，
让华章飞扬、飞扬，
让华章飞扬！

2013年中秋节写于华风宾馆2201室

在北京市社会科学界联合会第五次代表大会上的报告*

北京市社会科学界联合会第五次代表大会，是首都社科界的一次盛会。在贯彻党的十六届六中全会精神、迎接党的十七大召开之际，在筹备2008年奥运会进入决战阶段之时，召开此次大会，时机好、意义大。

一、过去五年，北京市社科联工作取得了新的大发展

五年来，北京市社科联在中共北京市委的领导下，高举邓小平理论和“三个代表”重要思想伟大旗帜，认真贯彻落实科学发展观，认真贯彻落实党的十六大和十六届三中、四中、五中、六中全会精神，认真贯彻落实党中央和北京市委关于进一步繁荣发展哲学社会科学的文件精神，坚持以发展着的马克思主义为指导，把研究改革开放和现代化建设中的重大理论和现实问题作为主攻方向；坚持解放思想、实事求是、与时俱进的思想路线，把实践创新、理论创新作为推动哲学社会科学事业发展的动力和源泉；坚持以人为本、重在建设，把让党和政府、广大人民群众信得过、用得上、离不开作为崇高追求；坚持“二为”方向和“双百”方针，把营造生动、活泼、民主、团结的学术氛围作为基本要求；坚持充分发挥首都优势和社科联特色，把整合资源、创新机制、多出成果、多出人才作为主要工作目标，团结首都广大哲学社会科学工作者，努力担负起服务首都社会主义现代化建设的重要职责，在认识世界、传承文明、创新理论、资政育人、服务社会方面做出了新的贡献，各项事业取得了新的大发展，较好地实现了第四次代表大会提出的主要工作目标，出色完成了各项任务。具体说，主要表现为以下五个方面。

---

* 这是2007年1月20日在北京市社会科学界联合会第五次代表大会上的工作报告，刊发于《北京社科联》(2007年第1期)。

（一）充分发挥邓小平理论和“三个代表”重要思想研究基地作用，马克思主义中国化理论研究不断取得新进展

2001年，经北京市委批准，北京市邓小平理论研究中心（后更名为“北京市邓小平理论和‘三个代表’重要思想研究中心”）成立，并被中宣部批准成为全国邓小平理论和“三个代表”重要思想七大研究基地之一。研究中心办公室设在社科联。研究中心聘请了近50名理论大家做顾问，聘请近百名专家做特邀研究员，搭建研究大平台，大力实施马克思主义理论研究和建设工程。在集中力量完成中央委托的“马克思主义中国化的历史进程及其基本经验”和“加强党的执政能力建设”这两项重大课题研究任务的同时，圆满完成了马克思主义哲学、马克思主义政治经济学和科学社会主义等九部高校教材三级提纲的设计编写任务。承办了“马克思主义理论研究和建设工程全面落实科学发展观第一次研讨会”，成功举办了首届马克思主义中国化论坛。与首都社科系统相关单位一道，组织召开了14次首都理论界理论研讨会和座谈会，产生了良好的社会反响和一大批理论研究成果。先后汇集出版了《纪念毛泽东》《纪念邓小平》《纪念陈云》《“三个代表”重要思想的理论与实践》《科学发展观的理论探讨与实践创新》等15部优秀论文集。在《人民日报》、《求是》杂志、《光明日报》、《经济日报》等重要报刊组织发表的理论文章，在全国各大研究基地中，数量是较多的，质量也是较好的。研究中心主办的《中国特色社会主义研究》杂志，先后被评为“全国中文核心期刊”、“中国人文社会科学核心期刊”和“中文社会科学引文索引来源期刊”，被中共中央党校列为两种社科专业核心期刊之一。全国不少知名专家、中共中央党校许多学员纷纷投稿。

（二）发挥党和政府的“思想库”和“智囊团”作用，重大理论问题和现实问题研究不断取得新成效

围绕“新北京、新奥运”主题，主动向市委、市人大、市政府、市政协领导征集决策咨询课题进行重点攻关。先后完成35个重大课题。其中，“北京2008年奥运会人文奥运实施研究课题”为制定“2008年人文奥运行

动计划”提供了重要参考。在完成一系列重点课题研究任务的同时，还组织召开了 14 次决策咨询座谈会，直接为市委市政府的科学决策提供服务。在完成重大决策咨询课题研究和组织召开与之相关的研讨活动中，市主要领导或直接与课题组成员交流，或亲自参加座谈会和高层专家研讨，使课题研究为决策服务更直接、更有效。

为了在一些重大问题上能够更广泛、更深入、更有效地为决策提供咨询服务，2003 年 9 月，市社科联与市科协联手建立了北京自然科学界与社会科学界联席会议制度，“两界”联合攻关重大课题。几年来，围绕“科学应对突发事件”“北京城市规划与交通”“大力发展循环经济，建设资源节约型、环境友好型城市”“自主创新与北京创新型城市建设”“发展文化创意产业”等重大现实课题，先后举办了五次“两界”高峰论坛，积极为首都经济社会发展建言献智，得到了市委市政府领导和中宣部、全国科协领导的高度评价和充分肯定。

（三）充分发挥首都优势，学术研究不断取得新成果

首都有得天独厚的社科人才资源优势。在没有国家级社科联的情况下，北京社科联的这种优势就更加明显。通过北京市社科联这个平台整合资源，理论和现实问题研究取得了不少成果。为了促进前沿理论研究，从 2001 年起，市社科联与北京师范大学等院校精心打造了“学术前沿论坛”品牌。先后围绕“建设小康社会”和“构建和谐社会”两大主题举办了六届论坛。首都社科理论专家凭借这个平台，站在学术前沿，探讨理论创新思路；把握时代脉搏，研究理论热点问题；聚焦民生国是，提出服务发展大计。《光明日报》2006 年 3 月 12 日用整版篇幅，以“搭建创新大平台、学术前沿论国是——北京社科联五年举办‘学术前沿论坛’侧记”为题，进行了全面报道，产生了良好的社会反响。

为了鼓励多出成果、出好成果，我市从 1987 年开始了每两年一次的北京市哲学社会科学优秀成果奖评奖工作，评奖办公室设在社科联。这是一个以市委市政府名义颁发、涵盖全首都的社科大奖。因为重质量、有权威、影响大，首都高校、科研单位和专家学者都非常看重。到目前为止，已进行了九届，共评出 1 918 项优秀成果，其中，特等奖 36 项、一等奖

429 项、二等奖 1 453 项。在过去五年中我们所承办的第七、八、九届优秀成果评奖工作，充分调动了首都社科工作者的积极性和创造性，参与者越来越踊跃，质量越来越高，影响越来越大。

为鼓励和支持哲学社会科学研究出版工作，从 1992 年开始，我市建立了北京市社会科学理论著作出版资金资助制度（办公室设在社科联）。迄今为止，先后对 800 余部著作给予了出版资助。近五年就资助出版了 385 部。普遍认为，这是市委市政府为首都社科专家办好事、办实事的民心工程。另外，社科联组织编辑的《跨世纪青年学者文库》《新世纪青年学者文库》《北京市邓小平理论研究中心文库》《中华文明史》《当代北京史》《北京社会科学年鉴》《北京社会科学学会历史沿革》等，也都汇集了一大批研究成果，产生了良好的社会反响。

（四）充分发挥服务社会功能，社会科学普及工作不断开创新局面

社会科学研究一定要面向社会、研究社会、服务社会。北京市社科联开全国社科联之先河，自 2001 年开始率先举办社会科学普及活动暨“社科普及周”。社科普及活动贯穿全年，每年举行上百场社科普及讲座。尤其是每年 9 月集中举办的社科普及周活动，充分发挥首都社科专家普及社科知识的积极性，激发了广大市民学习社科知识的热情。2006 年“社会科学普及周”在形式和内容上又有了很大的提升。围绕“以人为本，传承文明，构建和谐，迎接奥运”这个主题，开办了 2 000 多平方米的“科普园”，举行社科普及报告会 40 多场，场场爆满；陈列展板 200 多块，许多人抄录；110 个学会参与咨询活动，接待市民近 20 万人。举办了“人文之歌”主题日广场活动，专家与艺术家携手登台，学者与市民互动，同唱人文之歌；在北京电视台录制播放了“人文之光——北京社会科学普及周”主题晚会。与电视传媒手段相结合，更加突显了社会科学普及的魅力，让更多的市民尽享人文之光，产生了良好反响。2007 年 1 月 18 日，《光明日报》以“洒满人文之光　共享社科成果——北京市社科联六年举办‘社会科学普及周’活动侧记”为题进行了全面报道。

由社科联和北京电视台主办，中国人民大学、北京大学、清华大学、

北京师范大学等高校联合参与录制的《科学人生——30 位著名社会科学专家》电视专题片播放以后，在社会上产生了广泛的影响。从历年科普活动中精选编辑出版的 5 部社科普及读物，受到了广大读者的青睐。

（五）充分发挥自身特色，服务和管理工作不断迈上新台阶

社科联的工作基础在学会。为各学会和专家学者服好务，充分发挥各学会的积极性、主动性、创造性，是社科联的首要任务。几年来，通过搭建平台、提供适当活动经费和加强组织协调等方式，努力为学会开展活动提供服务和保障。在各学会的共同努力下，首都社科界的活动开展得有声有色，各学科的优秀研究成果不断见诸有影响力的报刊，不断进入各级党委政府的决策领域和各单位、各部门、各系统的工作领域。各学会组织专家学者积极参加社科联组织的学术研究和社科普及活动。其中，北京市历史学会、北京史研究会、北京市教育学会、北京市科学社会主义学会、北京市思想政治工作研究会、北京市文艺学会、北京市社会心理学会、北京市人民政协理论与实践研究会、北京市人口学会、北京市统计学会、北京市档案学会、北京伦理学会、北京周易研究会、首都经济研究会等会员单位，表现尤为突出。

民办社科研究机构也越来越成为首都社科事业繁荣发展不可忽视的积极力量。2004 年 11 月，中办、国办下发文件，确定社科联为民办社科研究机构的业务主管部门，民政局为登记管理部门。接到任务后，市社科联会同市工商局、市民政局用近一年的时间进行了深入广泛的摸底调查。调研成果显示，在北京工商部门登记的与社科有关的民办研究机构共有 2 074 家。按照有关规定，目前完全符合民办社科研究机构转接条件的有 153 家。按照严格把关、循序渐进、积极引导、有效管理的原则，市社科联首批接收了 24 家。我们积极探索管理办法，经过广泛征求意见、反复讨论和修改，2006 年，还与市民政局共同制定印发了《北京市民办社会科学研究机构管理暂行办法》等新的规章，努力使民办社科研究机构自始至终成为有序参与社科工作和社会活动的建设性力量。按照与各学会一样看待、一样管理、一样服务的原则，积极吸引民办社科研究机构参与学术研究、参加学术活动。

积极推进工作创新和机制创新。2002 年以来，市社科联配合市委宣传部、市社科规划办、市教委、市社科院等单位在首都高校和科研部门建立了北京师范大学北京文化发展研究院、首都师范大学创新研究院等 36 个社科研究基地，打破条块分割，发挥学科优势，整合首都资源，养事不养人，搭建了一系列研究平台，呈现了良好的发展势头。为了适应社会主义新农村建设的需要，2006 年社科联还批准成立了一个农业博士学会，荟萃首都各高校年轻博士，专题研究社会主义新农村建设问题。

适应服务社科事业发展需要，大力加强制度建设、队伍建设和社科联机关内部建设。不断健全社科联党组会、常委会、全委（扩大）会制度，对社科联重大工作部署和重要活动进行民主商议、集体讨论，使每项涉及全局性的工作都充分达成共识、统一步调、群策群力。按照党组集体领导、党组成员分工负责和注重绩效管理的原则，切实抓好宏观谋划、中观协调和微观落实的各个环节，不断营造“民主风气浓、团结合作好、管理绩效高、服务品质优”的工作氛围。通过开展保持共产党员先进性教育活动和举办“三项学习教育”培训班、与有关部门举办高校哲学社会科学教学科研骨干培训班、中青年社科理论人才“百人工程”培训班等形式，逐步加强了对所属学会的指导力度和人才培养的力度。从 2002 年开始，社科联机关每三年举行一次干部竞聘上岗和职工全员聘任。近两年，先后引进博士、硕士研究生和中高级职称人才 30 多位，使干部队伍的知识结构、年龄结构更加趋于合理，队伍建设更具活力。按照有关管理规定加强了干部职工的培训力度，进一步加强了政治建设、业务建设和作风建设。

北京市社科联自 1983 年 7 月成立 20 多年来，从无到有，从弱到强，经历了一个不断发展壮大的过程。如果说，第一、二届社科联是创业打基础、第三届工作有突破的话，那么，第四届就是在已有工作基础上取得新的大发展的时期。这些成绩的取得，是中央有关部门及时指导的结果，是市委市政府正确领导的结果，是社会各界大力支持的结果，是首都哲学社会科学工作者积极参与、敬业奉献的结果。借此机会，向给予社科联工作正确指导、大力支持的各级领导、各个单位表示衷心感谢，向为首都哲学社会科学工作做出重要贡献的专家学者表示衷心感谢，向带领社科联不断取得成绩的第一届主席刘导生、第二届主席张大中、第三届主席王大明、第四届主席陶西平同志等老领导表示崇高的敬意！

经过 20 多年的发展，尤其是过去五年的努力工作，北京市社科联已形成了优良的传统和比较完善的工作格局，一定要很好继承，并在此基础上与时俱进、不断创新。社科联第四次代表大会提出了“四个坚持”和“四个成为”的指导思想和工作目标。五年来，搭建的邓小平理论和“三个代表”重要思想研究基地、哲学社会科学研究基地等一系列工作平台，打造的“两界”高峰论坛、学术前沿论坛、“百人工程”论坛、决策咨询季谈会、社科普及周等一系列品牌活动，已建立的较为完善的一整套经常化、科学化、规范化工作制度，都要很好地坚持，并在新的实践基础上不断丰富和发展。

在充分总结成绩的同时，我们也清醒地看到，社科联的工作还有许多需要加强和改进的地方：一是在整合首都社科研究力量、优化资源配置方面，还有大量的工作要做；二是社会科学普及工作还有广大的空间需要开拓；三是人才队伍特别是中青年学者队伍建设还需要进一步加大力度；四是在进一步激发学会活力、发挥民办社科研究机构积极性方面，特别是在加强管理和提高服务水平方面还要积极探索；五是适应进一步繁荣发展哲学社会科学的新形势，学科之间交流、社会科学与自然科学之间交流、区域间交流还需要进一步加强和扩大；六是学风建设要进一步引起重视和不断加强。

二、今后工作的奋斗目标是“六个必须坚持”“六个努力成为”

党的十六届六中全会通过的《中共中央关于构建社会主义和谐社会若干重大问题的决定》指出：“新世纪新阶段，我们面临的发展机遇前所未有，面对的挑战也前所未有。”这对北京市社科联工作乃至首都社科工作也完全适用。

站在新的历史起点上，社科联迎来了前所未有的发展机遇。胡锦涛总书记在中国文联第八次全国代表大会、中国作协第七次全国代表大会上的讲话中指出：“繁荣社会主义先进文化，建设和谐文化，为构建社会主义和谐社会作出贡献，是现阶段我国文化工作的主题。”这一主题的提出，使我们的工作方向、目标、任务更加明确，要乘势而上；面对建设新北京、办好新奥运的大好形势，在实施人文奥运行动计划中，哲学社会科学工作大有作为，发展机遇难得，必须紧抓不放。但在经济体制深刻变革、社会结构深刻变动、利益格局深刻调整、思想观念深刻变化的新形势下，社科事业和社科联工作面临的挑战也前所未有。我们必须清醒地看到，在新的历史条件下，巩固发展马克思主义指导地位的重要性、发展哲学社会科学事业的艰巨性和搞好学会管理与民办社科研究机构管理的复杂性，更要看到建设社会主义核心价值体系、构建社会主义和谐社会还有许多课题需要研究。这就要求，全市社科工作者要以良好的精神面貌和工作状态，认真总结经验，不断开创未来。

总结过去经验，分析当前形势，面向未来发展，我们深刻认识到，市社科联作为在中共北京市委领导下的人民团体，作为首都社会科学界学术性社会团体的联合组织，责任重大，使命光荣。其基本工作目标和努力方向可概括为“六个必须坚持”“六个努力成为”。

（1）必须坚持以马克思主义为指导，努力成为马克思主义中国化理论研究的基地。不断巩固和发展马克思主义在意识形态领域的指导地位，自觉把马克思主义的立场、观点和方法贯穿到具体工作当中，用马克思主义的最新成果指导理论创新，指导哲学社会科学的研究与应用，并不断推动马克思主义中国化理论的新发展。

（2）必须坚持党的领导，努力成为党和政府团结、联系社科工作者的桥梁和纽带。全面贯彻落实党的方针政策，不断坚持和完善党对社科工作的领导，努力把握哲学社会科学的发展规律，改进工作方法，提高工作水平，贯彻群众路线，促进党与社科工作者的密切联系。

（3）必须坚持理论联系实际的优良学风和求真务实的工作作风，努力成为党和政府的“智囊团”“思想库”。以人为本、重在建设，以现实问题为中心，着眼于马克思主义理论的运用，着眼于对实际问题的理论思考，着眼于新的实践和新的发展，为构建社会主义和谐社会贡献力量。

（4）必须坚持“二为”方向和“双百”方针，努力成为社会科学研究精品生产基地和社会科学普及工作主要阵地。自觉按照“理论研究无禁区、宣传引导有纪律”的要求，积极组织和推动社会科学研究活动。在理论研究中充分发扬民主，提倡学术争鸣，倡导理论创新，注重研究质量，促进多出成果、出好成果。在理论宣传中，在把握正确导向的同时，注重通过社科普及等渠道，让人民群众共享社科研究成果。

（5）必须坚持人才资源是第一资源的观念，努力成为促进社科人才成长的平台。把尊重知识、尊重人才、尊重劳动、尊重创造落到实处，在充分发挥老一辈哲学社会科学家领军作用的同时，大力培养新世纪社科理论人才，为社科人才脱颖而出搭建平台、创造环境。

（6）必须坚持服务第一的思想，努力成为首都社科工作者之家。市社科联既是所属学会和民办社科研究机构的业务主管单位，又是服务者，要在管理的过程中搞好热情服务，在服务的过程中推动科学管理，不断促进社科联工作的科学化、制度化、规范化建设，不断促进社科联和谐团体建设和全面、协调、可持续发展。

三、未来五年工作的主要任务是实施“六大工程”

繁荣发展哲学社会科学是建设中国特色社会主义的一项重大任务，事关党和国家事业发展的全局。未来的五年，正是落实科学发展观、构建社会主义和谐社会的关键时期，是北京办好有特色、高水平奥运会的特殊时期。北京市社科联必须在党的领导下紧密团结首都社会科学工作者，以发展着的马克思主义为指导，以“繁荣社会主义先进文化，建设和谐文化，为构建社会主义和谐社会作出贡献”为主题，以“繁荣发展首都哲学社会科学，促进和谐社会首善之区建设”为己任，在抓重点、抓协调、抓落实上下功夫，在促团结、促和谐、促发展上求实效。具体说来，今后五年工作的主要任务，重点是实施“六大工程”。

（1）实施马克思主义理论研究和建设工程，为马克思主义中国化理论新发展贡献力量。要以北京市邓小平理论和“三个代表”重要思想研究中心为基地，大力开展马克思主义中国化理论研究。要在出色完成中央交办的“马克思主义中国化的历史进程和基本经验”“加强党的执政能力建设”等重大课题研究任务的同时，围绕学习贯彻十六大以来党中央一系列重大战略思想和将要召开的十七大精神，精心策划一批重大课题，并力争通过开展一系列深入的专题研讨活动，产生一批重要成果。要在继续深入研究邓小平理论和“三个代表”重要思想的同时，进一步深化对科学发展观、构建社会主义和谐社会、加强党的执政能力建设、保持党的先进性、提高自主创新能力、建设社会主义新农村、和平发展思想、建设社会主义核心价值体系、树立和落实社会主义荣辱观等一系列重大战略思想的研究，努力推动中国特色社会主义理论的新发展。

（2）实施和谐文化研究和建设工程，为落实科学发展观、构建社会主义和谐社会首善之区贡献力量。“繁荣社会主义先进文化，建设和谐文化，为构建社会主义和谐社会作出贡献”这一主题中的“文化”，应当是包括社会科学在内的大文化，这个主题应当是包括社会科学工作在内的所有文化工作的主题。社科联要紧紧围绕这个主题开展工作，要把构建社会主义和谐社会作为根本任务。社会要和谐，发展是前提，农村是基础，公平正义是关键，创新是动力，文化是灵魂，党的领导是保证。要围绕推动首都经济又好又快发展进行深入研究，在优化结构、转变增长方式方面出成果、献才智；围绕加强社会主义新农村建设进行深入研究，在促进城乡协调发展方面出成果、献才智；围绕维护社会公平正义进行研究，在切实保障人民在政治、经济、文化、社会等方面的权利和利益，引导公民依法行使权利、履行义务方面出成果、献才智；围绕自主创新进行深入研究，在激发社会活力、增进团结和谐、增强社会合力方面出成果、献才智；围绕和谐文化建设进行深入研究，在建设社会主义核心价值体系、培育文明道德风尚、营造良好舆论氛围、丰富社会文化生活、开展和谐文化创建活动等方面出成果、献才智；围绕政治体制改革和政府职能转变进行深入研究，在加强和改善党的领导、提高社会管理水平、完善公共服务体系、解决群众实际问题、维护社会稳定等方面出成果、献才智。

（3）实施精品打造工程，为首都哲学社会科学事业的繁荣发展贡献力量。要按照“把握时代脉搏、立足学术前沿、促进繁荣发展、服务工作大局”的要求，努力举办好“学术前沿论坛”活动。要按照“创造条件、提供帮助、打造精品”的要求，进一步提升《中国特色社会主义研究》杂志的质量，努力搞好社科著作出版资助工作和编辑出版“北京社科名家精品文库”《北京中青年社科理论人才“百人工程”学者论坛文集》的工作。要按照“以志存史、服务当代、面向未来”的要求，努力搞好《当代中国城市发展丛书：北京卷》、“当代北京史”丛书和《北京社会科学年鉴》等的编纂工作。要按照“激发创造性、积极性和促进多出优秀成果”的要求，不断坚持和完善哲学社会科学优秀成果奖评选工作机制。要总结经验、创新思路，进一步构建更加科学的哲学社会科学优秀成果评价指标体系、社科著作出版资助激励机制，努力打造学术精品，促进社科繁荣。

（4）实施社会科学普及工程，为人民共享社科研究成果贡献力量。要以北京科技周为平台，不断促进社会科学与自然科学普及的融合。要精心打造社科普及周，不断推动社科普及工作再上新台阶。要以“人文北京”为主题，与有关部门策划举办好“北京社科百家论坛”“中华文明大讲堂”“人文奥运大讲堂”等活动。要继续加大对著名社会科学专家的宣传力度，通过与媒体合作拍摄专题片、开办专栏，大力宣传他们的科学人生和科研成果。要建立健全社科普及网页。要通过举办社科知识讲座和出版社科普及读物，使社科研究成果惠及人民大众，以不断提升人们的思想道德素质和科学文化素质，不断改进人们的思想方法、工作方法、生活方式和生产方式，不断推动社会风气好转。

（5）实施机制创新工程，为激发社科工作者的创造活力贡献力量。坚持多搭平台、少铺摊子，多干事、少养人，不求所有、但求所用，进一步整合人才资源，创新工作机制，激发创造活力，多出优秀成果。要以北京市邓小平理论和“三个代表”重要思想研究中心为平台，进一步加强与中央有关部门、高等院校、科研单位等的密切联系与合作，努力推动马克思主义中国化理论研究多出新成果。要按照“打破条块分割、发挥学科优势、整合首都资源、促进学科发展解决实际问题”的要求，充分发挥110个学会和若干个民办社科研究机构的积极性、创造性，努力多出成果、多出精品。要按照“服务老专家与奖掖后起之秀相结合、扶持基础研究与支持自主创新相结合”的原则，进一步完善哲学社科著作出版基金资助与管理方式。要密切联系实际，积极探索加强学会和民办社科研究机构管理和服务的新思路。要按照新形势、新任务的要求，继续创新学术前沿论坛、决策研究与咨询和“两界”高峰论坛等工作的运行机制，努力激发学界的创新活力。

（6）实施人才建设工程，为培养造就一支政治强、业务精、学风正的社科队伍贡献力量。要按照党中央关于“加强对马克思主义理论拔尖人才的重点扶持，造就一批学贯中西、在国内外有广泛影响的马克思主义理论大家；加强对崭露头角的学术新秀的重点培养，造就一批各学科专业的领军人物；加强对高校马克思主义人才的重点培养，造就一批具有较高素质、有志于从事马克思主义理论研究的后备人才”的总体要求，切实加强社科人才的培养。要把北京中青年社科理论人才“百人工程”作为系统工程来抓。要把加强马克思主义学风建设贯穿在人才培养和科学研究的全过程，坚持理论联系实际，大兴广谨治学、实事求是、民主务实、勇于创新的学风，不断提高哲学社会科学研究的质量；坚守社会主义荣辱观，及时发现和严肃处理学术不端行为；坚持严格落实制度，保证社科人才队伍的健康成长。要按照党和政府的要求，为优秀中青年专家学者开展学术交流、举办业务培训创造条件。要按照全面落实科学发展观的要求，把“以人为本”落实到“为人才服务”的具体措施上来，关心他们的生活，解决他们的实际困难，努力为他们的个人成长和事业发展多办实事、多办好事，以充分调动优秀人才的积极性、主动性和创造性。

论进一步繁荣发展首都哲学社会科学*

今年初中共中央印发《关于进一步繁荣发展哲学社会科学的意见》。这是以胡锦涛同志为总书记的党中央总结历史经验，着眼中国发展未来所制定的纲领性文件。最近，中共北京市委发出了《关于进一步繁荣发展首都哲学社会科学的意见》，提出了提高认识、加强领导、实施“四大工程”的任务，特别是关于把进一步繁荣发展首都哲学社会科学当作系统工程来抓的思路非常重要，非常符合中央精神和首都实际，应当认真学习好、宣传好、贯彻好。

繁荣发展哲学社会科学意义特别重大。在全面建设小康社会、开创中国特色社会主义事业新局面、实现中华民族伟大复兴的历史进程中，哲学社会科学具有不可替代的作用。哲学社会科学是人们认识世界、改造世界的重要工具，是推动历史发展和社会进步的重要力量。社会主义现代化应该有发达的自然科学，也应该有繁荣的哲学社会科学。关于这一点，毛泽东、邓小平、江泽民多有论述。繁荣发展哲学社会科学事关中国特色社会主义事业的兴衰成败，事关党和国家事业发展的全局，事关社会主义现代化建设战略目标能否顺利实现。我们必须从全局和政治的高度，从促进社会主义物质文明、政治文明、精神文明全面发展，树立和落实科学发展观的高度，充分认识繁荣发展哲学社会科学的重要性。

北京是全国的政治中心和文化中心，哲学社会科学在首都的文化建设中具有特殊的重要地位：一方面，首都哲学社会科学界为党和国家事业的发展做出了突出的贡献。另一方面，面对世界范围内各种思想文化相互激荡，迫切需要加强和巩固马克思主义在意识形态领域的指导地位；面对新情况新问题，迫切需要不断推进理论创新；实现“新北京、新奥运”战略

---

* 本文刊发于《北京师范大学学报》(2004 年第 5 期)。

构想和率先基本实现现代化的历史任务，迫切需要深入研究回答一系列重大理论和实际问题；满足首都人民群众日益增长的文化需求，迫切需要提供更多更好的精神产品。应该看到，与时代发展和北京文化建设的要求相比，首都哲学社会科学工作还有许多不适应的地方。哲学社会科学的重要地位需要得到进一步的重视，基础理论研究特别是当代马克思主义理论研究需要进一步推进，应用理论研究特别是围绕"新北京、新奥运"战略课题的研究要大力加强，管理体制需要进一步改革，理论队伍建设的力度需要进一步加大。因此，一定要增强责任感和使命感，把繁荣发展首都哲学社会科学作为一项重大而紧迫的战略任务放在更加突出的地位，作为北京文化建设的一项全面而长远的系统工程切实抓实抓好。

一、突出重点，大力实施马克思主义理论研究和建设工程，为中国化马克思主义理论的新发展做出贡献

实施马克思主义理论研究和建设工程，是党中央的重大战略决策。2004年4月27日，胡锦涛同志在接见中央实施马克思主义理论研究和建设工程工作会议代表时指出，思想理论建设是党的建设的根本。一个政党，只有坚持以科学的理论为指导，才能制定正确的路线方针政策，才能凝聚全党、全国人民为崇高的理想和目标而奋斗。他强调，面对当今世界政治、经济、文化、科技、军事领域出现的一系列新变化、新矛盾、新问题，面对我国改革发展的一系列新任务、新情况、新课题，我们党要带领全国各族人民抓住重要战略机遇期，全面建设小康社会，把改革开放和现代化建设事业继续推向前进，就必须进一步高扬马克思主义的伟大旗帜，用马克思主义中国化的最新成果邓小平理论和"三个代表"重要思想武装全党、教育人民，用发展着的马克思主义指导新的实践，并在实践中不断丰富和发展马克思主义。

加强马克思主义基本原理研究是繁荣发展首都哲学社会科学的基础性工作。做好这项工作，一是要深入研究马克思主义发展史，深入研究和准确阐述马克思主义经典著作中的基本观点，深入研究马克思主义的立场、观点和方法，深入研究马克思主义与时俱进的理论品质；二是要立足新的

实践，帮助人们更好掌握马克思主义的基本原理，引导干部群众用科学的态度对待马克思主义，用发展着的马克思主义指导新的实践。首都哲学社会科学界在这方面应当发挥优势、积极参与、有所作为。加强对马克思主义中国化的三大理论成果——毛泽东思想、邓小平理论和“三个代表”重要思想的研究，是进一步繁荣发展首都哲学社会科学的首要任务。做好这项工作，一是要深入研究马克思主义中国化的历史进程和基本规律，这是中宣部交给北京市邓小平理论和“三个代表”重要思想研究中心的研究课题；二是要深入研究邓小平理论、“三个代表”重要思想对马克思列宁主义、毛泽东思想的继承和发展；三是要深入研究“三个代表”重要思想在什么是社会主义、怎样建设社会主义和建设什么样的党的问题上提出的新思想、新观点、新论断。作为全国邓小平理论和“三个代表”重要思想研究基地之一，北京市邓小平理论和“三个代表”重要思想研究中心在选题策划、力量整合、加强研讨、多出成果方面已经发挥了很大作用。从 2001 年成立以来，中心所推荐的理论文章已连续两届获得中宣部“五个一工程”奖。已开展了大量的理论研讨活动，“北京市邓小平理论和‘三个代表’重要思想研究文库”已全面启动。当然，今后还有大量工作要做。

加强当代中国化马克思主义新成果的基础理论研究和基本教材建设，是进一步繁荣发展首都哲学社会科学的迫切任务。当前，教材陈旧、教学滞后问题非常突出。做好这方面的工作，一是要联系首都改革开放和现代化建设的实际，联系干部群众思想实际，加强重大现实问题研究，充分反映我们党领导人民建设中国特色社会主义的生动实践和基本经验，充分反映毛泽东思想、邓小平理论和“三个代表”重要思想对马克思主义哲学、政治经济学和科学社会主义的丰富和发展，并把研究成果及时吸收到教材中。二是要按照中央有关部门的要求，积极参与有关教材的编写工作，进一步推动邓小平理论和“三个代表”重要思想进教材、进课堂、进学生头脑的工作。三是要进一步改进邓小平理论和“三个代表”重要思想的教学工作，增强马克思主义理论课的吸引力和感染力，抓好马克思主义理论师资队伍建设，着力培养一批中青年马克思主义理论教学骨干。加强和改进马克思主义理论课堂教学，有两个关键：一是教材建设，二是师资队伍建设。需要强调的是加强不等于多。基本课时要保证，基本教材要健全，但绝不能简单理解为加强马克思主义理论教学就是加课时、扩充教材，要在加强基础上改进，在改进方向下加强，不能搞粗放式，要走集约化之路。加强当代中国化马克思主义特别是“三个代表”重要思想的宣传普及是繁荣发展首都哲学社会科学一项极为重要的工作。一是要通过党委中心组学习辅导讲座等形式对干部党员的理论教育；二是要充分发挥干部理论教育讲师团的作用，通过组织宣讲团、开展“灵山杯”优秀报告（党课）评选活动不断提高理论宣讲水平；三是要通过新闻媒体加强对马克思主义理论的宣传；四是要组成由首都知名专家学者和实际工作部门有关同志参加的编写小组。在深入实际、调查研究的基础上，针对不同群体的不同需要，编写各具特色的通俗易懂的学习材料，抓紧编写学习“三个代表”重要思想的高校大学生读本、社区居民读本、企业班组读本、农村乡镇读本，并不断修订完善。这项工作正在进行中，今年“七一”前后出版发行。其基本思路是：针对每个群体普遍关心的热点难点问题，列出学习要点，指明出处，举例说明，专家点评。认真落实胡锦涛同志在去年底全国宣传思想工作会议上提出的要求，善于用事实说话，用广大人民群众熟悉的语言和喜闻乐见的形式说话。

二、围绕中心，大力实施“新北京、新奥运”战略研究和推进工程，为树立和落实科学发展观服务

紧密结合北京实际开展理论研究，是首都哲学社会科学工作者的基本职责。地方性哲学社会科学工作一定要明确定位。一要紧紧围绕经济建设中心，紧紧围绕党和政府重点工作，紧紧围绕群众关心的热点难点问题，把基础理论研究和应用对策研究紧密结合起来，以应用对策研究促进基础理论研究，以基础理论研究带动应用对策研究。二要不断完善成果转化机制，为决策科学化、民主化服务。坚持完善学术前沿论坛、对策研究与咨询、社会科学界和自然科学界联席会议等制度，联合攻关、共同研究、综合解决首都现代化建设的一些重大问题，不断开拓决策研究的新思路和成果转化的新渠道，使哲学社会科学研究工作、教学工作与决策研究、实际工作有机结合，相互促进，共同为首都社会主义现代化建设服务。

紧紧围绕北京率先基本实现现代化深入开展理论研究，是首都哲学社会科学工作者特别是社科单位的中心任务。市第九次党代会确立了北京率先基本实现现代化的奋斗目标，这是全市的中心任务。首都哲学社会科学界要认真按照“五个坚持”“五个统筹”的要求，从经济社会的实际出发，不断研究解决一系列重大理论和实际问题。诸如，如何切实推进经济增长方式的转变，努力实现速度与结构、质量、效益相统一的社会主义市场经济的改革方向；如何加快改革开放步伐，优化发展环境，为首都经济社会发展提供强大动力；如何统筹城乡、区域和经济社会协调发展，促进人与自然的和谐；如何坚持城市建设和管理并重，不断提升城市现代化管理水平；如何全力实现好、维护好、发展好人民群众的根本利益；等等。哲学社会科学工作都应当从宏观思路和微观措施上加强理论研究，产生应用成果，提供决策服务。

紧紧抓住举办 2008 年奥运会这一加快北京发展的有利时机，深入推动“人文奥运”的研究与实践，是首都哲学社会科学工作者的光荣使命。首都哲学社会科学工作者要从培育弘扬中华民族精神，继承发展中华文明与优秀文化传统，正确处理古都风貌保护与现代大都市建设关系，全面实现绿色奥运、科技奥运、人文奥运三大理念，推动首都精神文明建设发展等广阔的角度，从积极参与《北京城市总体规划》修编、《奥运行动规划》实施等实际工作入手，深入研究，做好工作，贡献力量，尤其要在深刻阐述“人文奥运”的丰富内涵，准确把握“人文奥运”的目标、任务，推动“人文奥运”理念的宣传普及和具体实施上，拿出一批有质量、有指导作用的理论研究成果。

紧紧结合群众关心的热点难点问题进行理论研究是首都哲学社会科学工作者的重要职责。在全面建设小康社会、北京率先基本实现现代化的历史进程中，不断提高城乡居民收入，不断满足人民群众的精神文化生活需求，不断扩大人民民主，更加重视人民群众的身体健康和生命安全，促进人的全面发展，是全社会的共同任务。当前，有许多重要课题需要进一步探索和回答。比如，如何建立城乡一体化的就业服务体系，努力扩大就业规模；如何建立城乡衔接的社会保障制度，保障城乡居民的基本生活；如何推进危旧房改造，不断改善市民居住条件；如何强化政府公共卫生管理职能，提高群众健康水平；如何加强交通建设和管理，逐步缓解城市交通拥挤；如何加强流动人口管理并搞好服务；如何推进教育事业和文化事业、文化产业发展，不断满足人们日益增长的文化需求；如何加强党风廉政建设，坚决反对腐败；如何加强精神文明建设，不断提高市民文明素质特别是未成年人思想道德建设水平；如何加强民主法制建设，维护首都改革、发展、稳定大局；如何加强应急问题研究，积极应对突发事件；等等。对于这些问题，首都哲学社会科学工作者要进行深入研究，提出真知灼见，为党和政府科学决策提供有力的智力支持，为切实解决广大人民群众的实际问题提供有效服务。

紧密结合广大干部群众的需求，加强哲学社会科学的宣传和普及，是首都哲学社会科学工作的长期任务。不断培育和弘扬中华优秀传统文化，提高首都市民的科学素质，不断为建设学习型城市服务，改进人们的思想生活、生产方式，不仅需要搞好自然科学普及，也需要认真搞好社会科学普及。在这方面，北京市已经走在全国前列。从2002年开始，北京市社科联等单位联合举办社科普及周，效果很好，今年是第三届。下一步要充分发挥报刊、图书、广播电视、互联网等大众媒体的作用，大力宣传哲学社会科学研究的优秀成果，扩大优秀成果的社会影响力。推动优秀成果更多更及时地应用于实际。要充分发挥社科普及周的作用，加强哲学社会科学知识的普及教育，在未成年人思想道德教育和国民教育中加大人文社会科学的比重，不断提高市民的哲学社会科学素质和文明素质。

三、与时俱进，大力实施工作机制创新工程，充分发挥首都哲学社会科学工作者的积极性、主动性、创造性

第一，要充分发挥骨干作用，抓好“一个基地、四个基础”的建设。一个基地，就是北京市邓小平理论和“三个代表”重要思想研究中心。北京市邓小平理论和“三个代表”重要思想研究中心办公室，有机构，挂靠在市社科联；有编制，共11人；有经费，今年科研经费120万元，今后将逐年按20%的比例递增。主要依靠首都人才资源，不求所有、但求所用，以选题为纽带，以特邀研究员、学术顾问为基本力量，深入开展邓小平理

论和“三个代表”重要思想研究。四个基础，就是要巩固和发展北京市社会科学院、高等院校、全市各级党校和党委政府研究室等“四方面军”的基础地位，充分利用各自优势，加强首都发展问题研究，并建立市委宣传部、市社会科学院、市社会科学界联合会、市哲学社会科学规划办公室、市委党校、市委市政府研究室、市属主要高校负责人联席会议制度，定期沟通信息、策划选题、联合攻关、交流成果，构建各具特色又优势互补、各有分工又经常合作的理论研究、教学、创新、应用相结合的科学体系。

第二，要充分依托学术团体，广泛开展学术研究与交流。繁荣发展首都哲学社会科学，要充分依靠各学术团体，尤其是要充分依靠北京市社科联所属一百多个学会。北京市社科联从规模上看是全国最大、层次最高、人才最多、学会最多的。市社科联需要进一步发挥人才荟萃、学会众多的优势，广泛联络，紧密联系，完善机制，提供服务，将各个学会和广大哲学社会科学工作者的积极性、主动性、创造性充分调动和发挥出来，努力成为党和政府的“智囊团”，成为社会科学普及的重要阵地，成为首都哲学社会科学工作者之家。

第三，要搭建新平台，不断扩大对外合作与交流。一是要充分利用首都哲学社会科学在人才、资源等方面的优势，大力实施请进来、走出去战略。近几年来，北京在这方面已经做了大量的工作，取得了明显的成效。市委市政府及有关部门先后与北京大学共建了首都发展研究院，与中国人民大学共建了北京人力资源研究院，与北京师范大学共建了北京文化发展研究院，与首都师范大学共建了北京创新研究院，整合了资源，促进了结合，产生了一大批成果。二是要认真研究和吸收国内外哲学社会科学研究的最新成果，了解和掌握最新动态，在学术研究、成果运用与转化、科学管理等方面广泛开展学术交流与合作。要把国外优秀研究成果及时介绍进来，把首都哲学社会科学研究的优秀成果及时推向世界。要有计划、分层次地选派优秀中青年专家学者到国外进行学术交流、业务培训，以更好地适应改革开放和现代化建设的需要。1995 年以来，每两年组织部分北京市中青年社科理论人才“百人工程”入选者出国考察一次。从 2003 年起，北京市委宣传部加大了这方面的工作力度，每年都派几批业务骨干出国培训。

第四，要优化发展环境，不断完善规划、管理和激励机制。北京哲学社会科学规划、管理和成果评比工作，是大北京的概念，是面向首都的。一要不断完善北京市哲学社会科学规划办公室的工作职能，要着眼于首都哲学社会科学的繁荣和发展，在抓信息、抓联络、抓规划、抓管理、抓成果方面进一步发挥作用。二要建立和完善选题科学论证、项目公开招标、课题动态管理、成果规范鉴定、经费确保重点、奖励与自助相结合的工作机制。三要进一步完善哲学社会科学成果奖励制度和北京市哲学社会科学出版基金资助机制。通过评奖和资助工作，推出一批方向正确、成效显著、富于创新的基础理论研究成果和应用对策研究成果，推出一批学科带头人和中青年研究人才。

四、抓住关键，继续实施北京社科理论人才库特别是中青年社科理论人才“百人工程”，不断加强理论队伍建设

要牢固树立人才是第一资源的观念。首都人才众多，必须加大培养和选拔力度，把社科理论人才培养特别是北京市中青年社科理论人才“百人工程”当作长远的任务来抓。繁荣发展首都哲学社会科学，人才是关键。我们必须造就一批用马克思主义理论武装头脑、立足中国、面向世界、学贯中西的理论家，造就一批理论功底扎实、勇于开拓创新的学科带头人，造就一批年富力强、政治和业务素质好、锐意进取的青年理论骨干。北京市中青年社科理论人才“百人工程”自 1995 年实施以来，取得了很大成绩。目前，在册的 448 人，许多已经成为部委和高校领导、博士生导师、学科带头人。今后要按照政治强、业务精、作风正的要求，继续组织他们系统学习马列主义、毛泽东思想、邓小平理论和“三个代表”重要思想，学习党的路线、方针、政策。要继续加强境内外培训，组织社会考察，选派到艰苦环境和重要岗位经受锻炼、增长才干。要进一步建立健全人才选拔机制，实行动态管理。要根据《北京市关于鼓励和吸引优秀文化体育人才来京创业工作的若干暂行规定》，积极吸引国内外优秀社会科学人才来京工作，还要广泛宣传优秀社科人才，扩大他们的社会影响力。

培养中青年社科理论人才，政治教育、思想教育、学风培养很重要。

要引导哲学社会科学工作者梳理正确的世界观、人生观和价值观，坚持严谨治学、实事求是、民主求实的学风。要深入实际、深入群众，立足中国、放眼世界，努力从人民群众丰富的实践中提炼研究题材，汲取思想养分，提出真知灼见，创造学术精品。要增强社会责任感，加强学术道德修养，提倡做人、做事、做学问相一致，坚决抵制各种不正之风，自觉维护首都哲学社会科学工作者的良好形象。

进一步繁荣和发展首都哲学社会科学，是全社会的共同责任。全市各级党委和政府都要高度重视，要做到工作到位、支持到位。各级党委宣传部门和社科理论单位要增强责任感、使命感，努力为繁荣发展首都哲学社会科学做出新的更大贡献。

如何做好首都精神文明建设工作*

元旦刚过，就召开全市精神文明建设工作会议。会议开得很好、很及时。借此机会，就如何进一步做好全市精神文明建设工作谈四点意见，供大家参考。

一、以科学发展观为统领，进一步加强和改进首都精神文明建设工作

科学发展观是以胡锦涛同志为总书记的党中央，从新世纪、新阶段党和国家事业发展的全局出发提出的重大战略思想，是指导我国发展的世界观和方法论。认真学习贯彻落实科学发展观，对于做好首都精神文明建设工作具有非常重要的意义。以人为本，全面、协调、可持续的发展观，是一个完整的科学体系，精神文明建设工作要全面体现科学发展观的总要求。

1. 精神文明建设工作要充分体现以人为本的要求

第一，要坚持为人民服务、为社会主义服务的方向，落实“三个代表”重要思想，把为人民的根本利益服务当作根本宗旨，把提高人的文明素质和城市文明程度作为根本任务。第二，要坚持尊重人、理解人、关心人，落实“三贴近”，即贴近实际、贴近基层、贴近群众，把精神文明建设工作与群众所想所需紧密联系起来。第三，要坚持群众拥护标准，认真落实一切为了人民、一切依靠人民、一切成果与人民共享的要求。

2. 精神文明建设工作要充分体现全面发展的要求

从邓小平同志提出以经济建设为中心、两个文明一起抓，到以江泽民

---

* 这是2006年1月9日在北京市文明办主任会议上的讲话记录整理稿。收入本书时略有删节。

同志提出“三个文明建设”，一直到以胡锦涛同志提出经济建设、政治建设、文化建设和社会建设“四位一体”，这是中国特色社会主义理论和实践的不断发展和完善。精神文明建设工作要充分体现全面发展的要求，首先就要做到适应“四个建设一起抓、四个建设一起上”的新要求；其次是精神文明建设要为其他三个建设提供正确的理论指导、舆论引导、精神动力、智力支持；再次，精神文明建设自身的工作包括思想道德建设、教育科技文化建设和创建活动三个主要方面，也要全面发展互相促进；最后，精神文明建设工作基本建设包括工作建设、机制建设和队伍建设也要一起抓、全面上。

3. 精神文明建设工作要充分体现协调发展的要求

第一，精神文明建设工作要与其他三个建设相协调、相一致，工作不协调、导向不一致都不符合科学发展观的要求，都不是体现协调发展的要求。因而，确定我们的工作重点、工作突破口、工作步骤，一定要跟另外三个建设综合起来考虑、结合起来抓、协调起来发展。第二，各个地区、各个行业、各个部门的精神文明建设工作，也要相互协调，也要努力实现平衡发展。第三，精神文明建设重点工作，包括思想道德建设、教育科技文化建设、创建活动几个方面，也要努力实现协调。

4. 精神文明建设工作要充分体现可持续发展的要求

落实科学发展观最终要达到可持续发展的要求。如果我们抓工作仅仅是一阵子，我们的建设是以牺牲环境为代价的，不能使人与自然、社会可持续发展，那我们的工作就不能真正体现科学发展观的要求。精神文明建设工作要充分体现可持续发展的要求，第一，要着眼促进人与自然、社会的和谐发展，把构建社会主义和谐社会作为主要目标。第二，要着眼促进经济、政治、文化、社会建设良性互动、持续发展、健康发展。第三，要着眼促进长效机制建设和长远的发展。我们做着今天要想着明天。我们的工作有没有成效，也许今天看不出来，今年看不出来，但长远上就显现出来了。我们要有长远的思想，要立足当前，着眼长远，在抓好当前工作的同时，不断建立和完善长效机制。这也是可持续发展对精神文明建设工作的要求。

二、以制定和实施“十一五”规划为契机，进一步加强和改进首都精神文明建设工作

今年是“十一五”规划的起步之年。不久前召开的市委九届十一次全会，对“十一五”工作提出了指导意见。希望全市精神文明建设工作者密切联系实际，认真搞好学习、贯彻和落实。按照中央和市委要求，我们现在已经起草了《北京市“十一五”精神文明建设规划》，正在修改完善。今年是中央1986年制定第一个精神文明建设文件二十周年，1996年制定第二个精神文明建设文件十周年，搞好“十一五”精神文明建设规划的制订落实非常重要。我认为，要把握好以下几点：

（1）牢牢把握一个方向：坚持以邓小平理论、“三个代表”重要思想为指导，以科学发展观为统领。这是我们制定好落实好首都精神文明建设“十一五”规划的根本性要求。

（2）牢牢把握一个原则：重在建设，服务中心、服务大局、服务群众。纠建结合、重在建设，围绕中心、搞好服务，这是党的十一届三中全会以来的基本经验。到处折腾、形式主义、劳民伤财，是违背精神文明建设正确原则的。

（3）牢牢把握一个宗旨：以人为本，实现好、维护好、发展好群众利益。

（4）牢牢把握一个目标：构建社会主义和谐社会首善之区。这一点对于我们精神文明建设工作来说非常重要。构建社会主义和谐社会的首善之区，精神文明工作应该从三个方面努力：一是加强思想道德建设，为构建社会主义和谐社会打牢共同的思想基础；二是深入开展以爱国主义为核心的中华民族精神教育和以改革创新为核心的时代精神教育，为构建社会主义和谐社会提供强大的精神动力；三是加强正确的舆论引导，开展丰富多彩的文化活动和创建活动，为构建社会主义和谐社会营造良好的社会环境。

（5）牢牢把握一个主题：“新北京、新奥运”。未来几年，首都精神文明建设就是要突出“新北京、新奥运”这个主题。

（6）牢牢把握一个重点：思想道德建设，特别是青少年的思想道德建设。这是精神文明建设重中之重的工作。

（7）牢牢把握一个载体：道德实践活动和创建活动。这是精神文明建设工作虚功实做、落在实处很重要的经验和做法，思想道德实践活动和精神文明创建活动一定要抓好。

（8）牢牢把握一个着力点：坚持“三贴近”，增强实效性、针对性和吸引力、感染力，使我们的工作产生实实在在的效果。

（9）牢牢把握一个方法：立足当前、着眼长远，在科学化、规范化、制度化上下功夫。

（10）牢牢把握一个标准：“建首善、创一流。”这是首都工作应当长期坚持的工作标准。

三、以“新北京、新奥运”为主题，进一步加强和改进首都精神文明建设工作

关于这项工作，会议已经做了全面安排。最近，中央文明委和奥组委将在全国广泛开展“迎奥运、讲文明、树新风”活动。重点是四个方面：一是积极培育社会文明风尚，二是共同加强社会公共秩序建设，三是不断提高社会服务水平，四是努力改善城乡环境面貌。要求高度重视、认真组织，分步实施、积极推进，团结协作、形成合力，狠抓落实、取得实效。今天上午的市委宣传部部长办公会，对这个问题进行了专题研究，提出了明确要求。我们要按照中央的要求，结合北京的实际，认真抓好落实。关于这项工作，下一步中央和市委市政府还要专门部署和安排。相关工作应纳入这个活动。

四、以保持共产党员先进性教育为动力，进一步加强和改进首都精神文明建设工作

新形势、新任务、新机遇、新挑战，要求首都精神文明建设工作者不断加强学习，努力提高修养；不断创新实践，进一步提高本领；不断改进

方法，进一步提高工作实效；不断转变作风，进一步保持先进性。

(1) 不断加强学习，进一步提高修养，保持理论上的清醒和政治上的坚定。宣传工作者、精神文明建设工作者首先要加强学习，要先学一步，学深一层。关于学习内容要抓住三方面重点：第一是理论学习，第二是知识学习，第三是实践学习。理论学习重点是邓小平理论、“三个代表”重要思想和党中央近几年来提出的一系列重大战略指导思想，包括科学发展观、构建和谐社会、执政能力建设、先进性建设等等。知识学习重点是科技知识、法律知识、历史知识、文化知识和时事政治知识学习。从学习方法来讲，要善于抓住重点、发现亮点、破解难点、提炼观点。我们的宣传工作者、精神文明建设工作者应当有这个基本功。实践学习重点是学以致用。

(2) 不断创新实践，进一步提高本领，保持良好的精神状态。我们应该有与时俱进、不断创新的精神状态，更要有创新的本领，不能方向不明决心大、底数不清点子多。我想至少应从五个方面提高自己的本领：第一，善于学习，心中要有新观点；第二，善于发现，心中要有新情况；第三，善于研究，心中要有新收获；第四，善于总结，心中要有新思路；第五，善于创新，心中要有新招数。

(3) 不断改进方法，进一步提高工作实效，保持良好的工作状态。第一，要善于抓住重点，处理好点面关系。精神文明建设工作、宣传工作面广，既要抓住重点，面上又不能有遗漏，既面面俱到，又不能平均用力。第二，善于抓难点，处理好突击性工作和经常性工作的关系。遇到难题和难点，能冲得上去，又能取得良效，这是真功夫，但经常性工作也要抓好，基础不牢，漏洞百出，关键时刻就要出问题。所以，经常性工作一定要抓好。第三，善于抓协调，处理好有为和有位的关系。我们一定要有所作为，但也要有所不为，或者今年在这方面有所为、某些方面先暂时有所不为。我们一定要有位。该到位的一定到位，都应当有声音、有成绩、有位置。但是，位置也不是一成不变的。打一个不太确切的比方，就是有时候要当运动员，有时候要当裁判员，有时候要当教练员。都当运动员会有时可能是越位，可能会添乱；都当教练员我们未必有这个水平，有时可能就成了乱指挥、乱当家；都当裁判员我们也未必都有这个权力，许多评判要依靠有执法权的政府部门。当然，说着容易，做起来很难，但我们应当有这个意识，应该向这个方面努力。第四，善于抓规范，处理好具体工作与机制建设的关系。第五，善于抓落实，处理好虚实的关系。虚功要实做，有时候实活要学会用巧劲儿，都是硬碰硬、实打实，没有回旋的余地，效果可能相反。

（4）不断转变作风，进一步保持先进性，保持共产党的本色。保持共产党员先进性是长期的任务。第一，要牢记宗旨，心系群众。精神文明建设工作是为群众服务的工作，要为群众的精神生活提供良好的服务。我们要善于解疑释惑、破解难点，解决群众反映强烈的突出问题。第二，要面向基层，联系实际。我们的眼睛要向下。工作在下面，积极性在下面，依靠的力量也在下面。第三，要服务大局，构建和谐。精神文明建设工作很重要，但不能治百病。我们代替不了经济建设、政治建设、社会建设，但是我们可以为经济建设、政治建设、社会建设提供服务，可以为大局服务。第四，要无私奉献，不懈奋斗。我们这支队伍很清苦，大家有无私奉献的精神，有不懈奋斗的精神，也希望继续保持和发扬。第五，要勤政廉洁，永葆本色。

首都公民道德建设方法初探*

2001 年 9 月，中央印发了《公民道德建设实施纲要》（简称《纲要》），这是宣传思想工作和精神文明建设上的一件大事，是贯彻落实江泽民总书记依法治国与以德治国相结合重要思想的重大举措。市委以《纲要》为指导，紧密联系北京实际，制定了《关于贯彻〈公民道德建设实施纲要〉的意见》（简称《意见》）。在学习贯彻中央《纲要》和制定市委《意见》的过程中，与市委宣传部、首都文明办有关同志一起，围绕首都公民道德建设问题，进行了一系列的调查研究。现就首都公民道德建设方式方法问题的调研情况归纳整理如下。

一、抓规范，是公民道德建设的重要前提

中国历代都非常重视基本道德规范的归纳、整理和倡导，以便于人们传颂和遵循。在源远流长的中国传统道德文化中，传承几千年的“三纲”“五常”，便是对封建社会道德规范的集中概括。虽然随着历史的演进，“三纲”已成为陈旧的封建糟粕，“五常”也有解释上的诸多历史局限，但中国的传统道德观念，特别是儒家伦理把仁、义、礼、智、信等作为个人道德的要素，把“上慈下孝”作为家庭道德的准则，把“敬业乐群”作为职业道德的尺度，把“忠恕之道”作为社会公德的标准，在中华文明的发展中起了积极作用。“文景之治”“贞观之治”“康乾盛世”，便是遵循儒家伦理而树立起的德治和德化的历史丰碑。

当然我们也要清醒地看到，由于封建制度本身的局限，封建社会通过各种道德律条进行的德治和德化，其实是为了维护其统治阶级的利益。直

---

* 本文是 2001 年作者主持的一个课题研究报告。课题组成员还有北京市委宣传部、首都文明办沈强、孙平、卢川、王强、刘乔森等同志。

到中国共产党人的革命道德实践，才把封建帝王虚伪的“敬德保民”思想上升为执政党“全心全意为人民服务”的崇高境界，才真正呈现出“为政以德，譬如北辰”的政治局面和“夜不闭户、路不拾遗”的良好民风。遗憾的是，“文化大革命”的颠覆性破坏，加之资产阶级道德价值观的侵袭，致使社会生活中道德失范现象时有发生。

党的十一届三中全会以后，为顺应时代发展，建立与社会主义市场经济相适应的道德规范体系，党中央采取了一系列重大措施，在深入开展“五讲四美三热爱”活动、大力倡导培育“四有”新人、始终坚持“两个文明”一起抓等有效举措的基础上，1996 年，党的十四届六中全会审议通过了《关于加强社会主义精神文明建设若干重要问题的决议》，对社会公德、职业道德、家庭美德明确提出了六十字规范要求。最近，党中央正式颁布的《纲要》，又概括提出了“爱国守法、明礼诚信、团结友善、勤俭自强、敬业奉献”二十字公民基本道德规范，既继承了优良传统，又体现了时代精神，是新的历史条件下加强公民道德建设、实施依法治国和以德治国相结合治国方略的重要依据和可靠保证。

北京作为全国政治文化中心和国际交流中心，加强道德规范建设，理应有更高的标准、更高的要求。近年来，我们紧密结合首都实际，相继修订了《首都市民文明公约》，制定了《首都市民文明守则》和“四要四不要”行为规范。这些道德规范是在 522 万余人次的直接参与下修订制定的，是从 12 000 多条建议中遴选整理出来的，是首都社会加强公民道德规范体系建设的积极探索，通过多年持续不断的宣传教育和实践，收到了良好的社会效果。

应当说，近几年来，通过宣传社会公德、职业道德、家庭美德六十字规范，通过宣传《首都市民文明公约》、《首都市民文明守则》和“四要四不要”行为规范，特别是通过几个月来对二十字基本道德规范的宣传，北京市道德规范宣传教育取得了较大成效。但距离家喻户晓、人人皆知的目标，特别是距离把道德规范变成公民自觉行动的要求，还有很大差距。因此，一定要抓好有关道德规范，特别是《纲要》中提出的二十字规范宣传教育，努力构建首都公民道德规范体系，结合实际，确定侧重点和突破口，认真学习实践基本道德规范，真正使道德规范深入人心，并逐步转化为广大市民的自觉行动。

二、抓教育，是公民道德建设的基础工程

马克思主义伦理学认为，任何一种道德最终能否为社会所接受、最终能否转化为社会成员的道德信念和道德实践，归根到底取决于道德教育的成效。我国传统儒家思想向来重视道德教化的作用，强调要以德教民。孟子曰："善政不如善教之得民也。善政，民畏之；善教，民爱之。善政得民财，善教得民心。"其意是良好的政治不如良好的道德教化能赢得民心，道德教育是得民心、治天下的纲本。新中国成立后，特别是改革开放以来，党把培养有理想、有道德、有文化、有纪律的"四有"新人作为目标，把思想道德建设置于社会主义精神文明建设的核心地位，全面落实以科学的理论武装人、以正确的舆论引导人、以高尚的精神塑造人、以优秀的作品鼓舞人的任务，公民道德教育成为党的宣传思想工作和精神文明建设的一项重要任务。

北京是祖国的首都，古人治国讲"建首善自京师始"。多年来，公民道德教育一直都是首都精神文明建设的重要内容，"建首善、创一流"一直是首都公民道德建设和精神文明建设的奋斗目标。围绕这一目标，全市大力开展经常性的道德教育活动，努力把道德规范要求与人们的社会实践活动和日常工作生活紧密结合起来，让群众在潜移默化中得到教育。全市充分利用"五一""十一"等节假日和各种纪念日广泛开展升挂国旗、唱国歌、参观爱国主义教育基地、设立"社会公益日"等爱国主义、集体主义、社会主义教育活动，坚持把社会主义道德规范渗透、贯穿到学校课堂教学、思想品德课以及健康人格教育等教育环节之中，广泛设立公益广告为倡导公民道德规范营造浓厚的教育氛围，促进了公民道德教育的各项任务在基层的落实，大力推动了社会公德、职业道德、家庭美德教育，形成了家庭、学校、单位、社会相衔接的道德教育体系和覆盖面广、教育力度大、实践效果好的公民道德教育模式。据统计，全市每年通过各种渠道直接接受道德教育的市民达到60%以上，为首都公民道德建设打下了坚实基础；与此同时，积极抓住有利契机，大力开展主题教育，大力弘扬首都公

民道德建设主旋律。

1983 年以后全市开展的“五讲四美三热爱”教育和“全民文明礼貌月”教育活动、1987 年以来开展的“岗位学雷锋、行业树新风”职业道德教育、1990 年开展的“三优一学”教育等等，都在不同的历史时期推动了公民道德建设，提高了市民的思想道德素质。特别是 1996 年，党的十四届六中全会通过《关于加强社会主义精神文明建设若干重要问题的决议》以后，全社会大力加强社会主义精神文明建设，北京市按照中央要求，深入贯彻“两手抓，两手都要硬”的方针，把“建首善、创一流”作为目标，首都公民道德建设掀开了新的篇章。市委市政府发动全市人民参与制定《首都市民文明公约》《首都市民文明守则》，开展宣传《公约》《守则》的教育活动，参与讨论达 522 万人次，240 余万人直接参与了教育活动，半数以上的市民初步了解和掌握了《公约》和《守则》的主要内容，教育效果明显。1997 年以后，大事喜事不断，全市紧紧抓住迎接香港回归、党的十五大召开、纪念改革开放 20 周年、纪念中华人民共和国成立 50 周年、迎接澳门回归、建党 80 周年、申办奥运会、举办大运会等有利契机，大力开展爱党、爱国、爱首都的教育、“建文明城市、做文明市民，迎 50 年大庆”的教育、“爱北京、颂祖国、迎回归”的教育、“爱祖国、逛京城”文化旅游活动，开展以“讲文明、树新风，争做文明北京人”为主题的一系列群众性精神文明创建活动，倡导科学、文明、健康的生活新风，教育领域越来越宽，群众参与范围越来越广，广大干部群众的首都意识、首善意识有了明显增强，市民文明素质、城市文明程度有了明显提高。同时也应看到，公民道德建设教育活动也还存在一些问题，整体规划不够，发展不够平衡，还存在某些薄弱环节甚至死角。这次中央《纲要》明确提出了坚持基本道德规范的要求，市委《意见》明确提出了“以‘建首善、创一流’为目标，以‘建设新北京、办好新奥运’为主题，以‘讲文明、树新风，争做文明北京人’为主线，以倡导公民基本道德规范为重点”的要求和“一年有突破、三年见成效、五年大变样、七年创一流”的奋斗目标。我们要在已有工作的基础上，紧紧围绕主题，牢牢把握主线，夯实基本道德规范教育基础，抓好突出问题的解决，朝着既定目标，坚持不懈地把首都公民道德建设工作抓紧抓好。

三、抓阵地，是公民道德建设的关键环节

公民道德建设是亿万人民的共同事业，离不开人民群众的积极参与和大力支持。公民道德建设是重要的群众性实践活动，在社会主义市场经济条件下，要建立良好的社会主义道德新风尚，就必须通过一系列活动载体，把道德规范、道德教育、道德实践辐射、渗透到人民群众中去，把人民群众的主动性、积极性和创造性最大限度地调动起来、发挥出来。

多年来，群众性精神文明建设已形成了一系列有效阵地，如创建文明城区、文明村镇、文明行业、文明社区、文明单位活动，学雷锋活动、志愿者活动等。目前全市已建起了30多个学雷锋基地，50 000多个学雷锋小组和1 000多个社区志愿者服务站，各种形式的助民便民服务活动已蔚然成风。北京市3 000多所市民文明学校是市民道德教育的重要阵地。据初步统计，全市有近80万的市民经常参加市民文明学校的教育活动。通过教育，全市97.9%的学员认为“增强了市民文明意识”，97.5%的学员认为“促进了家庭和睦”，96.9%的学员认为“开阔了眼界，增长了知识”，96.5%的学员认为“增强了社会交往，改善了邻里关系”，96.4%的学员认为“维护了社区秩序，促进了社会治安”。市民文明学校的开办深受群众欢迎，收到了良好的教育效果。

但在实际工作中，公民道德建设与群众性精神文明创建活动之间，未被有效利用的结合点还很多，未被充分拓展的空间还很大，还有待我们进一步认真加以总结、分析和研究。下一步，我们在实际工作中，要巩固原有的思想道德教育阵地，并与经济、政治、文化等各项活动有机结合起来；同时要不断创造扩大新的阵地，不断探索群众喜闻乐见又行之有效的新形式。

四、抓导向，是公民道德建设的重要保障

报刊、广播、电视、网络等大众传媒是坚持正确导向、弘扬社会主义道德的重要阵地，对公民道德建设有着特殊的渗透力和影响力。当前，世

界处于信息时代，经济的全球化和信息传播的实时性、快捷性、开放性，使各种文化、思潮、言论迅速广泛传播，多元化、复杂化的价值观主体正在形成，健康与非健康的信息相互混杂，人们的传统思想意识和价值观念受到前所未有的冲击与挑战，报刊、广播、电视等传统媒体与网站等新兴媒体对人们尤其是青少年道德观念、行为方式的影响正日益深刻。

舆论导向正确与否，不仅事关党和人民之福祸，也关系到公民道德建设能否深入发展，这是历史实践所反复证明的问题。改革开放以来，特别是十四届六中全会以后，广大新闻工作者努力贯彻中央要求，坚持牢牢把握正确的舆论导向，坚持新闻工作为两个文明建设服务的宗旨，加强热点问题引导和舆论监督，使新闻工作呈现一派繁荣发展的景象，公民道德建设和社会主义建设事业出现了前所未有的大好局面。因此，适应经济全球化和社会主义市场经济发展的要求，充分利用各种传媒的力量，宣传科学理论，传播先进文化，塑造美好心灵，弘扬社会正气，倡导科学精神，并由此培养人们健康的行为方式、正确的价值观念、平和的社会情绪以及和谐的人际关系，为公民道德建设和经济建设保驾护航，这是新时期抓好舆论导向需要认真思考并科学规划的重要课题。

多年来，全市新闻媒体坚持以正确的舆论引导人，坚持团结稳定鼓劲、正面宣传为主的方针，唱响主旋律、打好主动仗，不断围绕首都政治、经济和社会生活方面的大事喜事、热点难点，大力宣传国家有关精神文明建设和公民道德建设的方针政策，宣传体现时代精神的道德行为和高尚品质，坚决批评各种不道德行为和错误观念，为首都公民道德建设营造了良好氛围。例如，党的十四届六中全会召开前后，市属新闻媒体围绕修订《公约》和制定《守则》，在全市组织了“遵守社会公德，争做文明市民”的大讨论，同时通过新闻采访、理论文章、社会热线等多种形式，对《公约》、《守则》和十四届六中全会决议进行了广泛、深入的报道，引起了强烈的社会反响；1997 年围绕香港回归和党的十五大，市属新闻媒体通过开设《北京喜迎香港回归》《瞩目倒计时》《十五大代表访谈录》《代表手记》等栏目，积极报道各界人士喜迎回归的活动和气氛，大力宣传十五大精神和我市现代化建设的成就，营造了高举邓小平理论伟大旗帜，团结一心，爱我中华、振兴中华的热烈氛围；1998 年围绕抗洪抢险，大力宣传抗洪精神，兴起了爱国主义、集体主义、社会主义和革命英雄主义教育热潮，弘扬了中华民族自立自强、团结奋进的主旋律；1999年围绕澳门回归和新中国成立50周年，市属新闻媒体推出专版专栏，集中宣传报道“和平统一、一国两制”伟大构想的成功实践和我市各条战线自新中国成立以来特别是改革开放以来取得的辉煌成就，抒发爱国情，高唱同心曲；2000年围绕中央思想政治工作会议召开和新世纪、新形势，大力宣传中央和北京市思想政治工作会议精神，宣传首都“九五”巨大成就，宣传思想政治工作、行业建设等方面的先进典型，营造了良好的道德舆论环境；2001年围绕庆祝建党80周年、北京申奥成功、中国入世，大力宣传江泽民同志“三个代表”重要思想、“七一”重要讲话和《纲要》，热情讴歌党的光辉历史和丰功伟绩，积极宣传“建设新北京、办好新奥运”，烘托了爱党、爱祖国、爱北京和加强公民道德建设的主题。

从总体上讲，这几年全市新闻媒体对重大活动、重大专题的报道主题鲜明、气氛热烈，对改革开放及其经济成就的报道广泛深入、积极稳妥，对突发事件、敏感问题的报道导向正确、冷静客观，对公民道德建设、思想政治工作的报道形式多样、生动活泼，有效保证了首都新闻宣传导向正确、基调平稳、健康向上，对公民道德建设和经济建设发挥了积极有效的作用，总体的发展态势是好的。但是应该看到，面对经济全球化和纷繁复杂的国际政治局势，随着我国改革开放的不断深入，公民道德建设正面临着严峻的挑战：社会经济成分、组织形式，物质利益和就业方式日益多样化，必然导致人们价值观、道德观的多元化，坑蒙拐骗、假冒伪劣、贪污腐化等不道德甚至违法犯罪现象还会在一定程度上长期存在；西方发达国家在经济科技方面的优势和世界社会主义运动的曲折，使得人们对马克思主义的信仰、对社会主义的信念、对建设中国特色社会主义的信心、对共产党的信任还存在一定的困惑；随着科学技术的发展，新闻宣传手段的日新月异，干扰新闻宣传正确导向的因素越来越复杂化、多样化，新闻宣传中仍会出现与主旋律不和谐的杂音和导向上的偏差；舆论导向工作从内容到方法的自我变革，都还滞后于社会变革和经济基础的变化，出现了许多新情况、新问题，需要我们进一步重视和解决。尤其是随着互联网的普及，网络信息垃圾不断增加，网络负面效应日益显现，抓好网络文明建设已经成为思想道德建设的重要课题。

面对首都公民道德建设的新任务、承办 2008 年奥运会的新要求、加入 WTO 后的新挑战，全市新闻媒体要在继续保持和发扬行之有效的传统做法和经验的基础上，着力研究新情况，探索新方法，总结新经验，形成新机制。要继续抓好正确导向，完善新闻宏观管理机制，注重宏观监控，讲究宏观策划，强化宏观协调；大力倡导一切有利于爱国主义、集体主义、社会主义的思想道德，一切有利于民族团结、社会进步、人民幸福的思想道德，一切有利于用诚实劳动换取美好生活的思想道德，让光明、积极、健康的因素占据主导地位。对主流媒体的管理，要以把握公民道德建设的总体方向、提高媒体弘扬公民道德建设主旋律的水平为重点，通过开设公民道德宣传教育专题、专栏、专版，加强正面引导，宣传先进典型，批评突出的、社会反映强烈的不道德言行，逐步完善舆论监督机制，使首都公民道德建设成为社会普遍关注的热点，人民群众成为参与道德评判的主体，人人关心道德建设，人人争做道德建设的模范。对非主流的媒体，要加强管理和引导，积极倡导良好的道德风尚，不断优化社会道德环境。要加大对网络正面宣传和管理工作的力度，在充分运用网络阵地宣传倡导公民基本道德规范的同时，鼓励网站发布进步、健康、有益的信息，防止反动、迷信、黄色的内容，通过“网络文明工程”“家庭上网工程”等有效载体，积极引导网络机构和广大网民增强网络道德意识，形成健康文明的网络道德规范，共同建设网络文明。

五、抓典型，是公民道德建设的有效方法

榜样的力量是无穷的。中华传统美德之所以传承不衰，就在于它培育和造就了众多世代传颂的道德典型，如岳飞的“报国”之忠、关羽的“桃园”之义、王连的“救母”之孝、子罕的“拒宝”之廉，以及季布的“一诺千金”之信，流芳百世，为后人所敬仰。

一个时代有一个时代的典型。新中国成立后，在共产主义理想与信念的激励下，在伟大的社会主义建设事业中，涌现出了更多可歌可泣的典型人物，像舍己救人的罗盛教、助人为乐的雷锋、艰苦创业的王进喜、鞠躬

尽瘁的焦裕禄……他们的感人事迹和优秀品质，是奉献给社会最宝贵的精神财富，使千百万干部群众见贤思齐，倍受鼓舞，为国家的建设和发展做出了不可磨灭的巨大贡献。

北京在两个文明建设中，先进典型亦层出不穷，涌现出了一批又一批文明城区、文明村镇、文明行业、文明单位、“五好文明家庭”、“十星级文明户”，为首都两个文明建设起到了模范带头作用。近年来，以党的好干部李润五、科技带头人王忠诚以及公交服务行业职工李素丽等为代表的“首都精神文明建设奖章获得者”，以李强等为代表的“首都见义勇为好市民”，以孙茂芳、孟宪锋等为代表的“学雷锋标兵”，他们从干部群众中来，到干部群众中去；他们的事迹可亲可敬、可信可学；他们身上所展现出的巨大人格力量和道德力量，在社会上产生了强大的影响。身边生动、真实的先进典型，往往具有更大、更直接的影响力和感染力。“活雷锋”孙茂芳，几十年如一日，以一颗爱心对医院的绝症患者施以“临终关怀”，对 9 名孤寡老人慷慨解囊，长年照顾。孙茂芳还把自己行善助人、崇德律行的经历编成 100 个故事，讲遍京城，讲遍全国，使广大群众特别是青少年深受教益和启迪。“活雷锋”的身后有了越来越多的追随者，并且正在逐步壮大成为一个“新时代的雷锋群体”。这些真实事例无可辩驳地证明，树立道德典范，对于加快公民道德建设步伐，具有十分重大的意义。

时代典型往往是时代精神的集中体现。在道德建设领域，典型往往是在看似平凡的背后显见其精神的伟大，因而更为令人信服，更加可亲可学。这方面，我们还有大量的工作要做，还有众多的典型需要去发现、培养和宣传。今后，我们树立道德方面的典型，既要注重典型性又要注重群众性，既要弘扬优良传统又要体现时代精神。要树立像“首都精神文明奖章获得者”这样高规格的典型，也要更多地树立各行业、能够代表各种道德规范的基层典型；要树立助人为乐等传统道德典型，也要树立致力推动社会文明进步的时代典型。要让更多的典型融入社会，走进群众，如年度评选出的“首都文明市民”，要给他们佩戴荣誉胸牌，让他们更好地影响社会、带动群众，成为积极引导首都公民道德建设的一支重要力量，为形成首都社会崇德思进的良好风尚做出更大贡献。

六、抓文艺，是公民道德建设的有效载体

文学艺术历来是传播道德观念的主要载体。一个好的文艺作品可以影响一代人甚至几代人。文艺具有认识、教育、娱乐和审美的功能。在认识功能上，社会主义文艺要真实反映丰富的社会生活和道德实践，表现时代前进的要求和历史发展的趋势，使人们对生活本质和规律的认识达到空前的深刻；在教育功能上，社会主义文艺要积极反映人们在改革开放和现代化建设实践中表现出来的拼搏奉献精神和良好道德风貌，反映人们对进步的、崇高的精神境界的追求，以震撼人心的艺术魅力，给人以感染和教育；在娱乐和审美功能上，要摒弃低级趣味的娱乐，做到“寓教于乐”，给人以鼓舞、启迪、欢乐和美的道德享受，发挥文艺“润物细无声”的作用。因此，从文艺的功能来说，文艺是公民道德建设的有效载体，是弘扬公民道德建设主旋律的有效方式。

从中国古代的楚辞、汉赋、唐诗、宋词、元曲及明清小说，到近现代的文学、戏剧、电影、电视、摄影、曲艺等，都是文艺的重要表现内容。它们或者反映时代的呼唤和要求，或者为社会变革呐喊，或者颂扬英雄人物，或者鞭挞腐朽事物，都是隽永艺术魅力与时代进步的结晶，也充分体现了不同历史阶段的不同道德风尚与民族精神。新中国成立以来特别是改革开放以来，在党中央提出的“弘扬主旋律，提倡多样化，树立精品意识，实施精品战略”和“以优秀的作品鼓舞人”的方针指引下，宣传思想战线的广大干部和群众开拓进取，通过实施精神文明建设“五个一工程”等精品战略，推出了一批反映时代精神、贴近群众生活、具有震撼力的优秀作品，创造了文化领域前所未有的大好局面。例如《高山下的花环》《蒋筑英》《焦裕禄》《离开雷锋的日子》《生死抉择》《漂亮妈妈》等电影作品，《林海雪原》《英雄无悔》《西部警察》《跨越》《黄土岭 1939》《长征》《咱爸咱妈》《乡下人·城里人·外国人》《红岩》《渴望》等电视剧作品，《孔繁森》《山杠爷》等戏剧，《筑起我们新的长城》《战争启示录》《高原雪魂孔繁森》等图书……这些作品，题材丰富多彩，风格形式多样，紧紧把握时代脉搏，热情讴歌英雄人物，贴近群众生活，影响和激励了一代又一代

人，使人们在享受艺术的同时，受到潜移默化的高尚道德熏陶。

充分发挥文艺对公民道德建设的积极作用，要唱响社会主义文化主旋律，坚持“二为”方向和“双百”方针，要多出为人民群众喜闻乐见的精品，热情讴歌人民群众拼搏奉献的精神和良好的道德风貌，弘扬公民道德建设的主旋律。2001 年，首都文艺界配合纪念建党 80 周年，编辑出版了《邓小平理论与中共党史学》《光辉历程》《李大钊》等图书、音像作品，推出了评剧《红岩诗魂》、话剧《路在延伸》、现代京剧《沙家浜》、曲剧《龙须沟》、儿童剧《红领巾》等一批优秀演出剧节目，深受群众喜爱。要积极开展丰富多彩的文体活动，使群众在参与中受到教育、得到提高。通过成立文学创作、音乐、舞蹈、绘画、戏剧等多种形式的业余小组，开展纪念日主题教育，组织读书演讲、文艺演出、艺术成果展览、歌咏比赛、知识竞赛等活动，举办各类体育比赛活动等，不断培养市民高雅、健康的审美情趣和高尚的道德情操。要吸引市民积极参加节日文化、广场文化、家庭文化活动和各种文体活动，在丰富多彩的文体活动中，陶冶性情，娱乐身心，强健体魄。以广场文化活动为例，近几年，由市委宣传部联合有关部门在全市开展的广场文化活动，主题鲜明、内容丰富、创意新颖、高潮迭起，深受群众喜爱。据统计，仅从 2001 年 4 月至 10 月，全市 18 个区县共开辟大中型文化广场 200 多个，开展各类广场文化活动 2 500 余场次，演出各类群众文艺节目 28 000 多个，放映露天电影 6 000 余场，吸引群众 500 多万人次参与。如西城区开展的“党旗颂——纪念建党 80 周年联欢歌会”，朝阳区开展的“社区一家亲”系列活动，密云县的“密云——绿色田园”等活动，都很有特点。要加强对文化市场的管理，自觉抵制不健康的文艺作品。各类文艺评论、评价、评奖都要把是否合乎社会主义道德作为重要标准，广大文艺工作者要努力加强对公民审美观念的引导；加强文化市场管理，完善文化市场法规制度，始终坚持“一手抓繁荣，一手抓管理”，让健康文化产品占领阵地，坚决抵制出版、播映、演出格调低下的作品和节目，严格规范商业性广告，大力倡导各种形式的社会公益广告；严厉查处和打击娱乐场所卖淫嫖娼、赌博、吸毒等社会丑恶现象，确保文化市场沿着正确的方向健康发展；要健全文化管理执法队伍，形成有效的管理监督机制，坚持“清源”与“截流”相结合，专职管理队伍与社会监督力量相结合，部门分工负责与综合执法相结合；加强对文化社团的引导，赋予其相应的管理职责，使他们在加强职业道德建设、约束成员遵纪守法方面发挥重要作用。

当然也应该看到，长期以来，对于文艺如何表现道德生活，实现其教育功能、审美功能等社会作用问题，还有人存在模糊的、片面的认识，这主要表现为两种倾向：一种倾向是片面强调文艺的教育功能，文艺成为了政治说教、政治图解，失去了其应有的独立审美品格，最终导致其审美价值、社会价值两方面的损失；第二种倾向是片面强调文艺的审美愉悦、心理补偿、娱乐消遣等价值，不承认文艺的道德教化作用，宣称“远离道德、躲避崇高”，崇尚自然主义、消费意识、享乐意识。在这两种倾向的影响下，目前文艺界不同程度地存在单调枯燥的政治文化与格调低下的媚俗文化并存的现象，给公民道德建设带来不良影响。尤其是近年来，消遣文艺正成为一种文化潮流，并以立体化的形式影响着人们的精神生活，一些宣扬迷信、恐怖、暴力、淫秽的作品充斥市场，盗版现象屡禁不止，虚假、颓废的商业性广告时有出现。这种情况不仅与首都的地位与功能不符，也不利于营造首都公民道德建设的良好氛围。因此，按照江泽民同志提出的“以优秀的作品鼓舞人”的要求，充分发挥文艺对公民道德建设的鼓舞、引导、激励作用，在新时期具有更加重要的意义。

七、抓实事，是公民道德建设的切入点

邓小平同志历来把人民拥护不拥护、满意不满意、赞成不赞成作为制定党的各项方针政策的出发点和落脚点。一个社会的道德风尚，一个人道德观念、道德行为的形成，是由一定的社会基础和物质基础决定的。加强首都公民道德建设同样要考虑物质动因对于人们道德行为的影响，坚持虚功实做的工作思路，把尊重群众愿望，考虑群众需要，实现群众利益作为出发点和立足点，把解决思想问题与解决实际问题结合起来。

1995 年，按照江总书记考察北京工作时指出的“把精神文明建设放在更加突出的地位抓紧抓好”的要求，北京市委市政府提出精神文明建设从办实事抓起，着力解决那些影响首都整体形象、群众最关心、反映最强

烈、最不满意同时又是我们有能力解决的问题。根据这一思路，全市每年确定一批办实事项目，年初公示、年底结账，先后下大力气解决了整治占路市场、拆除违章建筑、治理城乡卫生等城市环境问题，改造危电线路，改建公厕，解决群众看病难、出行难，山区群众吃水难、看电视难等生活需要问题，使城市面貌和市民生活质量有了很大提高。同时，全社会大力开展“学雷锋做好事”“青年志愿者行动”“文化科技卫生三下乡”“希望工程”“幸福工程”“手拉手”“一助一”等社会公益活动，各种形式的社会便民服务得到了空前发展。全市建立了30多个“学雷锋基地”，成立了50 000多个“学雷锋小组”，绝大多数社区建起了“社区志愿者服务站”，有力促进了首都社会人与人之间和睦相处、团结互助新型人际关系的形成。

近两年，市委市政府又以最具普遍性、对首都社会道德风尚影响最大的重点、难点问题为突破口，深入开展了“出租车司机文明形象、文明乘车、文明赛场”三项教育活动。通过送报送刊上车、评选北京“的士之星”、开展“建设新北京、办好新奥运，窗口文明从我做起”等宣传教育活动，有效治理了出租汽车司机“京侃”问题。从解决首都乘车秩序问题入手，全面开展了“文明乘车从我做起”的教育活动。建立1 276人的文明监督员队伍和5 809人的文明乘车志愿者队伍，倡导文明乘车，乘客排队候车、有序上车、礼貌让座的风尚初步形成。着力解决足球赛场“京骂”问题，深入开展了净化赛场、拒绝“京骂”的宣传教育。三件实事的深入开展，得到了首都市民的拥护，群众在参与中受到教育，首都社会道德风尚在活动开展过程中有了明显改善。据调查统计，2001年市民对乘坐出租车的满意率达到90%以上，公交李素丽服务热线的投诉电话比去年同期下降了29.75%。为群众办实事给首都的建设和管理注入了生机和活力，给首都市民的工作和生活带来了新的方便，百姓从中受益，市民在阶段性成果中看到了首都道德风尚的变化和进步，进一步激发了参与首都公民道德建设的动力。

可以说，公民道德建设的“虚”与“实”，体现了邓小平同志提出的“两手抓，两手都要硬”的战略思想。“虚”与“实”是辩证统一的，是互相促进、有机结合的。思想教育之“虚”可结下公民道德建设之“实”，精神文明办实事，可以感化群众；解决群众的实际问题，有助于群众思想问题的解决；人可以改造环境，环境也可以改造人。要使公民道德建设真正“硬”起来，把工作落到实处，就必须从办实事抓起，从群众最关心的事情抓起，从一件一件具体的事情抓起，才能取得实实在在的效果。当前，加强首都公民道德建设，要特别结合“办一届出色奥运盛会”的要求，坚持一手抓教育、一手抓为群众办实事。全市各级党政机关、社会各界，都要从有利于公民道德建设的角度，每年集中精力抓几件影响大、效果好、得民心的实事。要根据广大市民的意愿，通过办实事积极引导市民告别不文明行为，下大力气解决首都公民道德中存在的语言不文雅、礼仪不文明、服务不规范等突出问题，力争使首都市民的道德风尚和城市面貌有显著改观。要进一步巩固专项教育成果，继续下大力气抓好出租车司机教育整顿、乘车秩序教育整顿、交通秩序教育整顿、体育赛场秩序教育整顿等突破口，解决社会反映强烈的突出问题，不断使道德建设取得阶段性成果。同时，真心实意地为下岗职工、老年人、残疾人等社会群体办好事、做实事，坚持把搞好社会福利和公益事业作为支撑点，通过广开就业渠道，完善社会福利保障机制，开展“希望工程”“志愿者服务”“扶残助残”“幸福工程”等公益活动，切实把社会主义、集体主义的温暖送到千家万户。

八、抓管理，是公民道德建设的重要基础

公民道德建设是一项复杂的社会系统工程，既要依靠教育，又要依靠法律、政策和规章制度。实践证明，法治与德治是相辅相成、互相依赖、互相促进的，法治属于政治建设、政治文明，德治属于思想建设、精神文明，二者范畴不同，但地位和功能都是非常重要的。在中国历史上，很多人都主张儒法并用。孔子说过：“道之以政，齐之以刑，民免而无耻。道之以德，齐之以礼，有耻且格。”中国盛唐时期，统治者一面搞“贞观修礼”，制定一套封建道德体系以“正家”“定天下”；另一方面又制定我国历史上最严密、最系统的封建法典《唐律》，“制礼以崇敬，立刑以明威”，以法律的形式推行其道德观念，促进社会发展。当然，我们今天的“德”和

“法”比以往任何时候都有更加坚实的群众基础和丰富的内容。法治以其权威性和强制性手段规范社会成员的行为，德治以其感召力和劝导力提高社会成员的思想认识和道德觉悟。加强社会主义法制是公民道德建设健康发展的重要保证。法律对道德建设的支持保障作用具体表现在“规定”、“惩戒”和“警示”等方面，即“以法彰德”：通过立法选择推进一定道德的普及；通过法律惩治严重的不道德行为，警示他人采取正确的道德行为，用权利义务机制引导公民的道德生活。例如，我国的《婚姻法》《继承法》《妇女权益保障法》《未成年人保护法》等，都积极倡导尊老爱幼、男女平等、夫妻和睦、勤俭持家、邻里团结的美德。

“法律是道德的底线。”如果只有道德教育，而缺乏法律的惩戒、警示和威慑作用，道德约束就可能“管得了君子，管不了小人”。目前，我国正处于改革开放和现代化建设的攻坚阶段，完善的市场经济体制和法制架构还没有完全建立，经济的全球化与区域经济的一体化使人们的思想观念、价值取向呈现多元化、复杂化的趋势，各种形式的犯罪活动不断增多，重大、恶性案件比重加大，犯罪团伙急剧增加，假冒伪劣、坑蒙拐骗、家庭暴力等社会不良风气与丑恶现象不断出现，对经济发展、社会稳定、群众安全危害很大；各种有关公民道德的管理规章和制度还不够完善，有的甚至写在纸上、挂在墙上，形同虚设，缺少约束力和强制性；有法不依、执法不严、违法不究甚至贪污腐化的现象在一定程度上影响了党和政府的形象，社会主义思想道德建设受到严重的挑战。江泽民同志指出：“我们在建设有中国特色的社会主义、发展社会主义市场经济的过程中，要坚持不懈地加强社会主义法制建设，依法治国的同时也要坚持不懈地加强社会主义道德建设，以德治国。”我们要深刻理解和把握这一思想，按照依法治国与以德治国相结合的原则，把道德建设与法制建设紧密结合起来，运用法律、政策、制度维护正常的经济秩序、公共秩序、生活秩序，充分发挥法制和管理对公民道德建设的保障和促进作用。

首先，要加强立法，改善执法，大力普法。完善和加强法律法规建设，必须把重要的道德规范尽量纳入法律之中，融入管理制度之中，吸纳到各种公约、守则之中，确保公民道德建设有法可依，实现精神文明的制度化、法制化和规范化；依法建设社会主义精神文明，加强和改善行政执法，严格依法行政，做到有法必依、执法必严、违法必究；提高全民的法律意识和守法观念，坚持不懈地做好法制宣传教育和“四五”普法工作。其次，要高度重视各项经济、社会政策对人们价值取向、道德行为的影响，保护和支持通过正当、合法手段获取个人和团体利益，倡导和奖励多为他人和社会做贡献，积极为公民道德建设提供正确的政策导向。再次，要大力加强有关规章制度建设，强化管理，把思想引导与利益调节、精神鼓励与物质鼓励统一起来，加强检查监督，严格考核奖惩，确保各项行政规章以及道德守则和公约在实践中得到落实，努力为公民道德建设提供有效的制度保障。最后，要充分利用网络等高科技手段，把公民道德建设的制度化进程与社会生活的法制化进程相融合。2001 年 4 月，中共北京市朝阳区委与区检察院一起建立了国家机关预防职务犯罪网络，一方面通过计算机网络开展法制宣传教育，加强成员单位的交流和监督，另一方面依托广泛有效的群众举报监督网络，最大限度地遏制职务犯罪，取得了较好的成效。朝阳区的这一事例，预示了道德建设在制度保障方面的发展方向。

江泽民“七一”重要讲话和“三个代表”重要思想为我们提出了新的要求，北京申奥成功为我们提供了新的动力，我国加入 WTO 为我们提供了新的机遇和挑战，中央下发《纲要》、市委制定《意见》为我们加强首都公民道德建设提供了有利契机。面对新形势、新任务、新要求，我们必须认真总结经验，积极思考探索，大胆创新实践，高举邓小平理论的伟大旗帜，以“三个代表”重要思想为指导，以“建首善、创一流”为目标，以“建设新北京、办好新奥运”为主题，以“讲文明、树新风，争做文明北京人”为主线，以倡导公民基本道德规范为重点，以解决人民群众反映强烈的突出问题为突破口，标本兼治，分步实施，整体推进，切实加强思想教育、青少年道德、机关道德、行业道德、社区道德、农村道德和外来人口道德建设，努力探索依托载体、寓教于乐、多办实事、典型引路、建章立制等一系列有效途径，进一步形成领导重视、各负其责、密切配合的整体合力，把首都精神文明建设提高到一个新水平。

关于基层爱国主义教育规律问题*

江泽民同志在党的十四届六中全会上的讲话中指出："我们必须全面地把握两个文明建设的辩证关系，遵循精神文明自身的发展规律，自觉地加强精神文明建设，不断提高精神文明的水平。"① 这是十分重要的科学论断，也给我们宣传工作者提出了一项历史性任务。今天的会议，主题是探讨爱国主义教育规律，非常有意义。听了各位专家学者的发言，很受启发。我认为，当前，既要从理论角度探讨总结爱国主义教育规律，又要从实践角度研究爱国主义"抓什么"和"怎么抓"的问题，使爱国主义教育理论与实践相统一、理性与感性相结合。作为基层宣传部部长，我想结合西城区实践，谈点学习心得和工作体会。

一、基层爱国主义教育首先要解决"抓什么"的问题

爱国主义教育内容十分广泛。可基层爱国主义教育应当主要抓什么？我认为，可以从时空两个角度去考虑。从时间角度说，主要是抓"三史"（中国近代史、中国现代史和中共党史）、"三情"（国情、市情、区情）和"三基本"（党的基本理论、基本路线、基本方针）的教育；从空间角度说，主要是抓"五爱"（爱祖国、爱北京、爱西城、爱集体、爱本职）的教育。

进行"三史"教育，是为了正确认识历史，激发广大干部群众和青少年的民族自豪感，也是为了总结教训，让大家不要忘记历史屈辱，深刻认识只有共产党才能救中国、只有社会主义才能发展中国的深刻道理。进行

---

* 这是1996年11月在北京市委宣传部爱国主义教育理论研讨会上的发言整理稿。

① 中共中央文献研究室. 十四大以来重要文献选编：下. 北京：人民出版社，1999：2077.

“三情”教育，是为了正确认识现实，使广大干部群众和青少年为新中国成立以来，特别是党的十一届三中全会以来取得的巨大成就而感到巨大鼓舞，让大家有成就感，也要让大家看到我们的不足和差距，使广大干部群众和青少年有紧迫感、责任感。进行“三基本”教育，是为了正确认识未来，在全体干部群众和青少年中，牢固树立建设有中国特色社会主义的共同理想，牢固树立坚持党的基本路线不动摇的坚定信念，使爱国、爱党、爱社会主义有机地统一起来。

进行爱祖国、爱北京、爱西城、爱集体、爱本职教育，是要教育和引导大家从最基本的事情做起。爱本职、爱集体，是最基本、最广泛的要求。每一个公民、每一个职工，都应当具备这个基本素质。每一个共产党员、领导干部、志士仁人，也都必须从爱本职、爱集体做起。爱西城、爱北京、爱祖国，是更高的、更先进的要求。应当号召所有人朝着这一目标和方向努力。

二、基层爱国主义教育从根本上要解决“怎么抓”的问题

我认为，当前基层爱国主义教育，要做到“五抓”，处理好“五个关系”。

1. 抓规划，正确处理当前与长远的关系

爱国主义教育要立足当前、面向长远，要有一个长远规划，要有一个明确的工作思路，要当作系统工程来抓。历史的教训是，爱国主义教育活动往往比较散、比较乱，规划性、系统性较差。因而，成效差、不深入，低层次重复多。

几年来，在市委指导下，在区委领导下，我们比较注意这方面的问题。从 1995 年开始，我们广泛深入地开展了“爱祖国、爱北京、爱西城”系列教育活动。每年都是这一主题，每年确定一些重点内容和特色形式，使之成为一个系统工程。1995 年推出十个系列活动，包括纪念抗战胜利 50 周年系列活动、爱国主义影片系列教育活动、国旗教育系列活动、跨世纪青年素质系列教育活动、征文演讲系列活动、知识竞赛系列活动、典型宣传系列活动、基地教育系列活动、文艺演出系列活动等，产生了较好的效

果。这些系列活动，被评为1995年北京市精神文明建设最佳活动。1996年“爱祖国、爱北京、爱西城”系列教育活动，又推出“十个百”活动，即“百万党员连民心”主题教育活动，百位领导干部话“三讲”活动，“百位将士话长征”活动，百所学校进行国旗下的演讲活动，百部影片教育活动，百个爱国主义基地教育活动，百位劳动竞赛标兵争创活动，百个团委开展“做现代文明北京人”活动，百万市民外来人员共塑首都文明形象活动，干部、职工、青年、中小学生读百卷书活动等。在去年工作基础上，正在向纵深方向发展。

今后，我们坚持不换主题，每年推出一系列活动。相信坚持长久，必有成效。

2. 抓规范，正确处理利用契机与规范化的关系

爱国主义教育要抓契机。这是我们的成功经验，甚至成为习惯动作。1995年以纪念抗日战争胜利50周年和迎接世妇会在北京召开为契机；1996年以纪念建党75周年、长征胜利60周年为契机；明年以香港回归祖国、纪念建军70周年为契机。利用这些契机开展一系列活动，创造浓厚的氛围，对于深化爱国主义教育十分重要。

但仅仅局限于此，是远远不够的。搞不好，活动就成了运动。热闹一阵子，没有深入的效果。爱国主义教育要深化，一定要逐步实现规范化。近两年，我们从中小学入手，抓了国旗教育规范化、百部爱国主义影片教育规范化和爱国主义基地教育规范化。今年初，我们编写出版了《’96国旗下的演讲》一书。将自1840年以来历史上每周的爱国主义人物、事件、纪念日汇集到一起，编成故事，每周一篇，全年52篇，供中小学生每星期一升国旗演讲时使用。以此为基本教材，在全区中小学广泛开展了国旗下的演讲活动。这本书的编写出版，为国旗下的演讲提供了一本规范读物，使升国旗、唱国歌、国旗下的演讲成为系列化、规范化活动，受到区内外乃至全国广大师生的热烈欢迎。今年暑假，我们又推出了《西城区中小学百部爱国主义优秀影片教育与课堂教学相结合的方案》。将百部爱国主义教育优秀影片与中小学政治、历史、地理、语文等课程教学配套起来、对应起来。学什么课文应该看什么片子，给师生们一个提示。这样，看影片对课文是一个形象补充，学课文对把握影片主题是一个正确引导。二者互相结合、互相补充、相得益彰，大大促进了爱国主义教育的效果和课堂教学的效果，使百部影片教育面向教学、走进课堂、形成规范。我们编写的《西城区爱国主义教育基地博览》一书，对全区近百个爱国主义教育基地进行介绍，并提出与中小学课堂教育相结合方案，使课文教学与基地参观配套起来，充分发挥爱国主义基地的作用。在这三个规范化的基础上，我们将不断扩展，使爱国主义教育走向规范化、系统化。因为只有规范化、系统化，才能经常化，才能不断深化。

3. 抓载体，正确处理继承与创新的关系

爱国主义教育要继承优秀历史传统。过去我们积累了许多行之有效的方法，可惜研究不够、总结不够、继承不够。近几年来，特别是今年以来，精神文明建设面临极好的机遇，出现了优秀传统思想回归的好势头。"红岩魂展览"轰动京城就是很好的说明。我们应当抓住这一机遇，认真总结、研究，把优秀传统继承下来、总结起来、发扬起来。不珍惜传统是错误的，但认为过去什么都好也是不正确的。继承传统是为了现在和未来，绝不是倒退。更重要的是，老百姓和时代要求，在继承的同时，要创新，要探索新的方法，寻找新的载体。

去年底，我们编印了一本《'96 西城之星》挂历，让区内 12 个明星单位和 24 个市级劳模上了挂历，产生了极好的教育效果。一时间成为全国和全市的新闻热点。我们正在编印的《'97 西城之光》挂历，以精神文明建设为主题，将城市建设风光和精神文明建设先进个人和先进集体代表的照片印在挂历上，以促进发西城、爱集体、爱本职的教育。

4. 抓落实，正确处理虚与实的关系

爱国主义教育要虚功实做，要从大局着眼，从办实事入手，从一件一件具体事情做起。爱国主义教育切忌搞形式主义，切忌只有安排布置，没有检查落实。几年来，我们按照抓重点、抓协调、抓落实的工作思路抓"爱祖国、爱北京、爱西城"教育。重点活动区委宣传部直接抓、牵头抓。把大部分活动分解落实到工、青、妇、教育局、文化局等有关部门，主要精力抓协调、抓督促、抓检查、抓落实。产生了比较好的效果。

5. 抓典型，正确处理建设与批判的关系

爱国主义教育要旗帜鲜明，但不是空喊口号，要重在建设。宣传工作者应当像导游一样，引导大家朝着正确的方向走，而不是像警察那样，总是发禁令。要以正面宣传为主，要弘扬主旋律。既旗帜鲜明，又不把错误的东西炒热。近两年，我们抓了教材建设，编写了《'96 国旗下的演讲》《西城区爱国主义教育基地博览》《西城区区情》《丁深的故事》等书和《北京西城》外宣折页和外宣画册；我们抓了基地建设，在北京市自忠小学筹建了张自忠将军生平事迹展室，在 158 中学（现鲁迅中学）筹建了鲁迅塑像，在 35 中学筹建了李大钊塑像；我们抓了历史文化资源保护、开发、利用的调研，将名人故居等爱国主义教育基地的建设列入“九五”规划；我们抓了典型宣传和文明形象树立工程，宣传树立了徐素英、朱玉岭、吴会斐、李裕浙等文明公仆形象，宣传树立了丁深和厂桥医院等文明窗口形象，宣传树立了苏俊栓等文明执法形象，宣传树立了一批文明市民形象和 20 位首都荣誉市民形象，大大促进了精神文明建设和爱国主义教育工作。

总之，“三史”“三情”“三基本”和“五爱”教育，是我区爱国主义教育的主要内容；搞好“五抓”、正确处理好五个关系，是我区爱国主义教育的主要方法。可见，从工作出发，研究探讨爱国主义教育的内容和方法，既有实践意义，也有理论意义。从理论到实践、从实践到理论循环往复，爱国主义就会形成规律、就会产生实效。

意料之外　情理之中*

——“红岩魂展览”火爆京城的启示

《红岩魂——白公馆、渣滓洞革命斗争史展览》（简称“红岩魂展览”），一个事前没做任何宣传、没发任何文件的展览，一个主题非常严肃、内容非常熟悉的展览，却火爆京城，在中国革命博物馆成为一道道绚丽的风景线：购票和存包队伍排成长龙，以至武警来维持秩序；参观者大多是成年人，从开门到闭馆络绎不绝，每天高达万人；尽管开馆提前半小时、每天中午不休息，但20多天过去了，仍然不能满足观众的要求，举办者只好将结束展览时间推迟了20天；人群挤满展厅，人们泪流满面地静听工作人员讲解，许多人认真抄录材料，争先恐后地购买资料，纷纷在留言簿上留言……

这场景，确实令人激动。

这场景，乍一想出乎意料之外，但细琢磨，又入于情理之中。“红岩魂展览”震撼京华，给我们许多启示。

启示之一：红岩精神是先辈留下的宝贵精神财富，具有永久的感召力。

爱国、团结、奋斗、奉献，是周恩来同志亲自概括的红岩精神。歌乐山的英烈们用生命和热血谱写了一曲曲红岩精神的壮歌。红岩精神，是革命先烈对共产主义信念执着追求的高度概括，是革命先烈坚持真理、改造社会的人生伟大实践，是革命先辈为国家、为人民无私奉献的真实写照，是前人给我们留下的宝贵精神财富，是革命和建设都不可或缺的精神支柱。红岩精神对于中国共产党员和亿万中国人民来说，具有永久的魅力和感召力，红岩魂魄自然会震撼人心。

---

* 本文刊发于《文汇报》（1996年9月20日）。

启示之二：“红岩魂展览”顺应时代、顺乎民意。

改革开放和社会主义市场经济体制的建立，使我国出现了翻天覆地的变化，也出现了许多新情况、新矛盾和新问题。面对新形势、新情况、新矛盾、新问题，越来越多的人在观察、在思考、在分析、在研究、在探索。人们越来越清楚地认识到，革命传统思想教育仍然不失为一种好的方法。面对一些腐败现象和丑恶问题，人们呼唤先辈精神再现，企盼优秀传统美德回归。“红岩魂展览”应运而生，大受欢迎，自在情理之中。

启示之三：随着生活水平的不断提高，人们也不断调整价值坐标，“红岩魂展览”为我们提供了坐标参照系。

告别长期贫穷、渴望富裕生活的百姓，在党的十一届三中全会以后，争先恐后地富裕起来。富裕起来的人们，也越来越感到缺乏精神追求的困惑，特别是独生子女的家长们，越来越感到教育后代的迫切和培养孩子意志品质的重要。一个从天津开车到京参观的“大款”这样说：现在我的生活什么都不缺了，只缺一个精神上的支柱，所以我才带着我的家人和孩子赶到这里。这恐怕是不少人的心声。从中我们看到了社会的可喜进步。随着生活水平的不断提高，人们也在不断调整价值坐标，这种调整是自觉的、潜移默化的。“红岩魂展览”为我们提供了坐标调整参照系。

同时，我们必须看到，这是党中央“坚持精神文明重在建设和正面宣传为主”这一方针产生的良性效应，为“红岩魂展览”创造了良好环境。党的十四大以来，特别是《爱国主义教育实施纲要》颁布以来，在党中央领导下，精神文明建设和爱国主义教育工作力度明显加大，中央决定把精神文明建设作为十四届六中全会的主要议题，也极大地激发了广大干部群众的热情。宣传树立孔繁森、李国安、徐虎、吴天祥、陈金水、陈观玉、王廷江等一大批先进典型，营造了重视思想道德建设，学先进赶先进的浓厚社会氛围，这是这次“红岩魂展览”比历次更成功的外在条件。

启示之四：主题鲜明、立意较高，也是展览举办成功的原因。

“红岩魂展览”主题鲜明，就是弘扬红岩精神。而且，立意很高，是站在世纪之交的高度来宣传和设计的。

展览的“前言”开头写道：“20世纪是一个伟大的世纪。在这个世纪，旧的死亡，新的生长。在这个世纪，屠杀、掠夺、战争、贫困，一切人类的苦难都创造了历史上空前残酷惨痛的最高纪录。在这个世纪，人类为了拯救自己而反抗强权、反抗暴力，处处都表现了最英勇、最果毅的精神！”“结束语”的主旨则是弘扬“红岩精神”，搞好改革开放和现代化建设。包括展览的色调设计，并没使人沉浸于悲痛和恐怖之中，而是给人以鼓舞，即它不仅感染人，而且教育人、鼓舞人。

启示之五：共鸣点较多，能与众人心灵撞击，也是展览轰动的一个因素。

“红岩魂展览”成功的另一个奥秘，是能够与广大观众产生共鸣：能与老年人共鸣，让老年观众回想起了战争年代，重新忆起了年轻时的豪情壮志；能与中青年人产生共鸣，使他们回想起了儿时读《红岩》小说的记忆和当年意气风发的情怀；能与少年、儿童产生共鸣，使他们被“小萝卜头”的形象所深深吸引，立下了长大报国的宏愿。观众的留言中最能反映这一点。

总之，“红岩魂展览”的成功举办，给我们许多启示，它使我们更加坚定了加强社会主义精神文明建设的信心和决心。

邓小平理论的生动实践*

——大型电视专题片《伟大的创造》观后感

一、一个强烈的感觉：酣畅，恢宏

（1）作为基层宣传工作者，作为亲历争创全国文明城区过程的精神文明建设工作者，观看中央文明办、中央电视台联合摄制的大型电视专题片《伟大的创造——创建文明城市巡礼》之后，有一种酣畅之感，有一种恢宏之感。该片是第一部全程巡礼我国社会主义精神文明建设历史与成就的大型专题片，是第一部全景展示我国创建文明城市活动的大型专题片，是第一部全方位艺术再现我国群众性精神文明创建活动的大型专题片。片子本身就是一个“伟大的创造”，观后使人感到欢欣鼓舞。

（2）从党的十一届三中全会、十二届六中全会、十四届六中全会，到党的十五大，从徐虎、李素丽、袁隆平、王启民、孔繁森、徐洪刚、李国安、李向群、吴登立、邱娥国、王选，到亿万人民群众，从三明市、张家港到58个全国文明城市（区），纵横驰骋，跨越时空，一气呵成，气势恢宏，在许多地方与观众产生强烈共鸣；而且流畅自然，少有口号，不贴标签，贴近观众，政而不空，论而不虚，恢宏之中透露着平凡。如此重大的主题，如此复杂的问题，能在有限的90分钟之内，用生动丰富的电视画面展现出来，实属不易！

二、一个突出的主题：实践，创造

（1）1999年初，中央文明办提出，在建国50周年前夕，将表彰一批

---

* 本文刊发于《精神文明报》（2001年1月18日），原题目为“创建全国文明城市与实践邓小平理论——大型电视专题片《伟大的创造》观后”。

全国创建文明城市活动先进市（区），并提出了六条推荐标准：①领导有力，制度健全；②经济发展，生活改善；③服务优质，风气良好；④环境优美，设施齐备；⑤秩序优良，社会安定；⑥科教进步，文化繁荣。

这六条标准，乍一看有些不解。创建文明城市标准，为什么没有学习邓小平理论、爱国主义教育等方面的内容？

当时，笔者还在北京市西城区。作为区委宣传部部长，作为区文明委秘书长、区委创建全国文明城区工作办公室常务副主任，需要认真学习领会、全面贯彻落实。经过反复学习和讨论，有了深刻体会：这六条标准，虽然没提邓小平理论，但无不体现邓小平理论。其中第一条是机制条件，第二条是生产力标准，第三、四、五条是群众满意度问题，第六条是协调发展方面的要求，包括了工作制度、经济建设、城市建设、生活服务、社会治安和社会事业发展的方方面面，充分体现了邓小平理论以经济建设为中心、坚持“两手抓，两手都要硬”的指导思想。这六条标准，是实践标准、生产力标准、群众拥护标准的具体化，充分体现了邓小平关于“三个有利于”的重要思想。

同所有工作一样，衡量文明城市创建工作的成效，不仅看理论、看过程，更重要的是按照“三个有利于”的根本标准看实践、看效果。

（2）这六条标准的提出，也为我们提供了一个科学的思想方法和工作方法，对我们理清思路、确定重点、做好工作很有启迪。当时，按照这一指导思想，北京市西城区委区政府提出了“深化与全国可持续发展实验区建设相结合，夯实经济建设与城市建设两个基础，搞好城市卫生、城市文化、城市治安三个环境建设，开展文明机关、文明行业、文明社区、文明市民四个创建活动，实施十项素质提高工程”的创建全国文明城区工作思路。

（3）创建文明城市活动，是亿万人民群众在邓小平理论指引下的伟大实践活动和伟大创造活动。如同党的十四届六中全会通过的决议所指出的那样，“全国各地广泛开展的群众性精神文明创建活动，是人民群众移风易俗、改造社会的伟大创造”①。伟大的实践，伟大的创造，是创建全国文

① 中共中央文献研究室. 十四大以来重要文献选编：下. 北京：人民出版社，1999：2062.

明城市活动的正题，也是该部电视专题片的主题。上集《走向文明城市》所反映的“五讲四美三热爱”活动以及三明、张家港、大连、西安、合肥、昆明、北京、重庆、乌鲁木齐、兰州、银川、包头、南京、济南、烟台、沈阳、青岛、漳州、杭州、深圳等创建文明城市活动的实践过程和创造过程，体现了这一主题；中集《塑造城市之魂》中所记录的天安门国旗班的感人场面，奥运健儿为国争光的事迹，以及张家港“一把手抓两手”、绵阳抓人才、唐山的月月评“学雷锋十佳”、天津的“好公仆”评选、吉安的评选万名文明市民、青岛的“金点子”活动、宜昌的市民投票建广场、中山的“慈善万人行”、厦门的三资企业成立文明办、石家庄的道德大讨论，都是亿万人民群众伟大实践活动和伟大创建活动的生动体现；下集《共建美好家园》中所反映的上海徐汇区康健街道和北京市西城区月坛街道汽南居委会等社区建设工作的经验，真实、细腻地描写了人民群众在文明社区创建工作中的实践活动和创造活动。

三、一条鲜明的主线：发展，建设

（1）“精神文明重在建设”“发展是硬道理”，这是邓小平理论的重要观点。从党的十一届三中全会后我们党明确提出在建设高度物质文明的同时建设高度的社会主义精神文明，到党的十二届六中全会通过第一个“精神文明决议”，党的十三大提出“一个中心、两个基本点”的基本路线，党的十四大提出邓小平建设有中国特色的社会主义理论，党的十四届六中全会通过第二个“精神文明决议”，党的十五大提出邓小平理论和社会主义初级阶段的基本纲领，一直到江泽民同志今年以来提出“三个代表”重要思想，是邓小平精神文明建设理论的发展史、建设史。

（2）党的十一届三中全会以来我国文明城市创建活动的历史，是一部发展的历史、建设的历史。从一个三明市、一个张家港，到58个全国文明城市（区），是发展的结果、建设的结果。从每个全国创建文明城市活动先进城（区）的经验看，都是突出了发展和建设这条主线。健全制度，发展经济，创建“三优”，发展社会事业，在发展和建设中不断取得优异成绩。实践证明，只有发展和建设，才能走向文明城市，才能树立城市精神，才能塑造城市形象，这从电视专题片中也可窥见一斑。

四、一个有机组成部分：精神，形象

《伟大的创造》分上、中、下三集。上集《走向文明城市》是综述，而中集《塑造城市之魂》是讲树立城市精神，下集《共建美好家园》是讲塑造城市形象。后两集恰恰体现了文明城市创建活动的两个主要方面：树立城市精神，提高市民文明素质；塑造城市形象，提高城市文明程度。内树精神、外塑形象，内强素质、外美环境，两个方面缺一不可，互相促进、有机结合，共同统一在创建文明城市活动的实践中。前者就是邓小平反复强调的培育“四有”新人的问题，要靠加强教育、树立典型来促进；后者就是多年来党和政府倡导的创“三优”问题，要靠开展活动、综合建设来推动。专题片向我们宣传了多年来涌现的大批精神文明建设先进个人和先进集体。既有孔繁森、徐洪刚这样的英雄人物，徐虎、李素丽这样的全国劳模，也有大连出租汽车司机曲承煜这样的普通先进；既有北京、上海、南京这样的大城市，也有康健、汽南这样的小社区；既有三明这样的老先进，也有张家港、大连这种新崛起的文明城市。而且，分别介绍了各个城市很有特色的教育活动、创造性地进行城市建设和管理的经验。文明的素质、优质的服务、优美的环境、优良的秩序，给观众留下了难忘的印象。

五、一个重要的基础：行业，社区

（1）在创建文明城市工作中，有一个重要的基础，就是依托行业和社区。如果说创建文明城市工作是一个“面”，那么，创建文明行业工作就是一条“线”，创建文明社区工作就是一个“点”。“点”上和“线”上的工作做好了，“面”上的工作才能支撑起来。所以说，创建文明行业和创建文明社区是创建文明城市活动的基础性工作。

（2）多年来开展的创优质服务活动，百城万店无假货活动，文明机关、文明单位、文明岗、文明标兵等评选活动，都是创建文明行业活动的有效形式。专题片提到的济南交警、烟台承诺制、沈阳 2211 服务热线、南京湖南路无假货、青岛 9811 服务热线、漳州 110 巡警等，都是全国创建文明行业活动中的先进典型。

（3）多年来开展的创优美环境、创优良秩序、文明社区、文明小区、文明街巷、文明居（家）委会、文明楼院、文明家庭等评比活动，都是文明社区创建活动的有效形式。随着城市文明程度和人民群众物质文化生活需求的不断提高，社区建设工作越来越为党和政府所重视，越来越取得明显成效。社区服务、社区文化、社区卫生、社区教育、社区科普、社区体育蓬勃发展、日新月异。专题片所展示的文明城市的镜头，从某种程度上说，绝大部分都展示了文明社区建设的成就。特别是在下集《共建美好家园》中，专用一集的篇幅反映文明社区建设的成就，解剖北京、上海、南京、大连、天津、哈尔滨几个特大城市中的几个文明社区，突出了文明社区创建活动在文明城市创建活动中的特殊重要地位和重要基础作用。

六、一个明确的主旨：两个文明一起抓

文明城市创建活动是个系统工程，要经常抓，反复抓，一件一件事情地抓，一天不停地抓；要发挥优势、整体推进、综合建设。市民文明素质的整体提高，城市文明程度的整体提高，是一个长远复杂、全面、系统的工程。中央文明办提出的创建全国文明城市的六条标准，是两个文明都要好的标准。首批表彰的 58 个全国创建文明城市活动先进城市（区），特别是专题片所列举的一系列先进城市（区），是两个文明都较好的典型。

“两手抓，两手都要硬”，是邓小平理论的重要内容，是党的正确方针，也是该片和创建文明城市活动的主旨。

讲述老百姓的道理*

——写在理论专题片《为人民服务之歌》播出之际

《为人民服务之歌》是一部由中共北京市委宣传部、北京市邓小平理论研究中心、北京电视台联合制作推出的电视理论专题片。本片为纪念毛泽东《为人民服务》一文发表60周年、庆祝新中国成立55周年而作。

1944年9月8日，毛泽东同志在纪念八路军战士张思德的追悼会上，发表了《为人民服务》的演讲，以此号召全党向张思德同志学习，全心全意地为人民服务。

60年来，全心全意为人民服务成为党的根本宗旨。新中国成立后，毛泽东亲手书写的“为人民服务”五个大字，出现在中南海新华门的影壁上，出现在共和国总理周恩来胸前佩戴的像章上，出现在中国各级党委政府大院的显著位置。这五个大字，成为60年来中国共产党特别是作为执政党以来，召唤整个中国社会的公共意象之一，也构成了半个多世纪以来中国人的集体记忆。

60年来，中国共产党“为人民服务”的宗旨始终没变，只是“服务”的方式和内容不断与时俱进发生变化。该片深刻阐述全心全意“为人民服务”思想的继承与发展，从毛泽东提出为人民服务是中国共产党的根本宗旨，到邓小平把人民拥护不拥护、人民赞成不赞成、人民高兴不高兴、人民答应不答应看成是制定一切方针政策的出发点和立足点，再到江泽民提出“三个代表”重要思想，可以说“为人民服务”思想是我们党代代相传、与时俱进、历久弥新的精神财富。应该说，“权为民所用、情为民所系、利为民所谋”，是新世纪共产党人对“为人民服务”这一执政宗旨的当

---

* 本文刊于2004年9月初《北京日报》等主要媒体。该片于2004年9月8日至13日在BTV-1晚间黄金时段播出。作者为主创人员之一。与此同时，由北京市委宣传部推动创制的电影《张思德》也在各大影院上映。两片产生热烈反响。

代阐释。从“权”“情”“利”这三个认识基点出发，我们获得了解读“为人民服务”这五个大字的当下视角，也获得了一个更新、更具体的认识坐标。

电视理论专题片《为人民服务之歌》，把共产党人最新提出的“权为民所用、情为民所系、利为民所谋”作为理论视角和结构视点，对“为人民服务”这一宗旨进行当代阐释和解读。

《为人民服务之歌》通过六十年来涌现的先进人物典型和具有认识启示意义的历史事件，展现中国共产党“为人民服务”的不变宗旨及其在六十年间与时俱进的内容调整和变化。

我们将本片定位于“电视理论专题片”，“理论”是指本片的思想实质，而不是指表达方式。我们将思想蕴含于故事化、细节化的叙述之中。本片风格平实、细腻，力求客观。

本片分为六集，每集30分钟，围绕“权为民所用、情为民所系、利为民所谋”主旨，分别从几个层面和角度对“为人民服务”思想进行诠释。

第一集《老百姓的道理》 本集阐释中国共产党的历史观。著名理论家、党史专家龚育之提出，“为人民服务”，是一个老百姓的道理。本集从中南海新华门“为人民服务”影壁的来由说起，通过王进喜、郭永怀、王启民等典型人物的经历，来阐明这样一个历史逻辑：“为人民服务”作为中国共产党的宗旨并不是党对人民的恩赐，而是党对人民的呼声做出的回应和承诺。

第二集《党员也是群众中的一员》 在填写“政治面貌”时，人们一般填写“中共党员”或“群众”，但是周恩来曾指出，党员与非党员都是群众，“党员也是群众的一员”。这也是共产党权力观的一个间接体现。本集通过孟宪峰等人的故事来阐明这样一个道理。

第三集《万事民为先》 本集阐述中国共产党的权力观。通过中共中央政治局议事厅勤政殿“勤政”二字的故事和焦裕禄、郭秀明等人鞠躬尽瘁死而后已的感人事迹，表明中国共产党“权为民所用”的执政宗旨。

第四集《又唱东方红》 《东方红》唱出了中国人千百年来对幸福和富裕的企盼。本集通过共和国五十多年来的历史和谷文昌、袁隆平等人的事迹来表现中国共产党为民谋福利的足迹。

第五集《编织同心结》 本集通过党的四代领导人及郑培民、张建国、宋先钦等人的感人事迹来阐明党和人民的血肉联系。

第六集《永远的赶考》 每一代人都有每一代人需要答好的历史考卷。本集从执政能力的角度，回顾党的几代领导人在历史关键时刻的抉择，并立足当代，表现当代中国共产党人所面临的历史课题和时代要求需要执政党不断增强执政能力。

北京爱国主义教育基地建设的思路与成效*

多年来，北京市委市政府高度重视爱国主义教育基地工作，并与加强社会主义精神文明建设相结合，当作系统工程抓；与“建设新北京、办好新奥运”相结合，当作当前大事办；与北京历史文化名城保护开发利用相结合，当作长远事业来看待。做了大量工作，取得了明显成效。我们的主要做法和体会是：

一、发挥优势，整合资源，建立健全爱国主义教育基地网络

北京是祖国的首都，全国政治中心和文化中心，共有 3 400 多年的建城史、850 多年的建都史，历史悠久，文化底蕴丰厚，历史遗迹、革命纪念地、名人故居、王府、寺庙遍布全市。目前，北京市有市级爱国主义教育基地 87 家，其中入选全国爱国主义教育示范基地的 14 家。这些爱国主义教育基地以博物馆、纪念馆为主体，涵盖人文历史、自然科学、宗教民俗、区域地志、文化艺术、革命传统进步思想等广阔领域，是对广大干部群众特别是未成年人传播历史文化和自然科技知识，进行爱国主义、集体主义、社会主义教育的巨大资源。但由于受计划经济体制影响，管辖范围不同，隶属系统不同，条块分割严重，资源浪费较大。因而，我们从整合资源、健全网络入手，抓首都爱国主义教育基地事业建设。我们主要采取爱国主义教育基地与所在社区、周边单位学校共建，印发北京地区博物馆通票，共同开展活动等形式，不断建立健全爱国主义教育基地网络。

从 1990 年开始，北京市文物局、北京博物馆学会全年印制北京博物馆通票，到 2004 年已有 138 家场馆列入网络名录。2002 年开始，我市还在

* 本文是 2004 年 5 月在江西南昌召开的全国爱国主义教育示范基地工作会议上的发言。

千龙新闻网上建立爱国主义教基地网页。这些措施，都对整合资源、健全网络发挥了积极作用。

二、不求所有，但求合作，共同做好爱国主义教育基地工作

如上所述，北京市爱国主义教育基地的构成比较复杂。经初步统计，隶属中央单位的市级爱国主义教育基地有 22 家，隶属市文物局的有 10 家，非文博系统的有 17 家，隶属区县和乡镇的有 29 家，非公有性质的爱国主义教育基地有 9 家。在首都，不同所有是客观现实，要做好工作，就要不求所有、但求合作，共同致力于爱国主义教育基地建设和发挥作用。这就是我们应当采取的态度、方式和追求的目标、效果。在历年的“5·18 国际博物馆日”期间，北京市委宣传部与市文物局、北京博物馆学会等单位，联合各级单位、各类组织，共同开展大型宣传咨询、博物馆风采博览、博物馆馆长论坛以及文博知识竞赛、文化讲座、文物鉴定等活动。一年一度的北京科技周和北京社科普及周活动，都有爱国主义教育基地的踊跃参加。宋庆龄故居、鲁迅博物馆、郭沫若纪念馆、茅盾故居、老舍纪念馆、梅兰芳纪念馆 6 家名人故居和纪念馆分属宋庆龄基金会、国家文物局、中国社会科学院、中国作家协会、北京市文物局、文化部，但它们合作精神很强，主动争取市委宣传部、市文物局的支持，经常合作开展活动。2002 年联合推出了“世纪名人万里行”系列活动，2004 年又联合推出了《漫步名人故居》流动展览，在北京的大中小学、社区、档案馆和图书馆巡回展览。展览期间还举办了“宋庆龄生平事迹”“鲁迅文学艺术研究”等多场讲座、名家名篇文艺演出等。今年 6 月，《中国世纪名人展》又走出国门，访问了新加坡和马来西亚，受到了海外人士的热烈欢迎。多方共同合作，产生了一举多得的综合效应。

三、善用载体，创新形式，开展丰富多彩的爱国主义教育活动

充分发挥爱国主义教育基地的作用，要靠丰富多彩的教育活动来支撑。形式不断创新完善，才有生命活力，创新性的系列性、品牌性活动效

果更佳。2002 年以来，北京市推出了“爱祖国，爱北京——看京城、逛京郊、游爱国主义教育基地”系列活动。活动以爱国主义教育基地、京城新景观、京郊新亮点为主线，精心安排具体参观线路。活动全年推出，分步实施：春满京华游爱国主义教育基地，夏日绿都逛京郊，金秋时节看京城。贯穿全年的是游爱国主义教育基地，逐步增加线路和内容。通过“游”“逛”“看”，使参观者尽情领略古都神韵，纵览北京新姿，了解城市建设成就，增强知北京、爱北京、建北京的责任感；增强祖国好、社会主义好、共产党好、改革开放好的自豪感；增强“建设新北京、办好新奥运”的热情；增强全面建设小康社会、为中华民族伟大复兴而奋斗的决心和信心。活动开展三年来，已形成系列，形成品牌。活动寓教于乐、寓教于游，社会反响强烈。

早在 1995 年，中国人民抗日战争纪念馆就提出“走出馆门、走进社区”的宗旨，组建了“播撒爱国主义种子”大篷车宣讲小分队。近年，又编排了《抗战剧场》，以抗战流动博物馆的新颖形式，把爱国主义教育基地的覆盖面扩大到企业、农村、社区，延伸到大学、中学、小学，产生了良好反响。

四、及时发现，扶持培育，不断扩大爱国主义教育阵地

爱国主义教育基地不仅要坚持巩固提高，还要抓住契机扶持培育新的增长点，不断拓展延伸、扩大阵地。随着文博事业的发展，不断有新的文化设施建成；随着现代化建设步伐的加快，不断有新景观、新事物、新典型涌现。我们及时发现、精心培育，将其纳入爱国主义教育基地范围。我们的基本做法是，先纳入“看京城、逛京郊、游爱国主义教育基地”参观线路，然后，在有一定知名度、对其工作人员进行培训、对工作进行严格考核后，如果符合标准，便及时纳入爱国主义教育基地范围。如，我市近年来命名了中国抗日战争纪念雕塑园、中华世纪坛等新景观和大型公益设施，命名了新发现的《没有共产党就没有新中国》词曲创作地，还命名了一些非公有性质的场所，如北京中华民族博物院、北京戏曲博物馆、北京生存岛新概念旅游基地、北京佐特陶瓷技术中心、北京人与动物环保科普

中心等。这些新设施、新景观、新发现，不断丰富和扩展了爱国主义教育基地的内容和范围。不可忽视的是，这些非公有性质的爱国主义教育基地，也从各自特色出发，以不同的形式为广大观众特别是青少年提供了长知识、受教育的机会，是爱国主义教育与市场经济相结合的新生事物，有较强的生命力，必须纳入视野，及时引导，培育壮大。

五、科学管理，形成制度，建立健全爱国主义教育规范

爱国主义教育基地工作是一项经常性工作，要抓机制、抓规范，搞好制度建设，搞好科学管理，当作系统工程抓。多年来，我们积极探索建立了北京市爱国主义教育基地的管理制度。组织宣传、教育、民政、文物等部门和爱国主义教育基地负责人以及专家学者，利用检查、座谈、现场会等形式，总结交流加强教育基地管理和组织开展活动的经验。2001 年，北京市爱国主义教育基地领导小组制定印发了《北京市爱国主义教育基地管理办法》和《北京市爱国主义教育基地工作考评办法（试行）》，进一步规范了爱国主义教育基地的管理和考评工作，定期进行爱国主义教育基地的申报和考核评优，对符合条件要求的予以挂牌，对全市创建爱国主义教育基地和利用教育基地开展宣传教育活动工作进行系统总结表彰。目前已基本形成了市、区（县）、教育基地三级教育基地网络，形成了制度健全、管理规范的爱国主义教育基地建设格局，逐步走上了规范化制度化的道路。

为了使爱国主义教育基地工作规范化，我们正在编辑《北京市爱国主义教育基地博览》（暂名），并与旅游工作相结合，建立健全“看京城、逛京郊、游爱国主义教育基地”市场化运作机制。我们正在编制《北京市爱国主义基地教育与中小学课程教学相结合方案》，将爱国主义教育基地与课堂教学有机结合起来，促进教学质量和教育效果双提高。

六、加强宣传，扩大影响，充分发挥爱国主义教育基地作用

发挥爱国主义教育基地作用，仅仅靠组织参观、开展活动，影响面是

有限的。必须充分运用新闻媒体，加强宣传，扩大影响。几年来，我们不断加强对全市爱国主义教育基地的宣传力度。在爱国主义教育基地命名挂牌和评审考核、“爱国主义教育基地一日游”等活动期间，都专门制定新闻宣传报道方案，组织全市新闻媒体在重要版面和黄金时段进行宣传报道，形成声势、营造氛围。把教育基地的建设过程，作为对全市人民进行生动实际的爱国主义教育的过程，取得了很好的效果。不仅如此，对于兄弟省市来京开展爱国主义教育基地工作，我们也借机造势，加强宣传。如江西的“井冈山精神大型展览”，河北的“西柏坡精神巡回展览”，重庆的“红岩魂展览”等，首都媒体都进行了大力宣传。在我们看来，这不仅仅是帮助兄弟省市做工作，而且也是为我们共同的爱国主义教育基地事业鼓与呼。

我们在充分利用传统媒体加强宣传的同时，还积极运用网络媒体开展爱国主义教育宣传，与北京千龙新闻网合作建立了北京市爱国主义教育基地巡礼网页。在网页上宣传中央和北京市关于爱国主义教育的政策、要求、活动内容和动态，介绍北京市各爱国主义教育基地的基本情况和基本动态，扩大了爱国主义教育宣传的影响。

回忆筹备抗战胜利 60 周年展览的几件事*

2005 年，中央在中国人民抗日战争纪念馆举办了纪念中国人民抗日战争暨世界反法西斯战争胜利 60 周年大型主题展览。展览协调小组成员单位由中央宣传部等七部委和北京市委市政府组成。我当时作为北京市委宣传部副部长，担任展览办主任，在这里奋战了五个月。回想起来，筹备工作中有许多事印象很深，也很有意义。

（一）建议在抗战馆举办大展。中国人民抗日战争纪念馆坐落在卢沟桥畔宛平城内，建成于 1987 年 7 月全面抗战爆发 50 周年之际。邓小平亲自题写了馆名。建馆以来，经过 1995 年、2005 年、2015 年三次大的改陈。其中，2005 年是改陈规模最大的一次。那次改陈，原计划规模也没那么大，只是一个馆级改陈项目。但在研究论证中了解到，中央举办展览尚未定址。本来，纪念中国人民抗日战争暨世界反法西斯战争胜利 60 周年这样的国家级大型主题展览，按常规应安排在中国国家博物馆或中国军事博物馆等国家级展馆展出。但这年，正逢国博开始大规模重建，军博也在筹备纪念红军长征胜利 70 年展览，两馆都不能承接这个展览。于是，我们就提出了一个大胆设想：向中宣部建议在抗战馆举办此次国家级大展。理由有三：一是除了国博、军博，在抗战馆举办抗战大展最合适；二是与其找一个其他地方举办展览，还不如与抗战馆办展览合二为一，可以大量节约资金；三是进一步说，过去举办的临展，浪费大、时效差，借此机会可整体考虑、长远安排，把此展在抗战馆变成长期展稳定下来，从而更好地发挥抗战历史和抗战精神宣传教育的长效应。这个建议得到了中宣部的支持、党中央的批准。2005 年初中央印发文件，确定在抗战馆举办此次大型主题展览。这样，承办协调的任务就历史性地落在了北京市委宣传部，也历史

---

* 本文刊发于《百年潮》（2005 年第 12 期）。

性地把抗战大展永久性地落在了中国人民抗日战争纪念馆。

（二）定位于“伟大胜利”。过去纪念抗战，特别是抗战馆的展览，由于地理位置原因，从抗战爆发地角度考虑比较多，从勿忘国耻角度考虑比较多。当然这都是对的。但在研究制订展陈大纲的过程中，我们感到，作为国家纪念抗战胜利的综合性大展，这还不够到位、不太立体。我们一致认为，抗战胜利60年了，进入21世纪了，应当视野更宽，站位更高。尤其感到，既然是纪念胜利，就应在胜利上做文章；既然是在中国人民抗日战争纪念馆而不是在南京大屠杀纪念馆办展览，基调就应该是高扬、豪迈，而不是低沉、悲情。有的同志甚至直白地说：“我们不能以被欺负的心态，而是要以胜利者的姿态去纪念抗战!”的确，近代以来，以中国人民抗日战争暨世界反法西斯战争胜利为标志，世界开始进入和平发展时代，中华民族开始走向伟大复兴。这是正义力量取得伟大胜利的标志。于是，我们就拟定名“伟大胜利”，副标题是“纪念中国人民抗日战争暨世界反法西斯战争胜利60周年大型主题展览”；并建议，展览色调，除“屠杀暴行”部分以外，一律为暖色调，并立个内部规矩，在抗战馆可献花篮，但一般不献花圈。

我们还在给中央的报告和展览前言中，概括了“伟大胜利”的内涵。具体归纳了六个“伟大胜利”：“中国人民抗日战争的伟大胜利，是世界反法西斯战争的伟大胜利，是中华民族独立解放战争的伟大胜利，是以爱国主义为核心的中华民族伟大精神的伟大胜利，是中国共产党主张的以国共合作为基础的抗日民族统一战线的伟大胜利，是毛泽东思想指引下人民战争的伟大胜利，是中国人民为了中华民族的伟大复兴、为了促进世界和平事业而不懈奋斗的伟大胜利。”这个定位，得到了中央批准。而且，随后在人民大会堂举办的大型文艺晚会、出版的画册等，都以“伟大胜利”为主题。今年纪念抗战胜利70周年展览，主题是“伟大胜利、历史贡献”，仍然保持了这个基本定位，同时强调了“历史贡献”，更加全面了。当年60周年展览第七部分题为“历史胜利、巨大贡献”，也是从这两方面总结抗战胜利的。的确，中国人民抗日战争取得伟大胜利，做出了历史性巨大贡献。由此，世界反法西斯战争取得了全面胜利。从此，中华民族开启伟大复兴的征程，并不断从胜利走向胜利。

（三）决定建设“抗战广场”。过去的中国人民抗日战争纪念馆，被大量临时建筑所包围。馆前基本没院。院墙外就是几米宽的街巷，对面就是杂乱的居民平房区。从抗战馆台阶上看去一片混乱。站在宛平城墙上看下去，更是不堪入目。这年 3 月 26 日，我们请时任北京市市长王岐山同志到抗战馆调研。他先登上宛平城墙巡视了一周，然后听我们汇报。听完汇报，研究历史出身的他首先说道：“宛平城建于 1640 年，是国家级文物保护单位，是宝贝！在北京，完整的古城，除了紫禁城，就属宛平城了。宛平城保护要有个考虑，要学习山西平遥经验，请教专家看看如何保护。现在城里太乱，很不像话!”对我们提出的在抗战馆前建一个广场，并对宛平城内一并进行环境整治的建议。他当即表态：“我赞成!”于是，我们将此项目纳入方案，与丰台区立即行动了起来。仅仅用一个月的时间，就搬迁 100 多户，很快就建成了一个广场，并打开了抗战馆院墙，将国旗杆和巨型醒狮雕塑也挪到了广场，使馆内外融为一体，使抗战馆亮出了雄姿，使宛平城有了“活眼”，也使开展大活动、老百姓日常休闲有了场地。宛平城的居民非常配合支持，地区管委会工作也非常给力到位。

（四）明确“抗战历史 14 年”概念。过去我们常说抗战 8 年。“他坚持抗战 8 年多，他改善了人民生活”，我们熟悉的《没有共产党就没有新中国》歌中，也是这么唱的。这之前的中央文件、中央领导讲话、学校教材，也都是讲“抗战八年”。2005 年改陈前，抗战馆序厅顶部一直挂着 8 口大警世钟，警示世人，勿忘中国人民 8 年抗战历史。在研究制订展览大纲的过程中，我带队专门去了一趟东北“九・一八”历史博物馆，参观后给我留下了一个深刻印象、一点重要启示。一个深刻印象是，“九・一八”历史博物馆是我国少有按照科学理念建造的纪念馆。按照国际惯例和科学理念，建造纪念馆、博物馆，应当先有展陈大纲，然后再根据内容需要建馆，形式服从内容；而我们国内常常与之相反，大多是内容服从形式，先建馆再设计展览。据介绍，在当时，“九・一八”历史博物馆是国内唯一一个根据展陈大纲内容需要而设计建造的纪念馆。一个重要的启示是，1931 年“九一八”事变之后开始的 6 年东北抗战不能忽略，这是中国人民抗日战争的重要组成部分。也就是说，中国人民抗日战争历史不是 8 年，而是 14 年，应包括前 6 年的局部抗战和后 8 年的全面抗战。经过召开专家座谈会听取意见，大家都赞成这个观点。于是，在这次改陈中，经中央批准，明确和强化了这个历史观点。抗战馆序厅顶部的警世钟，由 8 口改成 14 口，而且左右各 7 口，同时寓意纪念七七事变全面抗战爆发。同样道理，馆前左右两侧的雪松也各为 7 棵，广场两侧的花坛和当时升起的气球也各为 7 个。在展览序言部分专门设计了抗战 14 年大事记，馆内环廊有 14 组抗战群体雕塑、14 块抗战英烈榜（不仅包括共产党官兵，也包括国民党将士），馆门台阶也是一组 14 阶、一组 8 阶，抗战广场的国旗旗杆也是 14 米高。除了因安全因素考虑 14 个警世钟没再悬挂外，这次展览均保留了上述标志性设计，而且把 14 年大事记放在了序厅，更加突出了。10 年来，抗战历史 14 年的共识已深入人心。2016 年，教育部专门发出通知，要求所有教材都将中国人民抗日战争历史改为 14 年。

（五）展现采用纪事本末体。抗战馆以前的展览，基本上是按专题思想设计，好处是主题突出，问题是主观色彩浓厚，许多观点也摆不平。2005 年的展览，采用了纪事本末体为主的手法，按照抗战 14 年历史，从头至尾重点逐一展示重大事件，在叙事中讲道理，在故事性中体现思想性；按历史阶段特征和地位作用基础上设计专题和主题词。展览共分 8 部分：（1）民族危急、救亡兴起；（2）国共合作、共赴国难；（3）中流砥柱、抗战灯塔；（4）日军暴行、惨绝人寰；（5）浴血疆场、民族壮歌：（6）同仇敌忾、得道多助；（7）历史胜利、巨大贡献；（8）以史为鉴、面向未来。今年抗战胜利 70 周年展览，基本保持了这些内容和原有风格，仍为 8 部分，只是在题目表述和内容表现上作些调整，更加简明了。如同习近平总书记最近所指出的那样，要“让历史说话，用史实发言”。这种表现方法，比较客观地反映了全面抗战、全民族抗战、全世界支持抗战的历史，比较好地处理了正面战场与敌后抗战等各个方面的关系。当时前来参观的各个方面的观众都表示赞同，老八路军、老新四军赞成，国民党老兵赞成，国内观众赞成，外国使节也赞成。

（六）突出纪念馆特色。以前的抗战馆展陈，基本上是“展板＋文物”。2005 年的展陈，增加了艺术雕塑、油画、半景画及场景复原等，在第七部分“历史胜利，巨大贡献”展区，顶部还加挂了第二次世界大战战胜国所有国家的国旗，中华人民共和国国旗单列在第七、八部分之间，既显著，又符合历史真实；在大立柱上，钉上了日本战犯的照片。这都大大增强了现实感、艺术感、形象性、生动性，产生了更好的烘托主题效果和宣传教育效果。我认为，纪念馆与博物馆功能不尽相同。博物馆要靠文物说话，以物载文，主要承载的是历史文化功能；而纪念馆要在文物基础上适当采用多种展示手段，增强观赏性，以展载道，更好地承载宣传教育功能。当然，艺术品和场景不能过多过滥，要坚持真实性，防止娱乐化。在 2000 年全国博物馆陈列展览十大精品评奖大会上，我在陈述报告中讲了这个观点，产生了强烈共鸣。60 年“伟大胜利”展览荣获特别大奖。

（七）提炼“伟大抗战精神”。在布展工作总结会议上，有同志谈到，在展览中，没有“抗战精神”的表述和体现是一个遗憾。大家也都这么认为，但也认为，一则当时还没有“抗战精神”权威表述，二则展览已正式开幕，展陈协调小组已经解散，没人能拍板决定此事，只能有机会再说了。

展览开幕后有一天，我到馆里巡视观众参观情况，走到序厅《血肉长城》群雕前时，有工作人员向我反映：“群雕无说明，观众看不懂。群雕前无遮挡物，观众也不安全。”这时，我突然来了灵感：那就在前面设计制作一个碑台，刻上碑文，补上“抗战精神”的缺憾如何？大家赞成。于是，经与抗战馆同志研究，请教专家，我就起草了这样一段话：“从 1931 年到 1945 年，在长达 14 年的抗日战争中，中国人民用血肉筑起新的长城，不畏强敌，不怕牺牲，爱国奉献，团结奋斗，为争取民族独立解放而战，为推进世界和平发展事业而战，奏响了一曲曲中华民族精神的壮丽凯歌。英勇的抗日英烈永垂不朽！伟大的抗战精神永存！”这段话，直接的作用是为面前的《血肉长城》雕塑和顶部的 14 口警钟做个说明，没敢直言“抗战精神”，也没有署名落款，因为那是很严肃、很严谨的事情。这里只是带有临时补缺、过渡安排的性质。但“不畏强敌，不怕牺牲，爱国奉献，团结奋斗”几句话，也试图探讨提炼“抗战精神”。

2005 年 8 月 25 日，《人民日报》发表特约评论员文章《论伟大的抗战精神》，将“伟大的抗战精神”概括为“不畏强暴、不甘屈辱的自强精神”“万众一心、和衷共济的团结精神”“舍生忘死、前仆后继的牺牲精神”“百折不挠、奋斗到底的坚韧精神”。10 年来，党和国家领导人、学术理论界、新闻媒体对“抗战精神”不断有新论述、新研究、新概括，比我的表述系统、全面、准确多了。特别是在纪念抗战胜利69周年时，习近平总书记在讲话中对“伟大抗战精神”做出了科学概括。他指出：“在中国人民抗日战争的壮阔进程中，形成了伟大的抗战精神，中国人民向世界展示了天下兴亡、匹夫有责的爱国情怀，视死如归、宁死不屈的民族气节，不畏强暴、血战到底的英雄气概，百折不挠、坚韧不拔的必胜信念。”去年，还在抗战馆前设立了《独立自由勋章》浮雕，习近平总书记亲自为浮雕揭了幕。这个浮雕，也远比《血肉长城》说明牌庄重、气派多了。习近平总书记的讲话圆了我们的“伟大抗战精神”梦。

(八) 五个月的“卢沟桥大战”。我记得很清楚，2005年2月7日，那是大年二十九，距离7月7日“卢沟桥事变”纪念日还有整整5个月，我在中国人民抗日战争纪念馆主持召开了全体职工动员大会。会上，传达了刚刚收到的中央关于纪念中国人民抗日战争暨世界反法西斯战争胜利60周年的文件精神，宣布由市委宣传部牵头的纪念抗战胜利60周年展览筹备办公室成立。2月26日，中央展览协调小组在抗战馆召开第一次会议。3月1日，抗战馆正式闭馆，纪念抗战胜利60周年大型主题展览筹备工作正式全面展开。

筹备办分若干工作组，每天下午四点召开协调会议。会议室墙上贴满了工作进度“战表”，天天抓督办，件件抓落实。当时，仅工程项目就有120多项，大的方面包括文物组、布展组、半景画修复组、艺术品组、宣传品制作组、馆内改造工程组、院内改造工程组、广场大街工程组等。筹备办把中央与地方、北京与外地的资源都调动了起来。一头在内、多头在外。馆内是大工地，馆外有若干工场车间同时作业。比如，展陈和景观设计以清华美院为主，雕塑由中央美院和陕西美院同时制作，艺术场景由北京、上海、天津和黑龙江有关单位分别制作，电视片由中央电视台制作，馆前广场建设、大街改造由丰台区负责，全国各大纪念馆、各大专家学者也都参与了有关工作。说是“千军万马备抗战”一点也不为过。

展览原计划于8月15日或9月3日开幕，因为日本宣布投降是8月15日，中国人民抗日战争胜利法定纪念日是9月3日。我们当时提出的目标是，备战“8·15”，确保“9·3”。谁曾想，5月8日晚上，我们正在集中审议馆内改造方案时，我接到市领导电话，说当天胡锦涛总书记赴俄罗斯参加纪念二战胜利活动，临行前明确指示，抗战馆展览要在7月7日开幕，整个抗战胜利纪念活动要从7月7日拉开序幕，到9月3日形成高潮。开幕时间提前了一个多月，剩下最后三个多月的工程，却要在不到两个月时间内完成！当时大家“压力山大”。时间紧迫、任务艰巨，没有退路，怎么办？只能拼！当晚的审议会立刻变成了动员会、誓师会。大家一致表示：要用抗战精神筹备纪念活动。决心全力以赴、精心组织，向效率要时间，向精细要效益。一是决定日夜兼程，工作人员24小时三班倒；二是要求各个环节不能出半点差错，不能有任何扯皮反复，把一分一秒时间都有效利用起来。记得是5月27日，距离7月7日还有整整40天的时候，我带队去外地审艺术制品，一天跑四地：早晨从北京坐第一班飞机去西安，然后飞经天津到哈尔滨，晚上最后飞到上海。大家开玩笑说是“奔跑四市打飞机的，一路抽空睡折子觉”。大家像疯了一样地工作。到最后许多人累得都支撑不住了。60多岁的清华美院教授洪麦恩，累得走一段路要坐在地上休息一会儿，有时坐在地上半天起不来，需要别人拉起来。在大家的共同努力下，到6月30日，各项工作顺利完成！7月1日中央领导审核顺利通过，7月7日正式开幕，“伟大胜利展览”取得了伟大胜利！

对于中华民族和世界来说，中国人民抗日战争胜利是历史性的；对于我们每个人和团队来说，能参与纪念抗战胜利60周年展览活动也是终生难忘的。每年到此时，大家就自然而然地想起了当年的人和事，记忆和友谊一直在不断延续。

纪念伟大胜利　总结宝贵经验　弘扬伟大精神*

——筹备纪念中国人民抗日战争暨世界反法西斯战争胜利60周年大型主题展览有感

今年是中国人民抗日战争暨世界反法西斯战争胜利60周年。在党中央的指引下，全国开展了一系列重大纪念活动。这些活动规模大、起点高、眼界宽、角度新、成果多、反响好。在这些活动中，7月7日在中国人民抗日战争纪念馆开幕的“伟大胜利——纪念中国人民抗日战争暨世界反法西斯战争胜利60周年大型主题展览”，是党中央推出的第一个重大活动；9月3日，党中央在人民大会堂举行的纪念中国人民抗日战争暨世界反法西斯战胜利60周年大会，是压轴戏，特别是胡锦涛总书记的重要讲话具有重大的历史意义和现实意义。

回顾在中宣部等中央七部委和市委领导下参与筹备大型主题展览的过程，学习胡锦涛总书记的重要讲话，感受颇多。深刻的体会是：我们是在纪念抗战伟大胜利，我们是在总结抗战宝贵经验，我们是在弘扬伟大抗战精神。这些体会和认识，从初始形成抽象概念，到展览具象呈现，特别是学习胡锦涛总书记重要讲话，逐步深化，愈来愈明。

纪念伟大胜利，奏响高亢的抗战胜利“交响曲”

大型主题展览的定名，我们经过了深入思考，得到了党中央的批准和越来越多的观众的广泛认同。我们当然不能忘记屈辱的过去，但我们最终取得了自1840年以来最彻底、最伟大的胜利。在我们看来，中国人民抗日战争的伟大胜利，是世界反法西斯战争的伟大胜利，是中华民族独立解放战争的伟大胜利，是以爱国主义为核心的中华民族精神的伟大胜利，是中

---

* 本文刊发于《北京日报》(2005年9月5日)。

国共产党主张建立的以国共合作为基础的抗日民族统一战线的伟大胜利，是毛泽东思想指引下人民战争的伟大胜利，是中国人民为了中华民族的伟大复兴、为了促进世界和平发展事业而不懈奋斗的伟大胜利。中国人民抗日战争是世界反法西斯战争的重要组成部分，中国人民为世界反法西斯战争的胜利做出了巨大的民族牺牲和重要的历史贡献。抗日战争的胜利，为中国共产党团结率领全国各族人民实现民族独立和人民解放建立新中国奠定了重要基础，也对世界各国人民取得反法西斯战争的胜利、争取世界和平的伟大事业产生了巨大影响。

60 年后，当我们回顾中国人民抗日战争和世界反法西斯战争历史的时候，当我们向后人展现那段气壮山河的历史画卷的时候，我们应当牢记历史、不忘过去、珍爱和平、开创未来，应当大力弘扬以爱国主义为核心的民族精神和以改革创新为核心的时代精神，应当着力展现中国人民抗日战争胜利的伟大历史意义，着力展现中国人民抗日战争在世界反法西斯战争中的重要地位，着力展现在中国共产党主张建立的抗日民族统一战线旗帜下全民族打败日本军国主义侵略的历史功绩，着力展现中国共产党在全民族团结抗战中的中流砥柱作用，激励和动员全国各族人民和海内外中华儿女为实现民族的伟大复兴、促进世界和平与发展的崇高事业而努力奋斗。

紧紧围绕纪念伟大胜利这个主旋律，紧紧围绕“牢记历史、不忘过去、珍爱和平、开创未来”这个主题，紧紧围绕一个“大力弘扬”、四个“着力展现”、一个“激励和动员”这个指导思想，奏响一曲高亢的抗战胜利交响曲，符合党中央和胡锦涛总书记做出的要求，是这次大型主题展览的基本出发点和最后成功的根本保证。

总结宝贵经验，描绘壮丽的民族抗战“全景画”

去过中国人民抗日战争纪念馆的观众记忆犹新：抗战馆有一个全国一流的半景画。艺术高超的特大幅画作与现代声光电艺术相结合，描绘了七七事变的情景。遗憾的是，它不是全景画，俄罗斯、朝鲜等国家有世界一流的全景式艺术景观，令人叹为观止。由于时间、场地等的限制，这次无法改造成全景画。这个遗憾，只能用平型关大捷、驼峰空运等小景观和地道战幻影成像等新形式来弥补。缺憾的是，它表现的只是以七七事变为开端的全面抗战，而对1931年“九一八”事变以来六年的局部抗战表现不够。为了弥补这个缺憾，这次在对半景画进行技术更新提高的基础上，增加了一个新闻短片《抗战》，短片前部分反映前6年局部抗战，以抗争为主；后半部分反映后8年全面抗战，以战斗为主。短片与半景画艺术融为一体，相互衔接，再现了14年抗日战争的全过程。

充分反映14年抗战的全过程，这是党中央对纪念抗战胜利60周年的基本要求之一。这次大型主题展览充分体现了这一点。展览第一部分“民族危急、救亡兴起”专题反映了1931—1937年前6年局部抗战的历史，重点反映了“九一八”事变、东北抗联、“一二·九”运动、西安事变等重大事件。其余各部分也是从14年抗战的广阔视角进行全景式展现。不仅如此，展厅内还有14年抗战大事记；序厅还悬挂着14口钟，警示后人不忘历史、珍爱和平，也象征14年抗战和七七事变所在地；环廊内还有14组反映各方面抗战的雕塑、14块英烈榜；馆门两侧还有14棵雪松；馆前广场有14块草坪，国旗旗杆也14米高；连台阶也是二组“8＋6”阶、一组8阶。整个设计强化14年抗战全过程这个概念。

充分反映全民族抗战，充分说明中国人民抗日战争是世界反法西斯战争的重要组成部分，也是党中央对纪念抗战的一贯要求。大型主题展览全景式展现了全民族抗战的壮丽画卷。展览共分八部分，第一部分“民族危急、救亡兴起”，展现了“九一八”事变前后国民党爱国将士的英勇斗争，展现了中国共产党领导的东北抗联的艰苦抗战和“一二·九”运动的爱国浪潮，展现了西安事变国共合作的形成；第二部分“国共合作、共赴国难”，反映了国共两党军队共御外敌情况；第三部分“中流砥柱、抗战灯塔”，充分反映了中国共产党在全民族团结抗战中的中流砥柱作用；第四部分是“日军暴行、惨绝人寰”专题；第五部分“浴血疆场、民族壮歌”是全民参战的全景画，集中再现了敌后战场和正面战场的重大战役，也充分反映了港、澳、台同胞的抗日战争；第六部分是“同仇敌忾、得道多助”；第七部分“历史胜利、巨大贡献”则充分反映了中国人民抗日战争是世界反法西斯战争的重要组成部分，对世界反法西斯战争胜利做出历史性的贡献，付出了巨大的民族牺牲；第八部分“以史为鉴、面向未来”是结论篇。展览内容丰富、主题鲜明，是描绘全民抗战历史的“全景画”。

去年“九一八”纪念日，在抗战馆有一位日本媒体记者问我：“你们中国是不是为了应对日本一些人参拜靖国神社，才开展纪念抗战活动的?”我毫不客气地回答：“你那样认为是自作多情、心胸狭窄。中国人民有宽广的历史眼光和宽阔的胸怀。我们当然坚决反对日本一些人参拜靖国神社，但我们开展纪念抗战活动，是为了总结我们自己的宝贵经验，是为了开创未来。”因为，中华民族走向复兴的历史转折是以抗战胜利为标志的，中国共产党是在抗日战争中发展壮大并成熟起来的，中国化马克思主义第一大理论成果——毛泽东思想是在抗战时期发展成熟并被确立为全党的指导思想的。忘记过去就意味着背叛，不总结抗战时期的宝贵经验，我们就不能正确对待现在，更不能开创未来。

胡锦涛在中共中央政治局集体学习时强调指出，要深刻汲取中国人民抗日战争胜利的历史经验，万众一心实现全面建设小康社会的宏伟目标。他指出，在波澜壮阔的抗日战争中，中国人民以气吞山河的气概、不屈不挠的精神、血战到底的勇气战胜了日本侵略者，在长期艰苦卓绝的斗争实践中积累了宝贵的历史经验，我们要深刻总结，并用来教育党员和人民，尤其要大力强调以下几个重要方面。第一，全国各族人民的大团结是我们战胜一切艰难困苦、实现奋斗目标的力量源泉。要大力巩固和加强全国各族人民的大团结，大力巩固和加强全体中华儿女的大团结，同心同德地为全面建设小康社会、实现中华民族的伟大复兴而奋斗。第二，以爱国主义为核心的伟大民族精神是中国人民团结奋进的精神动力。要在全社会深入持久地开展爱国主义教育，并坚持把爱国主义教育同集体主义、社会主义教育有机统一起来，把广大人民群众的爱国热情凝聚到全面建设小康社会的伟大事业上来，凝聚到胸怀全局、认真做好本职工作上来，更加自觉地为建设富强民主文明的社会主义现代化国家贡献力量。第三，提高综合国力是中华民族自立于世界民族之林的基本保证。我们国家今天这个繁荣发展、安定团结的局面来之不易，是无数仁人志士和革命先烈用鲜血和生命换来的，是我们党团结带领人民经过长期奋斗形成的。要珍惜难得的发展机遇，共同维护改革发展稳定的大局，抓住有利时机把国内的各项事情办好，不断增强我国的经济实力、科技实力、国防实力和民族凝聚力。第四，坚持走和平发展道路是实现我国发展目标的正确道路。要高举和平、发展、合作的旗帜，奉行独立自主的和平外交政策，坚持在和平共处五项原则的基础上同世界各国友好相处，同世界各国人民一道推进人类和平与发展的崇高事业。第五，紧紧依靠群众是我们党永远立于不败之地的根本保证。我们党要始终成为团结带领全国各族人民不断开拓前进的坚强领导核心，就必须牢牢坚持立党为公、执政为民的本质要求，真正做到“权为民所用、情为民所系、利为民所谋”，始终与人民群众心连心、同呼吸、共命运，万众一心地把党和人民的事业推向前进。胡锦涛的讲话是非常深刻的。我们应当认真学习、深刻领会、很好贯彻。

弘扬伟大抗战精神，谱写中华民族伟大复兴的壮丽诗篇

中国人民抗日战争已成为历史，但抗日战争形成的伟大抗战精神永存，并不断与时代精神相结合，化作前进的动力，永远激励一代又一代的中华儿女为了中华民族的伟大复兴，为了促进世界和平发展事业而奋斗。

在去年着手策划中国人民抗日战争纪念馆改陈的时候，许多专家就提出应当研究、学习、弘扬抗战精神。我和许多专家还提出了一些不成熟的看法。在今年年初筹备大型主题展览的时候，我还为抗战馆序厅群雕《血肉长城》起草过一个碑文：“从 1931 年到 1945 年，在长达 14 年的抗日战争中，中国人民用血肉筑起新的长城，不畏强敌，不怕牺牲，爱国奉献，团结奋斗，为争取民族独立解放而战，为推进世界和平发展事业而战，奏响了一曲曲中华民族精神的壮丽凯歌。英勇的抗日英烈永垂不朽！伟大的抗战精神永存！”这也是试图对“抗战精神”有个归纳。今年 8 月 26 日，《人民日报》评论员文章《论伟大的抗战精神》，把抗战精神归纳为四条：“不畏强暴、不甘屈辱的自强精神”“万众一心、和衷共济的团结精神”“舍生忘死、前仆后继的牺牲精神”“百折不挠、奋斗到底的坚韧精神”。这比我们概括的“不畏强敌，不怕牺牲，爱国奉献，团结奋斗”全面多了。

胡锦涛在纪念中国人民抗日战争暨世界反法西斯战争胜利 60 周年大会上，对在抗日战争中表现出的中华民族精神的特点做了全面而深刻的论

述。他指出："在那场空前壮阔的伟大斗争中，中华民族进一步弘扬了以爱国主义为核心的伟大民族精神，并表现出许多鲜明的特点，这就是：坚持国家和民族利益至上、誓死不当亡国奴的民族自尊品格，万众一心、共赴国难的民族团结意识，不畏强暴、敢于同敌人血战到底的民族英雄气概，百折不挠、勇于依靠自己的力量战胜侵略者的民族自强信念；开拓创新、善于在危难中开辟发展新路的民族创造精神，坚持正义、自觉为人类和平进步事业贡献力量的民族奉献精神。"伟大的抗战精神，是以爱国主义为核心的民族精神的重要组成部分。它同伟大的井冈山精神、长征精神、延安精神、西柏坡精神等一样，是中华民族宝贵的精神财富，与时代精神相结合，与当代实践相结合，始终是激励中国人民战胜困难、不断前进，实现民族伟大复兴的强大精神力量。我们举办大型展览、开展纪念活动，根本目的就是要按照党中央的要求，通过纪念伟大胜利，进一步鼓舞士气、增强自豪感，通过总结宝贵经验，进一步统一思想、增强责任感，通过弘扬抗战精神，进一步凝聚力量、增强使命感，把伟大的抗战精神化作振兴中华的实际行动，励精图治、矢志不渝、奋发图强、开拓创新，不断开创中国特色社会主义事业的新局面，谱写中华民族伟大复兴的壮丽诗篇。

四次参与首都国庆筹备活动的难忘经历*

今天是新中国成立 70 周年大庆。去年底，我从北京市卸任行政职务，调北师大国家高端智库工作。多年来，第一次坐在家里看国庆活动电视直播。我在北京市工作 25 年，有幸连续四次参与首都国庆大型活动筹备工作，即国庆 45、50、55、60 周年活动。此时此刻，许多往事如在眼前。

国庆 45 周年北海游园

第一次是 1994 年参与国庆 45 周年筹备活动。当时，我正在北京市西城区委宣传部挂职副部长。按照市里整体安排，西城区的任务是负责区域内北海公园、中山公园两大公园群众游园活动，重点是北海游园。我是北海公园政治环境布置组具体负责人。这项工作比较简单，但作为指挥部成员，也天天往北海公园跑，前后三个来月时间。那些天，我和西城区委宣传部梁砚琴、卢颖华等同志布置好环境后，每天绕北海走两圈，检查彩旗和标语是否被大风刮歪了、是否有破损。等国庆游园活动正式举行时，我们已经在北海“游园”数十遍了。

这次活动后，我挂职期满，正式从中宣部调到西城区委宣传部任常务副部长，主持全面工作（部长由区委副书记兼任）。当然，不是因为此次活动，组织早有安排。

国庆 50 周年“西单亮起来”

第二次是 1999 年，参与国庆 50 周年筹备活动。我当时已任西城区委

---

* 本文刊发于《百年潮》（2020 年第 10 期），发表时有删节。

宣传部部长几年。我的任务是，负责全区国庆宣传教育和政治环境布置工作。这次任务由于是与西城区创建全国文明城区任务联系在一起的，所以，我作为宣传部部长、创建办主要负责人，任务还是很重的。按照创建全国文明城市标准，西城区在政治、经济、文化方面都不存在什么问题，全区环境整治是重点任务。从年初开始，全区上下发动，大搞环境整治，整整忙了将近一年，把老旧小区积压了几十年的垃圾都清理出来了。其中，“西单亮起来”工程是重中之重的任务。经过几个月的努力，从宣武门到新街口，西单商业街整治一新，统一规范插挂国旗，大红灯笼挂满一条街，西单封闭式过街天桥，西单路口“平面立交桥”，成为首都节日一景和新闻热点，各大媒体争相报道。当时，西单确实是北京最火爆的商业街。

这一年，除了西单大街外，西长安街、北京金融街、阜城门大街、平安大街也整修一新。西城“五街”整体亮相。这在西城区历史上是里程碑式的。这一年，西城区首批进入全国文明城区行列。与此同时，王府井步行街、朝阳CBD也相继亮相。国庆节前夕，西城区委区政府以宣传西单商业街为重点，在人民大会堂举行新闻发布会。我是主持人。这中间出现了一个插曲。其宣传口径，原计划是仿照CBD中央商务区，定位为“西单中央商业街”。新闻发布会开始前15分钟，我接到一个电话，对方偶然谈道，听说对北京市到处称“中央××”，上上下下都有微词。我立刻把这一信息向区委区政府主要领导汇报，并建议定位改为：“北京商业中心”。建议随即被采纳，发布会上临时改了宣传口径。

国庆55周年五大公园展览

第三次是2004年，参与筹备国庆55周年活动。这时，我已任北京市委宣传部副部长几年。这年初，中央发出通知，明确不举行阅兵式和群众游行，重点要开展丰富多彩的群众游园活动、大型主题教育活动、文化系列活动、走访慰问活动、评选表彰先进活动等。这其中，首都群众游园活动是重头戏。中央要求配合游园活动，由国家发改委和北京市牵头，国家有关部委和各省区市参与，在中山公园、劳动人民文化宫、北海公园、天坛公园、中华民族园五大公园举行一系列“建国 55 年成就展”。届时，中央领导与群众一起参观游览。按照中央要求，北京市委市政府于 5 月 9 日印发了《关于做好庆祝中华人民共和国成立 55 周年各项工作的通知》。为了保障工作落实，7 月 12 日，市“两办”又印发了《关于成立建国 55 周年庆祝活动筹备工作临时工作机构的通知》。时任副市长吉林、孙安民为游园和环境布置指挥部总指挥，我和时任市政府副秘书长张建东、隋振江为副总指挥。内设五个分指挥部，总指挥由五大公园所在区和所属单位主要领导担任。

这期间，我接受了两个重点任务，经历了两场“考试”。

第一个任务是开始就明确了的，由市委宣传部承办，在中山公园五色土前设计布置一个展览。这是一道难度较大的“历史考试题”。

按照中央要求，中山公园是中央主要领导活动场所，但游园活动要求低调、大方、简朴、自然，体现领导与群众在一起。明确要求不设主席台，中央领导从五色土进入，只参观游园、不发表讲话。经研究，决定作为“序曲”，在五色土前甬道两旁设计一个专题展览，一方面营造一个小环景，另一方面展板也起遮挡作用。展板制作容易，但内容确定难。展览要突出聚焦“新中国 55 年重大成就”主题，因为毕竟是“主会场”，是中央领导首先亮相的地方。但又不能太复杂，因为场地有限，两侧加一起，只能放 60 来块展板，也只是作为中央领导的入口，不能停留太长时间。在策划时，我首先想到了按 31 个省区市布局，但觉得这样站位太低，还是应当站在国家层面；然后想到了分领域展示，但也觉得不好平衡横向（各领域）和纵向（今昔）关系；最后，还是多年研究党史的意识，在我头脑中占了主导地位，确定用展示“新中国 55 年建设成就大事记”的方式来表达。五六分钟走过 55 年，一览新中国建设成就，很有象征意义。于是，以史为径、以各方面成就为纬，设计了 60 块展板，加上前言和毛泽东、邓小平、江泽民、胡锦涛四位领导人画像，共 65 块展板。展览的主题是“祖国好——聚焦新中国 55 年辉煌成就”。60 块展板具体如下：

（1）1949 年 10 月 1 日，中华人民共和国成立。

（2）1950 年 10 月—1953 年 7 月，中国人民志愿军抗美援朝并取得胜利。

（3）1951年5月，西藏和平解放。

（4）1952年7月、9月，新建的成渝铁路和天兰铁路先后全线通车。

（5）1953年至1957年，中国第一个五年计划实施，并超额完成任务。

（6）1954年9月，全国人民代表大会一届一次会议召开，中华人民共和国第一部宪法制定。

（7）1954年12月25日，跨越“世界屋脊”的康藏公路和青藏公路正式全线通车。

（8）1956年6月7日，陈镜开打破世界举重纪录，成为中国体育史和新中国历史上打破世界纪录第一人。

（9）1956年7月13日，中国第一座汽车制造厂——长春第一汽车制造厂建成投产。

（10）1957年9月25日，武汉长江大桥建成，天堑南北变通途。

（11）1959年4月5日，容国团在第25届世界乒乓球锦标赛上夺得男子单打冠军，这是中国选手第一次荣获世界冠军。

（12）1959年9月25日，我国发现大庆油田，1960年2月开始勘探开发大会战。

（13）1959年9月，数万建设者经过一年奋战，庄严宏伟的人民大会堂、中国革命历史博物馆、全国农业展览馆、中国人民革命军事博物馆、民族饭店、民族文化宫、华侨大厦、钓鱼台国宾馆、北京工人体育场、北京火车站等十大建筑先后在北京建成。

（14）1960年4月23日，中国第一艘万吨级远洋货轮“东风号”下水。

（15）1960年5月25日，中国登山队从北路登上世界最高峰——珠穆朗玛峰，完成人类历史创举。

（16）1962年6月，中国第一台万吨水压机在上海江南造船厂研制成功。

（17）1964年10月2日，大型音乐舞蹈史诗《东方红》上演。

（18）1964年10月16日，我国第一颗原子弹爆炸成功。1967年6月17日，我国第一颗氢弹爆炸成功。

（19）1965年7月至1969年9月，北京建造中国第一条地铁。

（20）1965 年 9 月 17 日，中国人工合成了一种蛋白质——晶体胰岛素。

（21）1968 年 12 月 29 日，我国自行设计和建设的南京长江大桥建成通车。

（22）1970 年 4 月 24 日，我国第一颗人造卫星地球卫星“东方红一号”发射成功。

（23）1970 年 7 月 22 日，成昆铁路建成通车。

（24）1971 年 10 月 25 日，第 26 届联大恢复中华人民共和国在联合国的一切合法权利。

（25）1972 年 2 月，美国总统尼克松应邀访华，中美关系在隔绝 20 多年后走向正常化。

（26）1972 年 9 月 29 日，中日两国政府联合声明在北京签字，中日邦交实现正常化。

（27）1973 年 10 月，袁隆平在世界上第一个成功培育出籼型杂交水稻，该成果被推广引种到世界上许多国家和地区。

（28）1976 年 10 月，粉碎“四人帮”，结束“文化大革命”。

（29）1977 年 10 月，全国恢复高考制度后，教育改革发展不断取得新成就。

（30）1978 年 5 月开始的关于真理标准问题的讨论，为党重新确立马克思主义的思想路线、政治路线和组织路线奠定了思想基础；12 月召开的党的十一届三中全会，开辟了改革开放和社会主义现代化建设的新道路。

（31）1978 年 12 月，党的十一届三中全会召开后，中国的改革首先从农村开始，家庭联产承包责任制促进了农业的大发展。

（32）1979 年 7 月，中共中央、国务院批准在深圳、珠海、厦门和汕头设立经济特区。

（33）1980 年 5 月 18 日，中国成功发射第一枚运载火箭。

（34）1981 年 11 月 16 日，中国女排以全胜战绩首次夺得世界杯赛冠军。随后，又取得 1982 年世界锦标赛、1984 年奥运会、1985 年世界杯、1986 年世界锦标赛“五连冠”的好成绩。

（35）1983 年 9 月 11 日，引滦入津工程通水。

（36）1983 年 11 月 22 日，中国研制成功“银河”亿次巨型计算机。

（37）1984 年 5 月，中共中央、国务院批转《沿海部分城市座谈会纪要》，正式确定开放大连、秦皇岛、天津、烟台、青岛、连云港、南通、上海、宁波、温州、福州、广州、湛江、北海等 14 个沿海港口城市。1985 年 2 月，将长江三角洲、珠江三角洲、闽南厦漳泉三角地区划为沿海经济开放区。

（38）1984 年 4 月 2 日，大亚湾核电站破土动工。

（39）1984 年 10 月 1 日和 1999 年 10 月 1 日，国庆 35 周年和 50 周年盛大阅兵式，充分展示了我国新时期国防建设成就。

（40）1984 年 11 月 20 日，中国首次派考察队赴南极考察。

（41）1985 年 5 月，国家“星火计划”开始实施，科学技术为振兴农村经济服务产生一系列成果。

（42）1988 年 10 月 16 日，中国第一座高能加速器——北京正负电子对撞机对撞成功。

（43）1990 年 9 月 22 日—10 月 7 日，第十一届亚洲运动会在北京成功举办，中国金牌数名列榜首。

（44）1991 年 11 月 27 日，长江葛洲坝水利枢纽工程全部竣工。

（45）1995 年 11 月 16 日，京九铁路全线铺通。

（46）1997 年 7 月 1 日，中国政府对香港恢复行使主权。

（47）1998 年夏，长江流域及嫩江、松花江流域出现历史上罕见特大洪灾，百万军民奋力抗灾，取得胜利。

（48）1999 年 4 月 30 日，中国’99 昆明世界园艺博览会隆重开幕。

（49）1999 年 12 月 20 日，中国政府对澳门恢复行使主权。

（50）2001 年 6 月 29 日，青藏铁路开工典礼在青海省格尔木市和西藏自治区首府拉萨市同时举行。

（51）2001 年 7 月 13 日，中国北京获得第 29 届奥运会主办权。

（52）2001 年 10 月 21 日，亚太经合组织第九次领导人非正式会议在上海举行。

（53）2001 年 11 月 11 日，中国加入世界贸易组织。

（54）2002 年 7 月 4 日，西气东输工程开工建设。

（55）2002 年 12 月 3 日，中国上海赢得 2010 年世博会的主办权。

（56）2002 年 12 月 5 日至 6 日，胡锦涛总书记带领中共中央书记处成员到西柏坡学习考察，号召全党坚持“两个务必”，大力发扬艰苦奋斗的作风。

（57）2002 年 12 月 27 日，“南水北调”工程正式开工建设。

（58）2003 年 6 月 1 日，三峡工程正式下闸蓄水。同年 7 月 1 日，规模仅次于三峡水电站的“西电东送工程”工程——龙滩水电工程开工建设。

（59）2003 年 10 月 15 日，我国自行研制的“神舟”五号载人飞船发射升空。

（60）2004 年 8 月，中国体育代表团在第 28 届奥运会上获金牌 32 枚，取得历史最好成绩。

这是一道难度较大的“考卷”。要平衡好点、线、面关系，从新中国成立以来若干重大成就中确定 60 件大事，全面、准确、系统反映新中国 55 周年以来主要建设成就，让党中央和广大人民群众满意，这是很难的。这个方案，得到了上级批准。这个展览获得了好评。国庆节当天，我陪同胡锦涛总书记参观并讲解。许多观众纷纷参观留影。大家认为，在这熟悉的历史画面中找到了新感觉，成就感、自豪感油然而生。

第二项任务是突发的，一个月重新设计，并统筹协调五大公园所有展览，这是一场应急性综合考试。

最初的新中国成立 55 周年成就展设计，除了一个全国性综合展览外，其他就是各领域和各地成就专题展。到 8 月中旬，准备工作基本到位。8 月 19 日，首都庆祝建国 55 周年领导小组会议召开，听取了各个方面筹备工作汇报。8 月 23 日下午，我突然接到紧急通知，要求当晚到中央办公厅开会，研究布置游园展览工作事宜。中央部委和各省区市有关负责人出席，我随同市领导参加了会议。会议时间不长，直接传达中央领导指示，明确要求立即调整现有展览方案，彻底改变部门、省市各自为战、自我表现方式，要站在国家层面，突出党的十六大主题，按照十六大精神分专题重新设计。会议决定，由北京市牵头提出方案，报中央批准后，各部门、各省区市抓紧实施。北京市由做后勤保障工作被推到了前台。

显然，这个决策是正确的。国庆 55 周年，全国各地在首都搞“大集式”的展览展示，显然层次不够高。但这时，距国庆节只剩 37 天！时间非常紧迫，任务非常繁重。这就是北京，经常接到紧急任务。

任务交给了北京，具体责任落到了我头上。从会议室走出来后，我向市领导表示：“各位领导回家睡觉吧，我明天一早交方案初稿。”回到办公室已是晚上十点多钟。我用一夜的时间完成了《首都庆祝建国 55 周年游园活动展览调整方案（初稿）》。总体原则是：以党的十六大精神为指导，围绕中华人民共和国 55 周年建设成就主题，分 15 个专题，由国家部委和各省市分组在五大公园承办。其中，五个少数民族自治区特色展保留，仍由各自独立主办。具体方案如下：

（1）中山公园：1）《树立和落实科学发展观》，国家发改委主办，有关省市、中央部委协办；2）《祖国好，京城美》，北京市主办，中央有关部委协办；3）《藏族人民把歌唱》，西藏自治区主办。

（2）劳动人民文化宫：1）《迈向国防现代》，国防科工委主办，解放军四总部协办；2）《城市让生活更美好》，上海市主办，天津市、重庆市、江苏省、浙江省协办；3）《新疆是个好地方》，新疆维吾尔自治区主办。

（3）北海公园：1）《实施科教兴国战略》，科技部主办，教育部、中国科协协办；2）《振兴东北老工业基地》，辽宁省主办，黑龙江省、吉林省协办；3）《美丽的草原我的家》，内蒙古自治区主办。

（4）天坛公园：1）《实施“请进来、走出去”战略》，商务部主办；2）《腾飞的泛珠江三角洲》，广东省主办，福建省、海南省、四川省、湖北省、湖南省、江西省、云南省、贵州省、香港特别行政区、澳门特别行政区协办；3）《塞上明珠更绚丽》，宁夏回族自治区主办。

（5）中华民族园：1）《走新型工业化道路》，信息产业部主办；2）《全面繁荣农村经济》，山东省主办，河南省、河北省、安徽省协办；3）《壮乡今朝更美好》，广西壮族自治区主办。

方案报经中央批准后实施。在实施过程中，一方面，大家表示积极响应、认真落实；一方面，牵头省份表示，都是平列省市，难以协调把关。最终，15 个展览具体方案把关的任务还是落到了北京头上。两周后，15 个展览方案送到北京市，审改后报经中央批准，随即交付各主办单位制作。9月25日后布展陆续到位，我和市委宣传部宣传处处长韦小玉等同志，对五个公园的15个展览一一现场审核查看。每个公园步行半天，前后用了五个半天的时间。

这是一次应急性综合考试。一夜之间设计出方案，把党的十六大精神与全国各行业、各地区实际结合起来，用展览形式呈现出来，是一场难度较大的应急性综合考试。国庆55周年系列成就展取得了圆满成功。节日期间，数十万人次参观，反响良好。

国庆60周年群众游行活动

第四次是2009年，参与国庆60周年筹备活动。本来，此时我已离开宣传口到市委社会工委工作，事前没有思想准备。但因国庆游行活动牵头任务交给了团市委，而总指挥是我们共同的分管市领导——市委常委梁伟同志，我们也就责无旁贷“加盟”了。梁伟同志分管社会工委和工、青、妇工作。我们四个单位一把手就带着队伍全上阵了。梁伟同志是国庆60周年群众游行指挥部总指挥，团市委负责办公室工作，下属五个分指挥部，第一分指是女民兵方阵，由朝阳区负责；第二、三、四、五分指分别由市妇联、市总工会、市委社会工委、市委教育工委负责，游行队伍来自首都各高校。我是第四分指总指挥。四分指展示的是我国60年社会事业建设成就，由11个方阵组成，队伍来自近20个重点高校。其中，打头的是清华大学方阵，兜底的是北航和北师大方阵。活动筹备几个月，压力非常大，最后取得了圆满成功，产生了良好的国际国内反响。深刻的印象有如下几点：第一，梁伟同志精心筹划、指挥若定，开创了一种新模式，国庆70周年群众游行总体上还是这种模式。第二，“四分指”的构架，如同红军长征四方面军的构架一样，是一种非常有效的组织形式。第三，重点高校学生的素质是全面的。我具体负责的重点高校大学生，与其他分指的普通院校、大专院校学生相比，很明显进入状态快、反应灵敏。清华大学方阵第一次演练就是“0”误差，即按照规定时间和步数要求，队伍从天安门前正步走过，分毫不差！第四，指挥人员压力极大，重大活动不到最后不敢言胜。2009年10月1日，我们几个分指挥长站在天安门东观礼台上，谁的队伍走过了天安门，谁就瘫坐在地上，半天起不来。太累了，压力太大了，终于松了一口气。

2009 年 10 月 16 日，我在国庆群众游行第四分指挥部总结庆功答谢会上，讲了这样一段话："10 月 1 日，在国庆庆典群众游行活动中，四分指所属 11 个方阵不负众望，较好地实现了方阵行进等间距、整体块移动，横排面整齐划一，手持物动作活泼有序，人车配合协调，踏乐而行、随乐而动，以饱满的精神面貌、良好的表演动作、精彩的互动效果，接受了中央领导和全国、全世界人民的检阅，高标准高质量地完成了国庆群众游行任务。11 个方阵表现非常出色，实现了最高水平的展示，成为群众游行队伍中最亮丽、最引人入胜的组成部分。我们实现了当初确定的'笑到最后，表现最好'的目标。"

十年过去了，我与 11 个方阵的高校领导们一直保持着友好关系。每当想起当年的情景，就激动万分。游行队伍走过天安门城楼的那一刻，真正感到自己的脉搏与祖国的心脏在一起跳动……

写于 2019 年 10 月 1 日

修改于 2020 年 7 月 1 日

宣传信息工作要处理好十个关系*

第一，快与准的关系。宣传信息首先要快、要及时，及时掌握、及时汇总、及时反映。某种程度上说，信息的价值就在一个“快”字上。快半拍就极有价值，慢半拍就毫无价值。所以，要“抢”信息，要“抢”报信息。同时，要处理好“快”与“准”的关系，不能给领导报送错误信号，以致造成决策失误。尤其是突发事件，一定要搞准。但也不能因此就不敢报信息了，可用“据说”“听说”之类弹性词语标明，以供领导参阅。

第二，量与质的关系。信息首先要有一定的“量”。信息量大了，才好选择、比较好汇总。但如果大量的是重复的或极其一般化的信息，那么，这样的信息“量”再大，也没多少价值。因此，宣传信息既要求“量”，更要求“质”。

第三，喜与忧的关系。宣传信息既要报喜，也要报忧，有喜报喜，有忧报忧。只报喜，宣传信息就失去了自身的存在价值；只报忧，就很难使上级领导和决策部门掌握全面情况，做出正确决策。

第四，是与非的关系。信息有是与非之分。检验信息是与非的根本标准是实践，直接的尺度是党的路线、方针、政策、法规条例。正确的意见和错误的意见都要反映，但是不能把与党的路线、方针、政策和法规条例相抵触的意见当作正确的意见来反映。这就要求信息工作者必须提高理论水平和政策水平，提高区别是非的能力。

第五，敌情与民情的关系。宣传信息中包括敌情和民情两类。宣传信息工作者要有敌情观念，尤其在突发事件中要警惕国内外敌人的破坏和捣乱。但是，社会生活中大量的还是人民内部矛盾。因此，宣传信息工作的主要着眼点和主要任务是反映民情。

---

* 这是1993年底在北京市西城区宣传信息工作会议上的讲话整理稿，刊发于北京市委宣传部《宣传通讯》等。

第六，主观与客观的关系。客观真实是宣传信息的第一要素。绝不能主观臆测、靠拍脑袋提供信息。但是，客观存在的东西未必人人都能认识，要有主观判断能力，才能及时捕捉到信息；而搜集符合客观实际的信息，也不可能向所有群众一一调查了解，主要依赖于信息工作者的观察能力、判断能力和分析能力。

第七，普遍与典型。宣传信息要经常反映带有全局性、普遍性、倾向性的问题，但也要注意反映典型性的、特殊性的信息。因为，局部可能发展到全局，特殊可能变成一般，典型能够说明普遍。只有普遍性而没有特殊性，信息也就失去了特色。

第八，现实与预测的关系。宣传信息要从现实出发，要反映社会的现实情况、国家的现实问题、人民群众的现实要求和意见。但这个现实是正在发展和变化的现实，不是已经过去的现实。宣传信息的一个重要功能，就是预测未来发展趋势和可能出现的问题，为决策提供依据。这是提供信息与提供总结材料的本质不同。从某种程度上说，宣传信息需要的是“活”（动态的）材料，工作总结需要的是“死”（静态的）材料。

第九，情况与分析的关系。宣传信息以情况、动态为主，要用材料说话，不能出现大段议论。但是，也不能只是罗列、堆积材料，要有一定的分析和概括。这种分析和概括，表现在两个方面：一个是通过开头语或结束语，用一两句点睛之笔来体现；一个是通过小标题和材料的逻辑分类排列来体现。情况与分析都是决策的依据。

第十，问题与建议的关系。反映问题、反映人民群众的意见，这是宣传信息的重要内容。但反映问题、意见甚至牢骚不是目的，目的是解决问题。所以，宣传信息还要反映解决问题的方法和建议。应当充分认识到，广大人民群众中蕴藏着无限的智慧，方法和经验都是亿万人民群众创造的。因而，宣传信息工作者一定要深入社会、深入生活、深入群众，倾听群众的呼声、反映群众的意见，还要注意集中和反映广大群众的建议和办法，以促使问题尽快、较好地解决。

特色是外宣品的生命*

——外宣画册《北京西城》编后感

按照北京西城区委区政府的要求，从1995年下半年开始，我们组织了一个《北京西城》外宣画册摄编小组，边拍摄边编辑，到1996年下半年基本完成拍摄编辑任务，送到北京市对外文化交流中心制作，当时的编辑提纲分六部分，即（1）地理风貌；（2）古貌新姿；（3）商业购物；（4）金融投资；（5）生活服务；（6）文化教育。分别从政治、城建、商业、金融、服务、文教等方面反映了西城情况。

对于这样一个大而全的编辑体例，虽然也费了不少心思，虽然区领导和有关人士也并未提出太多的意见，可从一开始我就不满足。

随着时间的推移，这种不满足渐渐变成不满意。主要是感到没特色。东城区不是也可以这样编吗?

西城区的特色在哪里？我苦苦思索着。先找理论依据。往前想，1992年邓小平南方谈话和党的十四大以后，我区提出过“繁荣西单，发展西城”的战略。口号很响亮，但作为编画册的依据又太单一了。往后想，1995年制定的我区“九五”计划和2010年远景目标，是这样描述的：经过“九五”期间和今后较长一段时间的努力，把西城区逐步建设成为社会稳定、服务优良的办公区，经济繁荣、第三产业发达的商贸金融区，公共设施完善、服务体系健全、环境优美的居住区，教育先进、科技发达、特色鲜明的文化区，使西城区成为一流水平的社会主义现代化文明城区。这五个“区”的概括，很全面、很准确、很权威，但也太抽象，入不了“画”。

我继续苦苦思索。再找现实依据。有一天，我突然想起，在1995年昆

---

* 这是1996年3月在昆明市召开的全国外宣品工作会议上的发言，刊发于北京《对外宣传参考》。

明全国外宣品评选会议上许多专家重申的一句话：东方人往往从抽象、全面入手，西方人往往从形象、具体入手。外宣品要适应外国人的思维习惯。

于是，我站在北京地图前凝视：西城区从形象角度有什么特色？从城区发展战略上有什么特色？

“四街一区”，这个具体形象的概念突然闯入我的脑海：神州第一街，西单一条街，北京金融街，阜成门—景山历史文化一条街，国家级社会发展综合实验区。这个形象概念反映了西城特色。

——“神州第一街”长安街，西长安街横贯西城。西望长街数风流：天安门、人民大会堂、中南海等均在这条街上，党中央、全国人大常委会、国务院、全国政协、中央军委、中纪委六大机关和 55 个中央部级单位都在西城办公，从而确定了其有任何地区都不可比拟的政治地位。

——西单一条街，是北京三大商业服务中心之一，被西城人称为“商脉”，全区还拥有西四、新街口、地安门、三里河、复兴门等商业区和一万多个营业网点。商潮涌动西城，引来八方来客。进入 90 年代以来，新闻界更有“京城购物西移”之说。商业服务业发达，是西城的又一大特色。

——北京金融街，起步于 1992 年邓小平南方谈话和十四大，五年建设，形象初露，中国银行、中国人民银行、中国证监会等十余家国家级金融机构已经入驻。经国务院批准，这里将成为全国金融管理中心。这也是西城独一无二的特色。

——“阜成门—景山历史文化一条街”，被西城人称为“文脉”，沿线有许多王府寺庙名人故居文化遗迹。王府，如恭王府；寺庙，如白塔寺、历代帝王庙、广济寺（中国佛教协会所在地）、缸瓦市天主教堂（全国天主教协会所在地）；全国道教协会所在地也在西城（白云观）；名人故居，如鲁迅故居、郭沫若故居、宋庆龄故居、梅兰芳故居等，附近还有毛泽东故居和徐悲鸿纪念馆等；文化遗迹，如北海、什刹海、景山等。这些都是丰富的历史文化旅游资源。“亮出白塔、清晰文脉”工程已经启动，这条街将成为西城发展新的增长点。另外，还有西四北四合院保护区、长安街的王城保护区等，也是其他地方不可比拟的特色。

——所谓“一区”，就是以科教为先导、经济与社会事业协调发展的国家级社会发展综合实验区。西城科技教育发达，1995 年西城被确定为国家级社会发展综合实验区，这在全国特大城市城区中是唯一的。

“四街一区”成为西城的五大特征和基本构架。既形象具体，又准确生动地涵盖了政治、经济、金融、文化、科教各个方面。我把这个想法告诉给编辑组同志，他们一致拍案叫绝；汇报给市外宣办的同志，他们说“这个构思好”；汇报给区领导，他们认为有启发。

于是，我们大刀阔斧，将已经编辑好翻译好的稿子全部推翻，另起炉灶，按“四街一区”分五部分编出，即（1）西望长街数风流；（2）商潮源自西单来；（3）方兴未艾金融街；（4）文化旅游风景线；（5）社会发展综合实验区。突出重点，以点带面，形象生动。这既是北京西城的特色，又是我区发展战略的基本构架。

正确把握了特色，外宣品也就有了生命，外宣工作也就有了生命力。

通过这一寻求特色的过程，我感到，第一，特色来自对区情的正确把握。以前的不满足、不满意，不只是编辑水平问题，更重要的是没有正确认识和把握区情。第二，特色来自理论和实践的不断深化。五年过去了，金融街起来了，历史文化一条街的任务提上来了，国家级社会发展综合实验区申办下来了。理论和实践的深化，使我们由“繁荣西单、发展西城”战略发展到“四街一区”的战略。没有实践的深化，也就没有认识的深化；有了实践的深化，还要有认识上的提炼；有了认识的深化，实践将更有序地发展。因而，外宣工作不能离开经济建设中心，不能离开区情。

寻找特色是一个再认识的过程。特色在理论和实践基础上逐步形成，外宣工作在突出特色中体现生命力。

在莫斯科大学的演讲*

首先，非常感谢莫斯科大学经济学系对中国北京市中青年社会科学学者代表团的盛情接待！听了系主任、副主任和各位专家的精彩演讲很受启发。我们这个代表团是社会科学学者代表团，对经济问题了解有限，研究不够。听了各位专家的演讲很有收获，使我们对俄罗斯近几年经济改革发展有了深入了解。特别是大家对20多年来中国经济改革发展异口同声给予赞扬、给予很高评价，让我们很受鼓舞，更加坚定了我们走中国特色社会主义道路的决心和信心。尽管各位专家有一些客气的成分，但明显感觉得到赞扬是真诚的。就像今年俄罗斯的暖冬一样，让人感到暖洋洋的。非常感谢大家对中国发展的良好祝愿！

我们代表团一行，也非常关注俄罗斯近十年来经济改革发展的情况，特意设了一个专题来莫斯科大学经济系进行学习交流。俄罗斯近十年的经济发展很快。老实说，超出我们的预料。相比之下，当前中国专家学者对俄罗斯近十年发展情况关注不够、研究不深。不像俄罗斯专家学者那样高度关注并深入研究中国情况。

其实，中俄有许多共同点。中俄发展过去、现在和未来都是密不可分的。我认为，应当用联系的观点看待、比较的方法研究中俄经济改革发展。

从20世纪初开始，中俄就建立了兄弟关系。尽管20世纪90年代以来，两国在改革发展上采用了不同的方式和不同的步骤，在一些问题上有分歧，但共同点也不少。就像两个兄弟一样，有时牵手，有时不牵手，但牵手不牵手都是兄弟，都是求同存异、和而不同的兄弟。

---

* 2006年11月底，作者带领北京市培养社科理论人才“百人工程”代表团赴俄罗斯东欧交流考察。这是11月28日在莫斯科大学经济学系的即兴演讲，由北京市社科联万红同志根据记录整理，并经本人修改审定。

回顾中国革命和建设的历史，其实都自觉不自觉地受到现在的俄罗斯和过去苏联的影响，只不过有正向的、逆向的，有正面的、反面的而已。双方是一种摆不脱、丢不下的关系。

中国革命和建设的发展历程，从1921年中国共产党成立到现在，大致经历了三个28年。这三个28年，都脱离不开俄罗斯和苏联的影响。

第一个28年，是从1921年建党到1949年新中国成立。这个时期，俄罗斯和苏联对中国革命给予了很大的支持，中国也对第二次世界大战的胜利做出了重要贡献。没有中俄（苏）这对兄弟，那段世界历史就要重写。

第二个28年，是从1949年中华人民共和国成立到1978年中共十一届三中全会之前。这其中的前十来年，苏联给予中国建设很大帮助，中国也向“苏联老大哥”学习了不少东西；中间十来年，兄弟俩开始闹别扭，互不相让，你说东我偏说西，各自反反复复、曲曲折折，耽误了不少事；后面那十来年，中国搞“文化大革命”，中国的经济几乎到了崩溃的边缘，苏联与美国搞军备竞赛也伤了不少元气。

第三个28年，就是从1978年中共十一届三中全会至今。中国坚持“一个中心、两个基本点”，中国特色社会主义道路越走越宽广，而苏东结果发生了剧变。这期间也对中国有影响，有些人向“左”的方面引导。是1992年邓小平南方谈话和中共十四大又调正了中国特色社会主义的航向，挽救了中国，挽救了社会主义，挽救了中国共产党。

在改革开放过程中，我们提出：第一，要坚持中国共产党的领导；第二，要从中国处于并将长期处于社会主义初级阶段的国情出发；第三，要走社会主义市场经济的发展道路；第四，要实现构建社会主义和谐社会的目标。

这其中，遭西方一些人非议最多的是中国坚持共产党的领导。刚才，有的专家在演讲中也表示了对一党执政的异见。在这里，我想提出一个观点与大家讨论。我认为，一党执政与多党执政是形式，不是本质。本质是发展民主和自由。中国共产党一直把发展民主和自由作为不懈追求的目标。中共十一届三中全会以来，中国的民主自由道路也越走越宽广，这是不争的事实。

诚如各位专家所言，中国20多年来发展很快，而且越来越快。拿北京来说，连续 12 年地方财政平均增幅 20%以上。今年财政收入将超过 1 100 亿元人民币大关。其中，前 8 年增长是 500 亿，近 4 年又增长了 500 亿以上。我们认为，当前是最好的发展机遇期，但我们党和政府清醒地认识到，也是矛盾凸显期。因而提出，要坚持以人为本、全面协调可持续发展的科学发展观，要构建社会主义和谐社会。我们认为，构建社会主义和谐社会，发展是前提，农村是基础，创新是动力，文化是灵魂，党的建设是关键，和平发展环境是保证。几天来，我们感到，与俄罗斯相比，我们的国民素质方面有差距，要好好向俄罗斯学习。

我非常赞赏安德烈教授的话："中国的发展，对俄国的发展有好处。"中俄两国是这样的关系：一损俱损，一荣俱荣。我们提出，聚精会神搞建设、一心一意谋发展，要坚持走和平发展的道路，坚持和平崛起战略。中华民族的伟大复兴不会对任何国家造成威胁，对周边国家发展尤其有利。中国沿海城市的发展已经证明了这一点——发展快的省市带动了周边的发展，而不是遏制了周边的发展。同样，我们也高兴地看到，中俄贸易也促进了俄罗斯的快速发展。俄罗斯近十年的快速发展对中国发展也有益。

中俄边贸经营个别案例，不能代表全部，也不能代表方向。对那些不讲诚信、有损国格的事，我们深恶痛绝。假货固然有诚信问题，但随着俄罗斯经济的发展、市场的规范健全，那些假货也就没有市场了。从这个意义上说，俄罗斯经济发展对中国也有好处——使那些在国内搞投机倒把没市场的人在俄罗斯也没有市场，使那些极个别的"害群之马"在中俄都无立足之地，让大部分守法守信的中国商人为推进中俄商贸交流自由驰骋！

再次重申，我对经济了解甚少，对俄罗斯的情况知之不深。以上是有感而发，不对的地方请中俄专家批评指正。

最后，代表团送给莫斯科大学经济学系两件礼物：一个是"中国结"，一个是北京奥运会"五福娃"纪念章。祝愿中俄世代团结友好！祝愿各位专家幸福安康！欢迎大家关注北京奥运会、支持北京奥运会、去观看奥运会！

努力构建社会主义和谐社会*

党的十六大报告指出，我们要在本世纪头二十年，集中力量全面建设惠及十几亿人口的更高水平的小康社会，使经济更加发展、民主更加健全、科教更加进步、文化更加繁荣、社会更加和谐、人民生活更加殷实。报告把“社会更加和谐”作为全面建设小康社会的目标之一，首次把“和谐社会”的概念写入了党的纲领性文献。党的十六届四中全会又进一步把不断提高构建社会主义和谐社会的能力，作为党执政能力建设的一项主要任务写进《关于加强党的执政能力建设的决定》。把构建社会主义和谐社会放到同经济建设、政治建设、文化建设并列的突出位置，使中国特色社会主义事业的总体布局，由经济、政治、文化的“三位一体”，扩展为经济、政治、文化、社会“四位一体”。这是对中国特色社会主义理论的新发展。构建社会主义和谐社会同经济建设、政治建设、文化建设一道，成为我们党的根本任务和长期奋斗目标，意义非常重大。在全党上下认真学习贯彻党的十六届四中全会精神之际，北京市社科联与北京师范大学联合举办“2004·学术前沿论坛”，而且是以“和谐社会：公共性与公共治理”为主题，非常必要、非常及时。

构建社会主义和谐社会，内容丰富，任重道远，需要我们在理论上进一步深入研究，在实践上进一步探讨。

一、构建社会主义和谐社会，是对中华民族精神的继承和弘扬

和谐社会是人类共同的美好理想。把构建社会主义和谐社会作为党的一个奋斗目标，表明当代中国共产党人汲取一切人类文明成果的决心，也

---

* 这是2004年12月18日在“2004·学术前沿论坛”上的致辞，收入北京师范大学出版社《和谐社会：公共性与公共治理》一书。

说明中国共产党比以往任何时候都更加重视将自己的执政纲领贴近亿万人民群众的生活理想和美好的价值追求。

在中华文化传统中，有许多关于构建和谐社会的精神遗产。自古以来，“和”文化就是东方文化的精髓和中华传统文化的核心。“和”不仅是中国人自古以来为人处世的准则，也是历代开明政治家秉持的治国理念。孔子的弟子有子曾说：“礼之用，和为贵。”（《论语·学而》）；《左传·襄公十一年》中也曾说：“八年之中，九合诸侯，如乐之和，无所不谐。”在中国人看来，有“和”则“谐”。“政通人和”被视为理想的政治生态和社会生态。张岱年先生曾明确提出，中国优秀传统文化有两个最主要的基本思想：一是人伦和谐，二是天人协调。人伦和谐是说人与人之间的协调关系，天人协调是说人与自然、社会的协调关系。由此可见，社会和谐是人类，尤其是中华民族数千年来所追求的美好理想。构建社会主义和谐社会，是对中华民族精神的继承和弘扬。

二、构建社会主义和谐社会，是我们党按照科学发展观办事的重要体现

新中国成立以来，特别是党的十一届三中全会以来，党中央高度重视社会主义和谐社会的构建。在总结“文化大革命”教训的基础上，提出了“解放思想、实事求是、团结一致向前看”的思想路线，提出了“坚持以经济建设为中心、坚持四项基本原则、坚持改革开放”的基本路线，提出了“坚持改革发展稳定”的基本方针，提出了建设社会主义物质文明、政治文明、精神文明的任务和全面建设小康社会的总目标，提出了坚持以人为本，树立和落实全面、协调、可持续发展的科学发展观，一直到明确提出构建社会主义和谐社会。这说明党的十一届三中全会以来，党中央一直朝着构建社会主义和谐社会的目标而努力。

我们党提出的调动一切积极因素、团结一切可以团结的力量，提出安定团结、稳定压倒一切，提出“两手抓”，提出正确处理改革、发展、稳定的关系，提出全面建设小康社会，目标都是构建社会主义和谐社会。特别是党的十六大以后，以胡锦涛同志为总书记的党中央提出树立和落实科

学发展观，要求坚持以人为本，坚持全面、协调、可持续的发展，做到三个文明一起抓，做到“五个统筹”，做到人与自然、社会可持续发展，说明构建社会主义和谐社会是我党按照科学发展观办事的重要体现。

三、构建社会主义和谐社会，是全国各族人民的根本利益所在，也是我国进入发展关键时期的新要求

一个和谐稳定的中国，是全国各族人民根本利益之所在。构建社会主义和谐社会既面临大好机遇又面临严峻挑战。经过新中国成立 55 年特别是改革开放 26 年的建设，我国经济发展、政治稳定、民族团结、社会进步，中国特色社会主义道路越走越宽广，构建社会主义和谐社会有了良好的基础。但是也要看到，当前，我国改革发展正处在关键时期，社会利益关系更为复杂，新情况新问题层出不穷。改革从一定意义上讲是全社会利益关系的调整。随着改革的深入推进，深层次利益关系的调整摆在了我们面前。许多国家或地区的发展历程显示，从人均 GDP 1 000 美元到 3 000 美元这样一个时期是“多事之秋”。这一阶段是经济社会发展稳定的关键期。在构建社会主义和谐社会的过程中，党和政府无疑负有首要的责任。我们的政府也在探索制度创新的路子。那么，在进行制度创新的过程中，应当遵循什么样的价值观，依据什么样的前沿理论呢？公共性和公共治理就提供了有益的思想资源。所以，把讨论的焦点定位于政府行为，并且以公共管理理论中的前沿理论“公共性与公共治理”为切入点，是一种充满智慧的选择。

四、构建社会主义和谐社会，是推进社会管理体制创新的目标，也是加强公共性与公共治理研究的目的所在

鉴于面对新形势、新任务，党的领导方式和执政方式、领导体制和工作机制还需要进一步完善。十六届四中全会指出，我们要“推进社会管理体制创新。深入研究社会管理规律，完善社会管理体系和政策法规，整合社会管理资源，建立健全党委领导、政府负责、社会协同、公众参与的社

会管理格局”。并明确要求我们要“更新管理理念，创新管理方式”。今天的论坛，可以认为是对于这一要求的积极回应。

在我们进行政府职能转变、制度创新的过程中，科学理论的支持是非常重要的前提。党的十六届三中全会通过的《中共中央关于完善社会主义市场经济体制若干问题的决定》，引入了“公共管理”的概念。公共管理是公共管理主体为了解决公共问题、维护与实现公共利益，运用公共权力对公共事务与公共部门施加管理的社会活动。引入这一概念，意味着我们的政府要实现向服务型政府的转变。在这个过程中，公共管理理论、新公共管理理论为这种转型提供了有益的理论资源。有关这种理论的研究也就具有重要的理论意义和现实意义。值得注意的是，学术界关于公共治理理论的阐释，更是对公共管理理论范式的超越。作为一种新型的行政概念，公共治理排除传统公共管理的垄断和强制性质，强调政府、企业、团体和个人的共同作用，强调多元的、民主的、合作的公共行政。这带来了治理主体的多元化、治理客体的扩展，乃至治理机制和手段的变革。凡此，都意味着政府与其他社会主体之间构成伙伴式的合作关系。可以想见，公共治理理论与实践的结合，将大大有助于社会主义和谐社会建设。而关于公共性的强调，更是贯彻落实“三个代表”重要思想的本质体现。毫无疑问，公共管理的价值观、管理的主体、管理的手段都应当具有公共性。公共性原本应当贯穿于公共管理的全过程，公共性是公共管理区别于其他管理（如企业管理）的本质特征之一。而公共治理，由于强调治理主体的多元化，以及政府与其他社会主体的伙伴式的合作关系，就更加突出了公共性。

党的十六届四中全会提出了“民主执政、依法执政、科学执政”的要求。我们必须坚持党在指导思想上的与时俱进，坚持以马克思列宁主义、毛泽东思想、邓小平理论和“三个代表”重要思想为指导，善于用理论创新的成果指导路线方针政策的制定，通过理论创新推动制度创新。这里，专家学者的作用具有极其重要的意义。改革开放以来，北京市委市政府已经逐渐形成了在执政和决策中广泛听取专家意见的良好机制。北京是祖国的首都，是首善之区，在构建社会主义和谐社会的努力中，更应当发挥专家学者的智慧，走在全国的前面。北京市具有全国文化科技中心的优越条件，专家学者云集，这是一个宝库，是不可多得的宝贵财富。我们一向珍视这笔财富，重视发挥这个宝库的作用。同时，在推进科学执政、发挥专家学者作用的实践中，我们也逐渐形成了在决策过程听取专家意见的良好机制。

北京在构建社会主义和谐社会方面走在全国前列，任务艰巨而繁重，需要全体市民和全社会的共同努力。今天这个学术前沿论坛，就是这一努力的具体体现和新的开端。期望本届论坛，能够为北京构建和谐社会献计献策。

新高度　新视角　新起点　新要求*

——人文奥运断想

今天（8月8日），是北京奥运会倒计时一周年之日。今夜一片欢腾，今晚难以入睡。我浮想联翩：想起2001年的“7·13”之夜，想到了明年的奥运会，但想得最多的还是如何实现人文奥运目标问题。现将几个感想片断记录下来，献给明天的全市文明办主任会议，献给读者朋友，供大家参考，请大家指正。

一、站在构建社会主义和谐社会的新高度，进一步深刻认识人文奥运的丰富内涵

党的十六届六中全会审议通过了《关于构建社会主义和谐社会若干重大问题的决定》（《决定》），标志着我们党对中国特色社会主义一系列重大问题的认识达到了新高度。

一是标志着我们党对社会主义本质的认识有了新高度。十一届三中全会以来，从“贫穷不是社会主义”“不重视精神文明建设也搞不好社会主义”到“没有民主也不是社会主义”，我们党对中国特色社会主义本质的认识不断深化。十六届六中全会《决定》又明确指出：“社会和谐是中国特色社会主义的本质属性。”从而，使我们党对中国特色社会主义本质的认识有了新高度，使富强、民主、文明、和谐构成了社会主义本质属性更为完整的表述。

二是标志着我们党对社会主义社会建设规律的认识有了新高度。十一届三中全会以来，我们党对中国特色社会主义建设规律的认识不断取得新

---

* 本文刊发于《北京日报》（2007年8月27日）。

突破，重大的理论创新有三个：一是社会主义初级阶段论，二是社会主义市场经济论，三是社会主义和谐社会论。一切从中国正处于并将长期处于社会主义初级阶段的实际出发，建立和完善社会主义市场经济体制，构建社会主义和谐社会，标志着我们党对中国特色社会主义建设规律的认识有了新高度。

三是标志着我们党对十六大以来一系列重大战略思想内在联系的认识有了新高度。十六大以来，以胡锦涛同志为总书记的党中央面对新形势、新任务，高举邓小平理论和“三个代表”重要思想伟大旗帜，提出了一系列重大战略思想，包括科学发展观、构建社会主义和谐社会、提高党的执政能力、保持共产党员先进性、建设社会主义新农村、不断提高自主创新能力、树立和落实社会主义荣辱观、坚持和平发展战略等等。这一系列重大战略思想有着密不可分的内在联系。十六届六中全会从构建社会主义和谐社会的角度，说明了它们的内在联系。通过学习，我深刻体会到，社会要和谐，科学发展是前提，新农村建设是基础，自主创新是动力，和谐文化是灵魂，和平环境是条件，党的建设是关键。

四是标志着我们党对构建社会主义和谐社会目标任务的认识有了新高度。十六届六中全会《决定》明确提出的构建社会主义和谐社会的八大目标和任务，与胡锦涛总书记提出的“民主法治、公平正义、诚信友爱、充满活力、安定有序、人与自然和谐相处”相一致，与党的十六大提出的全面建设小康社会的“六个更加”任务相衔接，既充分体现了我国改革发展现阶段的特征，又反映了我国社会发展的新趋势，集中概括起来是两个“前所未有”：“新世纪新阶段，我们面临的发展机遇前所未有，面临的挑战也前所未有。”

五是标志着我们党对和谐社会的认识从宣传引导到政策导向的新高度。倡导和谐，古已有之；强调团结稳定，我们党历来重视，但总体上是在舆论引导层面，而十六届六中全会针对影响社会和谐的各种矛盾和问题，特别是人民群众最关心、最直接、最现实的利益问题，出台了一系列政策和配套措施，其鲜明的特点是，更加关注民生，更加注重促进协调，更加注重务实性和前瞻性相统一。

六是标志着我们党对构建社会主义和谐社会从思想教育到制度建设的

新高度。“和为贵”被看作是中华民族传统美德而广为传颂。而十六届六中全会，从民主权利保障制度、法律制度、司法制度、公共财政制度、收入分配制度、社会保障制度建设方面提出了要求，进行了部署。标志着我们党对构建和谐社会的认识提高到了制度建设的新高度。

站在这一系列的新高度上，推进社会主义和谐社会建设，既是一项前无古人的伟大事业，又是一项涉及十几亿中国人的国民素质、中国社会治理方式以及人与自然关系的伟大而深刻变革。

站在这一系列新高度上，看“新北京、新奥运”战略构想，看“绿色奥运、科技奥运、人文奥运”三大理念，看人文奥运行动计划，我深感：第一，“新北京、新奥运”战略构想完全符合党中央科学发展、构建和谐一系列重大战略思想的要求。实施“新北京、新奥运”战略构想的过程，应当是全面落实十六大以来党中央一系列战略思想的过程。我们要按照科学发展、构建和谐的要求，进一步完善“新北京、新奥运”战略思想，并坚定不移地实施好。第二，“绿色奥运、科技奥运、人文奥运”三大理念，完全符合人与自然、人与社会、人与人和谐相处的要求。我们要按照构建社会主义和谐社会的新要求，进一步丰富完善三大理念的科学内涵，并坚持不懈地把三大理念发扬光大。第三，要从构建社会主义和谐社会的新高度，进一步深化对人文奥运内涵的认识。其内涵可概括为：以人为本、传承文明、构建和谐、共建共享。

二、站在构建社会主义和谐社会的新视角，进一步明确加强精神文明建设的目标任务

十六届六中全会明确提出了建设社会主义和谐文化的任务，反映了我们党对建设中国特色社会主义的新的文化自觉，对加强精神文明建设有重大的指导意义。

社会主义和谐文化要从核心价值观念、社会文化需求、实践三个层面上去把握。核心价值观念，就是以马克思主义为指导的、以中华优秀传统文化为基础的社会主义核心价值体系，这是社会主义和谐文化的核心层面。其核心问题是如何巩固和发展马克思主义指导地位，关键是处理好马

克思主义一元主导与多样文化生态兼容并存的关系问题。社会文化需求，是指以人文精神为基础的社会主义文化事业建设和文化产业发展，其核心问题是重在建设，不断满足人民日益增长的文化需求，关键是处理好弘扬主旋律与提倡多样性的关系。提倡好的，反对坏的，包容并引导中间状态的。以政府为主导，大力发展公共文化事业；以市场为导向，大力发展文化产业。群众创建实践，是指以人为本的和谐文化创建活动。其核心问题是重在实践，关键是吸引群众主动参与，坚持共建共享。

社会主义和谐文化的特征是，坚持以发展着的马克思主义为指导，坚持继承和发展中华优秀传统文化，坚持大胆吸收和借鉴世界优秀文化成果，坚持面向社会主义初级阶段现实。

社会主义和谐文化建设的基本原则是，坚持以人为本，坚持重在建设，坚持先进性，坚持继承性，坚持包容性。

建设和谐文化与实施人文奥运是一致的、密不可分的。人文奥运作为2008年北京奥运会的核心理念之一，将奥林匹克精神和中华优秀传统文化相融合，突出“和谐、交流、发展”主题，达到促进世界和平、友谊、进步的目标。人文奥运与和谐文化的核心都是强调以人为本，关心人、尊重人、理解人，构建和谐的人际关系、社会关系、群体形象。人文奥运与和谐文化一样，都是注重激发创造活力、促进公平正义、倡导诚信友爱、维护正常秩序、推动全面协调可持续发展。实施人文奥运与建设和谐文化，对于提高市民文明素质、城市文明形象，对于实施“新北京、新奥运”战略构想，对于构建社会主义和谐社会都是关键性的因素、基础性的工作。

站在建设和谐文化的新视角审视我们的工作，还有许多需要不断加强和改进的地方。不在于我们做了什么、做了多少，关键看是否有利于促进社会主义和谐社会构建和和谐文化建设。仅仅把马克思主义当作斗争的武器而不当作团结的旗帜，仅仅让几亿人民看八个样板戏而不是满足人民的多样化需求，仅仅看发动群众的人数、次数而不顾效果甚至劳民伤财、让人生厌，那就是违背了建设和谐文化的规律和要求，甚至是制造新的不和谐。建设和谐文化的新视角，会使我们的精神文明建设工作、宣传思想工作眼界更宽广、目标更明确、成效更明显。

站在建设和谐文化的新视角，我们的精神文明建设工作要从三个层面十二个方面不断加强。

从核心价值观念层面说，一是大力实施马克思主义理论研究和建设工程，坚持用马克思主义中国化的最新成果，最大限度地武装头脑、统一思想；二是加强党的基本路线教育，用改革开放的新成果，用中国特色社会主义的共同理想，最大限度地团结群众、凝聚力量；三是深入开展爱国主义教育和改革创新教育，用中华民族精神和时代精神最大限度地鼓舞人心、激发活力；四是深入开展社会主义荣辱观宣传教育实践活动，用公民道德基本规范最大限度地陶冶人们的情操，规范人们的行为。

从社会文化需求层面说，一是加强正确舆论引导，不断扩大人民知情权、参与权，最大限度地赢得群众的理解和支持；二是深入开展有针对性的思想政治工作，既解决思想问题，又解决实际问题，最大限度地化解矛盾；三是加强公共文化事业建设，最大限度地满足群众日益增长的文化需求；四是大力推进文化产业发展，适应社会主义市场经济要求，最大限度地发展文化生产力、增强文化竞争力。

从群众创建实践层面说，一是总结多年来群众性精神文明创建活动的经验，用“迎奥运、讲文明、树新风——我参与、我奉献、我快乐”活动最大限度地吸引群众参与；二是广泛开展志愿服务活动，用奥运志愿者行动最大限度地形成相互关爱、奉献社会的浓厚氛围；三是广泛开展自然科学普及和社会科学普及活动，用科普周、大讲堂等形式最大限度地引导人们形成科学的思想方法、工作方法和生活方法；四是加强人文关怀和心理疏导，最大限度地促进人的心理和谐，塑造自尊自信、理性平和、积极向上的社会心态。

加强和谐文化建设和精神文明建设，是全党、全社会共同的事情，但也各有分工和侧重。加强社会主义核心价值观建设各级党委要更加重视，满足社会文化需求政府要加大投入，搞好群众创建实践活动要充分发挥社会团体的作用。

三、站在构建社会主义和谐社会的新起点，进一步深入开展“迎奥运、讲文明、树新风——我参与、我奉献、我快乐”活动

2001 年 7 月 13 日，北京申奥成功。六年多来，人文奥运工作已取得

很大成绩，这是我们做好未来一年工作的新起点。

六年来，首都公民道德建设硕果累累，亮点很多。一是抓文明出租车、文明乘车、文明观赛三大突破口成效明显；二是“新童谣”唱响全国，未成年人思想道德教育走在前列；三是奥运志愿者在行动，大学生思想道德建设扎实有效；四是方工、宋鱼水、韦加宁等上百个先进典型推出，引领社会风气好转；五是制订公民道德、职业道德、法律普及工作评价体系，思想道德建设朝着量化管理方向迈进；六是文明礼仪宣传教育实践活动改变了北京人的生活。应当说，2001年北京市委《关于贯彻落实〈公民道德建设实施纲要〉的意见》中提出的“一年有突破、三年见成效、五年大变样”目标已基本实现，正在朝着“七年创一流”的方向迈进。

六年来，围绕人文奥运做了大量卓有成效的工作。一是社会各界开展了一系列研讨，形成了人文奥运理念的基本共识，并不断丰富完善；二是制订并实施《人文奥运行动计划》；三是围绕生活礼仪、社会礼仪、职业礼仪、校园礼仪、赛场礼仪、涉外礼仪六大礼仪，深入开展文明礼仪宣传教育实践活动；四是奥运志愿者培训全面展开；五是社会科学普及工作走在全国前列，北京周末社区大讲堂影响广泛。

站在六年来工作的新起点上，今后一年精神文明建设工作，要以“迎奥运、讲文明、树新风——我参与、我奉献、我快乐”为主题，以优雅言行、优良秩序、优美环境、优质服务为目标，深入开展奥运礼仪文明、环境文明、秩序文明、赛场文明、服务文明等“五大文明行动”和文化体育健康三大类群众性活动，尤其要在突出重点、抓好细节、保持连续、扭住不放、吸引参与、注重实效上下功夫。

四、按照构建社会主义和谐社会的新要求，进一步增强首都精神文明建设工作者的责任感、使命感

胡锦涛6月25日在中央党校的重要讲话，是统一思想的纲领性文献。讲话指出，毫不动摇地坚持和发展中国特色社会主义，坚定不移地坚持解放思想，推进改革开放，实现科学发展促进社会和谐，为全面建设小康社

会而奋斗。讲话指出，科学发展观的第一要义是发展，核心是以人为本，基本要求是全面协调可持续，根本方法是统筹兼顾。讲话强调，我们一定要居安思危、增强忧患意识，一定要戒骄戒躁、艰苦奋斗，一定要加强学习、勤奋工作，一定要加强团结、顾全大局，做到思想上始终清醒、政治上始终坚定、作风上始终务实。胡锦涛的重要讲话为我们各项工作指明了方向，对我们做好包括人文奥运在内的各项工作都有很强的针对性。我们一定要认真学习、深刻领会、全面贯彻。

北京市十次党代会提出了“五种精神”：“为国争光的爱国精神，艰苦奋斗的奉献精神，精益求精的敬业精神，勇攀高峰的创新精神，团结协作的团体精神”。这既是对过去六年迎奥运工作的经验总结，更是做好奥运决胜年工作的要求，值得大力弘扬。

按照党中央和市委的新要求，宣传思想工作者和精神文明工作者，要贴近实际、服务大局，做到“十个牢牢把握”：牢牢把握坚持和发展中国特色社会主义的政治方向；牢牢把握重在建设、服务中心的基本原则；牢牢把握以人为本，实现好、维护好、发展好群众利益的根本宗旨；牢牢把握构建社会主义和谐社会首善之区的根本目标；牢牢把握“建设新北京、办好新奥运”的主题；牢牢把握鼓舞士气、化解矛盾、理顺情绪、凝聚力量的工作重点；牢牢把握群众性创建实践活动的重要载体；牢牢把握“三贴近”的着力点；牢牢把握立足当前、着眼长远的工作方法；牢牢把握“建首善、创一流”的工作标准。

要贴近基层、服务中心，做到“十个善于”：善于学习、善于发现、善于研究、善于总结、善于创新、善于抓重点、善于抓难点、善于抓协调、善于抓规范、善于抓落实。

要贴近群众、服务人民，处理好“十个关系”：讲道理与讲事实的关系、解决思想问题与解决利益问题的关系、推心置腹与换位思考的关系、热情服务与宣传引导的关系、一把钥匙与多把钥匙的关系、锦上添花与雪中送炭的关系、以德服人与以理服人的关系、个别要求与一般号召的关系、冷处理与热处理的关系、个人努力与发挥合力的关系。

要增强责任感、使命感，保持良好的工作状态和精神状态，在严格、细致、深入、创新、求实上下功夫求实效。

我们处在一个机遇前所未有、挑战前所未有的历史时期。党的十七大即将召开，2008 年奥运会一步步向我们走来。只有站在新的高度、新的视角、新的起点，落实新的要求，我们的眼界才能更开阔，目光才能更远大，工作成效才能更明显。惟有认真学习、努力工作、团结奋斗、求实创新，才能不辱使命、不负重托！

北京人文奥运与和谐文化建设*

党的十六届六中全会通过了《中共中央关于构建社会主义和谐社会若干重大问题的决定》，在文化建设方面明确提出了建设社会主义和谐文化的任务，这是我党对建设中国特色社会主义的新的文化自觉。党的十七大再次强调了建构和谐文化这一重大命题。胡锦涛同志在报告中指出，我国在未来的发展中必须“建设和谐文化，培育文明风尚”，“和谐文化是全体人民团结进步的重要精神支撑。要积极发展新闻出版、广播影视、文学艺术事业，坚持正确导向，弘扬社会正气。重视城乡、区域文化协调发展，着力丰富农村、偏远地区、进城务工人员的精神文化生活。加强网络文化建设和管理，营造良好网络环境。大力弘扬爱国主义、集体主义、社会主义思想，以增强诚信意识为重点，加强社会公德、职业道德、家庭美德、个人品德建设，发挥道德模范榜样作用，引导人民自觉履行法定义务、社会责任、家庭责任”。建构和谐社会，发展和谐文化，体现了历史唯物主义关于人民群众历史主体地位的思想，反映了广大人民的根本利益利共同愿望。

自 2001 年 7 月 13 日申奥成功以来，作为首善之区的北京一直积极筹备奥运会，并提出了“绿色奥运”、“科技奥运”和“人文奥运”三个口号。其中，“人文奥运”同“绿色奥运”、“科技奥运”相比，有着更为深刻、更为丰富的精神和文化内涵。绿色奥运将“绿色”和“环保”概念引入奥林匹克运动，关注的范围扩大到了如何维护自然生态环境和解决奥运赛会可能造成的环境影响问题；科技奥运主要从保证比赛的激烈性、观赏性和裁决的准确性、公正性等角度出发，强调高新技术的开发、利用以及提高奥运赛会的科技含量；人文奥运则是从当今世界不断加大的社会张力

---

* 本文刊发于《北京师范大学学报》(2008 年第 2 期)，原题为“人文奥运与首善之区的和谐文化建设”。

和日趋严重的奥运人文危机的角度出发，站在中华民族与人类文明的角度，将关注的范围进一步扩展到了如何弘扬中国文化的思想、理念与人文精神，强调对奥运、社会乃至人类的人文关怀，并解决异质文化间的互动与文化发展等问题。

近代以来，“以资为本”的思想和观念越来越极端化，对人类社会产生了不利的影响。在这种状况下，越来越多的人不再满足于需求问题，转而追逐欲求的满足。如此，不仅导致了无节制的疯狂攫取资源行为，破坏了自然生态环境的自我修复能力. 造成了越来越多、越来越严重的生态和环境灾难. 而且助长了人的自私和贪婪等本性的膨胀，加大了人们对于科技力量和人类改天换地能力的盲从和崇拜，以至于极端的功利主义和利己主义大行其道. 在这种情况下，要想发扬奥运精神，使奥运能够在良好的环境中发展，我们如果单纯地从奥运本身入手，或者仅仅依靠倡导悉尼奥运提出的“绿色奥运”和“科技奥运”的思想和理念，是难以达到目的和解决问题的。只有扩大关注和思考的范围，将注意力投向如何改善社会人文环境、转变人们的思想观念以及倡导新体育文化等方面，才有可能通过外部大环境的变化来影响奥运的发展，实现我们的目标。由此理解人文奥运这一理念，便不难发现其中所涵盖的高瞻远瞩、统揽全局、抓住根本、把握核心的精妙意义。

那么，党中央所提出的和谐文化与人文奥运之间存在着怎样的关系呢？在笔者看来，有关人文奥运的阐释，是不可以脱离社会主义这一历史语境的。任何一种新的思想和新的概念，它的形成和发展都不是凭空而生的，不可避免地受到思想内部和历史语境的共同作用。“人文奥运”是指北京 2008 年奥运会是东西文化的广泛交流和借鉴融合的盛会，是奥林匹克文化与中华文明相互丰富和相互发展的盛会，是东西人文思想与和谐精神在体育领域以及整个人类生活的充分贯彻和深刻体现的盛会，是“更快、更高、更强”与“和平、和谐与爱”的和谐统一盛会。目前，不少学者过于强调西方或中国的文化传统与“人文”基质，只依循西方文艺复兴时期的“人文主义”或古代汉语中的“人文”之义，来阐释人文奥运，而忽略了社会主义这一历史语境，导致了有关人文奥运的定位与表达的偏差。从和谐文化与人文奥运的关系来看，我们所要建设的人文奥运，是以社会主义制度为基础，面向时代，立足现实，与中华民族和谐文化传统相承接、与和谐社会要求相吻合的思想文化体系，是社会主义和谐文化的一个重要组成部分。只有从构建社会主义和谐社会的新高度，我们才有可能进一步深化和把握对人文奥运内涵的认识。

站在这一新高度上，看“新北京、新奥运”战略构想，看“绿色奥运、科技奥运、人文奥运”三大理念，看人文奥运行动计划，笔者认为，人文奥运的提出是符合党中央科学发展、构建和谐社会等一系列重大战略思想要求的，实施人文奥运战略构想的过程，应当是全面落实十六大以来党中央一系列战略思想的过程。我们要从构建社会主义和谐社会的新高度，进一步深化对人文奥运内涵的认识，这主要体现为以下几点。

第一，无论是社会主义和谐文化还是人文奥运，都强调以人为本。

社会主义和谐文化建设的基本原则是坚持以人为本，坚持以人为根本的思想观念、价值取向和评价尺度。所谓“根本”就是最高的出发点和最后的根据、最后的落脚点、最后的归宿。因此，科学发展观中的以人为本，就是以更好地保障全体人民生存和发展权益为出发点和落脚点的发展观念、价值取向和评价尺度。改革开放以来，我们党始终强调把发展生产力作为社会主义社会的根本任务。科学发展观并不否认经济发展、GDP 增长。它所强调的是，经济发展、GDP 增长，归根到底都是为了满足广大人民群众的物质文化需要，保证人的全面发展。人是发展的根本目的，和谐文化也一样强调我党的这一宗旨。

以人为本也是人文奥运的基本价值。人是万物之灵。体育竞技是一项将真、善、美融于一体的伟大事业。一次完美、成功的奥运盛会，既是广大运动员强健体魄和刚健有为、自强不息精神的形象展示，更是人类本质力量与真、善、美价值的自由展现；既是人们对“关爱生命”“促进全面发展”“向往美好生活”“建构和谐世界”等理想境界的憧憬和卓越追求，也是这些思维理念在世界人民心中广为传播的持续过程。北京提出人文奥运，就是要把 2008 年奥运会精心打造成为一个宣扬歌颂人、赞美人、尊重人、培育人、鼓舞人等人文思想的大舞台，成为世界各个国家和民族文化平等交流的坚实平台。

可见，人文奥运与和谐文化都强调关心人、尊重人、理解人，注重构建和谐的人际关系、社会关系、群体形象，注重激发创造活力、促进公平正义，倡导诚信友爱、维护正常秩序、推动全面协调可持续发展。

对于北京来说，当我们以人文奥运思想为指导，用“以人为本”取代“以资为本”去建设和发展北京文化时，就需要认真做好以下几项工作。首先，注意诠释中国传统文化中有别于西方的一些思想和观念，如“仁爱”“和合”以及“知足常乐”“安贫乐道”等，并注意在这个竞争的时代，发扬西方乐于挑战、勇于进取、敢于创新的文化精神。其次，注意保持传统与现代、理想与现实、保护与发展等之间的平衡，摆脱追求形象、突出政绩、制造热点等思想的影响，使人文奥运的思想和精神真正化入具体的工作之中，真正融入自然、社会和民众生活之中。最后，在把握北京文化发展大方向的同时，注意落实北京的体育文化建设与发展工作，并在工作过程中，注意灌注人文奥运的精神，使北京文化既能够保持其气质、特点和传统，又能够随着时代的步伐发展，还能够从高处和大处着眼，走在时代前列，引领中国乃至世界文化发展的潮流。

第二，无论是社会主义和谐文化还是人文奥运，都注重传承文明。

社会主义和谐文化的核心价值观念，就是以马克思主义为指导的、以中华优秀传统文化为基础的社会主义核心价值体系。

我们可以看到，这里需要指明，传统文化的传承是发展社会主义和谐文化的重要组成部分。有学者就明确指出：“中国特色社会主义文化是构建和谐社会所必需的先进文化”，并特别强调要“弘扬和培育民族精神”，指出“和谐社会的民主法治、公平正义、诚信友爱、充满活力、安定有序、人与自然和谐相处这些特征，又都是我们伟大民族精神中团结统一、爱好和平、勤劳勇敢、自强不息这些内容的发扬光大和生动体现”。

同样，人文奥运的提出不仅来自奥林匹克运动的文化传统，更来自中国深厚的文化底蕴、优秀的传统文化。人文奥运对“人文”理念的强调，倡导人文奥运的国家和城市必须具有深厚的人文传统和文化底蕴。传统的儒家文化、道家文化、佛教文化等源远流长。中国的传统文化在当代世界仍然具有良好的传播力、感染力甚至同化力，经济或科技的浪潮都不能取代或消解它的魅力。一方面，奥运会必须倚仗传统文化，使自身具有历史感和文化感；另一方面，传统文化也可以借助奥运会机遇焕发勃勃生机，从而达到传播中华文化、吸纳西方文化并促使二者有效对话的目的。比如，古人所说的“天行健，君子以自强不息”就与奥运的拼搏精神十分默契，儒家所提倡的积极入世与奥运的参与精神有所类似，而道家讲求的“无为无不为”也能为奥运注入从容平和的气度。奥运精神既能从传统文化中找到对应，传统文化也能因奥运契机而得以现代塑形。

奥运与传统文化是互动的，奥运为传统文化提供展示的舞台和传播的契机，传统文化则为奥运注入深厚的内涵和灵动的气韵，而中国北京恰恰是二者相互碰撞、相互融通的巨大空间。世界性的奥林匹克运动因为落户北京，而被赋予中国特色；传统性的中国文化精神借助奥运而得以充分展示，并被塑造得更具现代意味。北京有着 3 000 多年建城史、800 多年建都史，具有丰厚的历史文化底蕴，中华传统文化的精华无不凝聚浓缩于此。奥运会在北京举行，是世界人民做出的一次明智选择。它为东西方文明的直面、交融，为东方文化向全球展示其无穷的魅力提供了一次绝好的机遇。北京举办 2008 年奥运会，是向世界人民展示中国文化的契机，也是向世界展示“国仪、家仪、市仪、人仪”的契机。

第三，无论是社会主义和谐文化还是人文奥运，都致力于构建和谐。

人文奥运这一理念，完全符合人与自然、人与社会、人与人和谐相处的要求。《奥林匹克宪章》指出，“奥林匹克主义是增强体质、意志和精神并使之全面发展的一种生活哲学”，其宗旨是“使体育运动处处为人的和谐发展服务”。

人文奥运不仅以鲜明地、清晰地表达和支持这一崇高目标为己任，而且还以中华深厚的“和文化”精神力基石，强调把促进人与自然、人与人、人与社会、文明与文明以及人的灵魂之间的和谐发展，作为办好一届高水平高质量奥运会的出发点和归宿，这本身是对奥林匹克精神的生动诠释和科学发展，也是对世界奥林匹克事业的重大贡献，必将对奥林匹克运动产生深远的影响。

中国传统文化“以人为本”的人文精神，强调以人为中心，更多地考虑社会问题，注重实现人生的幸福；强调人的社会责任和人的群体性，强调社会道德属性而非个人的自由权利，渗透出中华文化独特的伦理特色和人文精神。社会主义和谐文化是对这一文化传统的继承与发展，是对西方以个人为主体的人文精神的补充。它主张以广阔的胸襟、宽容的情怀去接纳不同的对象，只有这样，世界才能生生不息地发展下去。北京奥运口号“同一个世界，同一个梦想”正是在这种社会主义和谐文化的内在精神下提出的，它将中国文化和中国人文精神与奥林匹克精神有机地结合起来，表达了人类共处同一个地球，不同国家、不同民族间和平共处，人类与大自然和谐共处，以实现全人类的繁荣富强的理想。

同样，我们建设社会主义和谐文化，可以有效地调节社会关系，化解各种矛盾，形成安定有序的社会秩序。构建社会主义和谐社会总的目标就是努力实现民主法治、公平正义、诚信友爱、安定有序、人与自然和谐相处。和谐社会不是没有矛盾的社会。处理好新形势下的社会矛盾，需要全面运用政治、经济、法律、思想、道德等各种方式。培育和谐文化、倡导和谐精神，就是其中的一种重要方式。建设和谐文化，可以发挥文化的调节和整合作用，帮助人们用正确的立场、观点和方法观察社会，尤其是正确认识和处理人与社会、人与国家、人与人之间的关系，减少思想认识上的片面性和极端化；能够帮助人们正确认识和自觉遵守法律、道德等规范，形成爱国守法、明礼诚信、团结友善、勤俭自强、敬业奉献的良好风尚。这对于调节社会关系、化解社会矛盾，能够起到潜移默化、润物无声的基础性作用。北京不仅是一个拥有悠久东方文明的古老城市，也是一个正在蓬勃发展的社会主义现代化中国的首都，是这个世界大国的经济、文化和政治中心。北京实施人文奥运与建设和谐文化，对于提高市民文明素质、城市文明形象，对于实施“新北京、新奥运”战略构想，对于构建社会主义和谐社会都是关键性的因素、基础性的工作。而如何将两者结合起来呢？这就必须在和谐文化的主导思想下展现给世界一个现代城市与自然环境和谐共处的北京的人文奥运。要做到这点，北京的人文奥运文化建设要紧密结合北京和谐文化建设的定位和规划来进行。

总之，笔者认为，我们只有站在建设和谐文化的新视角下审视人文奥运建设，才能对人文奥运的内涵把握得更为准确、更为到位，眼界也更宽广，目标也更明确。当前我们正处在一个机遇前所未有、挑战前所未有的历史时期。党的十七大已经召开，2008 年奥运会正一步步向我们走来。只有站在新的高度、新的起点，落实新的要求，我们在建设和谐文化和实施人文奥运的时候，眼界才能更开阔，目光才能更远大，工作成效才能更明显。

下篇

社会建设探索

我国社会建设、改革、治理开创崭新局面，始于党的十七大、发展于党的十八大、成就于党的十九大。也就是在党的十七大召开之际，我被任命为中共北京市委社会工委书记、市社会办主任，直到党的十九大后，我在这个岗位上奋斗了整整 11 年。现在，我又在国家高端智库继续从事社会建设研究与教学。十年磨一“建”，继续磨此“建”，辛苦并快乐着。多年来，在社会建设理论体系研究与实践路径探索中，我乐此不疲，多有感悟。

努力探索中国特色社会建设理论体系与实践路径*

时间过得很快。十年，准确说是十一年，转瞬即逝。2007 年 10 月 13 日，在党的十七大开幕前两天，我被任命为中共北京市委社会工委书记、北京市社会办主任。至今已经十一年。

时间过得也很充实。从开始的“光杆书记”“皮包工委”，到如今的一个大单位、一个大队伍、一个大事业。从不知社会建设为何物，到取得了一系列理论和实践成果。

十年磨一“建”，辛苦并快乐着。

党的十七大到党的十九大这十年，正是我国社会建设从提上日程到大发展的重要时期。我有幸赶上了这个好时期，而且，有幸站在社会建设理论与实践的前沿和关键岗位开展工作。十多年来，在北京市委市政府的领导下，在大家的支持下，紧跟党中央重大战略部署，密切联系首都实际，一手抓顶层设计，一手抓基层基础，不断探索社会建设理论体系与实践路径，取得了明显成效。2014 年 2 月 26 日，习近平总书记在北京市考察工作时，对北京市“大力加强社会建设”给予了充分肯定，使全市社会建设工作者深受鼓舞。

回顾十多年的历程，大致经过五个阶段：

（1）站在构建社会主义和谐社会的历史新起点。大家都知道，党中央最早明确提出加强社会建设，是 2004 年党的十六届四中全会，特别是 2006 年党的十六届六中全会做出了《关于构建社会主义和谐社会若干重大问题的决定》，使中国社会建设站在了新的历史起点上。在学习贯彻十六届六中全会精神的过程中，北京市委市政府做出了筹备成立社会建设工作

---

* 本文为本人专著《十年磨一“建”：社会建设理论体系与实践路径研究》自序。该书 2019 年 1 月由中国人民大学出版社出版。

机构的决定，加快了社会建设的步伐。在这个学习过程中，我也写过文章、做过报告，有许多学习心得体会。当时，我任北京市委宣传部副部长和市社科联党组书记、常务副主席。在市委宣传部，我分管理论、宣传教育和精神文明建设工作，也参与了北京奥运会筹备相关工作。2007 年 8 月 8 日，在迎接 2008 年北京奥运会倒计时一周年之夜，我激动万分、思绪万千，连夜写了一篇文章，8 月 27 日，以“人文奥运断想”为题，发表在了《北京日报》上。在这篇文章中，我提出了一个核心观点：在新形势下，要站在构建社会主义和谐社会的新高度、新视角、新起点做好各项工作。而且，较早谈到了社会治理问题。就在该文发表一个多月后，我突然被任命为中共北京市委社会工委书记、市社会办主任。和谐社会建设，是社会建设的主题，是我国社会主义现代化建设的主要目标之一。我到任后，首先反复学习的还是十六届六中全会的文件。可以说，党的十六届六中全会精神是我认识和开展社会建设工作的新起点。

（2）努力探索具有时代特征、中国特色、首都特点的北京社会建设新路子。党的十七大第一次明确把社会建设列入了中国特色社会主义建设“四位一体”总体布局。这是我国社会主义建设的制度性设计。按照这个总布局、大格局，设置北京社会建设工作机构，设计北京社会建设工作思路和目标，意义重大而深远。2007 年 12 月 2 日，北京市委社会工委、市社会办宣布成立。一开始，市委市政府就明确提出了构建具有时代特征、中国特色、首都特点的北京社会建设体系的奋斗目标，明确了“以人为本、关注民生、构建和谐、服务社会”的工作宗旨和“改善民生、构建和谐、创新体制”的工作定位。2008 年、2009 年这两年，在抓市、区社会建设机构建设的同时，重点围绕起草北京社会建设系列文件开展工作。2008 年 9 月 25 日，北京市社会建设大会隆重召开，推出了《北京市加强社会建设实施纲要》等“1+4”系列文件。2009 年 3 月，又召开了全市志愿者工作大会，推出了《北京市加强和改进志愿者工作的意见》。在此基础上，初步形成了基本工作思路：以社会服务体系建设为重点，以社会领域党的建设为龙头，夯实社区建设和社会组织建设两个基础，建设社会工作者和志愿者两支队伍。我这两年的文稿，讲的就是如何构建体系、探索路径、打开局面、打好基础。实践证明，市委市政府当初的思路是正确的，起点是高而实的，创造性地提出的一些理念和概念也是很有前瞻性和生命力的。比如，关于加强社区工作规范化建设，关于社区工作者专业化、职业化建设，关于社会组织“枢纽型”工作体系建设，关于社会领域党的建设，等等。当时提出的一些工作举措，产生了强烈反响，至今影响还很大。比如，提高社工待遇，解决社区办公用房，在商务楼宇建立工作站，等等。2009 年 3 月，中央政治局常委、国家副主席习近平同志对北京市实施“大学生社工计划”做出重要批示，给予充分肯定。因为开始路子正、起点高，后来抓得紧、抓得实，才有了今天的显著工作成效。

（3）基本形成北京社会建设工作体系。2010 年、2011 年这两年，有两个大背景，一个是高度强调社会管理，一个是研究制定“十二五”规划；经受了两大考验，一个是如何处理社会服务与社会管理的关系，一个是在无先例的情况下如何写出一个好的社会建设五年规划。在当时，强调社会管理创新，大家是赞成的。但是，片面强调管理，不少人也是有看法的。2010 年 7 月，在过去三年工作的基础上，北京市委市政府召开了全市社会服务管理创新推进大会，出台了《北京市社会服务管理创新行动方案》，推出了 28 项创新举措。这其中，不仅将“服务”与“管理”相并列，而且把“服务”放在了前面，改“管”字当头为服务为先。在 28 项创新举措中，60%以上也是服务方面的内容。能做到这一点，在当时环境下是很难得的。在这个文件和这次大会上，还首次提出了建设“一刻钟社区服务圈”和推进社会服务管理网格化体系建设的新举措。从 2010 年开始，我们按照市委市政府部署，着手起草《北京市“十二五”时期社会建设规划纲要》（简称《纲要》）。2011 年 6 月 3 日，中共北京市委十届九次全会，讨论通过了《中共北京市委关于加强和创新社会管理全面推进社会建设的意见》（简称《意见》）。这个文件的关键词是“全面”，为规划制定确定了基调。2011 年 10 月，《纲要》以市政府名义印发实施。《意见》和《纲要》的重要贡献，是明确提出了全面加强北京社会建设的“六大体系”，即社会服务更加完善、社会管理更加科学、社会动员更加广泛、社会环境更加文明、社会关系更加和谐、社会领域党的建设更加深入。以此为标志，北京社会建设体系基本形成。该《纲要》是我国第一个社会建设五年规划，在全国产生了广泛影响。在规划起草过程中，中央十六届五中全会文件起草组和国家“十二五”规划起草组相关人员也分别到北京市进行了调研座谈，对北京的思路给予充分肯定。国家颁布的“十二五”规划，将社会建设内容划分为社会服务和社会管理两编、12 章，其中，社会服务编 7 章、社会管理编 5 章。也是服务为先、为多。这说明，无论是中央还是地方，大多数人还是有共识的。这两年的几篇文稿，集中反映了在这两个大背景下、两大考验面前，关于如何完善体系、选择路径的基本情况和深入思考。应当说，经过五年特别是这两年的艰辛探索，我们对社会建设理论体系和实践路径有了一个总体认知。

（4）加快推进社会治理体系和治理能力现代化建设。党的十八大开创了中国特色社会主义建设的崭新局面。党的十八届三中全会提出了加快推进国家治理体系和治理能力现代化的目标，并用“社会治理”代替“社会管理”，打开了社会建设工作的新境界。习近平总书记系列重要讲话和党中央整体推进“五位一体”总体布局、协调推进“四个全面”战略布局的方针，为进一步加强社会建设指明了方向。党的群众路线教育实践活动、党的群团工作会议等为加强社会建设、改革、治理提供了有利契机。中央全面深化改革领导小组的成立，加强了对社会体制改革的领导和协调，并推出了一系列重要举措。党的十八大到党的十九大这五年，也是全面打开工作局面、产生文稿最多的五年。其中，《社会建设工作与群众工作密不可分》《要加快推进社会体制改革》《以党的十八大精神为指导加强社会建设和改革》《在全面建成小康社会目标下加强社会建设改革治理》《社会主义要把社会建设好》《社会治理是大概念大事情》《我国社会治理创新面临的突出问题》《加快推进社会治理现代化》《中国社会建设十年的新发展》《在加强服务过程中努力推动群团工作改革发展》《创新社会治理要坚持“三个导向”》《全面不全面关键看社建》《关于基层治理创新的几个问题》等文稿发表后，产生了较大反响。这些文稿，对社会建设、改革、治理进行了深入广泛系统的论述。贯穿这些工作和文稿的主题、主线，就是加快推进社会体制改革和社会治理创新。围绕党的十八大和十八届三中全会精神的学习贯彻，从 2013 年到 2016 年，我还花很大精力和很多时间主持起草了《关于深化北京市社会治理体制改革的意见》和《北京市“十三五”时期社会治理规划》两个重要文件。前者 2015 年以北京市委市政府文件形式印发，后者2016年以北京市委办公厅、市政府办公厅文件形式印发。这两个文件除了提出了一系列改革创新举措外，很重要的是提出了一个社会治理改革创新的体系框架：完善“六大体系”、提高“四大能力”，即完善在党的组织领导下，政府组织、基层组织、社会组织、市场组织、居民自治组织共建共治共享的现代化社会治理体系，提高系统治理、依法治理、源头治理、综合治理的现代化社会治理能力。这期间的许多文稿，是围绕这些重大问题论述的。这期间，还大力开展了网格化体系建设。2012年5月，市委市政府召开了北京市网格化工作推进大会，出台了指导意见。2015年，又围绕加快推进社会服务网、城市管理网、社会治安网全面覆盖、“三网”融合、一体化运行，出台了“1＋3”文件。网格化体系建设取得了明显成效。其中，《网格化是城市服务管理的又一场“革命”》《网络化：网络化服务 格式化管理》等文稿，都是围绕这个问题论述的。这期间，我主持编著的《北京社会建设概论》获第十四届北京市哲学社会科学优秀成果奖一等奖，《北京市社会工作者培训教材》获全国社工教育培训优秀教材奖，《社会建设与社会管理创新研究》获首届全国党员教育培训优秀教材奖；主持拍摄的六集大型电视纪录片《社会时代》，在北京电视台、中央电视台（精华版）先后播出，具有良好的反响。经过多年的努力，到“十二五”时期末，北京社会建设体系的“四梁八柱”已经形成。

（5）走进中国特色社会主义社会建设新时代。在党的十九大报告中，习近平总书记明确指出：“经过长期努力，中国特色社会主义进入了新时代，这是我国发展新的历史方位。”新时代要有新作为、新担当。2017年是党的十九大召开之年，是北京市委社会工委、市社会办成立的十周年。2018年是我国改革开放四十周年，是北京市委社会工委、市社会办第二个十年的开局之年。这两年，围绕学习贯彻落实党的十九大精神中的习近平新时代中国特色社会主义思想，我撰写了一些文稿。其中，《社会治理现代化建设背景下的目标导向》《社会全球化背景下的社会工作》《不断深化对社会建设本质要求的认识与实践》《社会建设关键要“聚拢五指”》等发表后影响较大。这两年，我还具体主持起草了三个“三年行动计划”：一是《北京市加强基层社会治理规范化建设“三年行动计划”（2018—2020年）》，二是《北京市城市副中心社会建设三年行动计划（2018—2020

年）》，三是《回龙观地区社会治理提升三年行动计划（2018—2020 年）》。这是市委市政府落实习近平总书记对北京工作重要指示、加强城市精细化管理的具体举措。这两年，我们还围绕“街乡吹哨、部门报到”工作推出了一系列改革创新措施，还在社会心理服务体系建设、社会企业发展、社会文化发展和“一带一路”倡议、支持雄安发展等方面采取了一系列措施。这在文稿当中都有具体体现。其中，《党建引领 街乡吹哨 部门报到：北京城市治理创新实践研究》一文，是我作为北京市“街乡吹哨、部门报到”调研总课题组组长撰写的一个综述。我认为，党建引领、聚力街乡、落在基层是这项改革的经验所在。最近一段时间，我对一些重大理论和实践问题进行了深入探讨。一是结合学习习近平新时代中国特色社会主义思想，在《光明日报》发表了《新时代社会建设的丰富内涵和实践路径》一文，明确提出，认真学习贯彻习近平新时代中国特色社会主义思想，加强新时代社会建设，要坚持以人民为中心的发展思想，坚持不断提高保障和改善民生水平、加强和创新社会治理两个基本点，坚持抓住党的建设、改革创新、重在基层三个着力点，坚持不断提高社会化、法治化、智能化、专业化“四化”水平，努力在落细落小落实上下功夫、在共建共治共享上求实效。二是结合纪念我国改革开放四十周年、总结北京社会建设十年经验，在第八届中国社会治理论坛上，我发表了题为“改革创新道路上的北京社会建设实践”的演讲，从“走过的路”“前进的路”“脚下的路”三个维度，全面总结了十年磨一“建”的经验，深入分析了当时的形势，认真探讨了下一步的工作思路。三是 2018 年 12 月 18—20 日，在隆重庆祝我国改革开放四十周年之际，第九届全国部分省市社会治理年会在珠海召开。我应邀到会发表了题为“使命与担当：中国特色社会建设体系的构建”的主旨演讲，进一步就新时代中国社会建设理论体系、运行体系以及话语体系的构建等问题进行了探讨，呼吁社会建设理论和实践工作者共同为我国社会治理体系和能力现代化建设而奋斗。这三篇文稿集中体现了我近期对中国特色社会建设理论体系和实践路径问题的思考。

党的十七大强调加强社会建设具有划时代的意义*

胡锦涛总书记在党的十七大报告中指出："社会建设与人民幸福安康息息相关。必须在经济发展的基础上，更加注重社会建设，着力保障和改善民生，推进社会体制改革，扩大公共服务，完善社会管理，促进社会公平正义，努力使全体人民学有所教、劳有所得、病有所医、老有所养、住有所居，推动建设和谐社会。"① 从这段讲话中我体会到，社会建设主要包括三个方面的内涵：一是强调以改善民生为重点加强社会建设，二是强调以构建和谐社会为目标加强社会建设，三是强调以改革创新社会管理体制为动力加强社会建设。

党的十七大提出要加强以改善民生为重点的社会建设，特别是把社会建设同经济建设、政治建设、文化建设一起，作为中国特色社会主义事业"四位一体"总体布局的重要组成部分，具有划时代的重大意义。它标志着我们党对中国特色社会主义的认识达到了新高度。

一是标志着我们党对社会主义本质的认识达到了新高度。大家都知道，我们党对社会主义本质的认识走了一段很长的弯路。党的十一届三中全会以后，以邓小平同志为核心的党的第二代中央领导集体明确提出，贫穷不是社会主义，社会主义要消灭贫穷。要坚持以经济建设为中心。这是我们党对社会主义本质最根本和前提性的认识，是一个重大转折。随后邓小平同志又提出，要坚持两个文明一起抓，在搞好经济建设的同时，把社会主义精神文明建设搞上去。不久我们党又提出，没有民主就没有社会主义现代化。到了党的十六届六中全会，特别是党的十七大明确提出："社

* 本文为 2008 年 10 月 17 日在北京市社会领域基层党组织负责人示范培训班上的辅导报告。

① 胡锦涛. 高举中国特色社会主义伟大旗帜 为夺取全面建设小康社会新胜利而奋斗：在中国共产党第十七次全国代表大会上的报告. 北京：人民出版社，2007.

会和谐是中国特色社会主义的本质属性。”① 建设富强、民主、文明、和谐的社会主义现代化国家，是我党对中国特色社会主义本质科学的、全面的认识。以提出社会和谐是中国特色社会主义的本质属性为标志，我们党对社会主义本质的认识达到了全面、系统、深入的新高度。

二是标志着我们党对社会主义建设规律的认识达到了新高度。我们党曾经提出，社会主义要搞计划经济，要赶英超美，要很快实现共产主义，要坚持“以阶级斗争为纲”。党的十二大提出，中国现在处于社会主义初级阶段。考虑中国的事情，建设中国特色的社会主义，要从中国处于社会主义初级阶段这一国情出发。1992 年，邓小平同志在南方谈话中提出，计划和市场是手段，不是本质，资本主义有计划，社会主义也有市场。党的十四大明确提出，要建设社会主义市场经济体制。党的十七大提出，要实现社会主义和谐社会的目标。社会主义初级阶段论、社会主义市场经济论和社会主义和谐社会论的提出，是中国共产党人 30 年来对马克思主义新的大发展。建设社会主义，要从初级阶段出发，要走社会主义市场经济道路，要实现和谐社会的目标，这是党对社会建设规律的新认识。

三是标志着我们党对十六大以来一系列重大战略思想的认识达到了新高度。党的十六大以来，以胡锦涛同志为总书记的党中央，继承和发展了邓小平理论和“三个代表”重要思想，提出了一系列重大战略思想，包括科学发展观、构建和谐社会、建设社会主义新农村、走自主创新道路、建设社会主义核心价值观、保持党的先进性、提高党的执政能力等。这一系列重大战略思想，到了党的十七大就成为中国特色社会主义理论的重要组成部分，构成了一个理论体系，那就是以科学发展观为统领、以构建和谐社会为目标的理论体系。构建和谐社会要以科学发展观为统领，以新农村建设为基础，以自主创新为动力，以和谐文化建设特别是社会主义核心价值观为灵魂，以和平环境为条件，以保持党的先进性、提高党的执政能力为关键。这一系列重大战略思想构成了一个完整的理论体系——科学发展观。

四是标志着我们党对社会建设目标任务的认识达到了新高度。党的十

① 胡锦涛．高举中国特色社会主义伟大旗帜 为夺取全面建设小康社会新胜利而奋斗：在中国共产党第十七次全国代表大会上的报告．北京：人民出版社，2007.

七大提出了以改善民生为重点的社会建设任务，共有六大任务：优先发展教育，实施扩大就业的发展战略，深化收入分配制度改革，加快建立覆盖城乡居民的社会保障体系，建立基本医疗卫生制度，完善社会管理。教育、就业、分配、保障、卫生，再加上社会管理。我认为这六大任务，实际上是包括了三个方面的内容：一是改善民生，二是构建和谐，三是创新体制。我们的社会建设工作，包括市委社会工委、市社会办的工作定位，“1＋4”系列文件的起草，都是紧紧围绕这三个方面来开展的。当前和今后我市的社会建设总任务也将围绕这三个方面、六大任务来推进。

五是标志着我们党对建设和谐社会的认识达到从宣传引导到政策导向的新高度。长期以来，我们倡导团结，讲维护稳定，大多停留在宣传引导层面。尤其遇到一些问题、遇到一些困难时，更加注重强调团结、稳定。这是有道理的，但又是不到位的，没从根本上回答问题。到了党的十六届六中全会和党的十七大，我们党充分认识到加强社会建设、构建和谐社会，不仅是宣传引导的问题，而是我们党的路线、方针和政策。于是围绕这一要求，我们党提出了加强社会建设、构建和谐社会的一系列政策和方针，特别是围绕民生问题提出了一系列举措。我认为这是一个很大的转变。

六是标志着我们党对社会建设达到从理念倡导到制度保障的新高度。从孔孟开始，我们就强调“和为贵”，但这些都是理念的倡导和思想的灌输。到了党的十七大，我们党深刻地认识到，加强社会建设是社会主义的制度保证。许多问题不仅仅是思想理念层面的问题，更多的是制度层面的问题，所以强调要“以人为本”，强调“四位一体”，强调构建“党委领导、政府负责、社会协同、公众参与”的体制机制。党的十七大把社会建设放在中国特色社会主义的格局中，提到全党面前，具有深远的历史意义和重大的现实意义。

加强社会建设，是深入贯彻落实科学发展观的必然要求。深入贯彻落实科学发展观，是党的十七大报告的重点内容，我们要深入学习贯彻科学发展观，用党的理论武装头脑、指导工作。同时，党的十七大报告中科学发展观与加强社会建设的提出不是偶然的，二者是有机地联系在一起的。“科学发展和社会和谐是内在统一的。没有科学发展就没有社会和谐，没有社会和谐也难以实现科学发展。”[①] 这是党的十七大报告的原话。强调科学发展，从某种程度上讲，就是在强调改革开放以来经济建设、政治建设、文化建设取得巨大成就的同时，要努力研究和解决社会建设滞后的问题，加快推进社会建设，使社会建设跟经济发展协调一致，促进经济社会的全面协调和可持续发展。贯彻落实科学发展观的任务，或者说当前深入开展学习实践科学发展观教育活动的重点，就是加强社会建设，就是通过加强社会建设来落实科学发展观的任务。

① 胡锦涛．高举中国特色社会主义伟大旗帜 为夺取全面建设小康社会新胜利而奋斗：在中国共产党第十七次全国代表大会上的报告．北京：人民出版社，2007.

着力搭建北京社会建设“四梁八柱”*

2007 年 12 月 2 日，中共北京市委社会工委、市社会办宣布成立。

新机构成立后，重点任务是这套“1＋4”系列文件，分别指《北京市加强社会建设实施纲要》（简称《纲要》）和《关于进一步加强和改进社会领域党建工作的意见》、《关于加快推进社会组织改革与发展的意见》、《北京市社区管理办法（试行）》、《北京市社区工作者管理办法（试行）》。2008 年 9 月 25 日，全市社会建设大会召开，推出了“1＋4”系列文件。

以研究制定加强北京社会建设的“1＋4”系列文件、筹备召开全市社会建设大会为主要标志，初步构建起了加强北京社会建设的体系机制框架，“四梁八柱”基本竖起来。

（一）为什么要制定“1＋4”系列文件

北京市委市政府制定这一系列文件，主要基于以下两点考虑：

第一，着眼从体制机制建设入手，努力促进我市社会建设工作制度化、规范化。应当说，这些年来，我市社会建设取得了很大成就，积累了许多经验，需要很好地总结、继承和发展。因此，从总结经验，进行制度化、规范化建设入手，围绕我市社会建设工作重点，起草了一个发展规划和关于加强社会建设、社会组织建设、社会队伍建设、社会领域党建的四项工作计划，以便于工作有章可循。这就是最早的动因和最初的设想。

第二，着力改革创新，研究解决我市社会建设突出问题。在文件起草的过程中，大家越来越迫切地感到，不解决工作体系、工作思路和工作方法问题，制定规划、提出计划，只能是照抄照搬已有《北京市国民经济和

---

* 这是 2008 年 10 月 17 日在北京市社会领域基层党组织负责人示范培训班上的辅导报告的一部分。报告主要内容以“关于北京社会建设的理论思考与实践探索”为题，刊发于《北京日报》（2008 年 4 月 18 日）。

社会发展第十一个五年规划纲要》的相关内容，只能是把有关部门的计划简单相加起来。在社会建设起步阶段，构建工作体系、探讨工作思路、把握工作重点是前提。于是，就将“发展规划”改成了“实施纲要”，确定了构建公共服务体系、社区管理体系、社会组织管理体系、社会工作运行体系、社会领域党建工作体系的目标，并围绕这五大体系的构建提出工作思路、办法和措施。这就构成了《纲要》的基本格局。

（二）“1+4”系列文件的主要创新点有哪些

“1＋4”系列文件内容丰富，明确提出了我市今后三到五年社会建设工作的基本思路，有许多创新点和改革措施。

第一，《纲要》的创新点。《纲要》提出，用三到五年的时间，构建符合时代特征、中国特色、北京特点的社会建设总体思路和基本框架，即构建五大体系：构建社会公共服务体系，着力保障和改善民生；构建社区管理体系，夯实社会建设基础；构建社会组织管理体系，充分发挥社会的创造力；构建社会工作运行体系，充分发挥社会建设合力；构建社会领域党建工作体系，增强党的凝聚力、创造力。这五大体系勾勒了加强我市社会建设的基本框架，抓住了社会建设、管理和服务的重点，是《纲要》的创新点，是我们今后三到五年全市社会建设的大思路、大目标。

第二，《北京市社区管理办法（试行）》的主要创新点。该办法主要提出社区的管理、服务和自治问题。在调研过程中，我们了解到社区任务繁重的主要原因，是过多地承担了政府各个部门的行政性负担。这方面的任务大约占整个工作的76％。要减轻社区居委会负担，使居委会有更多时间抓自治，就必须有机构来分担政府派给居委会的工作任务。于是，经研究提出，把社区服务站的职能与居委会分开。居委会按照《中华人民共和国城市居民委员会组织法》，主要承担自治的功能；社区服务站作为政府公共服务延伸到社区的平台，承担政府公共服务职能。目前，全国社区服务站的模式有三种：有居委会管理模式，就是把居委会和服务站混在一起，这是相当多的，这种模式影响了居委会自治职能的发挥；还有一种模式，如深圳、南昌、成都、济南、苏州、常州等地，是街道办事处的管理模式，社区服务站协助街道办事处承担政府职能；第三种模式是民办模式，如上海、无锡等地，是民办组织性质。我们研究分析了这三种模式，认为街道办事处的管理模式比较符合北京的特点。居委会管理模式是落后的，是职能不分的。街道办事处作为政府的派出机构，主要任务是承担政府的公共服务职能，社区服务站按照街道办事处的管理和有关要求，把公共服务延伸到社区。民办模式，我们认为在北京还不现实，至少推广起来，完全走市场化道路还不现实，要通过街道模式，逐步向市场模式过渡。将来我们的服务站可能就是社会组织，就是由某一个社会组织和新经济组织来承担。政府制定政策，提出项目，通过服务站来购买社会组织和新经济组织的服务。我们力求经过几年的努力，通过规范社区服务站，努力达到三个加强：把服务站建成专业化、职业化、市场化的一个服务平台，进一步加强社区公共服务建设，提高公共服务水平；服务站与居委会分开后，减轻居委会行政负担，使居委会有更多精力，加强社区居委会自治，反映老百姓利益诉求；区县政府也就会有更多的精力抓管理，使社区管理得到加强。市委市政府出台的文件，就是按照“区县各部门抓管理、居委会抓自治、服务站抓公共服务”这一思路来制定的。在社区建设和管理中，党组织是核心，社区居委会、社区服务站都要接受党组织的领导，社区党组织一定要加强对民主自治和社区公共服务的领导，从政治上把关。这就是在社区党组织领导之下，社区居委会管自治、社区服务站管公共服务。要按照这样的格局来治理社区。

第三，《北京市社区工作者管理办法（试行）》的主要创新点。主要是通过规范待遇、规范招录、规范管理，达到提高工作标准、提高人员素质、提高工作水平的目的。这是该文件的创新点和着力点。现在社区党务工作者、居委会、社区服务站的待遇较低。负担重、任务重、待遇低，这种状况必须改变。我们基层的组织要巩固、要加强、要留住人才，就必须走规范化、专业化、职业化的路子。所以，市委市政府下决心一定要提高基层党务工作者、居委会和社区服务站工作者的待遇。只有提高待遇、提高素质、提高标准，我们的工作水平才能上来。我们所说的社区工作者，包括社区党务工作者、社区居委会专职工作者（这是选任的）和社区服务站专职工作者（这是聘任的）。社区工作者薪酬拟参照全额拨款事业单位工作人员标准执行，但明确不是事业身份。这个标准，我们经过调研认为合理，统筹了城乡差别，兼顾了新老，留有空间，有增长机制。这个标准考虑了各方面的关系，既立足当前，又考虑长远。经费由区（县）财政负担，市财政转移支付支持。在规范招聘上，要新人新办法、老人老办法。“新人”要高标准，把住准入关，要逐步走上专业化、职业化道路，特别是服务站；“老人”老办法，要加强培训，逐步过渡，妥善安置。在管理上，社区党务工作者、居委会是选任的，按照《劳动法》，签订服务协议，一般是一届一签；社区服务站是聘任的，各区县要研究制定具体的政策。

第四，《关于加快推进社会组织改革与发展的意见》的主要创新点。这是贯彻党的十七大精神、探索中国特色社团管理模式的一个创新性意见。我市社会组织发展迅速，截至2007年底，全市共有各类社会组织28 753家。管理的任务很重，服务的任务很重，扶持发展的任务也很重。这些年来，通过几次重大事件，北京市的社会组织在反映群众诉求、协调各方利益、促进经济发展、参与社会建设方面发挥了很大的作用，积极作用越来越明显，是我们社会建设中一支重要的力量。《关于加快推进社会组织改革与发展的意见》着力研究社会组织问题，提出了一系列关于改革、发展和服务的重要举措。我市社会组织中存在不少问题：一是政社不分、管办不分问题比较突出。二是管理分散，疏于管理。三是发展空间小，自主发展能力弱，发展环境需要优化。四是党的建设十分薄弱，即使有党组织，但有不少发挥作用很不充分。为此，社会组织文件提出五项主要措施。第一项措施是加快政社分开、管办分离步伐。分期分批实现社会组织与行政部门脱钩，在人、财、物方面彻底分开。除少部分有特殊职能的行政部门外，大部分行政部门不再作为社会组织的业务主管单位。改革后，将有80%左右的社会组织可以实现政社分开。全市社会组织业务主管单位，由134家减少到25家左右。第二项措施是构建“枢纽型”社会组织工作体系，实行分类管理、分级负责。所谓构建“枢纽型”社会组织工作体系，就是在社会组织管理、发展、服务中，充分发挥人民团体等有较大影响的社会组织的枢纽作用。具体说，在政治上，充分发挥其枢纽作用，使之成为党和政府与社会组织和各界群众广泛联系的桥梁和纽带；在业务上，充分发挥其骨干作用，将性质相同、业务相近的社会组织联合起来，进一步形成合力，促进共同发展；在管理、服务上，发挥助手作用，根据有关法律、法规，授权其承担业务主管单位职责，对相关社会组织进行日常管理，提供集约式服务。第三项措施是充分发挥社会建设部门统筹协调的作用，进一步加大统筹协调的力度，加强管理的力度和提供集约式服务的力度。第四项措施是落实党建与业务建设一起抓的要求。“枢纽型”社会组织等业务主管单位承担党建与业务建设一起抓的职责。第五项措施是建立健全“枢纽型”社会组织责任体系和联席会议制度。联席会议制度已经开始启动，首批12家已经确定的“枢纽型”社会组织已经开始抓工作协调。总的说来，发展、服务、管理都要加强，特别是要在搞好服务的过程中加强管理、促进发展。

第五，《关于进一步加强和改进社会领域党建工作的意见》的主要创新点。主要围绕新形势下社会领域党建的情况提出了许多创新的措施。创新点有以下六个方面：一是明确提出了社会领域党建的概念。主要是指社区党建、社会组织党建、新经济组织党建以及流动党员管理等。二是提出建立健全党委统一领导、组织部牵头、社会工委具体负责、各有关部门积极配合的社会领域党建工作格局。市委社会工委负责全市社会领域党建工作，区县委社会工委负责区县社会领域党建工作，街道、乡镇社会工作党委（党总支）负责辖区内社会领域党建工作，开发区党组织负责园区党建工作，用工单位党组织负责来京建设者党员管理。三是明确提出社会组织党建分类管理为主原则。四是明确提出新经济组织党建分级负责为主原则。建议部分超大规模新经济组织党组织可由市委社会工委直接管理，规模以上新经济组织党组织由区（县）委社会工委具体联系，规模以下新经济组织党组织由街工委、社区党组织联系。开发区、楼宇、农民工党员分别由开发区党组织、楼宇党组织、用工单位党组织负责管理。五是明确提出坚定不移地扩大党组织和党的工作全覆盖。3～5年内，在市里注册的社会组织、规模以上新经济组织党组织和党的工作要实现全覆盖。在区县注册的社会组织和规模以下新经济组织，要努力扩大党组织和党的工作的广泛覆盖。社会组织党建主要靠“枢纽型”组织。新经济组织党建下一步想以抓公寓及写字楼党建为突破口。我市各区县创造了许多很好的经验，有许多很好的做法，党的工作开展得很好，但是新经济组织党组织发展不平衡。六是明确提出紧紧围绕推动发展、服务群众、促进和谐、党组织自身建设、党员素质提高发挥作用。

（三）“1+4”系列文件的落实从哪里突破

关于《北京市社区管理办法（试行）》，主要是规范社区服务站的管理。关于《北京市社区工作者管理办法（试行）》，主要是规范社区工作者管理。要落实工资，要按新的体制、新的招录办法来实行。关于《关于加快推进社会组织改革与发展的意见》，主要是构建“枢纽型”社会组织工作体系，加快政社分开、管办分离步伐；建立健全“枢纽型”社会组织联席会议制度，经常性的会议制度一个季度一次。关于《关于进一步加强和改进社会领域党建工作的意见》，主要抓好社区党组织换届选举工作，社区党组织的换届要走在前面，然后在社区党组织的领导下，做社区居委会的换届工作。构建社会组织以类管理为主的工作体系；新经济组织党建以楼宇党建为突破口，按照开发区、商业区、商务楼宇以块为主来抓起。四是《纲要》任务，除上述之外，还有其他几项：努力实现“五无”目标；构建公共服务体系，特别是要进一步创新公共服务提供方式，加快政府购买公共服务步伐，完善公共服务网络；建立健全统筹协调机制，充分发挥市、区（县）领导小组及其办公室作用（社会、组织、发改、民政、人事、劳保为办公室主要成员单位）；部署和落实折子工程，加强督促检查；加快推进区县社会建设机构组建，年底前完成；成立北京市社会建设的信息中心；专职工作者加快专业化、职业化建设步伐；转化奥运志愿者成果，建立健全社会志愿者工作长效机制；搭建信息沟通平台，完善利益诉求、矛盾调处机制。

社会建设的根本动力是改革创新*

借党的十七大和纪念改革开放三十周年春风，借成功举办北京奥运会、残奥会良机，首都社会建设取得了新成绩，实现了新跨越，迈上了新台阶，站在了新的起点上。借此机会，我谈三点体会。

（一）历史告诉我们：社会建设的动力是改革创新

改革开放三十年来，首都的社会建设大致经历了三个发展阶段：前二十年为第一阶段，后十年为第二阶段，近一年的工作开启了第三阶段。

第一，1978—1998 年的前二十年，为改革的探索阶段。农村改革、城市改革、企业改革等，改变了社会结构，也带动了社会领域的改革。伴随着经济、政治、文化等领域的改革，社会领域的改革也有所探索、有所发展，标志性成果就是 1990 年北京亚运会之后全市持续不断开展的城市环境整治等，使北京市的社会文明程度不断提高，社会环境有了很大的改善。

第二，1998—2007 年的十年的时间里，为改革深入阶段。随着经济改革、政治改革、文化改革的深入，特别是随着申办奥运会成功和筹办奥运会，总结抗击“非典”的经验，首都社会建设和改革的自觉性明显增强，主要标志是“迎奥运、讲文明、树新风”活动的广泛开展，“我参与、我奉献、我快乐”的志愿精神在社会上大大普及，推动了全社会文明素质的大幅度提高。尤其是 1998 年后，召开了五次全市城管会，推进了城市管理水平的提高。市委市政府《关于建设和谐社区和谐村镇的若干意见》的贯彻落实，推进了和谐社会建设工作的扎实推进。

第三，从党的十七大召开到现在的一年时间里，首都社会建设开创了

---

* 本文为 2008 年 12 月 12 日在北京市委社会工委等单位主办的“纪念我国改革开放 30 周年：社会建设与管理体制改革论坛”上的演讲。

新局面，改革创新实现了新突破。主要标志就是成立了社会工作机构，制定了加强首都社会建设的“1＋4”系列文件，召开了全市的社会建设大会。

三十年改革开放的历史告诉我们：发展是硬道理，改革创新是强大动力。经济建设如此，政治建设、文化建设如此，社会建设也是如此。有了经济建设的基础，政治、文化、社会的发展和改革才有条件。但如同经济建设自身发展的动力来自体制改革和机制创新一样，政治建设、文化建设、社会建设的动力也来自体制改革和机制创新。社会建设不可能在经济建设的基础上自然而然地向前发展，没有大胆改革，社会建设就不会有大的发展。

（二）现实告诉我们：当前加强社会建设的关键环节在于社会管理体制改革

改革开放三十年来，我国经济建设发生了翻天覆地的变化，政治、文化建设也有了长足的发展；但社会建设全面开展只是刚刚起步，社会管理体制改革处于“摸着石头过河”的阶段，社会建设与社会管理相对滞后。社会建设搞不好，就不是全面发展，就没有协调发展，也不可能有经济、政治、文化的可持续发展。十多年前的“拉美现象”，已经给全世界上了生动的一课。党的十六大以来，党中央强调落实科学发展观，推动科学发展，促进社会和谐。我们开展深入学习科学发展观活动，一个重要的目的就是补上社会建设这一课。

我们必须清醒地认识到，由于旧的思想观点和传统体制的束缚，社会建设的改革十分艰难。由于我们少有现成经验可以借鉴，在奥运会成功举办之后，首都和全国人民对我们的公共服务和社会管理有更多的新期待，中央对我们搞好“四个服务”有新的更高要求，建设“人文北京、科技北京、绿色北京”的新任务又给我们带来了许多新挑战。进入改革的深水区，首都社会建设和管理创新任务十分繁重。好在党的十六大以来，以科学发展观、构建和谐社会重大战略思想的提出为标志，中国改革开放之船已经驶进这个深水区，我们已经在这一新领域开启了拓荒之旅。

（三）一年多的工作实践告诉我们：推进北京社会建设的着力点应该放在改革创新

按照市委市政府的要求，市委社会工委、市社会办成立一年以来，主要定位于社会管理体制的改革与创新，我们工作的初步成效也主要体现在这个方面。

在市委市政府的正确领导下，机构成立一年来，围绕着改善民生、构建和谐、完善管理体制做了一些工作。具体地说，做了四个方面的工作，取得了初步成效：第一季度，配齐了班子，面向社会公开招聘干部，在很短的时间内就使机关工作走上正轨；第二季度，集中精力起草了北京社会建设“1＋4”系列文件，6 月 25 日市委常委会正式通过；第三季度，集中精力筹办全市社会建设大会，9 月 25 日，残奥会结束不久，就召开了这次大会；第四季度，按照市委市政府的要求，研究制定社会建设的一系列政策文件，集中研究重点工作的突破口。

总体来看，经过一年的努力，已经有了一支较好的工作队伍，有了一套较明确的工作思路，有了一个基本的体制框架，有了一个好的政策方案。

我们这支队伍，是面向社会公开招聘建立起来的。这本身就是用改革的思路来选人才和建队伍。按照市委市政府的要求，我们这个新机构一开始就以改革创新思维来抓工作，不是简单地重复已有工作，而是集中力量做各部门想做又难做成的综合性工作。我们的改革重点是体制机制。这主要体现在“1＋4”系列文件的制定中。市委市政府制定的《纲要》提出，要构建起具有时代特征、中国特色、首都特点的社会建设新格局的基本框架，具体说就是加强五大体系建设，即社会公共服务体系建设、社区管理体系建设、社会组织管理体系建设、社会工作运行体系建设和社会领域党建工作体系建设。这五大体系可能不全面，但不是各领域的简单相加，而是推进社会建设的基础，是未来社会管理体制的新框架。

例如，《北京市社区管理办法（试行）》着眼于社区建设、管理、服务的体制机制创新。从社区服务站的公共服务职能与社区居委会的自治职能分开入手，明确党组织社区、社区居委会、社区服务站的职能。把社区公共服务摆在更加突出的地位，从而加强社区管理、自治、服务的功能。

又如，《北京市社区工作者管理办法（试行）》着眼于社会工作者职业化、专业化建设，从规范待遇、规范招录、规范管理等方面做出规定，这也是对社会人才队伍管理的创新。

再如，在《关于加快推进社会组织改革与发展的意见》中，一个重要的创新点就是构建“枢纽型”社会组织工作体系，培育扶持一批联合性的社会组织，让其在政治上充分发挥党和人民与各界群众联系的桥梁纽带作用，在业务上充分发挥龙头作用，在管理上充分发挥服务协调作用。在党和政府的领导之下，打造一批专业性、行业性强的社会组织的联合舰队，使之成为推动科学发展、促进社会和谐的生力军。

还如，在《关于进一步加强和改进社会领域党建工作的意见》中，提出“社会领域党建”这一概念，本身就是创新；提出社区党建、社会组织党建、新经济组织党建分类管理与分级负责相结合，也属于体制机制的创新；提出要围绕推动发展、服务群众、促进和谐等来创新工作方式，也是对工作提出的创新要求。

综上所述，市委市政府出台的“1＋4”系列文件，是推动社会管理体制改革、社会建设机制创新的有益探索，是一系列创新性的文件。

我们已经初步形成了一套基本的工作机制。这套工作机制就是“三足鼎立、两翼齐飞”：“三足”之一是市社会建设工作领导小组及其办公室的协调机制，协调包括市委市政府 38 个有关部门共同开展工作；“三足”之二是各区县社会工作机构组成工作体制，目前已经有十个区成立了社会工作机构；“三足”之三是构建“枢纽型”社会组织工作体系，首批即将认定，加上新建和改建的，将有 15～20 个，将承担起桥梁纽带、组织协调和发展龙头的作用。“两翼”之一是建立新闻信息平台，之二是我们与高校、研究机构共同搭建研究基地平台。目前我们已经和清华大学、中国人民大学、首都师范大学、北京市社会科学院等单位共建了五个研究院和研究中心。这套工作机制，是在市场经济条件下，从北京的特点出发、从社会建设的一般规律出发进行的机制上的新探索。

目前，我们正在研究制定配套政策，包括社区建设的综合改革政策、“枢纽型”社会组织建设的配套政策、公共服务的购买政策、志愿者工作体制机制的创新办法和社会领域党建工作改革创新的配套政策，并将推出一系列改革的新举措。我们将以纪念改革开放三十周年和深入学习实践科学发展观活动为契机，不断把北京社会建设改革创新引向深入。

北京社会建设既是重大的现实问题，也是重大的理论问题。在改善民生、构建和谐、社会管理等方面，还有许多重大理论和实际问题需要研究探讨。我们的诸多工作才刚刚起步，我们热诚期待与学界更好的配合和与实际工作部门更好的协作。

加强社会建设要从研究和解决基本问题入手*

党的十七大从建设中国特色社会主义事业全局出发，把社会建设与经济建设、政治建设、文化建设一起置于“四位一体”的大格局中，并做出系统论述和全面部署，意义非常重大。

党的十七大以来，北京市委市政府把加强社会建设放在更加突出的地位，紧抓发展机遇，努力创新实践，使北京社会建设站在了新的历史起点上：一是紧紧抓住学习贯彻党的十七大精神的历史机遇，成立了市委社会工委、市社会办，召开了北京市社会建设大会，出台了加强北京市社会建设“1＋4”系列文件，明确了基本工作思路；二是紧紧抓住北京筹办奥运会、残奥会的历史机遇，广泛动员人民参与社会建设实践，使筹办奥运会的过程成为广泛动员社会的过程、构建和谐社会的过程、建设新北京的过程；三是紧紧抓住全党深入学习实践科学发展观活动的历史机遇，完善政策、健全机制、改革体制、创新实践，取得了一系列新突破。

相对于经济建设、政治建设、文化建设而言，我国社会建设还处于“初级阶段”和“摸着石头过河”的阶段。通过两年来北京市社会建设的实践，我深切地体会到，加强社会建设要从基础工作抓起，要从研究和解决基本问题入手。我把这些基本问题概括为“五基本”，即基本定位、基本目标、基本机制、基本政策和基本突破口。

一、要搞清基本定位

社会建设不等于社会学，也不等于社会事业，它有自己的内涵，但社会建设的外延又与社会学和社会事业有交叉。

---

* 本文刊发于《人民日报》（2010年2月24日）。刊发时标题和正文略有改动。

“社会”有大、小概念之分，甚至还有中概念。大概念的“社会”是“自然与社会”中相对于自然界的人类社会的概念；中概念的“社会”是指“经济与社会发展”中相对于经济的一切社会事业，实际上也包括了政治、文化；小概念的“社会”，则是党的十七大报告中所说的相对于经济建设、政治建设、文化建设的“四位一体”中社会建设的“社会”。我们当前所说的社会建设，应当是小概念范畴。

党的十七大明确提出，社会建设有六大任务：（1）优先发展教育，建设人力资源强国；（2）实施扩大就业的发展战略，促进以创业带动就业；（3）优化收入分配制度改革，增加城乡居民收入；（4）加快建立覆盖城乡居民的社会保障体系，保障人民基本生活；（5）建立基本医疗卫生制度，提高全民健康水平；（6）完善社会管理，维护社会安定团结。

党的十七大提出的社会建设六大任务中，有五大任务是民生问题，而且，党的十七大还把社会管理作为重要任务，特别强调“要健全党委领导、政府负责、社会协同、公众参与的社会管理格局，健全基层社会管理体制”。因此我们不难看出，党的十七大围绕构建社会主义和谐社会目标，在强调维护社会安定团结的同时，更加强调以保障和改善民生为重点，更加强调以社会管理体制改革创新为动力。

因而，我认为，党的十七大提出的六大任务还可以归纳为三个方面：一是加强社会服务，切实保障和改善民生；二是加强社会管理，创新体制机制；三是加强社会动员，构建和谐社会。也就是说，所谓加强社会建设，就是以保障和改善民生为重点，以社会管理体制改革为动力，以构建和谐社会为目标。

二、要明确基本目标

任务决定目标。与上一个问题相联系，如果把社会建设的任务定位于维护社会安定或发展社会事业，不仅面窄了，而且事实上维护社会安定、发展社会事业仅仅靠社会建设也完不成。社会建设与经济建设、政治建设、文化建设虽然并列排比，但实际上都有交叉点。如果说，经济建设、政治建设、文化建设是“生产层面”，那么，一旦进入社会，就进入“消费阶段”，就与社会建设有了联系。

要按社会建设的规律确定工作目标。加强社会建设不能停留在加强社会服务、社会管理、社会动员层面，还要落实到社区建设、社会组织建设、社会队伍建设、志愿者队伍建设和社会领域党建层面。也就是说，社会建设的任务和目标，不能是笼统的，而应当是具体的。

北京市提出了构建“五大体系”的思路和目标。去年北京奥运会、残奥会刚刚闭幕一周之际，北京市委市政府就及时召开了北京市社会建设大会，印发了加强北京市社会建设的“1＋4”系列文件，即《北京市加强社会建设实施纲要》（简称《纲要》）和《关于进一步加强和改进社会领域党建工作的意见》《关于加快推进社会组织改革与发展的意见》《北京市社区管理办法（试行）》《北京市社区工作者管理办法（试行）》。其中，《纲要》明确提出，在为人民群众提供更多更好的公共产品和公共服务的同时，力争用三到五年的时间，初步建立起具有时代特征、中国特色、首都特点的社会建设新格局的基本框架：(1) 构建社会公共服务体系，进一步保障和改善民生；(2) 构建社区管理体系，进一步夯实社会建设基础；(3) 构建社会组织管理体系，进一步激发社会建设活力；(4) 构建社会工作运行体系，进一步增强社会建设合力；(5) 构建社会领域党建体系，进一步扩大党组织和党的工作的覆盖面、影响力。

可见，社会建设要以构建和谐社会为目标，以完善社会公共服务体系为核心，以社会管理体制改革为动力，以加强社区建设、社会组织建设为基础，以构建社会工作运行体系和社会领域党建工作体系为保障。它与一切经济社会发展事业相关，但又有独立的工作体系。

三、要创新基本工作机制

社会建设的出路在于体制机制创新。传统的思维模式，已有的工作体制，行政命令式的方法，都不适应新情况，解决不了新问题，要构建新体制、搭建新平台。

北京市初步搭建“五大工作网络”。一是成立北京市社会建设工作领导小组及其办公室。领导小组包括市委市政府38个成员单位。办公室设在市委社会工委、市社会办，有8个成员单位。建立领导小组办公室主任工作例会制度，形成协调市级单位的工作机制。二是各区县成立社会工作机构，并建立健全区县社会工委书记、社会办主任例会制度，形成协调区县工作的机制。三是建立健全“枢纽型”社会组织联席会议制度，形成协调社会组织的工作机制。四是建立社会建设信息中心，并与首都媒体进行互联互动，在社区、“两新”组织中确定90个信息直报点，搭建宣传报道和社会舆情分析平台。五是与清华大学、中国人民大学、北京师范大学、中国青年政治学院、北京工业大学、首都师范大学、北京市社会科学院共建7个北京社会建设研究基地，形成社会建设研究网络。

四、要完善基本政策体系

社会建设相对滞后，很重要的是政策滞后。继“1＋4”系列文件后，北京市又出台了一系列配套文件，以体制改革、机制创新为着力点，初步形成了“1＋4＋X”的政策体系框架，围绕社区建设、社会组织建设、社会队伍建设、志愿者工作、社会公共服务、社会领域党建工作提出了一系列规范性、政策性措施。

社区建设按照“一分、三定、两目标”的思路深化管理和服务体制改革。“一分”，即将社区服务站与社区居委会职能分开，社区服务站主要承担政府公共服务职能，社区居委会主要承担居民自治职能；“三定”，即确定社区党组织、社区居委会、社区服务站的工作任务、工作人员和工作经费；“两目标”，即建设一支专业化、职业化的社区工作者队伍，建设现代化、规范化的新型社区。

社会组织建设按照构建“枢纽型”社会组织工作体系的思路，深化管理和服务体制改革。以人民团体等大型专业化社会组织为骨干，构建20个左右“枢纽型”社会组织，按业务性质进行分类管理，逐步实现政社分开、管办分离，逐步走上社会组织自我发展、自我管理的道路。一是授权“枢纽型”社会组织承担业务主管单位职责，对同类别、同性质的社会组织进行业务管理和日常服务；二是积极扶持“枢纽型”社会组织发挥业务龙头作用，联合同类别、同性质社会组织更大、更快、更好地发展业务；

三是大力支持“枢纽型”社会组织成为党和政府联系社会各界的桥梁和纽带，在党组织正确领导、政府大力支持、社会各界协同、公众广泛参与下，共同推动科学发展、构建和谐社会。

社区工作者队伍建设紧紧围绕专业化、职业化目标深化管理和服务体制改革。一是规范待遇，参照全额拨款事业单位工资标准，提高待遇，使社区工作成为令人羡慕的职业；二是规范招录，社区服务站工作者按照公开、公平、公正的原则进行招录，社区党组织和社区居委会工作者依法进行选举，把具有大专以上学历、年轻有为、德才兼备的人才吸引到社区工作者队伍中来；三是规范管理，纳入全市干部培养和人才管理规划，建立促进社会工作者培养、评价、使用、激励工作机制，使社区工作者成为既“留得住”又“流得动”的职业。

志愿者工作按照“转化奥运志愿者成果、建立健全志愿者服务长效机制”的思路深化改革。在继续搞好重大活动志愿者服务的同时，形成经常性志愿服务体制和应急性志愿服务机制。

社会公共服务以不断扩大政府购买服务为目标，不断完善社会公共服务体系。

以扩大党组织和党的工作覆盖面、改进创新工作方式为目标，进一步加强和改进社会领域党的建设。逐步形成党委领导、组织部门指导、社会工委具体负责、各部门相互配合的社会领域党建工作体制，逐步形成社区党建以区域管理为主、社会组织党建以分类管理为主、新经济组织党建以分级管理为主的工作格局，力争用三到五年的时间实现社会领域党组织和党的工作全覆盖。

五、要找准基本工作突破口

在学习实践科学发展观的过程中，北京市社会建设从六个方面实现了新突破。

以社区规范化建设试点工作为突破口，推进社区管理和服务体系建设。主要做了两项工作：一是圆满完成了全市社区党组织、社区居委会换届工作。在选出的22 000多名社区工作者中，48.3%为新人，其中大专以上学历者占54.2%，比上届提高了26%；党委书记、居委会主任大专以上学历占70%以上，比上届提高了16%；知识结构进一步优化，平均年龄下降了2.5岁，直选比例也大大扩大。二是在全市600个社区进行了规范化建设试点，从七个方面26项内容100多个指标进行规范化试点，并投资新建350个350平方米以上的社区居委会和社区服务站，改善办公用房和服务用房问题。今后两年将进一步扩大试点范围，用三年时间使全市近2 600个社区达到软件和硬件的规范化标准。

以构建“枢纽型”社会组织工作体系为核心，推进社会组织管理和服务体系建设。主要做了两项工作：一是确认市总工会、团市委、市妇联、市科协、市残联、市侨联、市红十字会、市文联、市法学会、市社科联等10家人民团体为首批市级“枢纽型”社会组织。下一步再确认、新建或改造提升10个左右的市级“枢纽型”社会组织，基本完成“枢纽型”社会组织工作体系构建工作。二是从2009年4月开始，启动社会组织审批“一站式”服务机制。不断完善“一口审批、分类规范、政府监管、扶持发展”的工作机制。

以专业化、职业化为目标，加快推进社会工作者队伍建设。主要做了两项工作：一是加大培训力度，举办了区县局领导干部社会建设培训班，全市区县社会工委书记、社会办主任培训班，全市街道工委书记培训班，全市街道办事处主任培训班，全市“两新”组织党委书记培训示范班，等等。二是选聘高校毕业生到社区工作，大力实施“大学生社工计划”。面向首都高校应届毕业生和服务合同期满的“大学生村官”选聘了2 100多名，面向社会选聘2 233名大专以上毕业生。其中，硕士、博士研究生750多人，党员1 471名。今明两年，进一步加大工作力度，力争经过三到五年的努力，使全市社区工作者具有大专以上学历的达到90%左右，具有社区工作专业职称的达50%以上，基本实现社区工作者专业化、职业化。

以转化奥运志愿者工作成果、建立健全志愿者工作长效机制为目标，加强和改进志愿者工作。主要做了两项工作：一是召开了全市志愿者工作大会，出台了《关于进一步加强和改进志愿者工作的意见》，对转化奥运志愿者成果、建立健全志愿者工作长效机制进行了全面部署。二是决定将北京志愿者协会改造提升为北京市志愿者联合会，确认为市级“枢纽型”

社会组织。

以建立社会建设专项资金制度为基础，进一步完善社会公共服务体系。2009年市财政出资1.5亿，主要用于政府购买社会公共服务。今后将进一步加大工作力度。

以三项试点工作为抓手，努力扩大社会领域党建工作覆盖面。一是开展了在街道层面建立社会工作党委试点工作，建立由街道工委和驻区单位、“两新”组织党组织负责人组成的街道社区党组织，逐步实现党组织和党的工作在街道社区的全覆盖。2009年初以来，全市138个街道已全部建立了社会工作党委。二是在商务楼宇（写字楼）开展建立社会工作党组织试点工作。将党组织建在商务楼宇，将政府公共服务延伸到商务楼宇，将群团工作也引进商务楼宇，逐步实现党组织和党的工作、社会服务工作在商务楼宇的全覆盖。2009年在全市1 237座商务楼宇中，已建立了近700个党建工作站（社会工作站），2010年将实现全覆盖。三是在“枢纽型”社会组织中开展建立社会组织党委试点工作。按照分类管理和党建业务一起抓的原则，由“枢纽型”社会组织将所属协会（学会）的业务工作和党建工作统筹协调起来，逐步实现党组织和党的工作在社会组织中的全覆盖。这项工作将在今年内完成。另外，结合开展第三批深入学习实践科学发展观活动，在全市新经济组织中开展党建工作“五个好”示范点创建活动也已启动，典型引路，以点带面，逐步扩大党组织和党的工作在新经济组织中的覆盖面。

总之，以上五“基本”，力图解决出发点（基本定位）、方向（基本目标）、路径（基本机制）、保障（基本政策）和实践（基本突破口）问题，这既是工作方法又是工作任务，既是理论问题又是实践问题，需要逐步研究透、解决好。

以上个人的认识还很粗浅，北京市社会建设也刚刚起步，还处于“摸着石头过河”的阶段。要进一步坚持以科学发展观为指导，努力探寻具有时代特征、中国特色、首都特点的社会建设规律，大胆进行理论创新和实践探索，不断开创北京市社会建设新局面。

关于构建“枢纽型”社会组织工作体系问题*

党的十七大以来，北京市在社会组织服务管理方面做了一些探索，其核心工作就是以人民团体为骨干构建“枢纽型”社会组织工作体系。这一服务管理模式推出后，很快引起了广泛关注和良好反响。

一、全市社会组织呈现蓬勃发展之势

截至2010年底，全市共有依法登记的市区两级社会组织7100余家；此外，还以备案制等形式存在着数量众多的社区社会组织、“草根”社会组织以及高校社团组织，总量近3万家。这些数量众多、形态各异的社会组织，分布在首都经济社会生活的各个方面，在发展市场经济、提供公共服务、保障改善民生、完善基层民主、促进社会和谐等方面发挥了重要作用。特别是在汶川抗震救灾、举办2008年奥运会、庆祝新中国成立60周年以及应对国际金融危机期间，全市约1.2万家各级各类社会组织参与了相关工作，发挥了积极作用，这些社会组织已经成为促进首都经济社会发展的一支重要力量。

二、构建“枢纽型”社会组织工作体系非常必要

第一，中国发展到今天，需要构建在党的领导下，政府组织、市场组织、社会组织良性互动的体制机制。我认为，一个成熟和发达的社会，不仅需要依法执政的政府管理体制和完善的市场经济体制，同时也需要一个充满活力、作用明显的社会组织体系。北京在成功举办奥运会之后，进入

* 这是2011年1月25日在中央机构编制办公室召开的人民团体工作座谈会上所做的主题报告“探索中国特色社团管理新途径”的一部分。

了一个新的发展阶段，全市人均 GDP 已突破 1 万美元，经济社会的快速发展需要社会组织充分发育并发挥出应有的作用。

第二，目前社会组织服务管理体制不仅不能适应新变化，而且非常滞后。我市社会组织经过这些年的发展，虽然如上所述有了较大进步，但总体上看，还存在着质量不高、能力不强、管理分散、发展无序等问题，还不能满足首都经济社会发展的需要。经过研究分析，我们认为，造成这种局面的主要原因是原有的管理体制滞后，已经不适应新的发展形势的需要，甚至有时阻碍发展。一是政社不分、管办不分的现象比较普遍。许多社会组织都是由政府部门创立的，在人、财、物上严重依赖行政部门，成为行政机关的附属物，自主发展、自我管理的能力不强。二是管理分散、疏于管理的问题比较突出。仅市级社会组织的业务主管单位就多达 134 个，绝大多数是各行政委办局，实际工作中，这些部门大多很难投入精力来提供专门的服务和管理。三是社会组织因找不到业务主管单位而无法登记的问题时有发生。很多社会组织只能以其他形式存在，于是产生了大量无人联系、无人管理的“草根”组织，同时，也有一些社会组织随便找一个挂靠单位。四是由于渠道不畅，社会组织党建工作滞后，党组织和党的工作覆盖面不够，工作在社会组织中的大量党员成为“口袋”党员，长时间不能过组织生活。

针对以上这些问题，必须通过体制创新来激发社会组织活力，推动社会组织发展，促进社会组织发挥作用。为此，北京市委市政府在 2008 年出台的《纲要》等“1+4”系列文件中明确提出了构建“枢纽型”社会组织工作体系的改革思路，形成了在市委市政府领导下，市社会建设工作领导小组办公室统筹协调“枢纽型”社会组织服务管理工作的新机制。

三、“枢纽型”社会组织主要有三大作用

所谓“枢纽型”社会组织，是指对同类别、同性质、同领域社会组织进行联系、服务和管理的大型联合组织，由市社会建设工作领导小组认定并授权承担以下三个方面的工作职责：一是在政治上发挥“桥梁纽带”作用，负责在所联系和管理的社会组织中贯彻执行党的路线方针政策，开展

党建工作；二是在业务上发挥“龙头”引领和聚合作用，团结带领本领域社会组织形成合力、共同发展；三是在日常管理和服务上发挥平台作用，承担有关社会组织的业务主管单位的职责，负责业务指导，进行日常联系、服务和管理。

四、北京“枢纽型”社会组织工作体系三年基本实现全覆盖

2009年3月，北京市认定了10家人民团体为第一批市级“枢纽型”社会组织，包括市总工会、团市委、市妇联、市科协、市残联、市侨联、市文联、市社科联、市红十字会、市法学会；2010年12月又认定了第二批12家市级“枢纽型”社会组织，包括市工商联、市贸促会、市私营个体经济协会、市体育总会、市志愿者联合会、首都慈善公益组织联合会、市注册会计师协会、市律师协会、市工业经济联合会、市商业联合会、市建筑业联合会、市民办教育协会。两批22家“枢纽型”社会组织服务管理可覆盖全市社会组织的80%左右。2011年将再确认一批“枢纽型”社会组织，共30家左右，可以基本实现“枢纽型”社会组织对全市社会组织日常服务管理和党建工作全覆盖。“枢纽型”社会组织实行分类管理，比如，青年类社会组织将由团市委进行联系、服务和管理，科技类社会组织由市科协负责，残疾人类社会组织由市残联负责，等等；而且形成市、区(县)、街道（乡镇）多级“枢纽”，从而形成社会组织分类管理、分级负责的“枢纽型”社会组织工作网络。

五、构建“枢纽型”社会组织工作体系是中国特色社团管理模式的新探索

我们知道，中国社团管理目前实行的是“双重”管理体制，即业务主管单位管理与登记管理。而从国际惯例来说，通常是直接登记；从我国社会组织管理改革的方向来说，是政社分开、管办分离。如何既不违反目前的“双重”管理体制，又符合发展方向呢？我们探索了“枢纽型”社会组织管理新模式。这种模式有以下三个特点：第一，符合改革方向又不违背

现行规定。由“枢纽型”社会组织代替行政部门履行社会组织业务主管单位的职责，有利于促进社会组织与行政部门在人、财、物上的彻底脱钩，符合改革和社会组织自主发展、自我管理、政社分开、管办分离的方向，且又不违背国家规定的“双重”管理体制。第二，符合社会组织发展规律又有中国特色。“枢纽型”社会组织不是政府部门，实行以“社”管“社”的工作模式，从长远看，符合社会组织社会化、专业化的发展趋势，同时又有中国特色。第三，可一举多得，即一是有利于加强党的领导，二是有利于加强分类服务管理，三是有利于促进共同发展。

六、构建“枢纽型”社会组织工作体系要以人民团体为骨干

第一，社会组织管理要坚持正确的政治方向，绝不能在人民团体外“另起炉灶”。工会外搞社会工会体系，社科联外搞社会社科体系，政治方向就出了大问题。我国社会组织工作必须始终坚持党的领导和正确的政治方向，不能像西方国家那样，社会组织可以随便成立、任意发展，更不能站在党和政府的对立面。人民团体是党领导下的群众组织，多年来一直是党和政府联系各界群众的桥梁和纽带，是党和政府最值得依靠、最值得信赖、最为得力的助手，具有比较健全的组织体系、工作队伍和工作机制。2007 年底，市委在研究新形势下北京市科协工作时，明确指出，要探索建立中国特色的社团管理体制。按照这一要求，我们提出了构建“枢纽型”社会组织工作体系的思路，并决定首先从人民团体做起。

第二，人民团体有良好的工作基础和优良传统，社会组织管理与人民团体管理绝不能搞“两张皮”，要有机融合，这也是政治问题。长期以来，很多人民团体一直担负相关社会组织的管理职责，有比较好的工作基础。比如北京市科协目前管理着 170 多家科技类学会、研究会和有关组织，其他人民团体也都管理着一定数量的社会组织，而且积累了许多工作经验，工作很有成效。因此，我们在考虑由“谁”来做“枢纽型”社会组织时，应该首先充分发挥人民团体的现有资源和工作优势，通过改革创新，把人民团体做大做强，不能搞“两张皮”。

第三，社会组织服务管理创新应当首先推动人民团体工作创新。在新

形势下，人民团体自身工作也面临许多新挑战和新要求。在社会转型过程中，社会结构、社会动员方式、社会利益格局发生了深刻变化，客观上讲，人民团体也在很大程度上面临着如何转变工作方式、拓宽工作视野等问题。在被认定为“枢纽型”社会组织后，联系、服务和管理本领域的众多社会组织，有助于人民团体的工作平台“加宽加长”，从而更好地发挥党和政府赋予的桥梁纽带、发展龙头、服务管理平台作用。因此，从此种意义上讲，社会建设需要人民团体的大力参与，人民团体也同样需要借助社会建设这一广阔舞台，在新时期实现更大发展。

第四，“枢纽型”社会组织不是新的官僚体制，而是开放竞争的体制。一方面，“枢纽型”社会组织扩大了覆盖面；另一方面，“枢纽型”社会组织也增加了工作交叉点。下属社会组织选择业务主管单位——“枢纽型”社会组织的自由度更大了。比如女性青年类的社会组织，既可以选择市妇联也可以挂靠到团市委；职工法律类的社会组织，既可以选择市总工会也可以选择市法学会；等等。在“枢纽型”社会组织大框架内，可自由选择业务主管单位，谁有吸引力谁就可以团结更多的本领域社会组织。“枢纽型”社会组织之间的竞争力增强了。另外，社会组织的大量加入，也推动“枢纽型”社会组织服务管理方式必须不断改进，民主意识必须不断增强，同时要兼顾政府和社会的利益，切实发挥桥梁纽带作用。因而，今后人民团体等“枢纽型”社会组织的地位也会越来越重要了。

七、“枢纽型”社会组织工作体系作用得到充分发挥

一年多来，第一批10家市级“枢纽型”社会组织在各自领域开展了大量工作，在积极发挥作用的同时也使自身建设和事业发展得到了较大提升，探索出了许多好的经验和工作亮点。突出表现在以下几个方面：

一是延伸了手臂，工作的联系面和覆盖面不断扩大。对于“枢纽型”社会组织而言，经过一年多来的探索和实践，一个较为明显的变化就是工作触角进一步延伸，工作体系特别是基层组织体系更加完善，联系和服务的社会群体不断扩大。比如，市总工会着力推动“服务型工会”建设，建立了19个职工服务（帮扶）中心、532个工会服务站以及大量基层组织，

覆盖近400万工会会员。团市委针对社会上不断出现的车友会、网友协会、驴友沙龙等青年“自组织”，通过举办“青年社团文化节”等形式，吸引了本领域一大批“草根”组织的参与；同时，在全市范围内建立了80家“社区青年汇”和“乡村青年社”，广泛搭建青少年社会组织及青少年群体沟通、服务和交流平台，目前已与全市5 000多家各级各类青少年社会组织建立了工作联系。市妇联在全市建立了6 590个“妇女之家”，实现了对16个区县的2 646个社区和3 944个村的全覆盖，“妇女之家”作为市妇联创建的服务基层妇女群体的新型工作平台，提供综合维权、创业就业、教育培训、家庭教育、家政信息、婚姻家庭和帮扶救助等各项服务；此外，还通过“姐妹驿站”“巧娘工作室”等社会组织广泛联系、服务各类妇女群体。市残联与本领域80余家民办残疾人康复机构建立了工作联系，并通过人员培训、项目补助、评比表彰等形式进行支持。市红十字会主动与有关社会应急搜救组织以及志愿服务组织建立工作联系，积极提供支持，一同开展工作，比如，将原“草根”组织“蓝天救援队”改造为“北京红十字应急救援队”，取得了很好的成效。

二是展开了手脚，作用发挥得更加明显，形成了许多公益品牌。“枢纽型”社会组织在参与社会建设、提供公共服务方面有很好的工作基础和优势，近年来在这些方面不断推出一些有代表性的工作或活动品牌。比如，市总工会与人力社保、信访、司法、法院等部门建立了解决劳动争议的五方联动机制，综合运用法律、政策、经济、行政等手段，预防和化解矛盾纠纷，构建和谐劳动关系；团市委实施了“100365首善行动”等公益活动，搭建社会各界参与青少年公益事业的广阔平台，倡导社会各界爱心人士共同为青少年发展创造良好的社会环境；市妇联、市总工会、团市委联合打造“婚之恋”交友婚恋公益品牌，满足单身人群的交友联谊需求，取得了良好的社会效果。市科协、市社科联组织所属学会、研究会，持续举办“科普进社区”“周末社区大讲堂”等品牌活动，为科技工作者服务基层群众、参与社会建设搭建了工作平台。

三是提供了舞台，凝聚力和影响力进一步增强，参与社会建设的渠道不断拓展。正式认定首批“枢纽型”社会组织以来，积极通过支持其举办活动和承担公益项目等形式，支持其不断扩大凝聚力和影响力。比如，

2010 年 4 月举办“首届首都社会公益活动周”期间，政府搭台、10 家“枢纽型”社会组织及其所属社会组织唱戏，举办了丰富多彩的社会公益活动，内容涉及文化教育、心理咨询、医疗服务、养生保健、创业指导、法律保障、节能环保、紧急救助、志愿服务等多个领域，共举办论坛 36 场、公益展示 32 场，提供免费咨询服务近 500 场次，累计服务群众达 20 余万人次。2011 年，市社会建设工作领导小组办公室投入 2 000 余万元社会建设专项资金，向“枢纽型”社会组织购买了 20 类、近 300 项公共服务项目，由“枢纽型”社会组织采取“整体打包”的形式联合本领域相关社会组织共同实施。今后，政府向社会组织购买公共服务将主要通过“枢纽型”社会组织来实施，以更好地发挥其龙头引领作用。

四是完善了职能，服务和管理本领域社会组织的规范化水平不断提高。各“枢纽型”社会组织按照市委市政府赋予的新的工作职责，结合本领域社会组织的实际特点和工作需要，在原有基础上进一步加强内部规章制度建设，管理和服务水平不断提高。比如，市科协对内部工作制度进行了统一和规范，编制了社会组织服务和管理手册，以“一本通”的形式对本领域社会组织登记备案、日常管理、活动开展、项目申报等工作事宜进行了详细规定。团市委制定发布了《关于加强新形势下全市青少年社会组织工作的意见》，就培育引导“青年自组织”发展等提出了明确要求。此外，市社科联、市残联、市侨联、市法学会等也都按照社会建设“1＋4”系列文件精神，提出了许多具有针对性、创新性的办法和措施，为更好地开展相关工作提供了制度保障。

八、构建“枢纽型”社会组织工作体系是一个循序渐进的过程

第一，作为一项探索性工作，构建“枢纽型”社会组织工作体系需要一个不断摸索和实践的过程。实现新旧体制的“切换”还有很多工作要做并需要采取行之有效的办法。比如，面对政社分开、管办分离的目标任务，我们提出了“先挂钩、后脱钩”的思路，先把“枢纽型”社会组织工作体系建立起来，在此基础上，让“枢纽型”社会组织与同性质、同类

别、同领域的社会组织“挂钩”，即先建立工作联系，把工作做起来，最后再根据条件成熟的程度，逐步促进社会组织与原行政部门的彻底“脱钩”。

第二，下一步我们将积极采取措施，进一步完善“枢纽型”社会组织工作体系。一是进一步完善工作运行机制。去年下半年，市委社会工委、市社会办以“六有”（有领导责任制、有职能部门、有工作制度、有管理和服务体系的广覆盖、有党组织和党的工作的广覆盖、有业务和服务品牌项目）为主要内容，制定并印发了《关于进一步发挥“枢纽型”社会组织作用的通知》（简称《通知》）。下一步我们将着重按照《通知》要求，积极采取措施，规范“枢纽型”社会组织建设，通过多种方式支持“枢纽型”社会组织发挥更大作用。二是加快推进市级“枢纽型”社会组织服务管理全覆盖。2011 年确立 30 家左右的市级“枢纽型”社会组织，基本实现对市级社会组织的全覆盖。三是加大对“枢纽型”社会组织的支持力度。2010 年，我们通过购买管理服务的形式，根据 10 家“枢纽型”组织管理的社会组织数量，提供了共计 500 万元的经费支持，购买管理服务；通过购买公共服务项目的方式，为“枢纽型”社会组织提供了 2 000 余万元项目经费，涉及 20 大类、近 300 个公益服务项目，参与的社会组织有 400 余家。今后还要继续加大这方面的支持力度。此外，我们还将通过项目引导等方式，支持“枢纽型”社会组织培育公益活动品牌；通过建立市级社会组织孵化基地，为“枢纽型”社会组织开展工作搭建公共服务平台，提供集约式服务。四是建立健全与在京国际非政府组织和全国性社会组织合作交流机制。2010 年年底前，北京市民间组织交流协会成功举办了在京国际组织新年联谊会，我们还将与国家级人民团体、行业协会举行联谊活动，探讨合作交流等事宜。

关于社会建设体制机制创新问题*

三年来，北京市社会建设及社会组织服务管理工作“摸着石头过河”，取得了一定成效，但还很初步，许多问题还需要进一步共同探讨。

一、社会建设工作要创新工作体系，加强系统设计、整体推进

与社会概念有大、中、小之分相关联，社会建设也有大、中、小范畴之分。社会建设不能无所不包，也不能太窄；不能各自为战，要形成合力。社会的大概念是指“自然与社会”中的“社会”，中概念是指“经济与社会发展”中的“社会”，小概念是指经济建设、政治建设、文化建设、社会建设“四位一体”中社会建设的“社会”。我们目前把工作定位于小概念，但也很综合，主要包括完善社会服务、创新社会管理、激发社会活力、动员社会参与、构建社会和谐等工作。这些工作与社会事业、群众工作有密切联系，但又不完全相同，也不仅限于民生问题和社会稳定问题。这些工作与经济建设工作、政治建设工作、文化建设工作一样，应该成为一个独立的、完备的工作体系，要系统设计、整体推进。

二、社会建设工作要创新管理体制，加强统筹、综合协调

据不完全统计，北京有70%以上的人群由“单位人”变成了“社会人”，变成了社区人、社会组织人、新经济组织人、流动人。单位无上级

---

* 这是2011年1月25日在中央机构编制办公室召开的人民团体工作座谈会上所做的主题报告“探索中国特色社团管理新途径”的一部分。

主管，社会领域服务管理缺失，党组织和党的工作覆盖面小，党和政府执政的群众基础、社会基础“松散”，这是很可怕的事情，必须健全新的工作网络，形成社会工作体系，构建新的服务体系和管理体制。必须在完善服务的过程中加强科学管理，必须以党建工作全覆盖引领社会服务管理全覆盖。社会建设工作涉及许多部门，要有综合部门加强统筹、综合协调、系统设计、整体推进，特别是要有党委部门综合协调。应形成党委部门统筹协调、政府部门各负其责、社会组织积极协同、社会公众广泛参与的工作格局。市委市政府报经中编办批准成立社会工委、社会办就是朝这个方向努力。在市委市政府的领导下，建立市委社会工委综合协调机制，形成工作网络，效果也是好的。

三、社会组织服务管理要创新思路，加强分类管理、扩大覆盖

在市场经济条件下，我们面临开放社会的挑战、企业社会的挑战、虚拟社会的挑战，必须形成在党的领导下政府组织、社会组织、经济组织良性互动的格局。政府服务管理缺失，社会组织一盘散沙，市场经济秩序混乱，都会严重动摇党的执政基础。在改革开放、社会主义市场经济、信息时代条件下，不积极主动工作，任其自由发展，不加强服务管理，就等于放弃阵地和主动权，甚至制造对立面，党执政的社会基础、群众基础就不会稳固。

在新形势下，以人民团体为骨干的大型联合型社会组织的地位、作用有了很大变化，政治上发挥其桥梁纽带作用，业务上发挥其发展龙头作用，日常服务管理上发挥其平台作用，显得越来越重要，越来越成为必然趋势。越来越多的人将通过参加社会组织参与社会事务，不仅应当把社会组织服务好管理好，而且要有一个新的管理体制。我认为，从国家层面，应当研究在政府管理体制、市场发展体制之外建立健全社会组织服务管理新体制，使其在党的领导下、在政府服务管理下科学运行。

四、建议中央和大中城市成立专门工作机构统筹协调社会建设工作

我国改革开放已 30 多年，社会主义市场经济体制已初步形成。改革开

放30多年以来，我国经济体制改革、政治体制改革、文化体制改革都取得很大成就，但社会体制改革严重滞后。社会管理体制如不加快改革创新，势必影响改革开放的深化、市场经济体制改革的深化、政府管理体制改革的深化、政治体制改革的深化。近几年来，有些地方党群关系、干群关系紧张，社会矛盾凸显。这其中有领导干部工作作风和执法公正问题，但主要还是社会服务管理不到位、不均衡问题。社会管理创新已迫在眉睫，成为党和国家当前十分重大的任务。分析当前形势，总结国内外经验教训，构建具有时代特征、中国特色的社会管理体制和社会组织管理体制非常迫切。为此，我提出三条建议：一是以制定实施“十二五”规划为契机，党和政府要整体设计、重点推进社会建设工作；二是参照中宣部、中央文明办模式，成立中共中央社会工作部（或社会建设部），具体负责统筹社会建设工作，同时成立中央社会建设工作办公室，承担有关行政职能（将国家发改委部分职能划入或委托代管），并在调研总结北京、上海、深圳、南京、大庆等地经验的基础上，在各省市自治区及大中城市成立相应机构；三是党的十七届六中全会专题研究社会建设工作，并在适当的时候召开全国社会建设大会，重点部署社会服务管理创新工作。

社会建设工作说到底是群众工作*

社会工作是做人的工作，社会建设工作说到底是群众工作，而且是主体性、基础性、长远性、根本性工作。因此，从加强和创新社会建设工作角度，探讨加强和改进新形势下的群众工作，很有理论意义和现实意义。

一、深化思想认识，正确理解和把握社会建设与群众工作的关系

在党的工作中，群众工作非常重要。在中国特色社会主义总体布局中，社会建设地位越来越重要。在新形势下，社会建设工作与群众工作越来越密不可分。

群众路线是马克思主义中国化理论“三个活的灵魂”之一。胡锦涛同志在庆祝中国共产党成立 90 周年大会上强调，“要高度重视并切实做好新形势下群众工作”。群众路线关乎党的生死存亡、中国特色社会主义事业的兴衰成败。以胡锦涛同志为总书记的党中央强调加强和改进新形势下群众工作，具有重要的现实意义和深远的历史意义。

社会和谐是新时期党的“三大法宝”之一。胡锦涛同志在庆祝中国共产党成立 90 周年大会上重点部署了三大历史任务，即推动科学发展、促进社会和谐、推进党的建设新的伟大工程。我认为，这三大历史任务可以当作新时期党的“三大法宝”来理解。我们要把以促进社会和谐为目标的社会建设，提高到关系党的生死存亡、中国特色社会主义事业成败的高度来认识和把握。

社会服务管理，说到底是对人的服务和管理，从根本上说就是做群众工作。在 2011 年初中央举办的省部级主要领导干部社会管理及其创新专题

---

* 这是 2011 年 5 月在江苏泰州举行的“中越马克思主义创新论坛”上的演讲，刊发于《思想政治工作研究》(2011 年第 8 期)。

研讨班上，胡锦涛同志指出：“社会管理，说到底是对人的管理和服务，涉及广大人民群众切身利益，必须始终坚持以人为本、执政为民，切实贯彻党的全心全意为人民服务的根本宗旨，坚持权为民所用、情为民所系、利为民所谋，不断实现好、维护好、发展好最广大人民根本利益。”从根本上说，社会服务管理就是做好群众工作。

群众工作具有时代特征，新形势下群众工作与社会建设密不可分。当前社会建设的主要任务是构建“六大体系”：一是完善社会服务，二是创新社会管理，三是动员社会参与，四是优化社会环境，五是协调社会关系，六是加强社会领域党建工作。在新形势下，社会建设工作是群众工作的源头性、根本性、基础性工作。加快推进社会建设，是加强和改进新形势下群众工作的必然要求。

二、完善社会服务，着力解决人民群众最关心最直接最现实的利益问题

在新形势下，切实保障和改善民生，解决好涉及群众切身利益的各项突出问题，实现社会基本公共服务城乡一体化、各类人群服务全面覆盖，是社会建设的重点任务，也是群众工作的基础性、根本性、长远性工作。

着力提高社会公共服务水平，不断满足广大人民群众过上更好生活的新期待。最近，北京市制定并实施了《社区基本公共服务指导目录》，开展了“一刻钟社区服务圈”建设试点工作，实施了养老（助残）“九养”服务政策，在农村和社区建设“益民书屋”等，不断提高广大人民群众的物质文化生活水平，努力让经济社会发展成果惠及人民群众。

完善维护群众利益协调机制，把群众工作贯穿到社会服务管理的各个方面、各个环节。社会服务均等化是社会建设的目的，也是从根本上做好群众工作、化解社会矛盾的基础。要注重倾听群众呼声，准确把握各类社会群体利益需求，及时掌握广大群众利益诉求，把群众工作贯穿到社会服务和管理的各个方面、各个环节。要完善平等协商机制，正确把握最广大人民根本利益、现阶段群众共同利益、不同群体特殊利益的关系，建立健

全科学有效的协调机制。要切实保障群众合法权益，多办实事好事，完善政策体系，健全问责机制，加强督促检查和民主监督。

三、创新社会管理，努力提高群众工作的针对性、实效性

只有创新社会管理体制，才能构建适应新形势的群众工作新格局。党的十七大以来，北京市委市政府把社会建设放在更加突出的地位，努力构建党委领导、政府负责、社会协同、公众参与的社会建设新格局。2007 年底，成立市委社会工委、市社会办，统筹协调全市社会建设工作，具体综合协调社区建设、社会组织建设、社会工作者队伍建设、志愿者工作队伍建设、社会公共服务体系建设和社会领域党建工作，将社会工作领域作为一个系统纳入党和政府服务管理体制之内。社会工作领域成为一个新的群众工作系统，而且是最大系统。

只有创新社会管理工作机制，才能完善群众工作网络。近 4 年来，北京市在各区县成立了社会工委、社会办，在各街道（乡镇）成立了社会工作党委；在社区建立了社区党委、居委会、服务站“三位一体”工作机制；先后确认 22 家“枢纽型”社会组织，基本构建“枢纽型”社会组织工作体系和党建与业务一起抓的分类管理机制；在规模以上非公企业实现党建工作全覆盖，在 1 249 座商务楼宇建立“五站合一”工作机制，基本实现党务、政务、社务工作全覆盖。初步形成了社会服务管理横向到边、纵向到底的工作网络，为实现社会服务管理工作和群众工作全覆盖奠定了基础。不久前，北京市委社会工委与市委统战部共同印发了《关于加强和改进社会领域统战工作的意见》，许多群众工作部门开始“借力”“上网”。

只有创新社会管理政策体系，才能确保群众工作做到位。“1＋4”系列文件、《北京市社会服务管理创新行动方案》、《中共北京市委关于加强和创新社会管理全面推进社会建设的意见》，以及近期出台的《北京市“十二五”时期社会建设规划纲要》，使北京市社会服务管理政策体系框架初步形成，也为加强和改进新形势下群众工作奠定了基础、搭建了平台。

四、动员社会参与，探索新形势下加强和改进群众工作的新途径、新方法

完善居（村）民自治制度，夯实基层群众工作基础。社会建设和群众工作的基础在社区。近年来，北京市加快推进社区规范化建设，将社区居委会与社区服务站职能分开。在社区党组织的领导下，不断提高社区自治能力，努力做到小事不出社区、小矛盾化解在社区。在城区，总结推广了东城区社区居委会代表常务会经验。在农村，推广了建立健全村务监督委员会的工作机制。居民、村民自治工作大大加强，群众工作的针对性、实效性明显增强。

构建“枢纽型”社会组织工作体系，推动社会组织自我管理、自主发展。北京市加快构建以人民团体为骨干的“枢纽型”社会组织工作体系。授权“枢纽型”社会组织对同类别、同性质、同业务社会组织进行分类管理，使其在政治上充分发挥党和政府联系社会各界的桥梁纽带作用，在业务上充分发挥龙头引领作用，在日常管理和服务中充分发挥协调平台作用。在党委领导、政府主导下，逐步实现政社分开、管办分离、自我管理、自主发展，取得了明显成效。

推动企业更好履行社会责任，努力做好企业职工群众工作。北京在所有商务楼宇建立党建工作站、社会工作站、工会工作站、共青团工作站、妇联工作站，为加强和改进“两新”组织群众工作提供了组织保障，奠定了坚实的工作基础。

推动社会工作者专业化、职业化建设，培养和造就社会领域群众工作骨干队伍。在社会建设工作领域，特别是在社区和社会组织中，必须有一支专业化、职业化的工作队伍。近几年来，北京市面向高校招聘了近 5 000 名高校毕业生，面向社会招聘（选聘）了 5 000 多名具有大专以上文化程度的工作人员到社区工作，大大改善了社区工作者的知识和年龄结构。

进一步完善志愿服务长效机制，使公众成为群众工作的主体。近年来，北京市转化奥运志愿者工作成果，北京市出台了《关于进一步加强和改进志愿者工作的意见》和《北京市志愿者管理办法（试行）》，不断建立健全

志愿服务长效机制。文明交通引导员、社会治安志愿者在社会服务、社会管理和群众工作中发挥了很大作用。最近，在全市又推广丰台区城市管理文明劝导队的经验。

五、优化社会环境，开展群众性精神文明创建活动

深入开展思想道德教育，加强和改进群众思想政治工作。坚持以社会主义核心价值体系为引领，完善社会诚信体系和行为规范，广泛开展群众性精神文明创建活动，深入开展群众思想政治工作，不断巩固党和广大人民群众团结奋斗的共同思想基础。最近，北京市提出了以“爱国、创新、包容、厚德”为核心内容的“北京精神”，将其作为建设人文北京、科技北京、绿色北京的强大动力。

深入开展法治宣传教育，引导广大干部群众自觉学法遵法守法用法。深入开展“六五”法制宣传教育，深入开展“法律进机关、进乡村、进社区、进学校、进企业、进单位”主题实践活动，全面推进依法行政，增强群众法律意识，引导广大人民群众自觉遵守法规制度，自觉维护公共秩序，自觉维护和谐稳定，主动通过法定程序、合法渠道、合法方式反映诉求和解决纠纷，努力做到平时学法、遇事用法、办事循法。

六、构建社会和谐，妥善处理社会矛盾

拓宽渠道，健全群众诉求表达机制。2006年以来，北京市推广门头沟经验，在所有社区、农村建立了“连民心”恳谈室，通过及时发现和解决居（村）民困难和矛盾纠纷，架起党和政府与人民群众的“连心桥”。坚持用群众工作统揽信访工作，不断推进信访工作创新。近两年来，在全市推广了“信访代理制”经验和“一单式”工作法，充分发挥基层组织和社会组织在引导群众、疏导情绪、做思想工作方面的作用。

构建和谐，完善矛盾调处机制。2010年以来，北京市在全市推广了劳动争议调解“六方联动机制”，由总工会牵头，会同人力社保局、司法局、信访办、法院和企业联合会“六方联动”，有效调解、仲裁劳动争议，积

极构建和谐劳动关系。2010 年成功调解劳动争议 9 200 多件，2011 年前 10 个月成功调解 19 297 件，调解成功率 78%。

主动防范，健全社会稳定风险评估机制。2010 年市委市政府制定并实施了《北京市建立重大事项社会稳定风险评估机制的意见》，明确要求，凡涉及群众切身利益、影响面广、可能引发社会不稳定的重大事项，都要进行社会稳定风险评估，落实社会稳定风险评估责任。

共建共享，健全社会和谐创建机制。深入开展和谐社区、和谐村镇、和谐企业、和谐单位、和谐家庭创建活动，深入开展民族团结、宗教和谐创建活动，让和谐理念融入群众的工作生活，成为自觉践行的社会风尚。通过开展群众性和谐创建活动，推进社会和谐稳定。

七、加强党的建设，以社会领域党建工作全覆盖引领群众工作全覆盖

夯实基础，实现社区党建和群众工作全覆盖。北京市通过开展社区规范化建设，已经形成了社区党建“三有一化”格局。在所有街道办事处和大多数乡镇建立了社会工作党委，将区域内机关、企事业单位，特别是“两新”组织党建工作，全面纳入协调范围，基本实现了街道、乡镇区域化党建工作格局，使群众工作也有了组织保证。

探索创新，基本实现社会组织党建和群众工作全覆盖。北京市在市级“枢纽型”社会组织建立健全“3＋1”工作机制，即建立党建工委、联合党组织及工作职能部门，建立健全社会组织党建工作例会制度，加大协会、学会、基金会等基层组织建立党组织工作力度，开展政府购买基层社会组织管理岗位试点工作，基本实现社会组织业务指导、党的建设和群众工作全覆盖。

抓住薄弱环节，实现非公经济组织党建和群众工作全覆盖。近几年，北京市不断建立健全商务楼宇“五站合一”工作机制。据调查，全市目前有 1 249 座商务楼宇，其中有 6.9 万家商户，就业人员 83.3 万，党员有 4.3 万名。把党组织建在商务楼宇，把公共服务延伸到商务楼宇，把群众工作做到商务楼宇。

以党的十八大精神为指导加强社会建设和改革*

党的十八大进一步为加强社会建设指明了方向。党的十八大报告强调指出在改善民生和创新管理中加强社会建设，并明确指出加强社会建设是社会和谐稳定的重要保证。加强社会建设，必须以保障和改善民生为重点。加强社会建设，必须加快推进社会体制改革。我们一定要以党的十八大精神为指导，密切结合实际，不断加强社会建设，不断创新社会服务管理。

一、全面理解社会建设的内涵和外延

目前，对社会建设的概念还没有一个统一规范的表述。我从以下几个角度做解读。

（1）社会建设的概念与社会的概念有关。一般说来，“社会”有大、中、小三个概念之分。相对于自然界的人类社会之“社会”是大概念，相对于经济的社会发展之“社会”是中概念，相对于经济建设、政治建设、文化建设、生态文明建设“五位一体”之中的“社会建设”的“社会”，是小概念。我们今天所研究的社会建设是就小概念而言的。

（2）社会建设至少包括社会服务、社会管理两部分。近几年来，常常有人将社会建设与社会管理相并列，甚至认为社会管理是大概念，社会建设是小概念。这是错误的。直到2011年，在“十二五”规划中，才明确将社会建设分为社会服务、社会管理两部分；中共中央、国务院印发的《关于加强和创新社会管理的意见》也明确指出，“社会管理是中国特色社会主义事业总体布局中社会建设的重要组成部分”。从而说明，社会建设至

* 这是2012年底在北京市社会领域一系列学习党的十八大精神培训班上的辅导报告整理稿。

少包括社会服务和社会管理两方面的内容。

(3) 北京市将社会建设目标任务明确为“六大体系”。在 2011 年 6 月中共北京市委十届九次全会讨论通过的《中共北京市委关于加强和创新社会管理　全面推进社会建设的意见》中，以及年底北京市政府发布的《北京市“十二五”时期社会建设规划纲要》中，北京市将社会建设规划分为六部分，简称“五个更加，一个全覆盖”的目标任务，即社会服务更加完善、社会管理更加科学、社会动员更加广泛、社会环境更加文明、社会关系更加和谐、社会领域党建全覆盖。

(4) 北京社会建设机构“2＋6”职能，从某种程度上说是对社会建设主要任务的具体解读。北京市委社会工委是市委直属工作部门，北京市社会办是政府组成部门，二者合署办公。市编办所确定的主要职能有 8 项，简称“2＋6”。“2”指两项综合职能：一是市委市政府关于社会建设工作的长远规划制定和宏观政策研究部门，二是市委市政府关于社会建设工作的统筹协调、宏观指导部门。“6”指六项具体职能：综合协调全市社区建设、社会组织建设、社会工作者队伍建设、志愿者工作、社会公共服务和社会领域党的建设。这八项工作是当前社会建设的主要任务。社会建设的内容很宽泛，社会建设工作涉及许多部门，社会工委、社会办的主要任务是抓综合协调、抓改革研究、抓若干重点工作的推动落实。抓重点、抓协调、抓落实，是社会工委、社会办的重要职能，也是社会建设工作的主要着力点和工作方法。

二、完整理解党的十六大以来党中央关于社会建设的理论

多年来，特别是党的十六大以来，党中央不断把中国特色社会主义社会建设理论与实践引向深入。

(1) 社会主义和谐社会论是对马克思主义的历史性贡献。我们党历来重视社会问题。《毛泽东选集》第一卷开篇就是《中国社会各阶级的分析》。毛泽东的《新民主主义论》《关于正确处理人民内部矛盾的问题》《论十大关系》等名篇都是中国社会分析研究的名作。党的十一届三中全会以来，我们党对马克思主义理论有三大历史性贡献：一是社会主义初级

阶段论，二是社会主义市场经济论，三是社会主义和谐社会论。其中，社会主义和谐社会论，是党的十六大以来以胡锦涛同志为总书记的党中央的新贡献。

（2）党的十六大以来，党中央不断发展社会建设理论。党的十六届三中全会提出科学发展观；党的十六届四中全会提出构建社会主义和谐社会，并首次明确提出了加强社会建设、创新社会管理问题；党的十六届六中全会做出了《关于构建社会主义和谐社会若干重大问题的决定》。党的十七大提出构建中国特色社会主义“四位一体”总体布局，强调要以改善民生为重点加强社会建设；党的十七届五中全会、国家“十二五”规划，从社会服务、社会管理两方面系统部署了今后五年社会建设工作；2011 年 2 月，党中央举办省部级专题研讨班，7 月中共中央、国务院印发《关于加强和创新社会管理的意见》，7 月 1 日，胡锦涛同志在庆祝中国共产党成立 90 周年大会上进一步提出了明确要求。党的十八大进一步提出了许多新观点、新论断、新任务、新要求，许多都与社会建设密切相关。诸如，科学发展观的指导思想，中国特色社会主义道路、理论、制度“三位一体”的鲜明特色，建设中国特色社会主义“五位一体”的总体布局和“八个必须”的基本要求，全面建成小康社会的主要目标，经济建设的“新四化”道路，政治建设的七项任务，文化建设的“24 字”社会主义核心价值观，生态文明建设的“建设美丽中国，实现中华民族永续发展”的号召，以及党的建设主线、目标等，都非常重要。特别是关于在改善民生和创新管理中加强社会建设等论述，都与社会建设密切相关，是中国特色社会主义社会建设理论的不断丰富和发展。

（3）学习党的十六大以来党中央关于社会建设的理论，至少有六个重要理念应当引起高度重视。一是“以人为本”的理念。党的十六届三中全会提出“坚持以人为本，树立全面、协调、可持续的发展观，促进经济社会和人的全面发展”。2011 年，在中央党校“2・19”重要讲话中，胡锦涛同志强调指出：“社会管理，说到底是对人的管理和服务。”党的十八大强调：“坚持以人为本、执政为民，始终保持党同人民群众的血肉联系。”二是“服务为先”的理念。党的十七大以来，党中央反复强调要以改善民生为重点加强社会建设。在“2・19”讲话中，胡锦涛同志强调指出：“最佳的管理方式是在服务中实施管理、在管理中体现服务。”三是“整体推进”的理念。党的十七大把社会建设放在中国特色社会主义“四位一体”总体布局中。国家“十二五”经济社会发展规划纲要分两篇、十二章，全面部署了社会建设的重要任务。四是“创新发展”的理念。党的十六届四中全会首次明确提出了“加强社会建设和管理，推进社会管理体制创新”的任务。近两年来，党中央、国务院在加强和创新社会管理方面采取了一系列重大措施。党的十八大强调加快推进社会体制改革。五是“构建和谐”的理念。党的十六届四中全会首次明确提出了“要适应我国社会的深刻变化，把和谐社会建设摆在重要位置”的新要求，强调要“不断提高构建社会主义和谐社会的能力”。党的十六届六中全会专门做出构建社会主义和谐社会的决定，强调“最大限度地增加和谐因素，最大限度地减少不和谐因素”。六是“夯实基础”的理念。党的十六大以来，党中央反复强调，要进一步加强和完善基层社会管理和服务体系，从源头上、根本上、基础上加强社会服务管理。党的十八大对加强基层社会管理和社会服务体系建设提出了明确要求。

我们要全面、准确、深入地领会和把握党中央关于社会建设的重要论述，把社会建设作为系统工程全面推进。

三、党的十七大以来北京社会建设站在了新的历史起点上

北京市第十一次党代会报告指出：过去五年，北京“社会建设和服务管理开创崭新局面”。这是一个很高的评价。所谓“开创崭新局面”，我认为，主要得益于和体现在三方面：一是市委市政府高度重视，二是着力推进改革创新，三是着力夯实基层基础。

（1）市委市政府高度重视，一年一个重要举措，大力度、高起点推动社会建设工作开创崭新局面。报经中央批准，2007 年底，成立市委社会工委、市社会办，随即成立北京市社会建设工作领导小组（办公室设在市委社会工委、市社会办），从而实现了工作体制创新性突破；2008 年 9 月，召开全市社会建设大会，出台“1＋4”系列文件，初步明确首都社会建设工作体系框架；2009 年 3 月，召开全市志愿者工作大会，出台《关于加强

和改进志愿者工作的意见》，及时转化奥运志愿者工作成果；2010年7月，召开北京市社会服务管理创新推进大会，印发并实施《北京市社会服务管理创新行动方案》，制定和实施6个方面、40项改革创新措施；2011年6月，召开市委十届九次全会，讨论通过《中共北京市委关于加强和创新社会管理 全面推进社会建设的意见》，12月，市政府发布《北京市"十二五"时期社会建设规划纲要》，全面部署"十二五"时期社会建设工作；2012年5月，召开全市网格化社会服务管理体系建设推进大会，全面推进网格化体系建设工作。党的十七大以来，市委市政府每年都有新举措，大力度、高起点推进社会建设不断开创崭新局面。

（2）着力推进改革创新，初步形成具有时代特征、中国特色、首都特点的社会建设体系框架。一是着力推进体制机制创新，初步形成社会建设工作领导小组及其办公室综合协调、有关部门各负其责的工作体制和纵向到底（社区）、横向到边（"两新"组织）的工作网络；二是着力推进工作体系创新，明确提出了"五个更加，一个全覆盖"的目标任务；三是着力推进政策体系创新，基本形成"1＋4＋X"政策体系；四是着力推进方式方法创新，特别是在试点基础上，全面推进网格化社会服务管理体系建设；五是着力推进实践模式创新，探索形成社区建设（社区党建、社区自治、社区服务）"三位一体"机制、"枢纽型"社会组织工作体系、社会工作者专业化职业化模式、志愿服务长效机制、社会建设专项资金机制、政府购买社会组织服务机制、街道（乡镇）社会工作党委机制、"枢纽型"社会组织党建"3＋1"工作机制、商务楼宇"五站合一"建设、新居民互助服务站、市民劝导队模式、"阳光中途之家"建设以及建成北京社会建设10个研究基地等。社会建设"北京模式"初步形成。

（3）着力夯实基层基础，初步取得了工作实效。主要做法是：抓住"一个龙头"（社会领域党建），夯实"两个基础"（社区建设、社会组织建设），建设"两支队伍"（社会工作者、社会志愿者），推动"三维互动"（政府组织、市场组织、社会组织互动），实现"两个覆盖"（社会领域党建工作全覆盖、社会服务管理各类人群全覆盖）。主要成效有以下几个方面：

第一，社区建设"四步走战略"初见成效。第一步，2009年启动社区规范化建设试点，三年基本实现"三有一化"目标，即有人办事：社区工作者80%为大专以上学历，平均年龄41岁，知识结构、年龄结构发生根本性变化；有地方办事：城市社区办公和服务用房达到350平方米的由原来的18%提高到81%；有经费办事：工作和活动经费有保障；实现工作规范化。第二步，2010年启动社区基本公共服务全覆盖建设试点，按照“缺什么、补什么”的原则，组织协调36个部门，围绕10方面、60大项、180小项项目和设施填平补齐，今年底可覆盖2 000个城市社区（占75%），明年按“缺什么、补什么”原则实现全覆盖。第三步，2011年启动“一刻钟社区服务圈”建设试点，让社区居民步行15分钟可享受基本便民服务，到今年底可覆盖600个社区，“十二五”末可覆盖60%。第四步，在试点的基础上，今年推广网格化社会服务管理体系建设，年内覆盖30%的街道乡镇，明年底基本实现全覆盖。

第二，社会组织建设“四个创新”初见成效。一是创新工作体系，从2009年起构建“枢纽型”社会组织工作体系，认定市级27家、区县级174家“枢纽型”社会组织，初步形成工作网络。二是创新激励机制，从2010年起，每年购买300多个社会组织服务项目，激发了社会组织的创造活力。三是创新培育方式，2011年建立市级社会组织孵化中心，并初步形成“一中心、多基地”孵化网络，大力培育社会组织发展。四是创新活动方式，在前两年开展社会组织公益活动周的基础上，2012年开展“社会组织公益行”活动，活动贯穿全年，为全市社会组织搭建活动平台。

第三，社会队伍建设“五项措施”初见成效。一是实施“大学生社工计划”，基本实现社工队伍专业化、职业化；二是四年三次提高社工待遇，并建立与事业单位“同步同幅增长”机制；三是培育48个社工事务所，创新人才引入新机制；四是购买1 500个社工岗位，推动社工队伍建设；五是实施“万人社工培训计划”，提高社工队伍整体水平。

第四，志愿服务“三项机制”不断完善。一是转化奥运志愿成果，完善重大活动志愿服务机制；二是出台《北京市志愿者管理办法（试行）》，完善经常性服务机制；三是建立24支应急志愿者队伍，完善应急志愿服务机制。

第五，社会领域党建“三个全覆盖”初见成效。一是在街道（乡镇）建立社会工作党委，社区党建区域化格局初步形成；二是在“枢纽型”

社会组织建立党建“3＋1”工作机制，即建立党建工作委员会、联合党组织、工作部门和例会制度，社会组织党建不断扩大覆盖面；三是在商务楼宇建立社会工作站、党建工作站、工会工作站、团委工作站、妇联工作站，基本实现“五站合一”全覆盖，非公有制经济组织党建工作见成效。

（4）今后五年要进一步抓巩固提高、拓展延伸。具体地说，社区服务管理要从城市社区向老旧小区、城乡接合部和农村地区拓展延伸。“枢纽型”社会组织工作体系构建，要从市级社会组织向区县及街道（乡镇）拓展延伸。社工队伍建设，要从社区工作者向社会组织工作者拓展延伸。志愿者工作要从大型志愿服务活动向经常性志愿服务、应对突发性事件志愿服务方面拓展延伸。购买社会组织服务，要从购买服务管理项目向购买服务管理岗位方面拓展延伸。社会领域党建，要从形成工作网络向充分发挥作用方面拓展延伸。政策体系建设，要向法制化方向拓展延伸。推动工作的方式方法，要从制定文件向总结经验、典型示范方面拓展延伸。

四、要进一步加快推进社会体制改革

党的十八大明确提出社会体制改革“一个围绕”“四个加快形成”的目标任务，即“围绕构建中国特色社会主义社会管理体系，加快形成党委领导、政府负责、社会协同、公众参与、法治保障的社会管理体制，加快形成政府主导、覆盖城乡、可持续的基本公共服务体系，加快形成政社分开、权责明确、依法自治的现代社会组织体制，加快形成源头治理、动态管理、应急处置相结合的社会管理机制”。我们必须提高认识、创新实践。

（1）构建和谐社会是党的“三大法宝”之一。总体而言，我国社会建设和改革相对滞后，仍处于“初级阶段”和“摸着石头过河”的阶段，改革发展的任务很重。一是要进一步深化思想认识。如同新民主主义革命时期把武装斗争、统一战线、党的建设作为党的“三大法宝”一样，要把推动科学发展、构建社会和谐与加强党的建设也作为新时期党的“三大法宝”来理解和把握。二是要进一步深化理论研究。加快构建具有时代特征、中国特色、区域特点的社会建设工作体系。三是要进一步推动实践创新。鼓励基层大胆探索、大胆试验，创造不断满足各类人群社会服务管理需求的有效模式。四是要进一步加强统筹协调。综合运用法律法规、经济调节、行政管理、道德约束、心理疏导等各种手段加强社会服务管理。五是要进一步深化社会体制改革。加强顶层设计，完善党委领导、政府负责、社会协同、公众参与、法治保障的工作格局。

(2) 社会体制改革是社会建设的根本动力。社会建设重在建设，改革创新是社会建设的根本动力。改革开放30多年来，我国取得了举世瞩目的成就。但总体而言，社会发展和改革明显滞后。特别是随着经济体制的深刻变革、社会结构的深刻变动、利益格局的深刻调整、思想观念的深刻变化，我国社会体制改革的任务越来越迫切。主要原因有：一是大量“单位人”变成了“社会人”，大量人员流动、大量人户分离、大量农民工进城、大量人员在非公有制企业就业等因素，使“实体社会”发生了巨大变化；二是各类媒体高度发达，“虚拟社会”也越来越活跃、越来越复杂。

(3) 我国社会体制改革面临许多突出问题。一是在体制机制方面，缺乏制度设计和顶层安排，特别需要加强统筹协调。二是在社会服务体系方面，尚未建立打破户籍、地域、身份界限的社会保障体系。三是在社会管理方面，有许多课题特别是有两大课题需要破解——实有人口服务管理和虚拟社会服务管理。四是在社会动员方面，关于社会协同、公众参与的体制机制还不完善。五是在社会环境方面，社会诚信和社会责任体系需要进一步健全。六是在社会关系方面，群众利益协调机制、群众诉求表达机制、社会矛盾调处机制、社会稳定风险评估机制需要进一步健全。七是在社会领域党建工作方面，党的组织和党的工作覆盖面不广泛，党的工作方式方法需要改进。

(4) 中国体制改革实施“三步走”战略的观点值得关注。把握中国改革发展稳定大势，21世纪的第二个10年，应当是中国社会体制改革的重要战略机遇期。一定要抓住机遇、大胆试、大胆闯，绝不可丧失机遇、消极等待、积压矛盾、发酵问题，那将非常危险。近几年，学界就中国改革发展战略有不少研究，提出不少深刻见解。其中，中国社科院陆学艺教授关于中国现代化建设“四步走”战略的观点和学者郑永年关于中国体制改革“三步走”战略的观点，比较引人关注。陆学艺认为，中国现代化建设分四步走：第一步经济现代化建设，第二步社会现代化建设，第三步政治现代化建设，第四步文化现代化建设。他认为，经过 30 年的经济现代化建设，现在进入社会现代化建设的新阶段。郑永年认为，中国改革应当实施“三步走”战略：第一步经济体制改革，第二步社会体制改革（他认为文化建设也是社会建设的组成部分），第三步政治体制改革。这些观点，影响越来越广泛，值得关注和研究。

（5）社会体制改革是经济体制改革的深化，与政治体制改革密不可分。中国改革呈现重点突破、全面推进的历史性特征。从经济体制改革到社会体制改革，再到政治体制改革，只是重点任务的阶段性特征。中国改革 30 多年来的历史证明，中国体制改革从来不是单一方面的改革，更不是没有政治体制改革的改革。30 多年来的改革是以经济体制改革为突破口的全面改革，对中国的经济体制、社会体制、政治体制、文化体制改革起了全面推动的作用。如政企分开，既是经济体制改革，也是政治体制改革。又如当前和今后推进的政社分开、政事分开，既是社会体制改革，也是政治体制改革。因而，关于中国政治体制改革停滞的观点是不符合实际的。诚然，加快推进政治体制改革非常必要，但先从经济体制改革入手、夯实经济基础，再进行社会体制改革、夯实社会基础，并相应解决与经济、社会相关的一些政治体制改革问题，最后再解决政治体制改革的遗留问题，不失为中国特色社会主义改革之良策。从这个意义上说，我赞成体制改革“三步走”的观点。

（6）中国社会主义体制改革至少要过“五关”。中国社会主义体制改革是一个长期的渐进的过程。我认为，至少要过“五关”：经济体制改革要过“市场关”，形成完善的社会主义市场经济体制；政治体制改革要过“民主关”，形成完善的社会主义民主政治体制；文化体制改革要过“包容关”，实现社会主义文化的大发展、大繁荣；社会体制改革要过“自治关”，特别是实现社区自治、村民自治和社会组织自我管理、自主发展，构建社会主义和谐社会；生态文明建设要过“敬畏关”，要敬畏自然、顺应自然、保护自然，要敬畏大自然、保护生态环境。这将伴随着社会主义现代化建设的全过程。我们应当为此长期不懈奋斗。

（7）中国特色社会主义社会建设理论要在实践中不断丰富和完善。习近平总书记强调指出，空谈误国，实干兴邦。保障和改善民生、加快推进社会体制改革，都是实实在在的工作，需要求真务实、大胆实践。我们必须脚踏实地做好各项工作。

全面不全面　尤其看社建*

党的十八大明确提出，到2020年实现全面建成小康社会的奋斗目标。党的十八大以来，习近平总书记发表了一系列重要讲话，对全面建成小康社会提出了明确要求。在学习《胡锦涛文选》报告会上，习近平总书记又强调指出："全面建成小康社会，是我们党向人民、向历史作出的庄严承诺，是13亿多中国人民的共同期盼。现在，我国已进入全面建成小康社会决胜阶段。我们要统筹推进'五位一体'总体布局和协调推进'四个全面'战略布局，保持经济社会发展良好势头，坚持党的领导、人民当家作主、依法治国有机统一，推进社会主义文化强国建设，以保障和改善民生为重点加快发展各项社会事业，加快形成节约资源和保护环境的空间格局、产业结构、生产方式，生活方式。"① 特别强调："不断提高人民生活质量和水平，是我们一切工作的出发点和落脚点，也是全面建成小康社会的根本目的。"② 在全面建成小康的目标中，在"五位一体"总体布局和"四个全面"战略布局中，人民生活质量和水平提高是根本性的，以保障和改善民生、维护社会公平正义为重点的社会建设是关键环节。用习近平总书记的话说，"小康不小康，关键看老乡"。用我的职业语言再补充一句就是："全面不全面，尤其看社建"。

加强党的建设，推进全面建成小康社会。改革开放以来，我国经济建设已经取得很大成就，我国已经成为世界第二大经济体，但是，社会建设还有很大差距，依然是发展短板，而且经济社会全面协调可持续发展的问题还很多。这就要求我们围绕全面建成小康社会目标，以问题为导向补短板，以需求为导向促改革，以目标为导向抓实效，加快推进社会建设。

---

* 2016年10月25日在南京"2016·社会建设与发展"研讨会上的发言，刊发于《北京日报》(2016年10月31日)，刊发时有删节。

①② 习近平．在学习《胡锦涛文选》报告会上的讲话．人民日报，2016-09-30.

1. 要以问题为导向补短板

首先应当说，我国社会建设正处于大有可为的重要战略机遇期。一是社会全球化时代已经到来，加快推进我国社会建设的大环境已经形成。整个世界进入社会全球化时代，其基本特征是城市化、信息化快速发展，流动性、社会性特征明显增强。当前，我国已经融入社会全球化时代，已经使“弯道超车”、追赶发达国家社会发展成为可能。二是中国特色社会建设大思路已经明确，加快推进我国社会建设进入快车道正在变成现实。应当说，我们党和政府历来是重视社会建设工作的，特别是2004年党中央明确提出加强社会建设、2007年党的十七大把社会建设纳入“四位一体”总体布局、2012年党的十八大以来明确提出“五位一体”总体布局和“四个全面”战略布局后，我国社会建设、改革、治理目标更加明确，发展更加迅速。三是我国大城市社会建设走在全国前列，探索形成了许多好经验，正在发挥示范作用，并越来越接近世界发达城市发展水平。目前，我国城镇化率已达到56.1%，人口超1 000万的城市已经有15个，而且形成了京津冀、长三角、珠三角三大区域性城市群，正在形成以武汉为中心的长江中下游大城市群和以重庆、成都为核心的成渝城市群，特别是北京、上海、广州、深圳等大城市积极探索创新，创造了许多值得推广、可以复制的好经验、好办法。

与此同时，也应清醒地认识到，我国社会建设面临许多问题挑战。一是社会治理体系很不完善，缺乏完善的顶层设计、政策体系、管理体制，统筹协调机制条块分割、政策碎片、部门利益问题尤为突出，区域、城乡差距很大。二是社会治理基层基础薄弱。近两年，北京市委社会工委联合全国十几个省市的社会建设工作部门，搞了个全国性调研。调研发现，当前，我国社会建设和治理存在许多突出问题。这既有“人”“地”“事”“物”“组织”方面的经常性社会服务管理问题，也有“急”“难”“特”“新”“重”方面的特殊性社会服务管理问题。比如，在“人”的服务管理方面，流动人口服务管理还没有真正破题；在“地”的服务管理方面，区域化协同发展刚刚起步；在“事”的服务管理方面，还没形成一套打破身份、户籍、区域界限，覆盖全国的基本公共服务体系；在“物”的服务管理方面，城市地上基本服务设施不健全、地下管网很混乱；在“组织”服务管理方面，基层组织软弱涣散的问题还很突出；在“急”事服务管理方面，突发事件重事后处置、轻事先预防的现象比较普遍；在“难”事服务管理方面，社会矛盾化解比较习惯重堵不重疏；在“特”事服务管理方面，民族宗教问题越来越复杂；在“新”事服务管理方面，虚拟社会服务管理是很大的难题；在“重”大任务方面，社会治理现代化建设任务非常艰巨繁重。

面对这些问题，尤其是面对各类社会矛盾叠加、社会风险隐患增多的严峻形势，必须从大处着眼、小处入手，尽快补上社会建设这些短板。否则，全面建成小康社会就有许多缺口，就会大打折扣。

2. 要以需求为导向促改革

党的十八大以来，习近平总书记和党中央反复强调，要坚持以需求为导向，加快推进供给侧结构性改革。那么，广大人民群众在社会建设方面的主要需求是什么呢？一是切实保障和改善民生，二是切实维护社会公平正义。而影响满足社会需求有效供给的体制性机制性障碍有两方面：一是社会治理体系不完善，在现实生活中，党的组织、政府组织、自治组织、市场组织、社会组织缺位、错位、越位的问题突出，必须深化社会治理体制改革，依法各就其位、各尽其职，相互配合、协同共治；二是社会治理能力不强，系统治理、依法治理、综合治理、源头治理水平不高，必须推动社会治理实践创新，有效破解广大人民群众反映强烈的系列突出问题。

在这方面，北京市做了一些积极探索。2015年8月，市委市政府印发了《关于深化北京市社会治理体制改革的意见》，今年上半年又讨论通过了《北京市“十三五”时期社会治理规划》，明确指出深化北京社会治理体制改革的主要任务是构建“六大治理体系”、提高“四大治理能力”，即构建党的组织、政府组织、街道基层组织、社区自治组织、社会组织、市场组织共建共享的治理体系，提高系统治理、依法治理、综合治理、源头治理的能力，不断完善党委领导、政府主导、社会协同、公众参与、法治保障的社会治理体制，切实解决广大人民群众关心的实际问题，切实保障和改善民生，维护社会公平正义。

（1）转变政府职能，最大限度地为社会力量发展和发挥作用让渡空间。一是建设法治政府，二是建设服务型政府，三是加快转移职能，四是提高工作效能。这其中，关键是建立健全政府权力清单、责任清单和负面清单制度。

（2）引入市场机制，加快推进社会服务供给侧改革。一是健全服务体系，二是创新服务方式，三是完善购买服务，四是发展社会企业。这其中，大力发展社会企业是新的突破口和着力点。

（3）激发社会活力，推进社会组织发展。一是加快推进政社分开、管办分离，二是推进社会组织登记改革，三是培育发展社会组织，四是完善社会组织治理结构。这其中，进一步构建“枢纽型”社会组织工作体系是中心环节。

（4）深化街道改革，实现工作重心下移。一是推动社会服务与城市管理重心下沉，二是理顺街道与政府职能部门关系，三是健全街道管理委员会机制，四是加强协管员队伍建设管理。这其中，切实发挥街道办事处综合协调职能是关键所在。

（5）完善社区治理，夯实基层工作基础。一是完善社区治理体系，二是健全社区服务体系，三是深化社区居民自治，四是推进城乡社区协调发展。这其中，推动社区居民依法有序参与是重中之重。

（6）动员社会参与，形成共建共享格局。一是发挥社会组织积极作用，二是推动企业履行社会责任，三是扩大公众有序参与，四是促进驻地单位协同。这其中，关键是要形成一套比较科学的社会责任和社会诚信评价体系。

（7）加强系统治理，着力完善体制机制。一是完善领导体制，二是深化多元共治，三是减轻社区负担，四是推动基层协商。这其中，深化改革、完善顶层设计是关键环节。

（8）加强依法治理，推进法治社会建设。一是加快社会领域立法，二是加强法治社会宣传，三是发挥社会规范作用，四是维护社会公共安全。这其中，尽快把已经形成的政策体系转化为行政法规和人大立法是当务之急。

（9）加强综合治理，有效破解难点问题。一是有效治理“大城市病”，二是不断完善网格化体系，三是加强社会文明建设，四是创新虚拟社会治理。这其中，一定要把网格化当作社会服务与城市管理的“一场革命”。

（10）加强源头治理，努力构建社会和谐。一是维护群众合法权益，二是预防化解矛盾纠纷，三是完善社会舆论监督，四是培育健康社会心态。这其中，一定要从解决服务群众的“最后一公里”问题入手。

（11）加强组织领导，提供坚强有力保障。一是加强和创新社会领域党的建设，二是加强社会工作人才队伍建设，三是加强志愿服务者队伍建设，四是完善保障措施。这其中，一定要坚持以社会领域党建工作为龙头。

加强社会服务和城市管理，既要治标，也要治本。而治本之策就是加快推进社会治理改革创新，消除体制性障碍，完善治理体系，破解发展难题，提高治理能力。否则，社会建设就要拖全面建成小康社会的后腿。

3. 要以目标为导向抓实效

社会建设也要有量化标准，仅有问题导向、需求导向是不够的，还要有目标导向。“三个导向”三位一体，是三维标准。这样，可以防止片面化、走极端。既可以避免陷入问题主义，摁下葫芦浮起瓢，也可以防止陷入“高福利主义”陷阱，绑架政府无限投入，更可按时间表、路线图、任务书、标准仪抓落实。

坚持目标导向，首先要有一个明确的目标指向。早在2011年3月，国家“十二五”规划纲要就将社会建设目标任务明确为两篇12章。其中，“社会服务篇”有7章，“社会管理篇”有5章，实质上是划分为两大部类、12项目标任务。其中，社会服务类包括提升基本公共服务水平、实施就业优先战略、合理调整收入分配关系、健全覆盖城乡居民的社会保障体系、完善基本医疗卫生制度、提高住房保障水平、全面做好人口工作，社会管理类包括创新社会管理体制、强化城乡社区自治和服务功能、加强社会组织建设、完善维护群众权益机制、加强公共安全体系建设。2011年10月，北京市人民政府审议通过的《北京市“十二五”时期社会建设规划纲要》，进一步明确了“五个更加，一个全覆盖”的目标，即社会服务更加完善、社会管理更加科学、社会动员更加广泛、社会环境更加文明、社会关系更加和谐、社会领域党的建设广泛覆盖，并明确了22方面、79项具体任务。今年上半年市委市政府讨论通过的《北京市“十三五”时期社会治理规划》又进一步继承和发展了已有工作思路，明确提出，“十三五”时期北京社会治理的目标是“六个更加、六个明显提高”：一是社会服务更加完善，民生保障改善、公共服务水平明显提高；二是社会管理更加科学，城市服务管理精准化水平明显提高；三是社会动员更加广泛，社会协同、公众参与水平明显提高；四是社会环境更加文明，社会诚信建设、社会责任履行水平明显提高；五是社会关系更加和谐，化解社会矛盾、维护社会公平正义水平明显提高；六是社会领域党建工作覆盖更加有效，党组织先锋队作用和党员模范作用发挥明显提高。该规划还围绕构建六大治理体系、提高四大治理能力提出了44项具体目标任务，从而使社会建设、社会治理成为可以看得见、摸得着的工作。

坚持目标导向，还要有一套科学的量化标准和发展指数。这既便于考核评价，又可以增强社会感知度，让百姓有更多获得感。2011年，我们在北京市“十二五”时期社会建设主要发展指标的基础上，与有关机构共同研究出了一套指标体系，在六大目标任务的基础上，合并成社会服务、社会保障、社会管理、社会环境四个方面，共选择44个指数。从2012年开始，每年对全国31个省市区、15个1 000万人口以上的超大型城市和北京市16个区进行测评，并与金砖五国和G20国家进行比较研究。每年发布一本蓝皮书，所有数据都依据政府权威部门发布的统计数据。

今年即将发布的蓝皮书显示，2015年度全国各省市区社会建设综合指数排名，80分以上的依次为北京（93.44）、上海（88.84）、浙江（86.34）、天津（86.06）、江苏（83.43）、广东（81.33）。除西藏（66.70）外，其他均在70至79分之间。

如果我们把全面建成小康的社会建设尺度定在80分，表面看起来问题不太大，但具体看分类指标，问题就暴露出来了：“社会保障”“社会环境”指数情况尚好，但“社会服务社会管理”指数差距很大。“社会保障”指数只有青海（79.06）西藏（73.30）在90分以下。这说明，这些年各级政府在社会保障方面投入很大。“社会环境”指数只有西藏（69.75）在80分以下。这说明，改革开放以来我国精神文明建设成效明显。但“社会服务”指数只有上海（86.44）、北京（84.59）、浙江（83.78）在80分以上，内蒙古、江苏、西藏70多分，另有18个省市区刚及格，而7个省市区不及格！“社会管理”指数更堪忧：只有北京（89.50）、上海（81.35）在80分以上，天津、浙江、江苏在70分以上，广东、福建、重庆、辽宁在及格线以上，另外22个省全不及格，其中，居然有13个省在50分以下！这说明，我们的精准化社会服务、精细化社会管理差距还大得很，未来五年补社会建设短板的任务十分艰巨！

让人担忧的不仅如此。作为发展龙头的全国超大型城市，情况并没好多少，社会服务问题更集中、社会管理问题更突出。这与我国当前出现的“大城市病”有关。从目前掌握的2014年度13个超大型城市社会建设指数看，总指数只有北京、上海在80分以上，另有5个城市70分以上、2个城市60分以上，其他4个城市不及格。“社会服务”“社会治理”指数差距更大。“社会服务”除北京、上海在80分以上外，4个城市70分以上、3个城市刚及格、4个城市不及格。“社会管理”指数也是除北京、重庆在80分以上外，另有1个城市70分以上、4个城市刚及格、6个城市不及格！我们必须增强危机感、紧迫感。

当年，邓小平同志反复强调，贫穷不是社会主义，社会主义首先必须摆脱贫穷。他指出：“现在虽说我们也在搞社会主义，但事实上不够格。只有到了下世纪中叶，达到了中等发达国家的水平，才能说真的搞了社会主义，才能理直气壮地说社会主义优于资本主义。”①

正是在这个意义上，他提出要建设“小康社会”。当然，当时还更多是从经济建设角度说的。今天，我们在全面建成小康社会新的历史条件下，站在“五位一体”总体布局和“四个全面”战略布局的新高度，应当说，我们的社会主义在社会建设方面也还“不够格”。我们讲我国社会主义仍处于初级阶段，主要是指经济社会发展仍处于初级阶段，因为我们的“主义”（马克思主义）是高级的，我们的“制度”（坚持党的领导、人民当家作主、依法治国相统一）是优越的，只是经济社会发展还是落后的。当前，社会建设滞后尤为明显。我们讲，社会主义制度姓“社”，资本主义制度姓“资”，不仅是指有“主义”之分、“制度”之别，还有基础之别。资本主义的基础是资本，靠金钱说话；社会主义的根基是社会，靠团结、动员、组织、服务社会大众立足。因而，加强社会建设，是社会主义的本质所在，是全面建成小康社会的应有之义。

---

① 邓小平．邓小平文选：第3卷．北京：人民出版社，1993：225.

总之，在全面建成小康社会的征途上，在“五位一体”总体布局中，社会建设是基础性、长远性、根本性的任务，但又是“木桶短板”，必须抓紧抓实抓好；在“四个全面”战略布局中，社会建设、改革、治理和社会领域党的建设至关重要，但又是薄弱环节，必须不断加强和改进。我们必须在以习近平同志为核心的党中央领导下，高举中国特色社会主义伟大旗帜，坚持五大发展理念，加快推进社会治理体系和治理能力现代化，为全面建成小康社会、实现“两个一百年”奋斗目标奠定坚实的基础。

社会主义应该把社会建设好*

党的十八大报告明确指出："综观国际国内大势，我国发展仍处于可以大有作为的重要战略机遇期。我们要准确判断重要战略机遇期内涵和条件的变化，全面把握机遇，沉着应对挑战，赢得主动，赢得优势，赢得未来，确保到二〇二〇年实现全面建成小康社会宏伟目标。"这段话对于当前的中国社会建设与改革工作而言，尤其具有针对性和重要指导意义。从现在到 2020 年全面建成小康社会、到 2021 年建党 100 周年这段时间，是我国社会建设最关键的时期。能否抓住机遇搞好社会建设，事关全面建成小康社会目标的实现。因为社会建设在"五大建设"中是短板，社会和谐稳定事关全局。也正是在这个意义上，党的十八大提出了加强社会建设，特别是加快推进社会体制改革的战略任务。下面，就此问题谈几点思考和建议。

一、社会建设是社会主义的应有之义

（1）我们党是依靠群众和社会而发展壮大起来的。国情决定党情。中国共产党是在半殖民地半封建社会基础上建立的。作为无产阶级政党，中国共产党不仅是中国工人阶级的先锋队，同时是中国人民和中华民族的先锋队，是全社会的先锋队。我们的党员队伍构成，不仅有工人阶级先进分子，而且坚持工人阶级先锋队性质和标准，吸纳社会各阶层优秀分子加入。建党之初的 1923 年 6 月，在集中开展工人运动时，在全党 427 名党员中，工人党员 164 名，占 38.4%；新中国成立时的 1949 年底，全党 448.8 万名党员中，工人党员 11.2 万名，仅占 2.5%；改革开放初期的 1978 年

* 这是 2013 年 5 月 31 日至 6 月 8 日撰写的研究报告，收入本书时略有删节。

底，全党党员 3 698.1 万名，工人党员 692.8 万名，占 18.7%；到建党 90 周年的 2011 年，全党 8 260.2 万名党员中，工人党员 704.7 万名，占 8.5%。党开展工作也从来都离不开社会协同和公众参与。

（2）新中国是在党的领导下靠全社会共同奋斗建立和发展起来的。从建党至今，中国共产党领导全国各族人民走过了 90 多年的光辉历程，大约经过三个 30 年的历史阶段。从建党开始，经过近 30 年的革命斗争，推翻了帝国主义、封建主义、官僚资本主义三座大山，建立了新中国；又经过近 30 年的探索和曲折，确立了社会主义基本制度，发展了社会主义的经济、政治、文化、社会；再经过 30 多年的改革开放，开创了中国特色社会主义道路和现代化建设新局面，正向全面建成小康社会宏伟目标迈进。

在党领导人民团结奋斗、引领社会前进的这三个 30 年的历程中，呈现了鲜明的阶段性特征。第一个 30 年，特别是抗日战争爆发后，党靠的是将全民族、全社会“发动起来”，打了一场又一场人民战争，取得了一个又一个伟大胜利，建立了新中国。第二个 30 年，早在新中国成立之初，毛泽东就号召将群众和社会“组织起来”。他说：“我们应当进一步组织起来。我们应当将全中国绝大多数人组织在政治、军事、经济、文化及其他各种组织里，克服旧中国散漫无组织的状态。”① 前期真正做到了，但后期在某些方面陷于僵化和封闭。第三个 30 年，改革开放之初，邓小平就提出让社会“活跃起来”，也真正做到了，并且方兴未艾，但同时也积累了一些深层社会问题亟待解决。

（3）我国“社会建设时代已经来临”。什么是社会主义？什么是资本主义？有人说，社会主义姓“社会”，资本主义姓“资本”，这不无道理。社会主义要把社会建设好，要实现人民共同富裕和社会公平正义。没有社会现代化建设，不能叫合格的社会主义。因此，有专家提出，在我国 30 年经济现代化建设取得巨大成就的基础上，今后 30 年是加强社会现代化建设的新阶段，我国“社会建设时代已经来临”。的确，今后 30 年，特别是从现在到 2020 年全面建成小康社会、2021 年建党 100 周年，可以说是开辟既充满活力又更加“和谐起来”的新阶段。

---

① 毛泽东．毛泽东文集：第 5 卷．北京：人民出版社，1996：348.

从“发动起来”“组织起来”“活跃起来”再到“和谐起来”，是党依靠群众、建设社会的四个历史阶段性特征，而“和谐起来”是根本目标和本质特征。在中国特色社会主义“五位一体”总体布局中，加强社会建设是重要保证。在实现全面建成小康社会目标的未来几年中，社会建设的成效如何至关重要。始终依靠人民推动历史前进，最大限度激发社会创造活力，最大限度增加社会和谐因素，是我们党和政府必须永远牢记和把握的。当前尤其要强调。

二、社会和谐是新时期党的“法宝”

（1）科学发展、社会和谐、党的建设是新时期党的“三大法宝”。在新民主主义革命时期，党和毛泽东同志总结历史经验，把武装斗争、统一战线、党的建设概括为党的“三大法宝”。其中，武装斗争是主要任务，统一战线是基本方针，党的建设是根本保证。我们认为，科学发展、社会和谐、党的建设可以概括为新时期党的“三大法宝”。能否推动科学发展、促进社会和谐、搞好党的建设，是事关党和国家生死存亡的三件大事，是中国特色社会主义建设的三大要务。其中，科学发展是主题，社会和谐是主线，党的建设是保证。

（2）社会和谐是社会建设的中国梦。习近平总书记指出：“实现中华民族伟大复兴的中国梦，就是要实现国家富强、民族振兴、人民幸福。”中国梦的实现，需要以保障和改善民生为重点，不断实现好、维护好、发展好最广大人民的根本利益，使发展成果更多更公平惠及全体人民。中国梦的实现，需要多谋民生之利、多解民生之忧，解决好人民群众最关心最直接最现实的利益问题，在“幼有所育、学有所教、劳有所得、病有所医、老有所养、住有所居、弱有所扶”上持续取得发展。实现中国梦很重要的是要加强社会建设，促进社会和谐，创造全体人民更加美好的生活。一句话，中国梦的实现，要以人民幸福梦、社会和谐梦为出发点和落脚点。

（3）社会主义和谐社会论是中国共产党对马克思主义发展的一大贡献。改革开放以来，我们党对马克思主义理论发展有三大历史性贡献：创造性地提出了社会主义初级阶段论、社会主义市场经济论、社会主义和谐社会论。其中，社会主义和谐社会论是党的十六大以来的新贡献。2003年，党的十六届三中全会提出科学发展观。2004年，党的十六届四中全会提出构建社会主义和谐社会重大战略思想，并首次明确提出加强社会建设、创新社会管理问题。2006年，党的十六届六中全会做出《关于构建社会主义和谐社会若干重大问题的决定》。2007年，党的十七大提出构建中国特色社会主义“四位一体”总体布局，并强调以改善民生为重点加强社会建设。2011年，党中央举办社会管理创新专题研讨班。2012年，党的十八大进一步提出在改善民生和创新管理中加强社会建设。

党的十六大以来，党中央不断丰富和发展社会建设理论，不断使以人为本、服务为先、创新发展、构建和谐、顶层设计、整体推进、源头治理、夯实基础等科学理念深入人心。

三、当前我国社会建设的主要矛盾是形势发展快与工作适应慢的矛盾

当前，我国社会建设正面临一系列深刻变化。世情在变，世界多极化、经济全球化、文化多样化、社会信息化不断发展。国情在变，经济体制深刻变革、社会结构深刻变动、利益格局深刻调整、思想观念深刻变化，向纵深发展。党情在变，党执政的社会基础、群众基础、阶级基础向社区、社会组织、非公有制经济组织扩展延伸。城市情况在变，大量人口流动，大量人户分离，大量农民工进城，实体社会结构和社会阶层发生巨大变化；媒体发达、信息快捷，虚拟社会越来越活跃、越来越复杂，越来越对实体社会产生反作用。社会心理在变，社会心态呈现复杂多元的态势，一方面主基调保持积极，奋发进取、理性平和、开放包容仍是主流；另一方面副基调出现失衡，浮躁、焦虑、冷漠、急功近利、埋怨、攀比、炫富、仇富、仇官等心态不可忽视，生活压力增大、幸福感下降、社会信任度降低、食品安全感受差，负面影响很大。最近两年，网上社会情绪反向态势尤为明显，对正面现象不屑一顾、持怀疑态度甚至嘲笑，对负面现象表示同情、漠视甚至认同。这些问题都需要高度重视、深入研究和有效

解决。

当前，我们的工作还很不适应这些新变化。一是社会体制机制不适应，条块分割、政策碎片，尤其需要从中央层面建立健全统筹协调的体制机制。二是社会服务体系不完善，尤其是尚未形成打破户籍、地域、身份界限的社会保障体系。三是社会管理机制不健全，特别是实有人口服务管理和虚拟社会服务管理两大历史性课题还没有从根本上破题。四是社会治理结构不完善，比如，现行《中华人民共和国城市居民委员会组织法》是 1989 年制定的，已远远落后于现代社区治理的形势需求，现代社会组织制度也没有建立起来。五是社会文明环境建设需要加强，社会诚信、社会责任体系需要健全甚至重构。六是社会和谐关系需要构建，群众利益协调机制、群众诉求表达机制、社会矛盾调处机制、社会稳定风险评估机制都需要进一步健全和完善。七是应对突发事件体制机制、方式方法、工作理念和处置能力需要加快创新和提高。八是社会领域党建工作需要加强和改进，确保党的组织和党的工作全覆盖的体制机制和方式方法还需要不断探索。

四、必须全面加强社会建设

（1）党的十八大为加强社会建设指明了方向。党的十八大明确指出，加强社会建设，是社会和谐稳定的重要保证。加强社会建设，必须以保障和改善民生为重点。加强社会建设，必须加快推进社会体制改革。这一个“重要保证”和两个“必须”，是当前和今后时期社会建设的重要目标任务。

（2）社会建设重在建设。近些年来，按照党中央要求，全国各地不断加大社会建设工作力度，不断探索新经验，不断取得新成效。其中，北京市、上海市、广东省以及深圳、南京、无锡、嘉兴、成都、大庆等城市的工作成效尤为显著。

以北京为例。党的十七大以来，市委市政府站在推动“四位一体”总体布局建设的新高度，把社会建设放在了更加突出的地位，奥运会后当作全市大事坚持不懈地抓，每年召开一次大会，每年出台一系列文件，每年推出一系列重要举措，全面推进社会建设取得新成效。

一是坚持抓顶层设计，不断深化社会体制改革。1）创新体制机制，基本形成社会建设工作领导小组及其办公室抓综合协调，党委社会工委、政府社会办牵头抓总，纵向到社区、横向到“两新”组织的工作网络。2）创新工作体系，确立了社会服务、社会管理、社会动员、社会环境、社会关系和社会领域党建的社会建设“六大工作体系”框架。3）创新政策体系，形成了“1+4+X”的政策体系。4）创新方式方法，在城市推广社会服务管理网格化，在农村推广村庄服务管理社区化。5）创新运行模式，社区服务管理试行社区党建、社区服务、社区自治“三位一体”的工作模式，社会组织服务管理构建“枢纽型”社会组织工作体系，商务楼宇服务管理试行社会工作站、党建工作站、工会工作站、共青团工作站、妇联工作站“五站建设”模式，等等。把党务、政务、社务工作延伸拓展到社区和“两新”组织，把党委领导、政府负责、社会协同、公众参与、法治保障的总要求落到了实处，使具有时代特征、中国特色、首都特点的社会建设体系不断完善。

二是坚持抓夯实基础，不断推动社会服务管理创新。按照抓住社会领域党建这个龙头，夯实社区建设、社会组织建设两个基础，建设社会工作者、志愿者两支队伍，推动政府、市场、社会三维互动，实现社会领域党建工作、社会服务管理两个全覆盖的工作思路，着力夯实基础，切实推进社会服务管理创新。1）通过在全市各街道（乡镇）建立社会工作党委，在“枢纽型”社会组织建立党建工作委员会等“3+1”机制，在商务楼宇加强“五站建设”，基本实现了社会领域党建工作全覆盖。2）通过开展社区规范化建设、社区基本公共服务体系建设、“一刻钟社区服务圈”建设、社会服务管理网格化建设，逐步夯实社区服务管理基础。3）通过构建“枢纽型”社会组织工作体系、试行四类社会组织直接登记、建立政府购买社会组织服务机制、建立社会组织孵化“一中心、多基地”、开展“社会组织公益行”活动，逐步夯实社会组织建设基础。4）通过实施“大学生社工计划”、五年三次大幅度提高社区工作者工资待遇、培育社工事务所、购买社工岗位、实施万名社工培训计划，全市社工专业化、职业化格局初步形成。5）通过及时转化奥运志愿服务成果、建立经常性和应急性志愿服务机制，志愿服务体系不断完善。这使北京社会建设基础工程初具规模，社会建设基础性、长远性、根本性问题得到有效解决。

全国各地也都有一些好做法、好经验。今年4月13日，国家创新与发展战略研究会与北京、上海、广东三省市社会工委共同建立了一个社会建设与社会治理研究中心，举办了首届中国社会建设论坛，来自11个省市的有关部门初步交流了经验，并决定整合相关省市、研究机构力量，组成15个实践经验调研组、10个理论课题调研组，启动了系列调研活动。

（3）社会建设要以改革为动力。党的十八大在党的十七大强调以改善民生为重点、加强社会建设的基础上，把加强社会体制改革的任务提到了全党面前，意义重大而深远。社会建设相对滞后，从根本上说是体制机制滞后，从根本上说是体制机制滞后并束缚了社会的创新发展。党的十八大报告指出："要围绕构建中国特色社会主义社会管理体系，加快形成党委领导、政府负责、社会协同、公众参与、法治保障的社会管理体制，加快形成政府主导、覆盖城乡、可持续的基本公共服务体系，加快形成政社分开、权责明确、依法自治的现代社会组织体制，加快形成源头治理、动态管理、应急处置相结合的社会管理机制。"这一个"围绕"、四个"加快形成"，就是我国社会体制改革的方向、目标、任务和框架。

全国各地社会体制改革经验值得认真总结。近些年来，按照党中央要求，全国各地在社会体制改革方面进行了许多有益的探索。最具代表性的是上海、北京、广东。中共上海市社会工作委员会成立于2003年8月，中共北京市委社会工委、北京市社会办于2007年12月成立，广东省社会工作委员会于2011年8月成立。这期间，大庆、南京等市也仿照北京模式建立了工作机构。这其中，上海起步最早，从抓"两新"组织党建突破抓社会建设；北京最全面，按照构建"五位一体"总体布局要求，进行系统设计，整体推进社会建设；广东有后发优势，抓住了政社分开和转移政府职能这个关键，大力度推动社会体制改革。全国其他地方也有一些好做法。在初步调研中，有以下三点基本共识：

第一，社会建设要有统筹协调机制。从全国各地情况看，大都设立了社会建设（或社会管理）工作领导小组（或委员会），一般由党委书记或副书记挂帅，统筹协调社会建设、社会管理工作。具体运行模式又各有特色。概括起来，大致有以下三种模式：一是由专门工作部门牵头，如北京、上海、广东等地由社会工委牵头。二是由综治办牵头，2011年后，按照中央有关部门要求，不少省区市区采用这种模式。三是由政府民政部门牵头，这类模式比较少。

第二，社会建设要有综合部门抓。对比三种模式，一般认为，第一种模式更好些，第二、三种模式都有一定局限性。几年来的实践证明，有无专门部门抓，工作效果大不相同；综合部门抓比专业部门抓效果更好。社会建设工作牵涉面广，是系统工程，要有综合部门负责统筹协调，否则很难整体推进。北京、上海、广东等省市之所以近几年工作成效明显，有专门机构抓、有专职人员做是重要原因。而第二、三种模式虽然工作也有一定成效，但都有一定局限，主要原因是，综治、民政分别作为负责某一方面工作的专业部门，很难承担综合协调职责，特别是很难承担协调党委部门的职责。像经济建设有发改委一样，社会建设作为综合性很强的工作，应设综合部门，形成综合部门抓协调、专业部门各负其责的工作体制。

第三，社会建设要当作一个系统、一个领域的工作抓。社会建设不仅是一个方面的重点工作，而且是中国特色社会主义“五位一体”总体布局中的一个相对独立的领域和系统。北京体制之所以获得广泛认同，也在于此。市委书记、市长亲自挂帅担任社会建设工作领导小组组长、第一副组长，副书记、常务副市长和主管常委、副市长任副组长，形成强有力的统筹协调机制。而且，如同在市委设农工委、教工委，在市政府设农委、教委一样，在市委设社会工委，在政府设社会办，把社会建设作为一个大系统、大领域在体制上进行顶层设计，在工作中整体推进。

（4）社会建设必须以完善社会治理结构为保障。社会治理是社会自治与政府管理的有机结合。完善的社会治理结构是社会建设与改革的制度保障。当前和今后一个时期，必须按照“党委领导、政府负责、社会协同、公众参与、法治保障”的要求，加快完善社会治理结构，特别是基层社会治理结构。当前，有三大基层社会治理结构需要加快完善。

第一，完善社区治理结构。社区是社会的基本单元。应当按照党委领导、政府主导、依法自治的要求，形成社区党建、社区自治、社区服务“三位一体”的工作格局和社区党委、社区居委会、社区服务站各负其责的社区治理结构。

第二，完善社会组织治理结构。随着城市化、市场化、国际化及老龄化步伐的加快，社会组织将成为我国社会的主要组织形式。大量“单位人”变成“社会人”，大量“社会人”将变成“社会组织中人”，许多人将加入各级各类专业性社会组织和兴趣爱好性社会组织之中。社会组织服务管理将成为我国社会建设乃至政治建设面临的突出问题。特别是随着社会组织实现政社分开、直接登记，社会组织服务管理成为新课题，现代社会组织制度建设和社会组织治理结构完善的任务十分迫切。应推广北京市等地的经验，加快构建“枢纽型”社会组织工作体系：授权以人民团体为骨干的大型联合性组织，对同性质、同业务、同类别的社会组织进行分类管理，以联合会章程为核心，逐步完善自我管理、自主发展治理结构。

第三，完善村庄治理结构。随着城乡一体化步伐的加快，一方面，在农村，大量“留守老人”“留守儿童”出现，带来了许多社会问题；另一方面，在发达地区，农村有大量流动人口出现，经营性专业合作社也大量出现，村庄特别是城乡接合部村庄的治理结构也需要不断完善。北京市的经验是推广村庄社区化，在条件具备的村，或村转居，或挂村、居委会两块牌子过渡，将社区服务管理的理念、体制、治理方式逐步向农村地区扩展延伸。

当然，需要完善社会治理结构的方面还有很多，但总的思路是按照党的领导、人民当家作主与依法治国相结合和政府、社会、市场良性互动的原则，不断完善基层社会治理结构。特别要学会运用法律、行政、经济、舆论引导、思想教育和心理疏导等多种手段加强社会综合治理。

五、当前必须抓住机遇办几件事关长远的大事

（1）将社会体制改革作为改革重点写入党的十八届三中全会文件。社会体制改革是我国体制改革的重点、难点问题，与经济、政治、文化体制改革密不可分。研究和推进社会体制改革，对于巩固发展经济体制改革成果、深化政治体制改革有至关重要的作用。因为在当前，“分好蛋糕”、解决利益分配问题和下放权力、解决政社分开是社会体制改革的两大关键问

题，前者与经济体制改革密切相关，后者也是政治体制改革问题。社会体制改革是牵一发而动全身的大事。

我国30多年的体制改革，都是以政治体制改革为主线，分阶段、有重点、有步骤地改革。当年的政企分开，既是经济体制改革，也是政治体制改革；现在的政社分开，既是社会体制改革，也是政治体制改革。通过经济体制改革、社会体制改革，夯实经济建设基础和社会建设基础，同时又首先解决与群众经济生活、社会生活密切相关的政治体制改革问题，最后再解决政治体制改革的遗留问题，这不失为中国特色社会主义体制改革之路。

（2）深入开展社会建设和群众工作大调研活动。结合在全党深入开展群众路线教育实践活动，由中央部门牵头，组成若干专题组，像当年开展农村大调查一样，花上大半年时间，深入基层，广泛开展社会建设和群众工作系列大调研活动。从总结经验、发现问题两个角度，从顶层设计、夯实基础两个方面，系统调查研究、提出建议，为中央科学决策提供参考，为基层社会服务管理创新提供指导。

（3）建立社会建设工作协调机制，成立专门的工作机构。社会建设工作牵涉党和政府工作的许多方面，迫切需要加强综合协调、宏观指导，迫切需要按照“党委领导、政府负责、社会协同、公众参与、法治保障”的要求，建立综合协调机制，成立专门的工作机构。

（4）制定社会建设指导文件和近期工作规划。按照党的十八大和党的十八届三中全会精神，在调查研究的基础上，组织力量起草《中共中央关于加快推进社会体制改革　全面加强社会建设的意见》和《2014—2021年加强社会建设　实现全面建成小康社会目标规划纲要》，推动社会建设，促进社会服务管理创新。

（5）召开全国社会建设工作会议，研究和部署社会建设和群众工作。

总之，促进社会和谐与推动科学发展、加强党的建设是党的“三大法宝”、三件大事，也是全面建成小康社会的“三大法宝”、三件大事。我们坚信，在以习近平同志为核心的党中央坚强领导下，我们一定能办好这些大事，全面建成小康社会的目标一定能实现，中华民族伟大复兴的中国梦一定能够实现。

社会治理体制改革事关全局*

举世瞩目的党的十八届三中全会通过了《关于全面深化改革若干重大问题的决定》，明确提出了完善和发展中国特色社会制度，推进国家治理体系和治理能力现代化的总目标，强调紧紧围绕更好保障和改善民生、促进社会公平正义深化社会体制改革，特别对创新社会治理体制做出了全面部署，为全面加强社会建设、社会改革、社会治理指明了方向。

一、社会建设、改革、治理都是大概念、大事情

社会建设是大概念、大事情。我们认为它包括社会服务、社会管理、社会动员、社会环境、社会关系和社会领域党建等“六大体系”，是中国特色社会主义事业“五位一体”总体布局的重要组成部分。社会改革是大概念、大事情。它不仅涉及保障和改善民生、促进社会公平正义等方面，还与经济体制改革、政治体制改革、文化体制改革、生态文明体制改革和党的建设制度改革密切相关。社会治理是大概念、大事情。治理与管理不同。在汉语中，“治”的本义是河名，引申义为治水。治水的特点是疏堵结合、多种方式齐抓共管。“管”的一个本义是管乐，泛指乐器；另一个本义是门锁，引申为掌管、管理，拿钥匙的人就是当官的人。锁门就有管制与被管制、主动与被动、少数与多数的关系。管理与治理的区别就在于：一是主体不同，管理的主体是一元的，只是政府，治理的主体是多元的，还包括社会乃至公众；二是权源不同，政府的管理权是权力机关授予的，而治理权中的相当一部分由人民直接行使，这便是自治和共治；三是运作不同，管理的运行方式是单向的、自上而下的、强制的、刚性的，而

---

* 这是2013年11月26日在全国深化社会体制改革研讨会暨“加强社会建设　创新社会治理”（广东）年会上的主旨发言。

治理的方式是双向的、互动的、复合的、合作的、包容的。简单地说，治理＝自治＋管理。在法治的范围之内实现多元共治，不仅是科学的理念，也是科学的方法，更是科学的制度。我们应当很好地理解、把握和运用。

二、要抓住社会治理体系现代化建设这个根本

完善党委领导、政府负责、社会协同、公众参与、法治保障的社会治理体系，从根本上说，就是把坚持党的领导、人民当家作主、依法治国有机统一的方针落实到社会建设、改革、治理的各个方面。近些年来，特别是党的十七大以来，北京市在这方面进行了初步探索，取得了初步成效，初步形成了一系列体制机制、工作体系、政策体系、有效载体和运行模式。全市形成了社会建设工作领导小组办公室＋党委社会工委、政府社会办的工作体制，形成了纵向到社区、横向到“两新”组织的工作网络，形成了社区党建、社区服务、社区自治“三位一体”的治理体系，形成了社会组织“1＋2＋3”治理体系（“枢纽型”社会组织工作体系，政府购买服务机制、依法监管制度，党建委员会、党组织及例会制度），形成了商务楼宇“五站合一”治理体系，等等。

但随着世情、国情、党情、市情继续发生深刻变化，我们面临许多新情况、新问题、新挑战。经济体制深刻变革，社会结构深刻变动，利益格局深刻调整，思想观念深刻变化，大量“单位人”变成了“社会人”，大量“农村人”变成了“城市人”，大量“户籍人”变成了“流动人”，大量“熟悉人”变成了“陌生人”。随着经济全球化的到来，社会全球化随之而来。随着信息时代的到来，社会时代随之而来。随着城市化的到来，“大城市病”也一并到来。我们面临的矛盾和问题从来没有这样复杂，我们面临的挑战和任务从来没有这样严峻。顶层设计、体系完善的任务非常艰巨而繁重。北京市将通过制定实施《深化社会体制改革、创新社会治理体制实施纲要》和社会建设综合评价指标体系，进一步推动社会治理体系现代化建设。

三、要夯实社会服务体制改革这个基础

社会建设要以服务为先，社会体制改革要以民生为要，社会治理创新要以社会服务创新为基。

一是加快推进社会服务全覆盖。加快推进基本公共服务全覆盖，全面实施北京市基本公共服务体系行动计划（2013—2015），通过推进一批重大任务、重大工程和重点项目的实施，确保“十二五”时期我市基本公共服务各大领域目标顺利实现，促进基本公共服务覆盖面不断扩大、能力水平不断提升。

二是加快推进社会服务方式转变。深化行政审批制度改革，分期分批取消和下放行政审批项目。深化公共服务体制改革，出台一系列政府购买社会服务政策，进一步加大政府向社会力量购买服务的力度。尽快搭建全市统一的政府购买社会服务综合服务平台。

四、要抓住城市街道体制改革这个“牛鼻子”

街道是大城市社会治理的主要平台。抓住街道体制改革这个“牛鼻子”，就抓住了社会体制改革的关键。做强街道、加强社区，就夯实了社会建设工作的基础。

一是进一步明确街道在社会治理中的主体地位。明确街道是区域内社会领域党的建设、社会服务和城市管理的主体，对辖区内涉及跨部门的综合性工作负有组织领导、统筹协调、监督检查的职责。

二是进一步理顺街道与政府专业管理部门的关系。街道是党委政府派出的综合机关，专业部门是政府派出的专门机构，两者是综合协调与专门执行的关系。只有在党委和政府领导下，进一步提高街道的综合协调能力、专业部门的业务执行能力，才能提高街道社会治理的整体水平和实际效果。按照权责一致和属地为主的原则，进一步规范街道与政府专业部门派出机构的关系，对专业部门派出机构原则实施街道属地管理或双重管理。按照“专业管理、属地统筹”的原则，街道对各派出机构进行统筹

调度。

三是街道统筹管理各类协管力量。按照“属地管理、统筹使用、合理分工、相对稳定”的原则，对专业管理部门、群团组织派驻到街道、社区的各类全日制工作协管员进行整合，由街道负责统筹管理使用，相关部门负责业务指导。建立协管员岗位数量控制机制，根据街道规模、常住人口等因素，核定街道协管员岗位、数量，因事设岗，一岗多责，按岗定员，实行总量控制。

四是进一步探索地区社会服务管理委员会机制。实践证明，地区管理委员会是综合协调街道区域工作的有效形式。在总结经验的基础上，在街道探索建立健全地区社会服务管理委员会制度。地区社会服务管理委员会是街道党工委、街道办事处主持的辖区行政事务组织协调机构和社会服务管理综合平台，按照区域化、综合性、大部制原则组成和搭建。按照整合资源、形成合力、集约办公、运行高效的原则，街道地区社会服务管理委员会办事机构与街道“一站式”办公大厅、街道网格化社会服务管理中心工作要有机结合。

五、要抓住社会组织体制改革这个中心环节

社会组织与政府组织、市场组织共同构成现代社会三大主要组织形态。社会组织建设是社会建设的主要任务，社会组织体制改革是社会体制改革的中心环节。在新形势下，要按照“政社分开、权责明确、依法自治”的要求，进一步加强社会组织体制改革和治理创新。

一是进一步健全“枢纽型”社会组织工作体系。力争在“十二五”期末形成市、区（县）、街道（乡镇）三级“枢纽型”社会组织工作网络，在2014年底前全部实现行业协会与政府部门“脱钩”。

二是加快推进社会组织登记制度改革。降低登记门槛，对行业协会商会类、科技类、公益慈善类、城乡社区服务类社会组织实行由民政部门直接登记。取消有关限制，取消注册资金限制，除特殊规定外，成立社会组织，对注册资金不作要求；取消“一业一会”的限制，鼓励“一业多会”竞争；取消社会团体、基金会等分支（代表）机构的登记审批。下放有关

权限，委托第三方机构对申请登记的社会组织进行评估，委托“枢纽型”社会组织对相关社会组织进行年检考核，将基金会和异地商会登记管理权限下放到区县民政部门。提高社会组织注册登记审批工作效率，分类实行限期审批制度。

三是积极培育社会组织发展。转移职能，加大政府利用社会建设专项资金购买社会组织服务力度，每年公布购买服务指导目录，逐年增加项目、增加资金，为社会组织发展和发挥积极作用让渡空间。加快建设社会组织孵化基地，完善北京市社会组织孵化中心职能，“十二五”时期各区县都要建立社会组织孵化基地，加快形成全市社会组织服务“一中心、多基地”工作网络。持续开展“社会组织公益行”活动，为社会组织参与公益服务搭建平台。

四是加快推进社会组织规范化建设。充分发挥党建政治引领作用、政府依法管理作用、“枢纽型”社会组织日常服务管理作用，不断完善社会组织治理结构。提高社会组织自我管理、自主发展的能力和水平，加强以章程为核心的社会组织内部建设，健全会员（代表）大会、理事会、监事会制度，完善内部治理结构，健全规章制度。试行会员证制度。建立健全“枢纽型”社会组织新闻发言人制度，不断提高社会组织社会宣传和应对突发事件的能力。

六、要抓住社会治理能力现代化建设这个关键

社会治理能力现代化建设就是要紧紧围绕构建社会主义和谐社会目标，紧紧围绕党和政府的重大关切，紧紧围绕广大人民群众的新期待，切实解决社会建设的突出问题，通过方式方法创新推动能力现代化建设。以如下四个关键词：抓龙头、破难题、网格化、社会化。

一是抓龙头：以社会领域党建全覆盖引领社会服务管理全覆盖。进一步完善社区党建区域化格局、“枢纽型”社会组织党建“3＋1”机制、商务楼宇工作站“五站合一”机制，进一步健全街道（乡镇）社会工作党委、“枢纽型”社会组织党建工作委员会、商务楼宇党建工作站工作制度，进一步建设好党组织负责人和党建指导员两支队伍，进一步发挥社会领域

党组织的战斗堡垒作用和共产党员的先锋队作用，确保社会领域党组织有人办事、有地方办事、有经费办事、按规范办事，以党组织和党的工作全覆盖引领社会服务和管理全覆盖，以党的建设创新推动社会建设创新。

二是破难题：切实解决广大人民群众反映强烈的突出问题。着力加强实有人口服务管理体系建设，着力加强虚拟社会服务管理体系建设，着力加强社会治安综合治理、大气污染防治、交通拥堵治理、应急机制建设等工作，动员社会积极协同、公众广泛参与。

三是网格化：加快推进社会服务管理信息化体系建设。到2013年底，将试点工作扩展到全市各区县、街道（乡镇）、社区（村）。到2014年底，在各区县、街道（乡镇）基本实现社会服务管理网格、城市管理网格、社会治安网格等多网融合，基本实现市、区县、街道（乡镇）、社区（村）网格化社会服务管理体系全面覆盖。结合开展网格化工作，构建“北京市社会服务管理精细化测评指标体系”，组织开展“北京城市管理奖”评选表彰，推动首都社会服务管理工作水平不断提高。

四是社会化：加快形成完善的社会动员机制。加快形成“政府＋社会＋市场”的社会互动长效机制，加快形成“社区＋社会组织＋驻区单位”的社会协同长效机制，加快形成“社工＋志工＋居民”的公众参与长效机制，积极动员社会协同、公众参与、良性互动，完善社会治理结构。

深化社会体制改革是长期的、复杂的系统工程，要以党的十八大和党的十八届三中全会精神为指导，不断加强社会建设、改革社会体制、创新社会治理，不断完善体系，不断提高能力，把社会建设、改革与治理的任务落到实处。

加快推进社会治理现代化*

党的十八届三中全会明确指出："全面深化改革的总目标是完善和发展中国特色社会主义制度，推进国家治理体系和治理能力现代化。"这是一个历史性的理论新概括和实践新命题。党的十八届三中全会以来，习近平总书记发表了一系列重要讲话，特别是在中央党校省部级专题研讨班上，在考察北京工作时，在3月5日参加他所在的十二届全国人大二次会议上海代表团审议时，在兰考县委常委扩大会议上，围绕这个重大问题发表了一系列重要讲话，提出了许多重要指导思想和论述，具有非同寻常的意义。然而，对此重大问题和重要举措，就总体而言，在学习中，重视不够、领会不深、把握不准的问题还比较突出；在工作中，思想认识不适应、体制机制不适应、能力水平不适应的问题还比较普遍。因而，此次论坛举办非常及时，研讨社会治理体制创新问题非常重要。

一、以理论为指导，加快推进社会治理体系和治理能力现代化

加快推进社会治理体系和治理能力现代化，首先要认真学习领会党的十八届三中全会精神和习近平总书记一系列重要讲话精神。这毕竟是一个新论断，离开全面深化改革总目标谈社会体制改革，离开国家治理体系和治理能力现代化谈社会治理体系和治理能力现代化，出发点和落脚点都会产生问题。对于这个问题，我有三点体会：一是有新视角。党的十八届三中全会将全面深化改革的总目标锁定在完善和发展中国特色社会主义制度、推进国家治理体系和治理能力现代化，站位高远、落点精准，从完善

* 这是2014年5月18日在第四届中国社会治理论坛上的主旨演讲整理稿。

和发展国家制度、推进国家治理现代化高度，明确了体系建设和能力建设两个重点。二是有新视野。习近平总书记在一系列重要讲话中系统论述了国家治理体系和治理能力现代化的深刻内涵、重大意义，以及国家治理与大城市治理、社会治理以及县域治理的关系。我们应当从国家治理现代化是系统工程、社会治理现代化是基础工程的大视野来思考和研究社会治理创新问题，而不仅仅是办实事、保稳定。三是有新境界。用社会治理代替社会管理，虽然一字之差，但境界大不相同，工作理念、工作方式、工作体制、工作机制、工作效果都将发生巨大变化。从字面上说，治理＝自治＋管理。从本义上说，“治”是河流的名称，引申为河流治理。毛泽东同志就曾经号召全国一定要治理海河、治理黄河。河流治理的特点是疏堵结合，源头治理、系统治理、有序治理。因而，治理也有秩序的含义在里面。“管”的一个本义是乐器，泛指管乐；另一个本义是门锁，其特点就是强制、管制。从本质上说，就是习近平总书记所指出的，社会治理强调的是系统治理、依法治理、源头治理、综合施策。我们应当迅速适应并加快推进从政府一元管理到政府、市场、社会多元共治的转变，加快推进社会治理体系和治理能力现代化。

二、以问题为导向，加快推进社会治理体系和治理能力现代化

现在可以说社会建设、治理和改革面临许多社会问题，复杂、交叉而又重叠。强调加快推进社会体制改革，加快推进社会治理体系和治理能力现代化，是强调通过改革创新解决问题，是强调通过加强顶层设计解决实际问题，通过夯实基础、提高能力有效解决具体问题。概括问题的角度有很多，以下将推荐两个材料，供大家参考。

第一个材料：《社会管理创新需破哪些题》：（1）流动人口如何融入城市？（2）特殊人群如何融入社会？（3）“两新”组织如何发挥作用？（4）矛盾化解如何提升能力？（5）虚拟社会如何有效管理？（6）突发事件如何及时应对？（7）民意诉求如何畅通渠道？（8）社区自治公众如何参与？（9）政府公信力如何重新塑造？（10）社会如何依法治理？

第二个材料：据有关部门统计，2013 年全国信访位于前十的突出问题依次为：（1）房屋拆迁问题；（2）劳动社保问题；（3）农村土地征用、权属纠纷、承包经营问题；（4）涉法涉诉问题；（5）出租车停运等交通运输问题；（6）民办代课教师、国企教职工待遇和异地高考等教育问题；（7）医疗纠纷、“失独”家庭等卫生计生问题；（8）复退转业军人问题；（9）环保问题；（10）涉众型经济案件引发的问题。

前一个材料侧重体系和体制机制问题，后一个材料侧重矛盾纠纷。两个材料概括未必全面，表述未必准确，但说明一定问题，给人不少启发，都是迫切需要解决的问题。离开问题谈理论，特别是谈社会治理体系和治理能力现代化，没有多大意义！

三、以实践为基础，加快推进社会治理体系和治理能力现代化

加快推进社会治理体系和治理能力现代化，要以现实为基础，特别是要以实践经验为基础。不是从头再来，不是“另起炉灶”，不是搞“两张皮”，而是完善和发展，站在新的历史起点上推进社会治理体制创新。这种判断不是保守，不是路径性依赖，而是在基层实践中确已探索形成了许多好经验。特别是北京、上海、广东等地已积极主动探索了多年。总结我国基层已有的成功经验、借鉴国外的好做法、探索发展的新路子，都是不可或缺的。

拿北京市来说，近些年来，特别是党的十七大以来，市委市政府把社会建设、改革、治理坚持当作大事，坚持“两手抓”，取得了初步成效。

一是坚持当作大事抓。市委市政府每年召开一次大会，每年出台一系列重要文件，每年推出一系列重要举措，大力度、高起点地推动社会建设改革治理不断向纵深发展。无论是在北京市各领域工作中，还是在各省市工作中，如此重视程度都是少有的。社会建设、改革、治理是一把手工程，没有党政主要领导的重视，没有党委政府的重视，是不可能大力开展并取得成效的。今年 2 月 26 日，习近平总书记在考察北京工作的讲话中，对近几年来北京市大力加强社会建设给予了充分肯定。

二是坚持抓顶层设计，不断完善社会治理体系。第一，创新体制机制，初步形成了三层体制构架，即上有党政主要领导挂帅的社会建设工作领导小组抓统筹，中有社会工委、社会办牵头抓协调，下有纵向到社区、横向到“两新”组织的工作网络抓落实。第二，抓工作体系创新，明确了完善社会服务、科学社会管理、广泛社会动员、文明社会环境、和谐社会关系和社会领域党建“六大体系建设”目标任务。第三，创新政策体系。形成了“1＋4＋X”政策文件体系。第四，创新方式方法，在城市推广社会服务管理网格化，在农村推广村庄社会服务管理社区化。第五，创新基层社会治理模式，在社区推广“三位一体”的治理模式，社区党委、社区居委会、社区服务站“三驾马车”既明确分工又相互配合，推动社区党建、社区服务、社区自治“三位一体”有机结合。在社会组织构建“1＋2＋3”工作机制：所谓“1”，就是构建“枢纽型”社会组织工作体系，让联合会来服务管理同类别、同性质、同业务的社会组织，实现社会组织自我管理和自我发展；所谓“2”，就是完善依法监管和购买服务两项政府职能；所谓“3”，就是健全社会组织党建工作委员会、社会组织党组织、社会组织工作例会三项制度。在非公经济组织推广商务楼宇“五站”建设，实现党建工作站、社会工作站和工、青、妇工作站全覆盖，把党务、政务、社务延伸到商务楼宇。社会建设是改革创新工程。中国特色社会治理体系现代化和社会治理体制创新，就是要在党的领导下，推动政府、市场、社会良性互动，有机结合，多元共治。说到底，就是把党的领导、人民当家作主和依法治国相统一的治国理政理念落实在社会建设的实践当中。实践证明，北京的工作是符合这个方向和党的十八届三中全会精神要求的，因而总体上也是科学有效的。

三是坚持抓夯实基层基础，不断提高社会治理能力。比如，经过近几年的努力，北京社区工作基本实现了规范化，全市社区办公服务用房达到350平方米标准的由18％上升到81％；全市社区工作者具有大专以上学历的由26％上升到80％，平均年龄41岁；市级“枢纽型”社会组织已联系覆盖87％的社会组织，五年增长了五倍多；实名注册志愿者224万人，为全国最高比例；商务楼宇“五站合一”建设实现了全覆盖，网格化覆盖70％以上的街道和社区；政府购买社会组织服务已经实现制度化、规范化。总之，按照 2009 年确定的基本工作思路，即抓住党建这个龙头，夯实社区和社会组织建设这两个基础，建设好社工与志工两支队伍，推动政府市场社会三维互动，实现党的建设和社会服务管理全面覆盖，坚持一件接着一件办、一年连着一年干，全市社会建设工作的能力不断提高，全市社会建设工作的基础不断夯实，全市社会建设工作的成效不断增强。

当然，这些工作还是很初步的，下一步要按照党的十八届三中全会精神和习近平总书记到北京视察工作重要讲话的要求，进一步抓好工作落实。按照党中央要求、结合首都实际，北京市成立了全面深化改革领导小组，下设 14 个专项组，许多专项组的工作都与社会治理有关。特别是成立了社会事业与社会治理体制改革专项组和城市管理体制改革专项组，具体研究、全面推进社会治理体制改革工作。北京市全面深化社会体制改革、推进社会治理体制创新等文件即将出台，将围绕社会服务体系创新、街道社会服务管理体制改革、社会组织服务管理体制改革、城市精细化管理、社会领域党建创新等，推出一系列举措，全面深化社会体制改革，加快推进社会治理体系和治理能力现代化建设迈出新步伐、取得新成效。

中国社会建设的回顾与展望*

从2004年党中央明确提出加强社会建设至今，已经十年。十年来，我国社会建设理论和实践取得了新的大发展，站在了新的历史起点上。

一、十年来，我们党关于社会建设的理论取得了新发展

社会学早已有之，而且是外来的，但社会建设理论形成和发展只是近十年的事情，而且是中国独创的。

（1）以党的十六大特别是党的十六届四中全会为标志，开辟了中国社会建设新阶段。应当说，我们党是一贯重视社会建设的。依靠群众、动员社会是党的好传统，关心群众生活、倾听社会呼声是党的好作风。可以说，中国共产党是依靠社会起家的：不论出身，将具有共产主义觉悟的社会各界先进分子吸纳到党内来共同奋斗；社会主义是依靠全社会共同建设的：在党的领导下，所有中国特色社会主义建设者为之而共同奋斗。但真正向全党、全国人民明确提出加强社会建设的任务，是党的十六届四中全会。

党的十六大以后，党中央提出了科学发展观和构建社会主义和谐社会的重大战略思想，强调坚持以人为本，推动经济社会全面、协调、可持续发展。2004年，党的十六届四中全会从提高党构建社会主义和谐社会能力的高度，明确提出了加强社会建设、创新社会管理体制的问题，明确指出要"加强社会建设和管理，推进社会管理体制创新"，"建立健全党委领导、政府负责、社会协同、公众参与的社会管理格局"。2006年，党的十

---

* 本文刊发于《光明日报》（2015年1月28日），内容略有删节。

六届六中全会通过了《中共中央关于构建社会主义和谐社会若干重大问题的决定》，重申和展开了相关论述，使有关理论进一步系统化。以党的十六届四中全会为主要标志，中国开辟了社会建设的新阶段。

（2）党的十七大进一步开创了我国社会建设的新局面。2007 年，党的十七大首次把社会建设纳入中国特色社会主义“四位一体”总体布局中，明确指出：“社会建设与人民幸福安康息息相关。必须在经济发展的基础上，更加注重社会建设，着力保障和改善民生，推进社会体制改革，扩大公共服务，完善社会管理，促进社会公平正义，努力使全体人民学有所教、劳有所得、病有所医、老有所养、住有所居，推动建设和谐社会。”这初步明确了社会建设的主要任务。北京市和许多省市社会建设机构也是在党的十七大之后的两三年间成立的。以党的十七大为标志，开创了中国社会建设的新局面，以保障和改善民生为重点的社会建设进入快车道。

（3）以党的十八届三中、四中全会和习近平总书记系列重要讲话为标志，进一步开创了我国社会建设的新境界。党的十八大将社会建设纳入全面建成小康社会的目标，强调指出加强社会建设必须以保障和改善民生为重点，必须加快推进社会体制改革。尤其是党的十八届三中全会，用“社会治理”代替“社会管理”，把社会治理纳入了国家治理体系和治理能力现代化的总目标，将社会体制改革纳入了全面深化改革的主要任务；党的十八届四中全会又从全面推进依法治国的高度提出了法治国家、法治政府、法治社会一体建设的思想。近一年来，习近平总书记围绕国家治理体系和治理能力现代化以及社会治理创新发表了一系列重要讲话。2014 年 3 月 5 日，习近平总书记在参加他所在的十二届全国人大二次会议上海代表团审议时明确指出，加强和创新社会治理关键在于体制创新，核心是人。他要求把工作重心落到城乡社区，并强调指出，治理和管理一字之差，体现的是系统治理、依法治理、源头治理、综合施策。社会治理是一门科学，要着力提高干部素质，把培养一批专家型的城市管理干部作为重要任务，用科学的态度、先进的理念、专业的知识去建设和管理城市。他号召努力走出一条符合特大城市特点和规律的社会治理新路子。党的十八届三中、四中全会和习近平总书记系列重要讲话，进一步开创了我国社会建设理论和实践发展的新境界。

十年来，中国特色社会建设理论取得了新发展、站在了新高度。这个新发展，就是从社会学到社会建设理论的新发展，就是从社会管理到社会治理的新发展。这个新高度，就是“五位一体”总体布局的新高度，就是国家治理体系和治理能力现代化总目标的新高度，就是法治国家、法治政府、法治社会一体建设和全面建成小康社会、全面深化改革、全面推进依法治国、全面从严治党总要求的新高度。我们应当站在这样的新高度，加快推进社会建设、社会体制改革和社会治理创新。

二、十年来，我国社会建设实践取得了新成效

十年来，我国社会建设在实践中探索发展，在理论指导下与时俱进，不断取得新成效。

（1）我国已融入社会全球化。世界已进入社会全球化时代。20 世纪中叶第二次世界大战结束后，欧美国家在快速恢复经济的同时，着力推动社会事业改革发展。“福利国家”成为“欧洲社会的时代精神和基本制度”。美国也在 1965 年以立法形式推出了一个“伟大社会”计划。随后，亚洲“四小龙”等也相继发展社会事业。到了 20 世纪八九十年代，南美国家陷入“中等收入陷阱”后，也开始重视社会问题。特别是以近十年我国大力加强社会建设为主要标志，世界进入社会全球化时代。

当今社会有四个显著特征：一是城市化，大量“农村人”变成“城市人”。到 2013 年底，我国城镇化率已达到 53.73%，并形成了京津冀、长三角、珠三角等区域性城市群。我国已有 15 个 1 000 万人口的超大型城市，分别是北京、上海、天津、重庆、成都、广州、深圳、苏州、哈尔滨、石家庄、保定、临沂、南阳、郑州、武汉。二是流动性，大量“户籍人”变成“流动人”。如北京市，到 2013 年底，实有人口为 2 114.8 万人，流动人口 802.7 万人，占 40%。在流动人口中，70%为农民工，50%为青年，10%为大专以上青年，80%来自河北、河南、山东、黑龙江、山西、安徽六省。三是社会性，大量“单位人”变成了“社会人”。四是信息化，大量“自然人”变成了“信息人”。城市化、流动性、社会性、信息化，一方面给我国经济社会发展带来强大的动力和活力，另一方面也带来了

“大城市病”治理、流动人口管理、社会组织再造、虚拟社会管理等新问题。经过三十多年改革开放和市场经济建设，特别是近十年，我国已快速融入了社会全球化时代。在新中国成立65周年之际，北京市委社会工委与北京电视台推出了一部六集电视纪录片——《社会时代》。通过讲述社会故事，真实记录了我国特别是北京融入社会全球化的历史过程。我们应当与时俱进，紧抓社会全球化发展机遇，积极应对社会危机和挑战。

（2）我国社会建设已站在了新的历史起点上。非常可喜的是，近十年来，我国社会建设取得了长足发展。2013年，北京市委社会工委与上海华夏社会发展研究院共同研究制定了社会建设综合评价指标体系。这个指标体系包括社会保障、社会服务、社会治理、社会环境四个方面、37项指标。指标数据均来自政府权威统计部门。日前，据此形成的《2014年中国社会建设分析报告》发布。报告显示，近五年来，全国和各省区市社会建设取得了明显成效。从时间上说，2011年后呈现快速增长态势，说明在党的十七大的指引下和全社会共同的努力下，仅仅三四年的时间，中国社会建设就进入了快车道。从空间上说，全国各地社会建设发展是快速的。在31个省市区，排在前五位的分别是北京、上海、浙江、江苏、广东。15个超大型城市排在前六位的是北京、上海、苏州、广州、成都、深圳。而与上一年度比较，全国各地社会建设发展总指数都有不同程度的增长，大部分省市有大幅度增长。在社会保障、社会服务、社会治理、社会环境四方面的专项指数中，全国各地社会治理、社会环境指数增幅尤其大，分别平均增长4.85％和9.06％，说明在党的十八大精神的鼓舞下，全国各地加强和创新社会治理已初见成效。

（3）全国各地进行了积极探索，积累了许多成功经验。从《2014年中国社会建设分析报告》统计数据看，全国各地无论经济发展状况如何，党委政府重视不重视社会建设、有没有专门机构持续不断地抓社会建设，结果是明显不同的。上海市2003年在全国率先建立社会建设机构。北京市2007年底成立市委社会工委、市社会办。随后，江苏省南京等许多城市，浙江省嘉兴、温州等许多城市，广东省广州、深圳、珠海等各市县，以及四川成都市、黑龙江大庆市、贵州省贵阳市等，也相继成立了社会建设工作机构。这些地方社会建设指数的增长都是较快的。

全国各地积极探索、创新实践，创造了许多经验。比如，上海市在“两新”组织党建工作方面起步早，在城市精细化管理方面做得好；广东省在大胆实践、激发社会活力方面走在了全国前列；北京市坚持一手抓顶层设计、一手抓夯实基础，在全面推进社会治理体系和治理能力现代化方面取得了明显成效。我们应当站在已有实践成果的新高度，加快推进社会建设、社会体制改革和社会治理创新。

三、未来十年，是我国深化社会治理改革战略机遇期

当前，我国发展进入新阶段，改革进入攻坚期和深水区。今后五到十年，我国社会建设、改革、治理的成效事关全面建成小康社会大局，事关党执政兴国基础的巩固和发展，必须抓住机遇、迎接挑战。

（1）创新社会治理，要坚持以问题为导向。十几个省市经过近一年的联合调研，一致认为，当前我国社会治理，至少面临十个方面的突出问题。这既有“人”“地”“事”“物”“组织”等日常服务管理方面的问题，也有“急”“难”“特”“新”“重”方面的突出问题。

第一，在“人”的服务管理方面，最突出的问题是流动人口服务管理问题一直未能破题，许多地方甚至连流动人口的准确数据都不掌握。

第二，在“地”的服务管理方面，最突出的问题是“大城市病”治理，尤其是城市规模无限制扩大、城市无序发展带来的环境污染、交通拥堵、公共服务资源紧缺、城乡接合部管理难度加大等一系列问题。

第三，在“事”的服务管理方面，最突出的问题是基本公共服务体系不健全，特别是就业难、就医难、就学难、养老难、买房贵，城乡服务差距大。

第四，在“物”的服务管理方面，最突出的问题是城乡基本服务设施不健全，尤其是市政管理的地上设施不完备、地下管网混乱，安全隐患很多，安全生产事故不断，食品药品安全方面问题也很多。

第五，在“组织”的服务管理方面，最突出的问题是一些基层组织软弱涣散，尤其是社会领域党组织和党的工作覆盖面不广泛、政府的社会公信力不高、社区组织自治能力弱、社会组织自主发展空间小、经济组织社

会责任感不强。另外，社会企业也亟待扶持发展。而事业单位改革久拖不决，又很可能成为巨大的社会不稳定因素。

第六，作为“应急性”社会服务管理的突发事件处置，最突出的问题是重事后处置、轻事前预防，尤其是重大事项风险评估机制不健全、情报信息不灵、现代化信息手段利用不充分、动员社会参与不够。

第七，作为“难点问题”的社会矛盾化解，最突出的问题是重堵不重疏、方式方法简单，尤其是在信访和城管等执法工作方面亟须加大改革力度。还有，一些地方黄、赌、毒的问题也没能有效遏制，综合治理的力度也要进一步加大。

第八，作为“特殊社会问题”的民族宗教问题，关键是处理好宗教问题。民族矛盾的负能量往往根源于宗教分歧，并往往被敌对势力所利用。

第九，作为“新问题”的虚拟社会服务管理，当务之急是建立中国特色社会主义的信息网络新秩序，加快立法并加强依法管理。与此同时，需要有效推进网络文明建设，切实凝聚虚拟社会正能量。

第十，作为“重大任务”，在社会治理体系现代化方面，最突出的问题是缺乏统筹规划、综合协调，尤其亟须从根本上改变部门利益、条块分割、政策碎片化和各自为战的状况，形成合力、整体推进；而在社会治理能力现代化方面，突出的问题是基层基础工作薄弱，许多地方既没有专业化、职业化的社会工作者队伍，也没有长效化、规范化的志愿服务机制。

为此，全社会应当进一步提高认识、高度重视，应当建立健全统筹协调机制，更应当深入开展调查研究，切实解决实际问题。

（2）创新社会治理，要坚持以需求为导向。这个需求，不仅是立足当前的社会新需求，而且是面向长远的社会新需求。这就要求我们围绕国家治理体系和治理能力现代化大目标，把创新社会治理作为社会建设根本性、长远性、基础性任务，加快推进社会治理体制改革。

深化社会治理体制改革，说到底，就是把坚持党的领导、人民当家作主与依法治国相统一的治国理政理念落实到社会治理的实践中，关键是正确处理好上下、左右的关系。所谓上下关系，就是在社会工作中，厘清和处理好党组织、政府组织、基层组织、社会公众的关系；改革的着力点是加强和改进党的领导，加快推进政府职能转变，加快推进工作重心下移，广泛动员社会参与。所谓左右关系，就是横向处理好政府、社会、市场的关系，着力点是最大限度推动政府让渡发展空间、最大限度激发社会创造活力、最大限度引入市场机制。

（3）创新社会治理，要不断提高社会治理能力。一是不断提高系统治理的能力，加快推进社会服务和城市管理精细化，当前尤其要加快推进网格化社会服务管理体系全覆盖。二是不断提高依法治理的能力，加快推进法治社会建设，当前尤其要加快推进社会领域立法工作。三是不断提高综合治理的能力，加快推进京津冀协同发展，当前尤其要着力治理“大城市病”。四是不断提高源头治理的能力，加快推进基层治理，当前尤其要鼓励基层探索创新，通过开展试点，推广一系列行之有效的基层治理经验，形成一系列工作机制。

（4）创新社会治理，当前主要是做好以下几项工作：第一，加强和改进党的领导，以社会领域党的建设创新引领社会治理创新。特别是不断完善区域化党建及群团组织建设，不断完善以分类管理为主的社会组织党建全覆盖机制，不断完善以商务楼宇工作站为依托的新经济组织党建全覆盖机制。第二，加快推进政府职能转移，深化社会服务体制改革。特别是加快推进社会服务方式创新，加快推进政府购买社会力量服务，加快推进社会事业改革创新。第三，增强社会活力，深化社会组织体制改革。特别是进一步健全“枢纽型”社会组织工作体系，进一步培育发展社会组织，进一步加强社会组织依法管理，进一步完善社会组织内部治理结构。第四，加快推进工作重心下移，深化街道管理体制改革。尤其是进一步明确街道办事处在社会服务和城市管理中的主体地位，进一步理顺街道与政府专业管理部门的关系，进一步建立健全街道统筹各类协管力量的机制，进一步健全街道地区社会服务与城市管理委员会机制。第五，夯实基层基础，深化社区治理体制改革。主要是完善社区“三位一体”治理机制，加快推进社区服务体系全覆盖，加快推进社区居民自治。

加强社会建设、深化社会体制改革、创新社会治理，是紧迫而长期的任务，是社会时代的新常态。党的社会建设理论已经提出十年，我国社会建设事业已经有了新的大发展，再过十年，一定会有更新、更大的发展。

从党的档案文献看社会时代变迁

——答《中国档案报》记者问

党的十八大以来，习近平总书记围绕创新社会治理提出了一系列新观点、新论断、新要求。社会建设工作事关国家发展大局和广大群众切身利益，是社会关注的热点，也是近年来档案及档案工作支持与服务的重点。以下为《中国档案报》记者就档案及社会建设相关问题中共北京市委社会工委书记、北京市社会办主任宋贵伦的采访。

“我有文献档案老情结，一直对所从事的新事业有影响”

记者：宋书记，您好！我从事的中国档案工作与您从事的社会建设工作看起来距离很远，但知道您曾在中共中央文献研究室工作，觉得应当能找到共同语言，但毕竟您从开始到现在从事的职业跨度也很大，所以，我很想知道您如何从二者找到结合点的。

宋贵伦：谢谢你！这确实是一个有意思的话题。在中央党校“民生与社会建设”专题班结业时，我的同学、你们报社王国武总编辑提出贵报要采访我。那时，我也这么想，两事不搭嘎啊！但我真的对文献档案有老情结，贵报对我热爱的社会建设新事业又这么关注，所以我就愉快地答应采访了。

所学专业和初始工作情结，往往决定人的人生道路和思想、工作方式。表面上看起来没多大关系的事情，往往由所学专业和原来的工作情结潜移默化地联结起来。我学的是中国语言文学，从事的第一个职业是党的文献研究，具有历史性思维，加上我们党一贯教导我们不忘历史，习近平总书记也要求我们“不忘初心”，所以，表面看起来与文献档案工作没多大关系，在我这里就有了密切的联系。我对文献档案有老情结，一直对所从事的新事业有影响。

首先，我的文献档案情结是在大学熏陶、在中央文献研究室训练起来的。北师大中文系古汉语训诂、古典文学是很厉害的，我们的老师启功、许嘉璐等都是大师级的。古文献里淘宝成了北师大中文系的习惯。尤其是到了中央文献研究室，研究党的文献就成了专业。刚参加工作时，我在中央文献研究室秘书处工作，一边“入乡随俗”学习文献、往档案堆儿里钻，一边积累文献、往业务方面靠。在同时毕业分配的大学生中，我是较早发表文章的，而且，《中共中央文献编辑研究大事记》是在我手中创建的，积累了新的历史档案。《毛泽东著作选读》《邓小平文选》等的编辑出版历史过程，都可在《中共中央文献编辑研究大事记》里查到。研究档案、积累档案这两个习惯，我一直延续了下来。干任何事情，都不忘研究历史、不忘积累材料，习惯成自然了。

比如，在中宣部工作 5 年，我基本延续了文献研究室工作的惯性。其中，作为龚育之副部长的秘书，我协助他做了两件事：一是 1991 年到 1992 年，应人民文学出版社之约，编辑了《毛泽东论文艺（增订本）》。这部著作编辑、注释只有我们两个人。这大概是党的文献编辑史上编者最少的一本领导人著作。因为编这本书，我就有了系统阅读毛泽东档案和研究毛泽东文艺理论与实践的机会。该书于 1992 年 5 月《在延安文艺座谈会上的讲话》发表 50 周年之际出版发行。1993 年是毛泽东诞辰 100 周年，在此基础上，我一鼓作气在人民文学出版社出版了第一本专著——《毛泽东与中国文艺》。这是我国较早系统研究毛泽东文艺思想的著作。其中，文章、报刊多有转载。作为旧书，网上至今还有售。二是 1991 年下半年，协助龚育之同志系统梳理邓小平思想理论资料。那半年，我基本泡在中央文献研究室档案室和中宣部资料室里。1992 年，邓小平发表南方谈话不久，龚育之同志的 3 万多字的长文《在有中国特色的社会主义旗帜下：读邓小平著作的笔记》在《解放日报》连续三天刊载，还出了小册子，引起了轰动。

又如，在西城宣传部工作时，编了若干宣传史料书。在市委宣传部工作时，创立了《北京市宣传工作年鉴》。在市社科联，完善了《北京社科年鉴》。尤其是 2007 年 10 月我就任现职时，是“皮包工委（办公室）”“光杆书记（主任）”，在不知什么是社会建设的情况下，我一边学现代知识，一边学党的社会建设理论和历史文献；在万事开头难的情况下，从一开始，就坚持每年编一大本《北京社会建设年鉴》，自觉地把北京社会建设史料留存下来。

“纵观党的社会工作史，可划分为四个 30 年，有四篇标志性重要文献”

记者：您这 30 年，还真的与档案文献工作密切相关。那么，党的档案文献与社会工作发展有什么内在联系吗？

宋贵伦：当然有，而且有深入密切的联系。

首先要说，我们这一代人是时代幸运儿。虽然我生在困难时期的农村，中小学在“文革”中度过，但一成年就赶上了改革开放和恢复高考，亲身经历了时代大变革、我国经济社会大发展。国家改革开放 30 年，正是我学习工作的 30 年。身在其中，在理论和实践上有切身感受。回过头来看这 30 年的档案文献，很亲切，而且不断有新的感悟。拿社会建设来说，密切结合实践学习党的十一届三中全会以来党的文献，有许多体会和收获。这个问题我在后面再展开说。

这里我要强调的是，不仅是关注这一个 30 年。我以为，纵观党的社会工作史，可划分为四个 30 年，有四篇标志性重要文献。我们要从建党以来三个 30 年、加上未来一个 30 年共四个 30 年的历史及有关重要档案文献，来研究思考中国社会建设的历史和走向。第一个 30 年，是从建党到建国，主要是动员社会武装夺取政权，代表文献是毛泽东的《中国社会各阶级的分析》；第二个 30 年，是从新中国成立到党的十一届三中全会前，主要是组织社会进行社会主义革命和建设，代表文献是毛泽东的《关于正确处理人民内部矛盾的问题》；第三个 30 年，是从党的十一届三中全会到党的十八大前，主要是放手进行改革开放，代表文献是邓小平的南方谈话；第四个 30 年，是从党的十八大开始到新中国成立 100 年，主要是带领全社会共同进行国家治理现代化建设，代表文献是习近平总书记今年的“七一”讲话。

“从历史和文献中，可以找到我国社会工作发展的轨迹：从先后服务军事、政治、经济，到纳入‘五位一体’总体布局、‘四个全面’战略布局，这是质的飞跃”

记者：四个 30 年、四篇重要文献，这是大视野、新视角。能具体谈谈吗？

宋贵伦：应当说，我们党是始终重视社会工作的。社会工作，说到底是群众工作。党如何动员群众、组织群众、团结群众、依靠群众始终是党的社会工作的主线，但在不同历史时期，面临不同的形势任务，有不同的侧重点。

第一个30年，是围绕武装斗争做社会工作，重点是处理好武装斗争与动员社会的关系。这一时期，党的社会工作理论和实践发展方向是正确的，将社会动员了起来，团结到了党的周围。发表于1925年、作为《毛泽东选集》开卷篇的《中国社会各阶级的分析》，是这一时期党的最重要的文献之一，也是党的社会建设工作的奠基之作。毛泽东用马克思主义阶级分析和阶级斗争的学说，透彻地分析了中国社会的阶级状况，在革命发展的紧要关头，为科学制定中国革命的政策和策略奠定了理论基础。毛泽东说，革命党是群众的向导，我们的革命要有不领错路和一定成功的把握，不可不注意团结我们真正的朋友，以攻击我们真正的敌人。我们要分辨真正的敌友，不可不将中国社会各阶级的经济地位及其对于革命的态度做一个大概的分析。他把当时中国社会各阶级分成五类：一是地主、买办，二是中产阶级，三是小资产阶级，四是半无产阶级，五是无产阶级。他强调党应当把社会大部分阶级团结起来。历史证明，毛泽东的话是正确的。毛泽东社会各阶级分析的理论指导中国革命实践取得了胜利，而且，至今有重要的现实意义。社会阶层和社会结构分析的方法，也是社会学和社会工作的基本方法。

第二个30年，是围绕社会主义革命和建设做社会工作，重点是处理好政权建设与社会建设的关系。这个时期的理论与实践有得有失，一方面把社会组织了起来，一方面逐步偏离正确轨道，走向思想僵化和社会动乱。《关于正确处理人民内部矛盾的问题》是这一时期毛泽东最重要的著作之一，也是新中国社会建设理论的开篇之作。毛泽东认为，正确处理人民内部矛盾，对于巩固我们的新制度、建设我们的新国家十分必要。他强调指出，我们要调动一切积极因素，团结一切可以团结的力量，并且尽可能地将消极因素转变为积极因素，为建设社会主义社会这个伟大的事业服务。毛泽东提出并系统地论述了社会主义社会矛盾的学说，把正确处理人民内部矛盾作为国家政治生活的主题，具体阐明了处理人民内部矛盾的一系列方针，是对科学社会主义理论的丰富和发展，至今仍有重要的现实指导意义。这篇讲话实质上从理论上比较好地回答了政权建设与社会建设的关系，只可惜，随着随之而来的反右扩大化，特别是十年“文化大革命”，这些正确理论没有很好地付诸实践。

第三个 30 年，是围绕改革开放做社会工作，重点是处理好经济建设与社会建设的关系。这个时期，经济快速发展，让社会活跃了起来，同时，也产生了贫富差距，出现了一些社会矛盾。从改革开放之初，邓小平同志就强调要坚持两个文明一起抓。这个时期，最重要的党的文献是 1992 年邓小平发表的南方谈话。这个谈话科学总结了党的十一届三中全会以来的实践探索和基本经验，从理论上深刻回答了长期困扰和束缚人们思想的许多重大问题，把改革开放和现代化建设推向了新的发展阶段，对于经济建设、改革和社会建设、改革都有长远的指导意义。特别是关于坚持党的基本路线一百年不动摇、发展是硬道理、两个文明一起抓、消除两极分化等论述，都是中国特色社会主义社会建设的重要理论观点。在此后，以江泽民同志为核心的党的第三代中央领导集体和以胡锦涛同志为总书记的党中央，在社会建设理论方面都有许多新发展，特别是党的十六届四中全会首次明确提出了加强社会建设的理论，党的十七大首次把社会建设与经济、政治、文化建设并列，纳入了“四位一体”总体布局，从而开创了我国社会建设的崭新局面。

第四个 30 年，从党的十八大开始，围绕国家治理体系和治理能力现代化加强社会建设，重点是处理好社会建设、改革、治理与“五位一体”总体布局、“四个全面”战略布局的关系。当前和今后一个时期，重点是学习贯彻好习近平总书记今年的“七一”重要讲话。这个重要讲话，是新时期治党理政的基本方略，对社会建设、改革、治理和社会领域党的建设具有重要的指导意义。最近，北京市委市政府审议通过了《北京市“十三五”时期社会治理规划》。我们认为，学习贯彻习近平总书记一系列重要讲话和党的十八大以来党中央重要文献，创新北京社会治理，核心是把坚持党的领导、人民当家作主与依法治国有机统一这个治国理政的理念，落实到社会建设实践中，关键是正确处理好党的组织、政府组织、社会组织、市场组织以及基层组织、自治组织“六大组织”的关系，努力提高系统治理、依法治理、综合治理、源头治理“四大能力”，在加强党的建设、转变政府职能、引入市场机制、激发社会活力、深化街道改革、完善社区治理上下功夫，在完善体制机制、推进法治社会建设、破解难点问题、构建社会和谐方面求实效，为建设国际一流的和谐宜居之都、实现“两个一百年目标”而努力奋斗！

记者：第一个 100 年目标是全面建成小康社会，第二个 100 年目标实现之际也正是您说的第四个 30 年目标实现之时。

宋贵伦：是的。正是我国社会主义现代化目标实现之时。纵观四个 30 年历史，学习四篇重要文献，我们可以找到我国社会工作发展的轨迹：从先后服务军事、政治、经济，到纳入“五位一体”总体布局、“四个全面”战略布局，这是质的飞跃。这就要求我们，必须为实现国家治理体系和治理能力现代化目标而不懈奋斗。

讲述社会故事　反映时代声音*

——写在大型电视纪录片《社会时代》播出之际

1978年启动的改革开放，极大地改变了中国的历史进程。经过30多年的高速发展，中国从来没有如此接近实现现代社会的目标。然而，社会发展的伴生现象，利益关系和思想观念日益多样化，机遇迅速到来的同时，一系列挑战骤然摆在中国人的面前。在这些新的挑战面前，转型并非易事。在现代社会，人口老龄化、流动人口剧增、“大城市病”爆发等，也一并到来。在发展中，这些现象对于刚从计划经济时代走出的政府、企业来说，都是陌生的。环顾发达国家曾经走过的路，审视眼前的问题和挑战，如不能妥善应对，将可能引发系列矛盾甚至社会危机，严重时可能葬送发展成果。而应对这些挑战和问题，仅凭政府乃至企业的力量是无法完成的。这样，就需要引进第三方力量，即社会力量。力量的源泉来自社会工作。

社会工作是服务人的工作。在党和政府的领导下，社会工作者、志愿者、广大公众活跃在各级各类社会组织中，开展社区服务，投身社会公益，便民利民、扶贫济弱、化解矛盾、协调关系、救灾救助、维护安全，不断满足广大人民对幸福生活的新期待，不断构建社会和谐。

中国的社会工作方兴未艾。蓬勃发展的经济与服务管理滞后的社会并存，社会的广泛需求与服务供给严重不足同在，一些成功经验因总结不够、传播乏力而鲜为人知，一些严峻问题因关注不够、研究不深而被不适当地忽略。这种局面应该改变。

---

* 本文在冉光泽同志初稿的基础上修定，2014年9月下旬刊发于《北京日报》等主要媒体，收入本书时有部分删改。本人为该片总策划、总撰稿之一。该片于2014年国庆65周年节日期间在北京电视台多个频道播出；2014年12月5日第一个国家宪法日当天，央视法治频道播出精华版。

《社会时代》就是这样一部力图反映中国社会现状、总结社会工作经验、探讨社会问题解决、推动中国社会发展的大型系列电视纪录片。

本片站在社会全球化与中国社会发展的历史方位，追踪改革开放30多年中国社会转型轨迹，聚焦基层社会治理经验与问题，以宏阔的视野、严谨的态度，采用音视频信息表达方式，真实记录了中国社会的历史变迁、社会工作的艰辛探索，描绘了纷繁的社会现实和美丽的和谐梦。

本片立足北京、面向全国选材，讲的是中国社会故事；邀请首都和国内外著名社会学专家以及北京、上海、广东社会建设前沿负责人，进行介绍和点评。生动的故事引人入胜，深刻的说理引人深思。这是一部集纪实性与理论性于一体的大型电视纪录片。

本片共分6集，分别从6个视角完成主题和内容的表达。这6集分别是：《城市化》《幸福圈》《活力源》《社工情》《公益行》《和谐梦》。

第1集《城市化》 在这一集，可以了解到几位在北京打拼的外来人员的故事。然而，本集的主旨并不在于介绍几位流动人员的个人故事，而是通过对专家和管理者的访谈以及编导的诉说，告诉人们这样一个道理和现实：在现代化的过程中，人口大量流动，是必然潮流；流动潮对城市、对国家发展起着积极的推动作用；流动人口为城市发展做出了历史贡献，需要理解、尊重和关爱；而城市化后的人口、资源、环境突出矛盾又不可忽视，“大城市病”迫切需要治理。因而，社会工作应城市化而生，随社会时代而来。

第2集《幸福圈》 这一集，把镜头对准了基层组织，讲述了有关“一刻钟社区服务圈”和社会服务管理网格化体系建设的几个故事。老百姓的“幸福圈”越来越让人充满幸福感。与此同时，本集通过专家点评、领导访谈和编导讲解，明确了一个重要观点：社会工作要以人为本、服务为先，要以百姓需求为导向、以群众满意为标准。当然，也透露出这样的信息：政府工作重心需要下移，干部作风需要转变。

第3集《活力源》 本集从介绍为孤独老人提供心理服务的社工组织“爱心传递热线”导入，讲述了几个公益社会组织案例。围绕这些案例和大量翔实的关于社会组织发展的统计数据，社会工作理论工作者、实践工作者在节目中各抒己见，大家的观点聚焦到一个共同方向：党的十七大将社会建设与经济建设、政治建设、文化建设相提并论，“十二五”发展规划将社会组织建设独立成章，打开了社会组织快速发展的闸门，社会组织已成为继市场经济之后推动中国经济社会发展新的活力之源。

第 4 集《社工情》 社会工作是老话题，但社会工作者（以下简称“社工”）在中国还是新身份。本集通过介绍改革开放以来几代社工的典型事例，描绘了中国社工发展的轨迹，展现了广大社工的爱民情怀，并透过他们的眼睛，描绘了一幅幅人民群众的生活画卷。专家们也言简意赅地为观众勾画了中国社会工作的简要历史，对比了东西方社会工作的种种差异，从中发现了我们的优势和不足，并尖锐地指出，当代中国社工不仅要有热心，还必须具备特定的专业素质，这样社工情、对社会的爱心才能结出硕果。另外，编导还通过对几年来北京市社会队伍建设的介绍，传达了一个信息：北京社工专业化、职业化建设已走在了全国前列。

第 5 集《公益行》 志愿者是社会工作中不可忽视的重要力量。本集以细腻的手法，重点讲述了投身志愿服务的两个典型事例。一个是郑晓洁、王伟力夫妇抛家舍业建立“心目影院”为盲人讲电影的故事，一个是享誉海内外的中国最大社会救援组织蓝天救援队。节目告诉我们，随着 2008 年北京奥运会的举办，中国公益事业和志愿服务取得新的大发展。“社会组织公益行”不仅成为北京社会工作的品牌活动，而且日渐深入人心。专家们结合上述案例，从道德转型的角度分析评价了志愿者大量出现的意义，提出随着社会工作需求的不断增加，随着市场经济的确立和现代社会的建立，道德体系面临从个人自律、提倡个人做好事，向通过制度性安排、成为一种社会力量方向发展，不仅可以使个人做好事的愿望成真，而且可以使社会公益事业在制度保证下发展。

第 6 集《和谐梦》 这一集是纪录片的结束篇章。在本集里，专家和管理者站在实现中国梦的高度，从不同维度就社会工作的价值和意义进行了分析、阐述。一致认为，随着中国经济的发展、城市化程度的提高，社会矛盾和问题的剧增，社会工作的重要性愈益彰显。第二次世界大战前，欧美国家吃过忽视社会工作的亏，也有几十年的成功经验。作为后发国家，中国要避免重蹈覆辙，要借鉴有益做法，通过构建和谐社会来消解发展道路上的潜在风险。本集特地使用了三个典型事例，分别从为特殊群体服务和完善基层民主自治两个角度，注解了社会工作在消除矛盾、构建和谐社会、实现中国梦过程中的重要意义和价值，诠释了社会服务、公平正义要实现各类人群全面覆盖的准则。最后，节目荟萃了一些专家和管理者对中国社会工作未来发展的愿景表达，以开放式结尾，为中国社会工作发展留下广阔的发展空间。紧接着，主题歌《手拉手》为我们奏响了实现中国社会和谐梦的时代进行曲。

在加强服务的过程中
努力推动群团工作改革发展*

响应中央号召，市委及时召开党的群团工作会议，这对群团工作和社会建设工作有重要指导意义，是一个有力推动。长期以来，市委市政府高度重视群团工作，做出了一系列决策部署。按照市委市政府的要求和部署，市委社会工委、市社会办与有关部门一起，认认真真抓落实，努力在加强服务的过程中推动群团工作改革发展。

一是加强党建，帮群团工作“把方向”。加强党的领导是做好群团工作的根本保证。在市委组织部的指导下，我们在工作中始终坚持以党建工作创新引领群团工作创新，以党建工作全覆盖引领群团工作全覆盖。根据社会组织人员分散、党组织关系多样的特点，几年来，我们首先从群团组织做起，在“枢纽型”社会组织中建立党建“3＋1”工作机制，即建立党建工作委员会、联合党组织、党建办公室及工作例会制度。目前，市级群团组织已实现“3＋1”全覆盖，并在所属分支机构建立基层党组织1 736个、党建工作小组266个，在区县、街乡也推广了这一机制，为确保群团工作把握政治方向、实现党建工作全覆盖奠定了基础。

二是创新体制，为群团工作“架桥梁”。改革开放以来，一方面社会组织迅猛发展，另一方面传统体制被打破后社会组织比较分散。在新形势下，如何更好地发挥群团组织的桥梁纽带作用，把分散的社会组织“再组织起来”，是我们面临的重要而紧迫的任务。2008年，市委市政府加强社会建设，“1＋4”系列文件创造性地提出了构建“枢纽型”社会组织工作

---

* 这是2015年9月25日在北京市委党的群团工作会议上的发言。

体系的思路，决定以群团组织为骨干和主要依托，将全市社会组织分类分批分级逐步联合起来，并明确提出让群团等“枢纽型”社会组织更好地发挥政治上的桥梁纽带、业务上的龙头带动、日常服务管理上的平台窗口作用。到目前，我市已先后认定市级36家、区县级211家、街道（乡镇）级403家“枢纽型”社会组织，共服务联系各级各类社会组织2.8万多家，覆盖率达87%，比2009年扩大了5倍多。这其中，市级群团组织是首先认定的“枢纽型”社会组织，所联系和管理的社会组织增量也是最大的，由原来的358家（占总数的5.03%），增加到11 977家（占总数的42.7%），工、青、妇增量尤其大，由原来主管46家，增加到联系管理10 965家，占增量的91.55%，从而将全市绝大部分社会组织“再组织起来”，凝聚到党和政府周围，与此同时，也使群团组织大大延伸了工作手臂、拓展了工作领域，提高了凝聚力和影响力。

三是完善服务，为群团工作“添动力”。群团组织发展和发挥作用，要有一定的基本保障。2009年，市政府设立了社会建设专项资金，市社会建设工作领导小组办公室建立了相应的工作机制，试行用该专项资金购买社会组织服务，近年来累计购买服务项目2 700多个。这其中，不仅购买公益服务项目，支持群团组织等开展公益服务；而且购买管理项目，支持群团组织等接管新社会组织以及与政府部门“脱钩”的行业协会；还购买管理岗位，支持其下属非财政拨款的公益组织，把基层组织日常服务管理和党建工作做起来。此外，还通过建立北京市社会组织孵化中心、推动各区县建立社会组织服务（孵化）基地，支持公益组织培育发展；通过连续7年举办社会组织党建负责人培训班，与北京大学连续举办10期“社会组织治理创新高级研修班”，帮助培训了大量骨干。

四是拓宽领域，为群团工作“搭平台”。比如，从2010年开始，每年举办“社会组织公益行”活动，积极为群团组织参与公益服务搭建平台。近5年，全市共组织开展大型公益活动2 000余项、3 000多场次，涉及养老助残、环境保护、应急救助等10个方面，年均服务群众超过百万人次，推动群团组织公益服务长效化、品牌化。又如，从2008年开始，在全市1 200多座商务楼宇建立党建工作站、社会工作站的同时，建立了工、青、妇工作站，党建引领、政府主导、群团参与，党务、政务、社务一起抓，为群团工作拓展了空间。

今后，我们将按照市委市政府的要求，加快推进社会建设、改革和治理，努力为群团工作服好务，为建设国际一流和谐宜居之都做出更大贡献！

创新大城市社会治理的目标导向*

党的十八届三中全会明确提出了加快推进国家治理体系和治理能力现代化的目标。近几年来，习近平总书记多次明确指出，社会治理是国家治理体系和治理能力现代化的重要内容，大城市治理是国家治理体系和治理能力现代化的重要组成部分，要求北京、上海等地“走出一条中国特色大城市治理的新路子”，并强调指出，改革创新“要有强烈的问题意识，以重大问题为导向，抓住关键问题进一步研究思考，着力解决我国发展面临的一系列矛盾和问题”。学习领会习近平总书记和党中央的要求，我认为，创新社会治理，不仅要坚持问题导向、需求导向，还要坚持目标导向。问题是突破口，需求是着力点，目标是任务书。“三个导向”有机结合，整体推进社会治理创新。

那么，大城市社会治理的主要问题是什么呢？总体来说，一是顶层设计不够，社会治理体系不完善；二是基层基础不牢，社会治理能力不够强。广大人民群众对社会治理的实际需求是什么呢？一是切实保障和改善民生，二是切实维护社会公平正义。社会治理创新的近期发展目标是什么呢？是紧紧围绕全面建成小康社会，完成“十三五”规划任务。不久前，北京市委市政府刚刚讨论通过了《北京市“十三五”时期社会治理规划》。这是全国第一个社会治理规划。下面，结合这个“规划”，谈点认识和思路。

一、要认清形势、正视问题

一方面，我国大城市社会治理正处于大有可为的重要战略机遇期。一

---

* 这是2016年7月17日在第六届中国社会治理论坛上的主旨演讲，原题目为“坚持‘三个导向’，创新大城市社会治理”。

是社会全球化时代已经到来，加快推进我国社会治理创新的大环境已经形成。如果说，以 21 世纪中叶欧美国家加快推进社会事业改革发展为标志，世界开始进入社会发展时代的话，那么，以 21 世纪初我国加快推进社会建设为标志，整个世界进入社会全球化时代。其基本特征是城市化、信息化快速发展，流动性、社会性特征明显增强。当前，我国社会发展的这几大特征都很明显，而且不断增强，我国已经融入了社会全球化时代，已经使“弯道超车”、追赶发达国家大城市社会发展成为可能。二是中国特色社会治理方向已经明确，加快推进我国社会治理创新进入快车道正在变成现实。应当说，党和政府历来是重视社会治理工作的，而且取得了很大成效。特别是 2004 年党的十六届四中全会明确提出加强社会建设、2007 年党的十七大把社会建设纳入“四位一体”总体布局、2013 年党的十八届三中全会明确提出社会体制改革和社会治理创新的任务后，我国社会建设、改革、治理目标更加明确，发展更加迅速。三是我国大城市社会治理走在前列，探索形成了许多好经验，使我国大城市社会建设越来越接近世界城市发展水平。目前，我国城镇化率已达到 56.1%，人口超 1 000 万的城市已经有 15 个，而且形成了京津冀、长三角、珠三角三大城市群，正在形成以武汉为中心的长江中下游大城市群和以重庆、成都为核心的成渝城市群，特别是北京、上海、广州、深圳、杭州、天津等大城市积极探索创新，创造了许多大城市社会治理值得推广、可以复制的好经验、好办法。

另一方面，我国大城市社会治理面临许多问题和挑战。一是社会治理体系很不完善，缺乏完善的顶层设计，缺乏完善的政策体系，缺乏完善的管理体制，缺乏完善的统筹协调机制，条块分割、政策碎片、部门利益问题突出。党的组织、政府组织、基层组织、自治组织以及社会组织、市场组织工作缺位、错位、越位的现象大量存在。二是社会治理能力不强，基层基础工作非常薄弱，系统治理、依法治理、综合治理、源头治理能力还比较差。当前，我国大城市治理面临十分艰巨繁重的任务，这既有流动人口服务管理、区域化协同治理、基本公共服务体系建设、城市基本设施建设管理、基层组织建设等方面的经常性社会治理任务，也有突发事件处置、社会矛盾化解、民族宗教服务管理、虚拟社会服务管理、社会治理现代化建设等方面的社会治理任务。面对这些问题，不作为、乱作为、不敢作为、不善作为的现象也很突出。尤其是面对各类社会矛盾叠加、社会风险隐患增多的严峻形势，愈显能力不足、能力恐慌，必须从大处着眼、小处入手切实解决这些问题。

二、要明确思路、精准发力

我国大城市社会治理的基本思路是，高举中国特色社会主义伟大旗帜，认真贯彻党的十八大，党的十八届三中、四中、五中全会精神，深入贯彻习近平总书记系列重要讲话精神，坚持“五位一体”总体布局、“四个全面”战略布局，牢固树立五大发展理念，以保障和改善民生、促进社会公平正义为重点，以最大限度增强社会活力、增加和谐因素为着力点，完善具有时代特征、中国特色、区域特点的社会治理体制，提高系统治理、依法治理、综合治理、源头治理能力，加快推进社会治理体系和治理能力现代化，为实现“两个一百年”目标而努力奋斗。

创新大城市社会治理有以下几项基本原则：一是坚持党委领导、政府主导，二是坚持以人为本、服务为先，三是坚持问题导向、改革创新，四是坚持依法治理、公平正义，五是坚持多元共治、共建共享。

三、要明确目标、分步实施

一是完善社会服务体系，民生保障和改善水平、公共服务水平明显提高。二是完善社会管理体制，城市服务管理精准化、精细化水平明显提高。三是完善社会动员机制，社会协同、公众参与水平明显提高。四是创建社会文明环境，社会诚信建设、社会责任履行水平明显提高。五是构建社会和谐关系，化解社会矛盾、维护社会公平正义水平明显提高。六是基本实现社会领域党建全覆盖，党组织先锋队作用和党员模范作用发挥明显。

四、要明确任务、务求实效

创新大城市社会治理的主要任务是构建“六大治理体系”、提高“四大治理能力”，即构建党的组织、政府组织、街道基层组织、社区自治组织、社会组织、市场组织共建共享的治理体系，提高系统治理、依法治理、综合治理、源头治理的能力，不断完善党委领导、政府负责、社会协同、公众参与、法治保障的社会治理体制，切实解决广大人民群众关心的实际问题，切实保障和改善民生、维护社会公平正义。归纳起来，大城市社会治理主要有八项任务。

（1）转变政府职能，充分发挥主导作用。行政管理体制改革是社会治理体制改革的前提。一是建设法治政府，二是建设服务型政府，三是加快转变职能，四是提高工作效能。这其中，最大限度为社会发展和发挥作用让渡空间很关键。

（2）引入市场机制，创新公共服务供给。引入市场机制是推进社会服务供给侧改革的关键一环。一是健全服务体系，二是创新服务方式，三是完善购买服务，四是发展社会企业。这其中，在加大政府购买社会力量服务的同时，加快推进社会企业发展是重要着力点。

（3）激发社会活力，推动社会组织发展。社会组织改革发展是社会治理创新的动力。一是完善“枢纽型”社会组织工作体系，二是推进社会组织登记改革，三是培育发展社会组织，四是创新社会组织治理。这其中，尽快实现社会组织自我管理、自主发展是当务之急。

（4）深化街道改革，实现工作重心下移。街道管理体制改革是城市社会治理体制改革的“牛鼻子”。一是推动服务管理重心下沉，二是理顺街道与职能部门的关系，三是健全街道管理委员会机制，四是加强协管员队伍建设管理。要让街道切实在城市服务管理中发挥“战区”作用。

（5）完善社区治理，夯实基层工作基础。社区治理创新是社会治理创新的基础工程。一是完善社区治理体系，二是健全社区服务体系，三是深化社区居民自治，四是推进城乡社区协调发展。

（6）动员社会参与，形成共建共享格局。社会动员是社会治理的基本保障。一是发挥社会组织积极作用，二是推动企业履行社会责任，三是扩大公众有序参与，四是促进驻地单位协同。社会广泛动员、公众有序参与是篇大文章，还有大量工作要做。

（7）创新治理方式，提高社会治理水平。社会治理方式方法事关社会治理成败得失。一是加强系统治理，着力完善体制机制。二是加强依法治理，推进法治社会建设。三是加强综合治理，有效破解难点问题。四是加强源头治理，努力构建社会和谐。这其中，按照社会规律办事至关重要。

（8）加强党的建设，引领社会治理创新。社会领域党建是社会治理创新的龙头工程，要切实把政治引领以及人、财、物保障落到实处。一是加强和创新社会领域党的建设，以党建工作创新引领社会治理创新。二是坚持党管人才原则，加强社会工作人才队伍建设。三是培育公益精神，加强志愿服务队伍建设。四是完善保障措施，加强经费保障，加强督促检查，一张蓝图绘到底，按照任务书、时间表、路线图，认认真真抓落实，逐步取得工作成效。

在“五位一体”总体布局中，社会建设是基础性、长远性、根本性的工作，但又是“木桶短板”，必须抓紧抓实抓好。在“四个全面”战略布局中，社会建设、改革、治理和社会领域党的建设至关重要，但又是薄弱环节，必须坚持五大发展理念，抓住大城市社会治理创新这个龙头，加快推进国家治理体系和治理能力现代化，为实现“两个一百年”奋斗目标奠定坚实的基础。

网格化是城市服务管理的又一场“变革”*

像买东西当年到门市部、后来到购物中心、现在进行网购一样，城市服务管理工作过去是科室办公、后来是“一站式”服务、现在发展到了网格化。如果说，从科室办公到“一站式”服务，是社会服务和城市管理的一场“变革”的话，那么，网格化是又一场更深刻的“变革”。

首先，网格化自身在“变革”。十多年来，起源于北京的网格化，由量变到质变，一直处在“变革”中。归纳起来，可以说有“六变”：一是逐步变“高”了。从纵向说，由开始的城管网格，到后来的社会治安网格，再到社会服务管理网格，逐步叠加升高工作层面。二是逐步变“大”了。从横向说，由简单管城市“物件”，发展到管“人”“地”“事”“物”“组织”等所有城市服务管理内容，逐步扩大工作覆盖面。三是逐步变“上”了。从技术上说，由初级的电子信息报送、简单的电脑处理，发展到“互联网＋城市服务管理”，成为大数据办公系统。四是逐步变“精”了。从网格化体系建设说，由简单的落实管理责任区，发展到精密的信息化服务管理系统。五是逐步变“细”了。从网格化运行体系说，由简单报情况，细化到从问题发现、报告、派遣、处置、反馈、评价等一个闭环式的事件办理系统。六是逐步变“准”了。从网格化成效说，由简单的划片管设施，发展到与各种客户端和工作对象进行点对点对接、精准化服务管理。可见，网格化已“变革”成为一个庞大的城市服务管理信息化系统工程。这个工程，既要有科学的顶层设计，又要有海量的大数据支撑，更要有快速管用的实际效果。

更重要的是，网格化将带来一系列深刻“变革”。在信息化、互联网、大数据时代，网格化与网购一样，不仅是方式方法的“变革”，而且将带

---

* 本文刊发于《人民日报》（2016年5月16日）。

来思想观念、体制机制等一系列深刻的“变革”。一是将带来思想认识的深刻“变革”。网格化将成为城市服务管理的主要手段。网格化工作不仅是网格员的事，而是所有城市服务管理者和服务管理对象的事，是一个互动的过程。二是将带来工作理念的“变革”。网格化将使所有工作人员和对象特别是广大群众受益。网格化也不仅是用来管人、管物的，更重要的是用来服务广大群众的。网格化既为了精细管理城市，更为了精准服务群众。三是将带来体制机制的“变革”。网格化将融入社会服务、城市管理、社会治安等各个方面，与各行政机关、社会组织、市场组织及广大民众密切相关。在一个“网格化＋政府、社会、市场”的新格局中，原有的城市服务管理体制机制，特别是基层服务管理体制机制都要相应变革调整。网格化如果不是与现有社会融为一体，而是另起炉灶、“两张皮”，那就没多少积极意义。网格化工作机制创新，必然会带来城市服务管理体制改革。

网格化及其变革和成效，要进一步让干部认知、群众感知。首先要让广大干部认知。从一定意义上说，领导干部之间的差异在于理念，而未来城市服务管理水平的差异，一定程度上也取决于网格化。应当说，全国各地越来越普遍重视网格化体系建设，但重视程度和发展水平很不平衡。事实将证明，哪里重视网格化体系建设，并随之而变革城市服务管理体制机制、方式方法，哪里的干部职工就会越来越尝到网格化的甜头。更关键的是要让广大群众感知到、有获得感。总之，要让越来越多的广大干部群众切实感到，网格化“用得上、离不开、信得过”。在这方面，还有差距，需要进一步共同努力。

网格化：网络化服务　格式化管理*

当下，“网格化”是个热词，许多人在说，许多地方在做，但理解不尽相同，做法也有差异。我理解，今天所说的社会服务管理网格化，是指构建网络化社会服务管理体系和健全格式化社会服务管理运行机制，简单说就是网络化服务、格式化管理。下面，结合北京近几年的实践，谈点个人体会。

一、“网格化”是北京的创新，始于东城，几年来，已在全市开花结果，墙内开花墙内也香

“网格化”源于北京。准确说，源于北京市东城区。几年来，朝阳、顺义、西城、密云、海淀等区县也进行了积极探索，产生了明显成效。

2004年，我市东城区实施万米单元城管网格管理办法。2005年，国家建设部和北京市委市政府分别下发文件，在全国、全市推广东城区经验，有力推动了城市管理精细化水平的提升。近几年，结合社会服务管理创新工作开展，东城区又将城管网格延伸扩展成社会管理网格。无论是城管网格化还是社会管理网格化，东城有开创之功。

2010年，中央要求全国各省区市开展社会管理创新综合试点。7月，北京市委市政府召开全市社会服务管理创新推进大会，印发《北京市社会服务管理创新行动方案》，推出40项创新措施，其中包括确定在东城、朝阳、顺义区开展以网格化为重点的社会服务管理创新综合试点工作。东城领跑，朝阳、顺义很快跟进。比如朝阳区着力构建全模式网格化社会服务管理体系，突出信息的全方位采集，突出指挥和监督双轴制衡，突出服务

* 本文刊发于《北京日报》（2012年6月18日）。

管理功能全面发挥，突出条块协同与部门联动，建立全区统一的 9 类基础数据库、16 个专业数据库。信息平台集成 10 大模块，并细化为 79 个二级目录、439 个三级目录和 3 452 个四级目录，构成“全模式”系统。作为既有城又有乡的现代综合城区，朝阳模式是一个比较成熟的“全模式”，是一个综合性大中城市的框架体系。

全市社会服务管理创新推进大会召开后，各区县也积极行动起来。西城、密云、海淀等区县也结合实际积极开展了网格化试点工作。如西城区在德胜街道试点，建设一个数据中心，打造社会服务、社会管理两个信息平台，构建“全响应网格化社会服务管理体系”数据中心汇集辖区“人”“地”“物”“事”“组织”等各类数据，服务平台信息与互联网对接，管理平台以内网为主，整合“条”“块”职能，汇聚政府、市场、社会力量，形成全面覆盖的社会服务管理网络、全体响应的社会服务管理机制。又如密云县构建“一网建设、两级指挥、四级服务管理、6＋N 类力量整合”的工作格局，将所有社会服务管理内容“一网打尽”，将所有职能部门和社会力量整合到网格，初步形成“县镇指挥、部门履责、社会协同、多元参与”的新格局，努力实现“社会服务个性化、社会管理精细化、参与全体多元化、工作运行高效化”的目标。顺义区、海淀区也有许多新创造。

经过几年的努力，北京市网格化工作取得明显成效。中央有关领导同志要求在全国推广网格化服务管理模式。2012 年 5 月 30 日，北京市网格化社会服务管理体系建设推进大会召开，以此为标志，网格化体系建设在全市推开。近两年的实践充分证明，墙内开花不仅墙外香，墙内也很香了，而且，今后会越来越香。

二、源于城管网格，又有新的大发展，无论是内涵还是外延都有了质的飞跃。新网格以“格”为基础、以“网”为依托，实质上是构建社会服务管理信息化、智能化运行系统

为了表述方便，我们不妨把城管网格化叫“老网格化”，把社会服务管理网格化叫“新网格化”。“新网格化”无疑传承了“老网格化”的基本理念，但在近几年社会服务管理实践的发展中已有了质的飞跃：“老网格

化”仅限于市政管理，“新网格化”用于社会服务管理各项工作；“老网格化”重管理，“新网格化”服务管理并重，而且强调服务为先、在服务中加强管理、在管理中体现服务；“老网格化”管物件，“新网格化”服务管理所有“人”“地”“物”“事”“组织”；“老网格化”强调管理责任到“格”，“新网格化”强调服务管理责任既要到“格”还要到“网”，以“格”为基础，以“网”为依托，以信息技术为支撑，以落实责任为核心，以整合力量、优化流程为重点，形成一个信息化、智能化社会服务管理体系和集约化、精细化社会服务管理运行机制。

全市网格化社会服务管理体系建设推进大会，是继 2008 年全市社会建设大会、2009 年全市志愿者工作大会、2010 年全市社会服务管理创新推进大会、2011 年市委十届九次全会之后，五年来市委市政府召开的第五个关于全市社会建设工作的大会。一年一个大会，高起点、高规格、大范围、大力度推进北京市社会建设工作。

网格化社会服务管理体系创新，是继全市推动社会建设体制机制创新、工作体系创新、政策体系创新、实践模式创新之后，市委市政府推出的又一重大战略举措——社会服务管理方式方法创新。近年来，特别是党的十七大以来，在市委市政府的领导下，不断推动社会建设创新。一是市、区（县）成立了社会建设工作领导小组及其办公室，设立了专门工作机构，街道（乡镇）成立了社会工作党委，社会组织构建“枢纽型”社会组织工作体系，商务楼宇建立社会工作站，社会建设体制机制创新取得了新突破；二是出台社会建设“1＋4＋X”系列文件，政策体系创新取得了新成效；三是制定并实施《北京市“十二五”时期社会建设划纲要》，初步形成“五个更加、一个全覆盖”的工作体系（社会服务更加完善、社会管理更加科学、社会动员更加广泛、社会环境更加文明、社会关系更加和谐、社会领域党建工作全覆盖），工作体系创新取得了新成果；四是开展网格化试点、村庄社区化试点、社区规范化建设试点、“枢纽型”社会组织建设试点、商务楼宇工作站建设试点、社区“一刻钟社区服务圈”建设试点、社区基本公共服务试点、新居民互助服务站建设试点、“阳光中途之家”建设试点，等等，社会服务管理模式创新取得新进展。而最近市委市政府在全市全面推进网格化社会服务管理体系建设，是推动社会建设方式方法创新的重大战略举措，是将现代化信息技术运用于社会服务管理领域。方式方法的重大创新必将带来我市社会建设的革命性变化。

三、汇“人”“地”“物”“事”“组织”于一身，集各方面力量于一体，整合信息、整合职能、整合力量、整合工作，不打破体制、不增加机构编制、不另起“炉灶”、不搞“两张皮”

网格化社会服务管理体系建设的目的是构建“精细化管理、个性化服务、多元化参与、科学化运转”的社会服务管理工作体系和运行机制。基本原则：一是全面覆盖、无缝衔接，努力做到全区域、全天候、全模式、全响应、立体化社会服务管理；二是重心下沉、触角延伸，条块力量到“格”、服务管理进“网”；三是整合力量、协调联动，信息整合、职能整合、力量整合、工作整合，基本不打破现有体制，尽可能不增加机构编制，不另起“炉灶”，不搞“两张皮”，全面统筹协调，条块有机结合，上下互相连通，横向互相联动；四是落实责任、强化监督，把社会服务管理的单位、人员、任务、责任落实到网格，形成责任体系，把技术监督、工作监督、社会监督落到实处，形成督促检查、核查反馈工作机制；五是因地制宜、注重实效，坚持从各区县、各街道乡镇、各社区实际出发，在遵循基本原则、统一规范基本标准的基础上，鼓励探索创新，在完成“规定动作”的同时，允许有“自选动作”，在实践中逐步总结完善。

四、构建“一个网络系统、两级指挥中心、三级工作平台、四级信息支撑”，形成网络化工作体系、格式化运行机制

当前，北京市网格化社会服务管理体系建设的主要任务是：(1) 科学划分网格，发挥主要功能；(2) 搭建工作平台，实现资源整合；(3) 健全运行机制，实现良性互动；(4) 完善信息系统，提高工作效能；(5) 健全监督体系，确保工作实效。核心是形成网络化社会服务管理工作体系、格式化社会服务管理运行机制，简单说就是网络化服务、格式化管理。

一是以“格”为基础。科学划分网格，明确工作责任，发挥主要功

能，做到管用有效。网格划分以现有社区为基础，可以一个社区一格，也可以一个社区多格，关键是方便工作、方便群众。网格工作的主要职能是收集基础信息、反映群众需求、发现报告问题、排查化解矛盾、协助解决问题、动员公众参与。随着实践的发展和工作的深入，将逐步扩展工作职能、搭载工作内容。

二是以“网”为依托。建设一个科学的网络系统，充分发挥区县、街道（乡镇）两级指挥中心作用，搭建区县、街道（乡镇）、社区三级工作平台，发挥市、区（县）、街（乡）、社区四级信息支撑作用。在市委市政府的领导下，在有关部门宏观的指导下，在区县、街道乡镇的指挥下，以社区服务站为主要依托，搞好网格化社会服务管理。

三是构建网络化工作体系。整合条、块和社会力量，按照工作职能、权限、责任，分类别到网格责任区服务管理，分层次到网络系统开展工作。

四是健全格式化运行机制。逐步健全信息采集维护机制、问题源头发现机制、任务协调处置机制、分层处理机制、综合管理执法机制，形成“信息采集、源头发现、任务分派、问题处置、核查反馈”的闭合工作流程，形成“更清晰地掌握情况、更及时地发现隐患、更迅速地处置事情、更有效地解决问题”的工作机制。

在整个工作系统中，社区是基础，街道（乡镇）是枢纽，区县是指挥中心，市有关部门主要责任是宏观指导、服务基层。在整个运行机制中，是自下而上反映问题、解决问题，自上而下重心下移、条块结合整合力量，互联互动搞好社会服务管理。

总之，构建网格化体系，是方式方法的革命。如同市委书记刘淇同志2012年5月30日在全市网格化推进大会上所指出的那样，它突破了传统模式，从主要依靠“人海战术”走向依靠科技手段，从条块分割走向资源整合，从粗放管理走向精细管理，从“运动式”管理走向制度化管理。诚然，网格化社会服务管理还是一个新事物，发展无止境、创新无止境、完善无止境。关键是坚持实践标准、群众拥护标准，做到科学而有效。

社会治理现代化建设背景下的目标设定*

一年一度的中国社会治理论坛今天又开幕了。去年，在第六届中国社会治理论坛上，我演讲的题目是《坚持“三个导向”，创新大城市社会治理》。我提出，创新社会治理，要坚持问题导向、需求导向、目标导向一起抓。因为，创新社会治理，群众需求是出发点，现实问题是突破口，阶段目标是落脚点，“三个导向”是辩证统一体。这也是改革开放以来党中央反复强调的实践标准、生产力标准、群众拥护标准的具体体现和实际运用。在现实生活中，只讲某一方面，特别是忽视目标导向、缺乏绩效考核，容易使方向偏离。比如，只讲问题导向，就容易产生拿问题说事的政绩观，像只讲花了多少钱、不讲办成了多少事，只讲拆了多少违章建筑、不讲又产生了多少违章建筑，就属此类。又比如，只讲需求导向，也容易产生脱离实际、超阶段吊群众胃口等问题。必须有一套符合科学规律和客观实际的阶段性目标和量化考核指标，才能确保问题切实有效解决，才能不断满足广大人民群众的实际需求。我国社会治理现代化作为国家治理现代化的重要组成部分和发展短板，尤其需要尽快确立和加快实现发展目标。这也正如习近平总书记反复告诫我们的那样，干工作要有任务书、路线图、时间表。因而，我今天的演讲，将进一步延伸去年演讲的主题，再汇报一些想法和做法。

关于社会治理现代化建设的目标设定，我认为有三个层次：一是宏观上的体系框架设计，二是中观上的评价标准制定，三是微观上的绩效考核评价。近几年来，我们密切结合北京实际，在这方面做了一些探索和努力。

---

* 本文是2017年7月2日在第七届中国社会治理论坛上的主旨演讲整理稿。

一、宏观上加强顶层设计，构建社会治理现代化建设体系框架

众所周知，党的十八届三中全会讲国家治理现代化，首先讲的是体系现代化，然后是能力现代化。社会治理现代化当然也是如此。那么，在目标导向下，社会治理现代化建设的体系框架应该包括哪些“四梁八柱”呢？早在 2011 年北京市政府制定印发的《北京市“十二五”时期社会建设规划纲要》中，就提出了构建“六大体系”、实现“五个更加、一个全面覆盖”的目标任务。2016 年，《北京市“十三五”时期社会治理规划》又延续并深化了这个框架体系，提出在建设“六大体系”过程中，要完善社会治理体系和治理能力现代化建设“6＋4”主体结构布局，实现“六个更加、六个明显提高”的目标任务，即构建社会服务、社会管理、社会动员、社会环境、社会关系和社会领域党的建设“六大体系建设”，形成党组织、政府组织、社会组织、市场组织、基层组织、自治组织“六位一体”多元治理格局，提高系统治理、依法治理、源头治理、综合治理“四大能力”，努力实现“六个更加、六个明显提高”目标。一是社会服务更加完善，民生保障改善、公共服务水平明显提高；二是社会管理更加科学，城市服务管理精准化、精细化水平明显提高；三是社会动员更加广泛，社会协同、公众参与水平明显提高；四是社会环境更加文明，社会诚信建设、社会责任履行水平明显提高；五是社会关系更加和谐，化解社会矛盾、维护社会公平正义水平明显提高；六是社会领域党的建设更加深入，党组织、党的工作有效覆盖明显提高……从而使问题、需求、目标非常明确。实践证明，这是符合中央精神又密切联系实际，具有时代精神、中国特色、首都特点的北京市社会建设、改革、治理体系。有了这套体系框架，就有了基本工作遵循和明确的目标导向。

二、中观上明确评价标准，制定社会治理现代化建设指标体系

围绕“六大体系建设”，明确提出了北京市“十三五”时期社会治理

的28项主要发展指标（其中，社会服务9项、社会管理4项、社会动员4项、社会环境4项、社会关系3项、党的建设4项），作为综合评价社会治理能力水平的基本依据。这些都是客观指标，都依据的是政府发布的权威统计数据，具有很强的客观性和可操作性。

从2013年开始，我们已连续四年与上海华夏社会发展研究院合作，依据该评价指标体系，根据《中国统计年鉴》、《中国区域经济统计年鉴》、《中国民政统计年鉴》、《中国社会统计年鉴》以及《国际统计年鉴》、联合国《人类发展报告》等权威统计数据，运用数学模型测算，对全国内地31个省区市、15个1 000万以上人口的超大型城市和北京市16个区进行客观评价，既有纵向发展速度的分析，又有横向相互比较的评价，而且，还将中国放在世界格局中进行综合比较。在此基础上，每年形成一部《中国社会建设蓝皮书：中国社会建设报告》。

从四年的跟踪研究看，中国内地31个省区市社会建设总指数平均得分呈持续上升态势：2013年全国平均分值为69.92分，2014年为72.24分，2015年为75.99分，2016年为76.81分，四年增长了9.85%。这表明，按照中央要求，全国各地正在持续发力，不断加快推进社会建设和社会治理创新。就31个省区市社会建设综合指数的横向比较看，形成了两个鲜明特点：一是北京、上海、浙江、天津、江苏、广东等发达省市持续领先；二是西部地区快速发展，在2016年进步指数排名前10位中，西部省市就占了7个。东西部地区的发展水平差距正在逐步缩小。

在社会建设综合评价指数方面，在超大型城市中，只有北京连续四年得分在90分以上。在“六大体系”发展指标中，北京社会服务、社会动员、社会关系等方面的优势尤其明显，但在社会管理精细化、社会发展环境营造、“两新”组织党建等方面还有一定发展空间。

不仅要立足中国，还要放眼世界。我们选择了与社会建设、社会治理相关的若干可比指标，将中国与G20国家、中等发达国家、金砖国家等进行比较。据有关研究，中国在与G20其他国家社会建设若干指标的比较中，GDP增速、失业率、每十万人口杀人犯罪率、国际入境旅游人次等指标正向排名比较靠前，但人均GDP、人口预期寿命、平均受教育年限、城市化率、女性人口比重、公共教育和医疗开支占GDP比重、每万人口医生数等指标相对比较靠后。在国际比较中，我们仍处于社会主义初级阶段就看得比较明显。

有了这套评价标准，就可以及时准确地判断我们在社会治理现代化建设中所处的历史方位。有了这套评价标准，并在实践中运用，使之成为活的、有用有效的度量衡，就真正起到了目标导向作用。

三、微观上落细落小落实，提升社会治理现代化建设精细水平

社会治理体系和治理能力现代化建设，是一个系统工程，要整体推进，协调发展；是亿万人民的共同事业，要调动方方面面的积极性，形成合力。我们认为，只有综合性评价指标是不够的，要拓展延伸，细化到社会建设、改革、治理的具体工作领域、各个工作单位和各个工作方面，形成一个完整的立体评价体系。只有这样，才能推动工作真正落到实处。我们也认为，不能像有的部门那样，标准只是给别人定的，一旦“标准”在手，就像有了“生杀大权”，任性评判别人。我们提出，要敢于刀刃向内，还要有配套的自我评价体系。只有这样，才能推动工作真正落到实处。只有这样的目标导向，才能促进产生内生动力、形成外部工作合力，才是可持续的。

近年来，我们制定了一系列具体指标体系。比如，在社区建设方面，制定了《北京市社区基本公共服务指导目录》，提出了社区就业、社保、救助、健康、文教、流动人口、安全、环境、便民等 10 大类 60 项近 200 个社区基本公共服务项目，简称“1060”工程；制定了《“一刻钟社区服务圈”基本服务设施标准》，提出了社区便民服务建设若干具体要求。在社会组织方面，制定了《市级“枢纽型”社会组织规范建设考核指标体系》，提出了 6 大类 60 项具体任务及指标。在企业方面，制定了《北京市企业社会责任评估指标体系》，从保障员工权益、诚信生产（服务）经营、维护国家利益、参与社会公益等 4 个方面，明确了 28 项具体的评估指标及数据来源，作为评估企业社会责任的依据。今年上半年，又研究制定了《北京市加快推进城市副中心社会建设三年行动计划》和《北京市各区社

会建设工作考核办法》、《北京市市级“枢纽型”社会组织工作考核办法》、《北京市非公有制企业党建工作考核办法》，通过明确具体的考核方式、考核对象、考核内容、考核程序、考核等次及评分标准，从履行基本工作职能、完成年度重点任务、推动创新实践等方面，加强绩效考核，而且与经费奖励挂钩，引导社会领域有效高质做好各项工作。

总而言之，社会治理现代化建设，不仅要坚持问题导向、需求导向，还要坚持目标导向；不仅要有科学的系统设计、正确的政策引导，还要有明确的量化考核指标体系。我们将以习近平总书记一系列重要讲话特别是两次视察北京重要讲话为指导，不断推动北京市社会建设、改革、治理创新实践，为建设国际一流的和谐宜居之都做出新的更大贡献！

社会全球化背景下的社会工作*

我有一个基本的判断：我们已经进入社会时代，已经进入社会全球化时代。

什么是社会全球化？什么是社会工作？

2014 年，我主持制作了一部大型电视纪录片，片名叫《社会时代》，中央电视台和北京电视台都曾播出。刚才，给大家播放的是我作词的该片主题歌《手拉手》。歌中唱到：

“一个人向前走，两个人手拉手，三人是一家啊，社会是大家的家。一个人举把伞，两个人把手牵，众人围一起啊，我们共同撑起一片天。”

我是学中文的，对文字比较敏感。大家知道，中国文字是表意文字。我的创作灵感来自对中国文字的理解。一人为“个”，两人为“从”，三人为“众”，多人云集就是“会”。所以，社会工作就是群众工作，就是服务群众、动员群众、组织群众的工作。这是歌词大意，也是我对大概念社会工作的理解。

那么，中概念的社会工作是什么呢？我们现在已经进入“十三五”时期，国家和地方连续做了十三个五年经济社会发展规划。这其中的“社会”就是中概念。也就是说，除了经济工作，其他都属于社会工作。这是中概念的社会工作。

至于小概念的社会工作，我理解，就是我所在单位的基本职能。2007 年北京市委社会工委、市社会办成立时，市委市政府给我们确定了八项职能，简称“2+6”：2 项综合职能，6 项具体职能。2 项综合职能：一是市委市政府关于社会建设工作的长远规划制定和宏观政策研究部门，有人打比方是“社会政策研究室”；二是市委市政府关于社会建设工作的统筹协

---

* 本文是 2017 年 9 月 20 日在北京市方志馆“京华论坛”所做的报告文字整理稿。

调、宏观指导部门，有人打比方是“社会发改委”。6 项职能是：综合协调全市社区建设、社会组织建设、社会工作者队伍建设、志愿者工作、社会公共服务和社会领域党的建设工作。

所以，大概念的社会工作就是群众工作，中概念的社会工作就是除了经济工作之外的工作，小概念的社会工作就是上述这六个方面的工作。

今天借此机会，我想给大家重点汇报四个问题：一是把握时代特征，二是把握中国特色，三是把握首都特点，四是把握社会特性。这也是我们的努力方向。

一、把握时代特征

我认为，在当今时代，我们应当牢固树立社会全球化的意识和理念。

关于这个判断，我从两个角度分析：一个是历史发展的角度，一个是性质判断的角度。

（一）从历史发展的角度说，经过半个多世纪的发展，世界进入社会全球化时代

19 世纪特别是 20 世纪上半段，基本上属于战争时代，打了两次世界大战，大部分国家都发生了战争。但第二次世界大战结束后，欧美国家在快速恢复经济的同时，开始重视社会工作，推动社会事业发展，从而拉开了社会时代的序幕。

先是在欧洲，在 20 世纪 50 年代提出了要把“福利国家”作为欧洲社会的时代精神和基本制度，核心内容是“3U”思想：Universality（预防社会风险的普享性原则）、Unity（福利与行政管理的统一性原则）、Uniformity（每人受益的均一性原则）。1965 年，美国政府又以立法的形式推动社会改革，提出了一个“伟大社会计划”，核心内容也是三个方面：一是推动教育改革，提出向贫困大学生贷款和实行奖学金制度；二是医疗改革，向符合条件的人群提供医疗报销、医疗补助；三是人权制度改革，强调人权平等，反对种族歧视。随后，资本主义国家和地区也追随欧美发展社会事业。

到了20世纪80年代末，南美一些国家陷入“中等收入陷阱”后，也开始重视社会问题，推动社会事业发展。

到21世纪初，经过30年的经济发展和改革开放，在抗击“非典”胜利后，我们党和政府把社会建设摆上重要议事日程。2003年，提出了坚持以人为本、全面协调可持续发展的科学发展观。2004年，党的十六届四中全会第一次明确提出了加强社会建设、提高党构建社会主义和谐社会的能力。

如果说，20世纪五六十年代，欧美开启了社会时代的话，那么，以21世纪初最大的发展中国家——中国，把社会建设提到更加突出的地位为标志，整个世界进入了社会全球化时代。无论发达国家还是发展中国家，大都把经济建设和社会建设当作国家重大任务。

从历史发展的逻辑判断，整个世界进入了社会全球化时代。

（二）从性质判断的角度看，社会全球化时代呈现四个鲜明特点：城市化、流动化、社会化、信息化

第一，城市化。大量“农村人”变成了“城市人”。社会时代与城市化是密切联系在一起的。城市化程度越高，社会化程度越高。我国改革开放以来，城市化快速发展，城镇化率已接近60%，而且，已经形成了京津冀、长三角、珠三角三大城市群，正在形成以武汉为中心的长江中下游城市群和以成都、重庆为中心的成渝城市群。在未来一二十年之内，我们国家将形成五大城市群。目前，我国人口超过1 000万的超大型城市有15个，我国城市化快速推进。

第二，流动化，或叫流动性。大量“户籍人”变成了“流动人”。人才流、资金流、物资流快速流动，这是社会时代的显著特征，也是历史发展潮流。没有流动，社会就没有活力和动力。流动人口为北京发展做出了历史性贡献，我们应当为他们服好务。现在的问题是，北京人口增长过快过多。今后要按照首都“四个中心”功能，有序推动人口疏解和人才流动。当然，最终解决问题，还要靠推动京津冀协同发展。

第三，社会化，或叫社会性。大量的“单位人”变成了“社会人”。人们的组织形态，不仅是按照单位、居住地组织起来的，而且是按照兴

趣、爱好、业务等社会组织形态组织起来的。这些社会性的新特点、新变化，为社会服务管理提出了新任务、新挑战。要巩固我们党执政的基础，要建设中国特色社会主义，就必须把社区建设好，把社会组织建设好，把非公企业建设好、管理好，这正是新形势下社会建设的重要任务。

第四，信息化。“自然人”变成了“信息人”，人人是媒体。过去，发生一件事情，几十年甚至几百年人们才能知道；现在，几秒钟一个信息就可以传遍全世界。所以，必须适应信息时代的变化。

城市化、流动化、社会化、信息化，这四个显著特征越来越凸显，我们必须面对并研究解决这些新情况、新问题。

在社会时代，社会建设与经济建设同样重要。没有经济发展是不行的，但不是经济发展起来了社会就自然和谐稳定了。有些省市经济搞得比较好，但是恶性事件不断，所以，社会和谐、社会建设的问题需要引起我们的高度重视。

我们已经到了社会全球化的时代，加强社会建设是人类社会发展规律的本质要求。习近平总书记提出，要构建人类命运共同体，这非常重要。国内社会的和谐，周边地区的和谐，全世界的和谐，跟每个人的生活和命运都是联系在一起的，必须高度重视。

二、把握中国特色

社会建设有共同的规律，但不同国家、不同国情、不同制度又各有不同特色，社会主义国家尤其应当把社会建设好。因为加强社会建设，是社会主义建设规律的本质要求。

社会主义姓“社”，资本主义姓“资”。回顾历史，欧洲工业革命推动经济快速发展，但是，老百姓生活并没有相应改善。于是，就不断产生工人武装暴动，就产生了批判资本主义的马克思主义理论、否定资本主义的社会主义思想。如前所述，第二次世界大战后，欧美国家的社会改革，事实上是资本主义统治者从工人武装暴动那里得到教训，从马克思主义对资本主义的批判中受到启发，从科学社会主义中“拿来”理论。发展社会事业是马克思主义理论和社会主义理论的内容，它们把这个理论拿来完善资本主义制度。实际上，社会主义跟资本主义的区别，不仅有“主义”之分，还有发展基础、发展道路的不同。社会主义道路是以社会为基础、以人民为中心的发展道路。我们坚持的是马克思主义的指导。在社会主义制度下，在党的领导下，政府、市场、社会“三位一体”，形成合力。资本主义的基础是资本，它是非马克思主义甚至反马克思主义的，制度是“三权分立”。发挥社会主义制度的优越性，除了发挥马克思主义理论的优势，发挥“三位一体”的优势之外，还要发挥社会优势。

我们党和政府是靠社会发展起来的。中国共产党是工人阶级的先锋队。我们党从国情党情出发，按照马克思主义的性质，按照工人阶级先锋队的标准，把社会各阶层的优秀分子吸纳到党内来，从而使我们的党永葆活力。说我们处于社会主义初级阶段，不仅是指经济发展，我们的社会发展水平跟发达资本主义国家比，还有不少差距，所以，要赶快追赶。习近平总书记提出要全面推进“五位一体”总体布局、协调推进“四个全面”战略布局，我们就要抓紧补上社会建设这个短板。社会建设搞不好，全面建成小康社会就要打折扣。所以，在发展经济的同时，抓紧把加强和创新社会治理这个短板补上。

我们党作为长期执政的党，要把加强社会建设作为我们的本质要求。党历来是重视社会问题解决的。新民主主义革命初期，毛泽东同志发表了《中国社会各阶级的分析》；社会主义制度建立之初，又发表了《关于正确处理人民内部矛盾的问题》。这两篇著作都是中国社会建设理论的奠基之作。改革开放以来，党提出两个文明一起抓，后来又提出“三个文明”一起抓，党的十七大又明确四大建设“四位一体”总体布局，真正把社会建设提到了全党面前。党的十八大以来，习近平总书记提出“四个全面”，把社会建设纳入了全面建成小康、全面深化改革、全面依法治国、全面从严治党的目标和任务。

我们党的所有工作都是服务群众的工作。党和政府部门都应该把社会建设当作自己的本职任务。我们党要长期执政，要巩固执政地位，必须加强社区建设、社会组织建设和非公企业的服务与管理，从而不断巩固和扩大党执政的社会基础、群众基础和阶级基础。

要坚持党委领导、政府负责、社会协同、公众参与、法治保障的基本思路，把时代特征和中国特色有机结合起来，坚持党的领导、人民当家作主与依法治国有机统一，不断完善中国特色社会主义制度，加快推进国家治理体系和治理能力现代化。

三、把握首都特点

多年来，北京市委市政府是高度重视社会建设和社会事业发展的，至少可以上溯到 1998 年。1998 年之后，我市召开过五次城市管理工作会议，都是以街道体制改革为核心来推动城市管理。市委市政府已经感觉到，随着城市的快速发展，城市管理和社会建设是一个重大问题。2007 年党的十七大之后，北京的社会建设、改革和治理走上了快车道。

2014 年 2 月 26 日，习近平总书记第一次视察北京，充分肯定了北京大力加强社会建设的成效，同时明确提出了“建设国际一流的和谐宜居之都”的目标。2017 年 6 月 27 日，中央政治局常委会在听取北京城市总体规划编制工作时，习近平总书记又进一步明确指出，要加强精细化管理，构建超大城市有效治理体系，在精治、共治、法治上下功夫、求实效。

回顾十年来北京社会建设工作，可以归纳为两句话：一是当作大事抓，二是坚持“两手抓”。所谓当作大事抓，就是市委市政府几乎每年召开一次全市性的重要会议，总体部署一个阶段的重大战略任务；每年出台一系列的重要文件，推出一系列的重要举措。高起点、大力度推动北京社会建设、改革和治理不断向纵深发展。所谓坚持“两手抓”，就是一手抓顶层设计，不断完善治理体系，一手抓夯实基层基础，不断提高社会治理能力。归纳起来，取得了以下几方面成效：

第一，形成了政策体系。市委市政府召开了一系列会议，出台了一系列重要文件。第一个层次是“规划纲要”，第二个层次是“指导意见”，第三个层次是“实施办法”。已经形成了一个“1＋4＋X”的政策体系。

第二，形成了体制机制。基本形成了纵向到底（社区）、横向到边（“两新”组织）的社会建设工作体制。

第三，形成了社会组织服务管理体系。一是创新体制架桥梁，构建了“枢纽型”社会组织工作体系，把 90％以上的社会组织联合了起来。二是加强党建配导航，市级“枢纽型”社会组织全部建立党建工作委员会，社会组织党组织覆盖率达到 67%。三是完善服务添动力，实行购买服务机制，建立社会组织孵化中心，开展系列培训，切实为社会组织发展服务。四是拓展领域搭平台，开展“社会组织公益行”“社会公益汇”活动，商务楼宇建立党建工作站、政府服务站、工青妇服务站和志愿者服务站，党建带群建，在服务过程中加强管理。

第四，形成了社区服务管理体系。一是推动社区规范化，从 2009 年开始，投资 60 亿，把社区用房问题解决了。二是从 2010 年开始，推动社区基本公共服务体系全覆盖，缺什么补什么。三是建设“一刻钟社区服务圈”，现在已经覆盖 85%的城市社区。四是开展老旧小区自我服务管理试点。五是向农村地区延伸，在农村建立社会服务站，让农村也享受城市社区建设的成果。

第五，形成了专业化、职业化的社工队伍。目前全市有 3 084 个社区，社区工作者 3.5 万人，平均年龄 39.1 岁，85%以上为大专以上的学历。另外，这几年社工机构快速发展，现在已有 400 多家。经过十年的发展，我们的社区工作者队伍基本上实现了专业化、职业化，实现了更新换代。

第六，形成了庞大的志愿者队伍。目前，北京实名注册的志愿者将近 400 万人，组织将近 6 万个，已经建了 500 多支应急志愿者队伍。除了大型活动的志愿者，还有“朝阳群众”“西城大妈”这些市民志愿者，还建立了一支专业的志愿者组织。

第七，形成了“互联网＋城市服务管理”的网格化体系。已经基本实现了区、街、社区全覆盖。网格化是城市服务管理的第二次革命。第一次革命是由科室办公转向一站式服务，第二次就是由一站式服务转向网格化。网格化就像网购一样，是信息化时代社会服务管理的主要手段。

第八，形成政府购买社会组织服务体系。从 2009 年开始，每年向社会组织购买服务：一是购买社会组织服务项目（五大类）；二是购买“枢纽型”社会组织管理项目，让其代政府行使日常服务管理职能；三是为公益社会组织购买管理岗位。

第九，形成研究基地体系。发挥首都智力优势，十年已建立了 17 个北京社会建设研究基地。

第十，形成了社会领域党建工作体系。社区党建、社会组织党建、非公企业党建工作基本上实现全覆盖。

上述十个方面的工作成效，是在市委市政府的领导下，全市上下共同努力取得的。市委社会工委、市社会办只是做了一点穿针引线的、打补丁的工作。比如，“一刻钟社区服务圈”建设就是“穿针引线”的工作，解决社区用房就是“打补丁”的工作。

社会建设工作看起来很虚，但是它是服务老百姓的实事。工作绩效考核要听老百姓的，还应当有科学的考核指标。从2011年开始，我们与上海一个科研机构研究了一套指标体系，按照社会服务、社会治理、社会动员、社会环境、文明环境、社会和谐关系和社会领域党建“六大体系”、若干类指标，对全国31个省区市、北京市16个区进行追踪统计、横向比较、纵向比较，跟金砖五国和G20国家的一些指标进行比较。比较结果显示，北京市是全国31个省区市、15个超大型城市中唯一一个连续四年超90分的，紧随其后的是上海、浙江、天津、江苏和广东。

在全国15个超大型城市中，北京综合指数也是最高的。在去年分类指标比较中，社会保障重庆第一，北京第三；社会服务北京第一，深圳第二；社会治理北京第一，广州第二；社会环境深圳第一，北京第四。

总之，北京社会建设工作的特点，就是当作大事抓、坚持“两手抓”：一手抓顶层设计，“四梁八柱”体系基本上已经形成；一手抓夯实基层基础，可以量化的指标都到了90分以上。

四、把握社会特性

我们提出社会建设才有十来年的时间，国家还没有专门机构，除了北京、上海、广东和一些地级市之外，许多省市也没有专门机构来抓这些工作，我们对社会建设的规律认识还是很初步的、很粗浅的。

加强北京社会建设，我们认为：

第一，要抓住历史新的机遇。社会全球化、五大发展理念、实施“十三五”规划、推动京津冀协同发展、实施互联网＋，都是我们当前加快推进社会建设面临的历史性机遇，也是一些地区和省份没有的。比如，京津冀协同发展对于北京来说，是难得的历史性机遇。特别是习近平总书记两次视察北京的重要讲话和中央政治局常委会听取北京总体规划的重要讲话，对北京整体发展、长远发展来说都是历史性的机遇。

第二，要坚持问题导向。社会建设、改革和治理一定要解决突出问题。前几年，我们会同有关省市社会建设部门和研究机构进行了几个月的调研，把当前我国存在的社会治理方面的问题理了两大类、十个方面：一类是“人”“地”“事”“物”“组织”经常性服务管理方面的问题，一类是“急”“难”“特”“新”“重”特殊性服务管理方面的问题。

关于“人”“地”“事”“物”“组织”服务管理方面的问题：一是在“人”的服务管理方面，流动人口服务管理现在还没有很好破题，堵的办法比较多，疏的办法还不够，就事论事的比较多，整体系统地、从长远发展地、当作常态问题解决还不够。二是在“地”的服务管理方面，区域性的协调发展、区域性的协调治理远远不够。问题发生在北京，周边的问题解决不了，许多社会问题很难从根本上解决。北京和上海有很大不同，上海周边江浙地区经济社会发展程度高，北京周边省市相对落后，这就是现实。所以，从长远来讲，一定要推动区域协同发展。北京近千万的流动人口集中来自周边的六个省份，除了东北三省之外，河北、河南、山东比较多，所以，周边的发展对北京的发展至关重要。三是在“事”的服务管理方面，基本公共服务体系不健全是一个非常突出的问题。同一个事情几个部门管，政策常常是部门政策，部门利益、条块分割、政策碎片严重。公共服务作为一个国家的体系建设，还有很长的路要走。发达国家一卡在手，公共服务可以走遍全国。我国现在这个问题还没有解决。四是在“物”的服务管理方面，城市基本设施不健全，尤其是地下管网非常混乱。五是在“组织”服务方面，基层组织软弱涣散，社会组织没人管，非公企业没有党组织，村民组织有的是家族式的甚至有黑社会的特点。这些现象在一些地方还很突出。

关于“急”“难”“特”“新”“重”服务管理方面的问题：一是突发事件重事后处置、轻事先预防问题比较突出。二是社会矛盾重堵不重疏。一些政府部门履职不到位，一旦出了问题，累了基层，难为了警察。三是在特殊性问题服务管理方面，民族宗教服务管理问题已不再是民族宗教地区的问题，慢慢成了世界性的问题、很大的难题。西亚北非国家动荡，除了其他因素之外，民族问题、宗教问题是很大的因素。四是在互联网新媒体服务管理方面，虚拟社会的服务管理任务非常艰巨。现实社会有的事情，虚拟社会里都有，现实社会没有的事情，现在虚拟社会里也有。现在是现实社会跟着互联网转，跟着虚拟社会转。建立健全一整套既符合国际惯例又符合中国国情的有效管理办法，任务也很艰巨。五是在重大任务方面，距离实现社会治理体系和治理能力现代化的目标还有很长的路要走。

解决这些问题根本上是要靠深化体制改革。要把坚持党的领导、人民当家作主与依法治国有机统一起来，要落实到基层，关键是要理顺上下、左右的关系，构建“六大体系”，提高“四大能力”。“六大体系建设”，包括党组织、政府组织、街道基层组织、社区自治组织、社会组织、市场组织方面的体系建设，纵横互联互通，共建共享，共商共治，复杂的问题必须这样解决。要提高“四个能力”，即系统治理、依法治理、综合治理、源头治理的能力。要加强“六大体系”“四大能力”建设，这是深化改革的方向、目标和任务，要沿着这个大方向往前走，不断完善。

北京市委市政府 2015 年出台了一个《深化北京市社会治理体制改革的意见》，2016 年出台了《北京市“十三五”时期社会治理规划》，按照“六大体系”和“四大能力”建设写了十章。总的目标是“六个更加”：社会服务更加完善，社会管理更加科学，社会动员更加广泛，社会环境更加文明，社会关系更加和谐，社会领域党的建设更加深入。朝着六个目标，围绕“六大体系”“四大能力”十个方面抓落实。

一是转变政治职能，创新社会治理体系。最重要的是要把政府正面清单和负面清单列清楚，逐步建立一套完善的正面清单和负面清单体系。

二是引入市场机制，创新公共服务供给。社会服务要靠政府主导，要靠社会公众和公益组织参与，但都是不够的，要大力发展社会企业。凡是市场可以解决的问题，都应该多用市场机制，如养老、家政，政府给政策、给补贴，志愿者协助，但必须有一支专业的市场力量。社会企业不是公益组织，而是像文化产业一样，是服务公益的企业组织，政府给政策，保证它不亏本，让老百姓少掏钱能受益，还得让企业能够运转，能够获利。

三是激发社会活力，推动社会组织发展。在社会时代，人们的主要组织形态是社会组织，或是依法登记的组织，或是自组织、兴趣爱好组织。所以，把社会组织服务好、管理好，激发社会活力，是社会有序的主要目标。街道管社区、社区管大院、大院管楼、楼管门栋，这种体制有效，但是越来越有限。一定要按照兴趣爱好把人们组织起来，把现实社会和互联网、微信圈联合起来。

四是深化街道体制改革是城市服务管理改革的“牛鼻子”。现在是街道只有事权，没有人财物权。街道办事处做得越来越虚，条条垂直的力量很多。必须做到力量下沉。欧美国家一个城市才一二十万人，相当于我们一个街道。要实现精细化管理、精准化服务，必须把力量下沉到街道层面上。市里制定宏观政策，区里抓统筹协调，街道（乡镇）抓实施落实，社区（村）协助。我们现在是漏斗型的管理体制，这是有问题的。政府的服务管理，除了分类管理之外，一定要有分层管理。市里的职责、区里的职责、街道的职责，条块要结合，纵向要结合，但不能是漏斗、击鼓传花。所以，市委市政府 2015 年专门出了一个街道体制改革文件，下一步还要加大力度推动，理顺街道和职能部门的关系，健全街道管理体制。

五是完善社区治理，夯实基层工作基础，让广大市民和居民有序参与城市服务管理。用社会的办法，用商量的办法，用共治的办法，来解决基层的一些具体的问题。

六是动员社会参与，形成共建共享格局。从今年开始，市委社会工委牵头推动建立“社区之家”，把中央单位、市属单位、机关、学校的资源拿出来，让社区老百姓用，效果很好。

七是系统治理。要解决好顶层设计的问题，要靠制度建设来推动长远发展。

八是依法治理。社会建设要不断完善政策法规体系，要不断加大依法治理的工作力度。

九是综合治理。要综合解决，特别要用好网格化。

十是源头治理。要有预防社会风险的评估机制。重大的政策出台之前，要评估政策出台以后会带来什么样的社会问题，否则要追责。

下一步，市里还要推出三个“三年行动计划”：一个是《北京市基层社会治理规范化建设三年行动计划》，着力解决不平衡不充分问题；一个是《北京城市副中心社会建设三年行动计划》，着力解决上水平问题；一个是《昌平区回龙观地区社会治理提升三年行动计划》，着力解决补短板问题。总的来说，就是按照习近平总书记提出的精治、共治、法治要求，制定具体措施，狠抓任务落实。

如果说，以2008年制定实施《北京市加强社会建设实施纲要》为主要标志，在社区、社会组织、社会队伍、志愿者、社会领域党建五大建设实现了突破，是北京社会建设1.0版的话；那么，以2011年制定实施《北京市“十二五”时期社会建设规划纲要》为标志，提出加强社会服务、社会管理、社会动员、社会关系、社会环境、社会领域党建“六大体系建设”并取得明显成效，就是北京社会建设的2.0版；以2016年制定实施《北京市“十三五”时期社会治理规划》为标志，提出不断完善社会治理“六大体系”，不断提高社会治理“四大能力”，加上最近制定的三个“三年行动计划”，进一步抓精治、共治、法治，就是北京社会建设的3.0版。三个版本，从打基础、搭框架，到抓精修，一步步地向前推进，推动北京社会建设不断上台阶。

最后，总结一下今天讲的几个观点：第一，社会全球化的时代已经到来，我们要适应这个时代；第二，社会工作是党和国家全局性、根本性、长远性、基础性的工作，各个方面都应当重视；第三，要把握时代特征、中国特色、地方特点和社会特性，实事求是地推动工作落实；第四，要构建“六大体系”、提高“四大能力”，北京要在这方面走在前列；第五，要在加快推进精治、共治、法治上下功夫，努力打造3.0版的北京社会建设。

在新民主主义革命时期，毛主席提出我们党有“三大法宝”：武装斗争、统一战线、党的建设。我认为，在新时期我们党的“三大法宝”是科学发展、社会和谐、党的建设，这三大事情都是事关全局的重大事情，都是事关社会主义制度能否巩固、我们党长期执政地位能否巩固的大事情，都是事关老百姓是不是拥护的事情，都应当抓紧、抓实、抓好。

不断深化对加强社会建设本质要求的认识与实践*

自2007年10月党的十七大明确提出加强社会建设，至今已整整十年。中共北京市委社会工委、北京市社会办成立也整整十年了。十年来，特别是党的十八大以来，在以习近平同志为核心的党中央领导下，我国社会建设取得了新的大发展。十年来，在市委市政府领导下，北京社会建设取得了明显成效。我们应当不断深化对加强社会建设本质要求的认识与实践。

一、加强社会建设是人类社会发展规律的本质要求

向往幸福美好生活、渴望社会公平正义是人类社会的共同追求。党的十八大一闭幕，习近平总书记就代表党中央做出庄严承诺："人民对美好生活的向往就是我们的奋斗目标。"这是对建设中国美好社会做出的庄严承诺，也是对推动人类社会发展做出的庄严承诺。

我们知道，欧美国家首先把社会发展纳入国家计划。20世纪50年代，第二次世界大战结束后，英国等欧洲国家在快速恢复经济的同时，明确提出把建设"福利国家"作为"欧洲社会的时代精神和基本制度"，核心内容是"3U"思想：Universality（预防社会风险的普享性原则）、Unity（福利行政管理的统一性原则）和Uniformity（每人受益的均一性原则）。到1965年，美国也通过立法全面推进社会改革，开始实施"伟大社会"计划，其核心内容也有三个方面：一是在教育方面，提出向贫困大学生贷款和实施奖学金制度等；二是在医疗方面，提出向符合条件的人群提供医

---

* 本文刊发于《社会治理》(2017年第8期)。

疗保险和补助等；三是在民权方面，提出禁止种族歧视等。随后，许多实行资本主义制度的国家和地区，也追随英美加快发展社会事业。到了20世纪八九十年代，南美一些国家陷入“中等收入陷阱”后，也开始重视社会问题。到21世纪初，随着经济建设和改革开放取得明显成效，我国把社会建设提上了重要议事日程，特别是2007年党的十七大正式把社会建设纳入了中国特色社会主义总体布局。

如果说，20世纪五六十年代欧美发达国家开启了社会事业发展先河的话，那么，21世纪初以来，以最大的发展中国家——中国加快推进社会建设为主要标志，伴随着经济全球化的到来，整个世界进入社会全球化时代。其显著特点是城市化、流动性、信息化、社会性日益凸显。其基本特征是加强社会建设成为全球共识，无论是发达国家还是发展中国家，大都把社会建设摆上了重要位置，越来越深刻地认识到，同经济发展一样，加强社会建设是人类社会发展规律的本质要求。我们党和国家近十年来，特别是党的十八大以来，越来越重视社会建设、改革与治理，是尊重人类社会发展规律、坚持与时俱进的必然结果和具体实践。

二、加强社会建设是社会主义建设规律的本质要求

什么是社会主义？社会主义制度的优越性在哪里？我们应当知道，18世纪中叶开始的欧洲工业革命，一方面推动了资本主义经济快速发展，另一方面也积累了大量社会矛盾。深受资产阶级残酷剥削和压迫的产业工人，不断奋起反抗，要求改善生活。在这个时代背景下，产生了社会主义思想，产生了马克思主义理论。第二次世界大战结束后，欧美资本主义统治者开始重视社会事业，发展社会福利，这是从工人武装暴动中得到的教训，是从马克思主义论述中受到的启发，是从社会主义思想中“拿来”的理论，并付诸实践。

其实，姓“社”与姓“资”的不同，社会主义制度与资本主义制度的本质区别，不仅有“主义”之分、“制度”之别，还有道路、基础的不同，即“社会”与“资本”的不同。社会主义坚持的是以马克思主义为指导，坚持的是共产党领导，坚持的是以“社会”为基、以人为本的发展道路；

而资本主义走的是非马克思主义、“三权分立”的，以“资本”为基、金钱至上的道路。所以，讲姓“社”、姓“资”，不能忽视在发展道路、存在基础上的本质区别。谈社会主义，既不能忽视“主义”本质特性，也不能忽视“社会”本质特点。我们坚持的社会主义道路，是以马克思主义为指导的、全社会共同建设共同富裕的道路。社会主义制度的优越性，不仅在“主义”和“制度”方面，而且也在“社会”方面。这也是我们坚定中国特色社会主义道路自信、理论自信、制度自信、文化自信的理论依据和客观依据所在。

过去我们常讲，贫穷不是社会主义，社会主义要消灭贫穷。随着思想认识的深化，今天我们还应当说，社会建设落后同样也是不够格的社会主义。我们仍处于社会主义初级阶段，不仅是指经济发展水平，也包括社会建设水平。而且，随着我国经济实力的大大增强，社会建设短板问题更加凸显出来。党的十八大以来，以习近平同志为核心的党中央提出了统筹推进“五位一体”总体布局和协调推进“四个全面”战略布局的要求，提出了实现“两个一百年”的奋斗目标，提出了社会治理是国家治理的重要内容，要加强社会建设、深化社会体制改革、创新社会治理。这些都是对中国特色社会主义理论和实践的全面发展、全面部署。距离实现全面建成小康社会的目标，只有三年多的时间了。“小康不小康，关键看老乡。”全面不全面，尤其看社建。相对而言，在“五大建设”中，社会建设还是短板。思想上重视不够、体系上不完善、基础工作薄弱、落实力度不够、发展不平衡等问题还很突出。坚持社会主义道路，必须加快推进社会治理体系和治理能力现代化，加强以保障和改善民生、维护社会公平正义为重点的社会建设。加强社会建设，是社会主义建设规律的本质要求，是充分发挥社会主义制度优越性的本质要求。

三、加强社会建设是共产党执政规律的本质要求

我们党是代表最广大人民群众利益的党，不仅是中国工人阶级的先锋队，同时也是中国人民和中华民族的先锋队。纵观党的历史，可以得出结论，我们党是依靠广大人民群众、依靠社会先进力量取得一个又一个胜利

的。我们党是马克思主义政党，是工人阶级的先锋队。但我们党从国情党情出发，不仅注重在工人中发展党员，而且按照马克思主义政党性质和工人阶级先锋队标准，将社会各个阶层中的优秀分子吸纳到党内来，从而使我们党永葆生机与活力；不仅依靠工人阶级，而且建立以工人阶级为核心力量的最广泛的统一战线和合作联盟，共同打击敌人、建设国家。作为工人阶级的先锋队，党以最广大人民群众的利益为利益，以全社会的幸福安康为己任。

我们党历来是重视社会问题研究和解决的。早在新民主主义革命初期，毛泽东同志就发表了《中国社会各阶级的分析》。在社会主义革命和建设初期，毛泽东同志又发表了《关于正确处理人民内部矛盾的问题》。这两篇文章，不仅是中国新民主主义革命和社会主义革命与建设的“开山之作”，而且也是我们党的社会发展理论的奠基之作。改革开放以来，邓小平同志提出，坚持以经济建设为中心，坚持物质文明与精神文明建设“两手抓，两手都要硬”；党的十五大提出建设物质文明、政治文明、精神文明；党的十六届四中全会提出“不断提高党构建社会主义和谐社会的能力”；党的十七大提出不断加强以保障和改善民生为重点的社会建设，构建经济建设、政治建设、文化建设、社会建设“四位一体”的中国特色社会主义新格局；党的十八大以来，习近平总书记和党中央进一步强调加强社会建设、深化社会体制改革、创新社会治理，特别是把社会建设和改革纳入“五位一体”总体布局、“四个全面”战略布局，为我们指明了前进方向。建党 90 多年、新中国成立 60 多年，特别是改革开放 30 多年以来，我们党不断深化对加强社会建设本质要求的认识与实践。

全心全意为人民服务是党的根本宗旨。社会建设工作，说到底是服务群众的工作。我们党的一切工作，都是赢得民心的工作。做好党的各项工作，都要热情服务群众、充分依靠群众、广泛动员群众、有效组织群众。在新形势下，广大人民群众在哪里？随着市场化、城市化、社会化步伐不断加快，广大人民群众不仅在传统体制内的机关事业单位、公有制企业，而且越来越多地在传统体制外的社区、社会组织、非公有制企业等社会领域。广大市民不仅是“单位人”，而且同时是、更多的是“社区人”。在城市，党执政的社会基础正在快速向社区扩展延伸。广大人民群众不仅在机关、企事业单位，而且越来越多的人加入到，甚至工作在各级各类社会组织中，党执政的群众基础正在快速向社会组织扩大延伸。广大工人阶级不仅在国有企业，还有很多在非公有制企业，党执政的阶级基础正在快速向新经济组织扩大延伸。

面对新形势、新要求，我们党作为执政党，不仅要巩固而且要扩大执政基础，要更加自觉地加强并改进党对社区、社会组织、非公有制企业等社会领域的领导，要高度重视并不断加强社会建设工作。加强社会建设，是新形势下不断加强和改进党的领导的本质要求，是不断巩固和扩大党执政基础的必然要求。

四、加强社会建设是建设国际一流的和谐宜居之都的本质要求

多年来，特别是党的十八大以来，党中央高度重视北京社会建设工作，习近平总书记发表一系列重要讲话，对北京加强社会建设和城市治理等做出一系列重要指示，提出许多明确要求。2014 年 2 月 26 日，在第一次视察北京工作重要讲话中，习近平总书记在对北京"大力加强社会建设"给予充分肯定的同时，明确提出了"建设国际一流的和谐宜居之都"的奋斗目标。2017 年 2 月 25 日，在第二次视察北京工作的讲话中，对北京城市建设和管理进一步做出一系列重要指示。2017 年 6 月 27 日，在中央政治局常委会议听取北京城市总体规划编制工作汇报时的重要讲话中，习近平总书记又明确提出了"加强精细化管理，构建超大城市有效治理体系"和"坚持精治、共治、法治"的要求。建设一个什么样的首都，怎样建设首都？习近平总书记的重要讲话为北京工作指明了方向。"建设国际一流的和谐宜居之都"是主要目标任务，"构建超大城市有效治理体系""坚持精治、共治、法治"是基本要求。显而易见，加强社会建设是建设国际一流的和谐宜居之都的本质要求。

多年来，在市委市政府领导下，北京市坚持"两手抓"，不断深化社会建设认识与实践，取得了明显成效。

一手抓顶层设计，不断完善社会治理体系。经过近十年的努力，已经形成了纵向到社区（村）、横向到"两新"组织的全覆盖的社会建设工作

体制；初步形成了社会服务、社会管理、社会动员、社会环境、社会关系和社会领域党的建设“六大工作体系”；初步形成了上到规划纲要、中到实施意见、下到管理办法的政策体系；初步形成了一系列基层社会治理模式，包括社区党建、社区自治、社区服务“三位一体”的社区治理模式，“枢纽型”社会组织工作治理模式，商务楼宇工作站治理模式，等等；初步形成了包括全市社会建设综合评价指标体系在内的一系列分级分类指标体系。北京社会治理工作初步形成新格局。

一手抓基层基础，不断提高社会治理能力。第一，社会领域党建有效扩大了覆盖面、迈上新台阶。街道和社区党建工作基本实现全覆盖；非公有制企业党的组织覆盖率达到 83%，商务楼宇工作站实现全覆盖，其中62%的楼宇建立了联合党组织；社会组织党组织覆盖率达到 67%，市级“枢纽型”社会组织党建工作委员会基本实现全覆盖。第二，社会服务管理填补了许多空白、迈上新台阶。社区建设基本实现规范化，基本实现社区基本公共服务体系全覆盖，“一刻钟社区服务圈”覆盖率达到 85%，社会服务与城市管理网格化体系基本实现全覆盖，智慧社区覆盖率达 75%。第三，社会组织建设重构工作体系、迈上新台阶。市、区、街三级“枢纽型”社会组织体系框架基本形成，社会组织联系管理覆盖率由不到 10%提高到 90%以上；政府购买社会组织服务体系和社会组织孵化网络已经初步形成。第四，社会工作者队伍建设实现专业化职业化、迈上新台阶。全市社会工作专业人才总量达 6.15 万，2.5 万余人取得社会工作职业水平证书。其中，社区专职工作者近 3.5 万人，平均年龄 39.1 岁，大专以上学历达到 90%以上。全市专业社会工作机构由十几家发展到 410 多家。第五，社会动员工作广泛深入、迈上新台阶。全市实名注册志愿者人数达到 396 万人，志愿服务团队 5.9 万支；“朝阳群众”“西城大妈”等群众志愿者成为品牌；“社会组织公益行”、“寻找首都最美社工”、“身边好事、社会好人”评选、非公企业履行社会责任上榜单位评选等活动的影响也越来越广泛。

2013 年，北京市委社会工委与有关专业机构合作，研究制定了一套社会建设综合评价指标体系，采用数学模型和政府权威统计数据，对全国 31 个省区市、15 个超大城市及我市 16 区进行跟踪测评。结果显示，北京是全国唯一连续四年超 90 分的省市。全市基层社会治理基础不断夯实，进入“90 后时代”。当然，我市在社会治理体系方面还有许多不完善的地方，特别是在精细化管理方面还有明显差距。

为深入贯彻落实习近平总书记对北京工作重要指示精神，加强精细化管理，构建超大型城市有效治理体系，在精治、共治、法治上下功夫求实效，按照市委市政府的要求，最近研究制定了两个“三年行动计划”：一个是《北京市基层社会治理规范化建设三年行动计划（2018—2020 年）》，一个是《北京城市副中心社会建设三年行动计划（2018—2020 年）》。

第一个行动计划明确提出，力争经过三年的共同努力，使我市社会治理体系和治理能力现代化、基层社会治理规范化水平有明显提高。该行动计划重点围绕社区、社会组织、非公经济组织三个基层组织治理和队伍建设、网格化体系建设两个基本保障，提出了五个方面 20 项行动计划、若干项重点任务，主要包括社会领域党的建设、“一刻钟社区服务圈”建设、“枢纽型”社会组织工作体系建设、非公经济组织履行社会责任体系建设三年实现全覆盖，社区工作者三年轮训一遍，网格化体系建设三年实现多网融合、一体化运行，等等。这个行动计划的核心要义是规范化、全覆盖：既有量的要求，扩大覆盖面，逐步实现全覆盖；又有质的要求，实现标准化、规范化。这个行动计划的主要特点是“目标＋指标”：在明确主要目标任务的同时，明确了一系列配套评价指标。这个行动计划既明确了目标任务，又便于绩效考核和综合评价。

第二个行动计划明确提出，在已有工作的基础上，按照“建首善、创一流”标准，努力实现一年有突破、两年见成效、三年上台阶。主要包含了八项具体行动计划。其特点是力求在“高”“实”二字上下功夫、求实效。一是力求体现标准高，就是按照习近平总书记对副中心建设的要求，坚持国际一流、高点定位；二是措施实，明确任务，用数字说话，便于操作和考核。

如果把 2008 年《北京市加强社会建设实施纲要》确定为 1.0 版北京社会建设的话，那么，2011 年《北京市“十二五”时期社会建设规划纲要》就是 2.0 版，2016 年《北京市“十三五”时期社会治理规划》及 2017 年两个“三年行动计划”就是 3.0 版。1.0 版“打地基”，明确并实现了社区建设、社会组织建设、社会队伍建设、志愿服务、社会领域党建等五个方面的重点突破。2.0 版“搭构架”，提出并构建起了社会服务、社会管理、社会动员、社会环境、社会关系和社会领域党建“六大体系”。3.0 版“抓精细”，围绕加快推进社会治理体系和治理能力现代化，努力在精治、共治、法治上下功夫、求实效。

总之，社会建设不是一般性的工作和任务。加强社会建设是“三大规律”的本质要求，是建设国际一流的和谐宜居之都的本质要求，我们应当站在这样的高度，不断深化对加强社会建设本质要求的认识与实践。

社会建设关键要“聚拢五指”*

党的十八大以来，以习近平同志为核心的党中央高度重视社会建设，基层不断创新实践，取得了显著成效。但总体而言，在“五位一体”总体布局和“四个全面”战略布局中，社会建设、改革、治理和社会领域党建工作仍然是短板，还有很多薄弱环节，发展不平衡、不充分的问题比较突出。比如，在许多地方党管社会原则没有落实到位，社会领域党的工作没落实主体责任，党的组织和党的工作有效覆盖存在大量空白点；又如，政出多门、政策碎片、条块分割现象突出，基层难以适从；再如，基层社会工作者专业化水平不高，社会治理体系和治理能力现代化水平亟待提高；等等。这些问题，从根本上说，主要是社会建设缺乏统筹协调，没有形成合力。

加强社会建设是全党、全社会的事，关键要聚拢五指、攥紧拳头，加强统筹协调，形成工作合力，把党委领导、政府负责、社会协同、公众参与、法治保障的体制机制落到实处。在这方面，全国各地也有不少成功经验。比如，有社会建设工作机构和协调机制的北京、上海、南京、贵阳、嘉兴等地情况就好得多。仅以北京为例，成效就很明显。

2007年10月，在党的十七大召开之际，成立了由市委书记、市长挂帅的北京市社会建设工作领导小组，设立市委社会工委、市社会办，负责全市社会建设政策研究和社会建设工作综合协调，包括具体负责综合协调全市社区建设、社会组织建设、社会工作者队伍建设、志愿者工作、社会公共服务和社会领域党的建设等六个方面的工作。

十年来，特别是党的十八大以来，北京市委市政府更加重视社会建设工作，一手抓顶层设计、一手抓基层基础，着力聚拢五指、攥紧拳头，不

* 本文刊发于《人民日报》（2018年3月14日）。

断加强协调、形成合力，推动全市社会建设发生了历史性新变化。2014年2月26日，习近平总书记在视察北京工作重要讲话中对北京市“大力加强社会建设”给予充分肯定。具体说来：

一是聚拢体制机制“五指”，形成纵向到底、横向到边的工作体系。从纵向说，在市、区层面，普遍建立社会建设工作领导小组和党委社会工委、政府社会办，形成统筹协调机制；在街道层面，建立社会工作党委，形成区域化党建引领协调机制；在社区层面，设立“三驾马车”（社区党委、社区居委会、社区服务站），形成社区党建、社区自治、社区服务“三位一体”工作机制。从横向说，构建“枢纽型”社会组织工作体系，以人民团体为骨干，将所有社会组织分类分层联合起来；在非公有制企业推动党建工作全覆盖，在商务楼宇实现党建工作站、政务服务站和工青妇工作站全覆盖。从而形成了纵向到社区、横向到“两新”组织的工作体系，形成了上下互动、左右联动的工作机制。

二是聚拢目标任务“五指”，形成全面系统的“六大体系”工作格局。早在2011年北京市委市政府出台的《北京市“十二五”时期社会建设规划纲要》中，就明确提出了构建社会建设“六大体系”目标任务，即完善的社会服务体系、健全的社会管理体系、广泛的社会动员体系、文明的社会环境体系、和谐的社会关系体系、全面覆盖的社会领域党建工作体系，从而形成具有时代特征、中国特色、首都特点的社会建设工作大格局。

三是聚拢政策法规“五指”，形成比较完整的政策法规体系。继2008年市委市政府首批推出《北京市加强社会建设实施纲要》等“1＋4”系列文件以后，以“十二五”社会建设规划、“十三五”社会治理规划为骨干，围绕“六大体系”陆续出台了一系列政策法规文件，从而形成了比较完善的“1＋4＋X”政策法规体系。

四是攥紧齐抓共管“拳头”，形成基层社会治理工作强大合力。在市委市政府的领导下，在市社会建设工作领导小组及其办公室的统筹协调下，全市上下齐心协力，摁住葫芦抠籽，一件接着一件办、一年连着一年干，不断夯实基层社会治理基础。比如，社区建设基本实现规范化，“一刻钟社区服务圈”覆盖率近90％；“枢纽型”社会组织基本实现全覆盖，把绝大多数社会组织纳入党和政府服务管理主渠道；城市服务管理网格化体系建设基本实现全覆盖，社会服务网、城市管理网、综治维稳网等“多网融合”工作加快推进；社区工作者大专以上学历占 90%以上，平均年龄 39 岁，专业化、职业化的社会工作者队伍基本形成；等等。

新时代中国社会建设要有新作为新气象。从中央到地方，应当普遍建立社会建设工作统筹协调机制，不断推动社会建设工作“聚拢五指”“攥紧拳头”，努力打造共建共治共享的社会治理新格局。

新时代社会建设的丰富内涵和实践路径*

社会建设，关乎民生，关乎国家长治久安，是中国特色社会主义“五位一体”总体布局的重要组成部分，在“四个全面”战略布局中具有举足轻重的地位和作用，是我们党治国理政的重大任务，是广大人民群众非常关心的现实问题。党的十八大以来，以习近平同志为核心的党中央高度重视社会建设，把人民对美好生活的向往作为奋斗目标，不断提高保障和改善民生水平，不断加强和创新社会治理，取得一系列重大成就，推动中国特色社会主义社会建设进入新时代。在推动这一历史性变革的过程中，习近平总书记从党和人民的根本利益出发，站在全局高度，着眼长远发展，对加强社会建设提出了一系列新思想、新观点、新论断，形成了习近平社会建设思想理论体系，我们要认真学习领会、全面贯彻落实。

一、学习贯彻习近平关于社会主义社会建设的重要论述，要坚持以人民为中心

以人民为中心是习近平治国理政的核心理念，是习近平新时代中国特色社会主义思想的基本观点。党的十八大一闭幕，习近平总书记在与中外记者见面时就明确指出：“人民对美好生活的向往，就是我们的奋斗目标。”这既是与我们党全心全意为人民服务根本宗旨一脉相承的立场观点，又是新时代中国共产党人与时俱进的庄严承诺。党的十八大以后，习近平总书记反复要求全党同志始终把人民放在心中最高位置，把人民立场作为根本政治立场，把人民利益摆在至高无上的地位，不断把为人民造福事业推向前进。

---

* 本文刊发于《光明日报》（2018年4月2日）。

以人民为中心的发展思想，是马克思主义的根本立场。在党的十八届五中全会上，以习近平同志为核心的党中央明确提出了“坚持以人民为中心的发展思想”。在不久后举行的十八届中央政治局第二十八次集体学习会上，习近平总书记强调指出，坚持以人民为中心的发展思想，是马克思主义的根本立场，我们任何时候都不能忘记，都要牢牢坚持这个根本立场。在随后举行的省部级主要领导干部学习党的十八届五中全会精神专题研讨班上，他又进一步指出，以人民为中心的发展思想，不是一个抽象的、玄奥的概念，不能只停留在口头上、止步于思想环节，而要体现在经济社会发展各个环节。在党的十九大报告中，他深入系统地论述了坚持以人民为中心的发展思想，并明确作为新时代坚持和发展中国特色社会主义的基本方略。

以人民为中心的发展思想，对社会建设工作具有重要的指导意义，体现在提高保障和改善民生水平与加强和创新社会治理的各个方面。以人民为中心，是党的十九大报告的主线，而且在社会建设部分中谈得最集中、最充分。这也充分表明，社会建设工作是直接服务群众的工作，是最靠近人民中心的工作。党的十九大报告在部署社会建设任务时，开宗明义地指出：“全党必须牢记，为什么人的问题，是检验一个政党、一个政权性质的试金石。带领人民创造美好生活，是我们党始终不渝的奋斗目标。必须始终把人民利益摆在至高无上的地位，让改革发展成果更多更公平惠及全体人民，朝着实现全体人民共同富裕不断迈进。”这是对社会建设工作首要的、基本的要求。

二、学习贯彻习近平关于社会主义社会建设的重要论述，要把握保障和改善民生、加强和创新社会治理两个方面重点

社会建设任务千头万绪，但归结起来，主要包括两个方面，正如党的十九大报告第八部分标题所标明的那样：提高保障和改善民生水平，加强和创新社会治理。这是社会建设的两个基本点，一手抓社会服务，一手抓社会治理，并有机统一于以人民为中心之中。

自党的十六届四中全会首次明确提出加强社会建设以来，特别是党的

十七大以来，党中央就反复强调，加强社会建设要以保障和改善民生为重点，同时，也提出了加强和创新社会管理问题。党的十八届三中全会明确用“社会治理”代替“社会管理”，非常重要。党的十九大把保障和改善民生、加强和创新社会治理作为社会建设两大基本任务，具有重要的指导意义。

社会建设要坚持服务为先，要以保障和改善民生为重点，要着力解决人民最关心最直接最现实的利益问题，这是习近平总书记的一贯思想。在党的十九大报告中，他又重申了这个重要观点，并强调，保障和改善民生，既要尽力而为，又要量力而行；要一件事情接着一件事情办，一年接着一年干；要坚持人人尽责、人人享有，坚守底线、突出重点、完善制度、引导预期；要完善公共服务体系，保障群众基本生活，不断满足人民日益增长的美好生活需要，不断促进社会公平正义，形成有效的社会治理、良好的社会秩序，使人民获得感、幸福感、安全感更加充实、更有保障、更可持续。围绕这些基本思路、目标、要求，保障和改善民生工作要在优先发展教育事业、提高就业质量和人民收入水平、加强社会保障体系建设、打赢脱贫攻坚战、实施健康中国战略等方面取得明显成效。

加强和创新社会治理是社会建设的时代课题，是国家治理体系和治理能力现代化的重要内容，要坚定不移走中国特色社会主义社会治理之路。习近平总书记对此多有论述。加强和创新社会治理，要加强社会治理制度建设，完善党委领导、政府负责、社会协同、公众参与、法治保障的社会治理体制，打造共建共治共享的社会治理格局；要促进社会公平正义，切实解决群众合理合法的利益诉求问题，加强预防和化解社会矛盾机制建设，正确处理人民内部矛盾，维护社会和谐稳定；要牢固树立安全发展理念，牢记公共安全是最基本民生的道理，确保人民群众生命财产安全；要深入推进社会治安综合治理，加快社会治安防控体系建设，依法打击和惩治黄赌毒黑拐骗等违法犯罪活动，保护人民人身权、财产权、人格权。

三、学习贯彻习近平关于社会主义社会建设的重要论述，要找准加强党建、改革创新、重在基层三个着力点

要坚持党建引领。全面加强党的领导和党的建设，是党的十九大报告

的鲜明特点。坚持党对一切工作的领导，是新时代坚持和发展中国特色社会主义的基本方略。党政军民学，东西南北中，党是领导一切的。在社会建设工作中，要切实加强党的领导，把加强和改进社会领域党的建设、巩固党的执政基础作为社会建设的一条红线；要不断加强社区党建、社会组织党建和非公有制企业党建工作，不断扩大社会领域党的组织和党的工作有效覆盖；要充分发挥社会领域党的建设的政治引领作用，以党建带群建、促社建，把加强社会建设、改革、治理的过程，当作实现党的根本宗旨、不断巩固和扩大党的执政基础的过程。

要坚持改革创新。深化社会体制改革、创新社会治理是加强社会建设的根本动力。2013 年 7 月 23 日，习近平总书记在武汉与部分省市负责人座谈时强调指出："要通过社会体制改革创新，充分调动各方面积极性，最大限度增强社会发展活力，充分发挥人民群众首创精神，使全社会创造能量充分释放、创业活动蓬勃开展。"党的十八届三中全会把深化社会治理体制改革纳入全面深化改革内容，进行了全面部署。社会建设要坚持新发展理念，要在加强中改革创新，在改革创新中加强。习近平总书记强调指出："加强和创新社会治理，关键在体制创新，核心是人，只有人与人和谐相处，社会才会安定有序。"深化社会体制改革，要不断完善在党组织领导下，政府组织、市场组织、社会组织、基层组织、自治组织共建共治共享体系，不断提高系统治理、依法治理、综合治理、源头治理能力。

要坚持重在基层。这是习近平总书记反复强调的重要着力点。从 2014 年到 2017 年，每年的 3 月 5 日，他在全国人大上海代表团会议上都强调加强和创新基层社会治理问题。在党的十九大报告中，又重申了"推动社会治理重心向基层下移"问题。对此，习近平总书记有一系列重要论述。他强调，党的工作最坚实的力量支撑在基层，经济社会发展和民生最突出的矛盾和问题也在基层，必须把抓基层打基础作为长远之计和固本之策，丝毫不能放松。要重点加强基层党组织建设，全面提高基层党组织凝聚力和战斗力。要高度关注基层各类组织发展变化的特点，加强指导和管理。他强调，社会治理的重心必须落实到城乡社区，社区服务和管理能力强了，社会治理的基础就实了。要高度重视农村社会治理。落实习近平总书记要求，加强和创新城市基层社会治理，要抓住党建工作这个龙头和街道体制改革这个牛鼻子，夯实社区建设与社会组织建设两个基础，建设好社会工作者与志愿者两支队伍。

四、学习贯彻习近平关于社会主义社会建设的重要论述，要不断提高社会治理社会化、法治化、智能化、专业化水平

提高社会治理“四化”水平，是党的十九大报告的新概括，是实现社会治理体系和能力现代化目标的新要求。社会治理体系和治理能力现代化，离开社会化就没出路，离开法治化就没保障，离开智能化就没支撑，离开专业化就不可能上水平。

提高社会化水平，就是要充分调动人民群众的积极性、主动性、创造性，把社会力量广泛动员起来，把社会活力充分激发出来，就是要深化基层群众自治，扩大公众有序参与，引导驻地单位主动支持，推动企业积极履行社会责任，形成党领导下的政府、市场、社会“三位一体”的社会治理体系，形成共建共治共享的社会治理格局。

提高法治化水平，就是要加快推进社会建设立法，坚持法治国家、法治政府、法治社会一体建设，注重德治、法治一起抓，不断推进全社会遵法学法守法用法，切实把依法治理贯穿于社会治理全过程。党的十八大以来，习近平总书记在这方面多有重要论述。

提高智能化水平，就是要加快推进智慧社会建设、城市服务管理网格化体系建设，把“互联网＋”、大数据、云计算、物联网、务联网等现代信息技术广泛运用到社会建设实际工作中。十九届中央政治局就实施国家大数据战略进行了第二次集体学习，习近平总书记发表重要讲话提出了明确要求。

提高专业化水平，就是要打造一支专业化的社会建设领导干部队伍和基层工作者队伍。2014 年 3 月 5 日，习近平总书记在参加他所在的十二届全国人大二次会议上海代表团审议时强调指出：“社会治理是一门科学，要着力提高干部素质，把培养一批专家型的城市管理干部作为重要任务，用科学态度、先进理念、专业知识去建设和管理城市。”次年同日，在同一场合，他又强调指出：“基层社会治理成效如何，基层干部是决定性因

素。要统筹考虑基层干部队伍建设，逐步建立一支素质优良的专业化社区工作者队伍。”

五、学习贯彻习近平关于社会主义社会建设的重要论述，要在落细、落小、落实上下功夫求实效

这体现在党的十九大报告中，也体现在习近平总书记系列重要讲话中，尤其在对北京、上海工作的重要讲话中讲得很透彻。2017 年 3 月 5 日，习近平总书记在参加他所在的十二届全国人大五次会议上海代表团审议时强调指出，城市管理应当像绣花一样精细。当年 6 月 27 日，在中央政治局常委会听取北京城市总体规划汇报时的讲话中，他又进一步强调指出，要创新城市治理方式，加强精细化管理，在精治、共治、法治上下功夫。党的十八大以来，习近平总书记反复强调要解决好民生“最后一公里”问题，要把社会治理落到实处、落实到基层。在党的十九大报告中，他又明确了这方面的要求。在 2018 年新年贺词中，他又进一步强调指出，贯彻落实党的十九大精神，必须不驰于空想、不骛于虚声，一步一个脚印，踏踏实实干好工作。他特别强调，要增强使命感和责任感，把为人民造福的事情真正办好办实。

总之，习近平关于社会主义社会建设的重要论述是习近平新时代中国特色社会主义思想的重要组成部分，内涵丰富、系统全面，要以此统一思想、指导实践、推动工作，不断开创社会建设新局面。

正确看待系统研究城市生活焦虑问题*

在祝贺第四届城市文化发展高峰论坛开幕之际，我简要表达三点粗浅感受：第一，我非常高兴参加本论坛；第二，我认为本届论坛的主题很有意义；第三，北京文化发展研究院的经验值得总结和发扬光大。

第一，我非常高兴参加本论坛。这是因为，本论坛主办单位北京文化发展研究院，是 2002 年北京师范大学百年校庆时，北师大与北京市的共建项目。当时，我作为北京市委宣传部副部长，作为北师大中文系毕业的校友，亲自参与了该院成立的全过程，也可以说是主要策划者、推动者、实施者之一，还是创院副院长之一。十七年来，北京文化发展研究院在学校党政领导的重视下，在历届执行院长的主持下，在各个方面的支持下，做了大量卓有成效的工作，其中，每年一届的主题论坛，每年一本厚重的发展报告及一系列丛书，都是著名品牌。十七年来，尽管我的工作岗位发生了几次变化，但文化院名誉院长许嘉璐先生、创院院长龙新民同志、校历届主要领导每次见到我，给我说的不可少的两句话：一是说文化院工作做得很好，二是叮嘱我要继续关心支持文化院。我对文化院始终充满感情，也总觉得有一份责任，始终“不忘初心、牢记使命”。所以，十七年来，文化院的重要活动、主题论坛，我都高兴参加。我热烈祝贺本届高峰论坛的举办，而且，作为曾经的半个主人，也欢迎大家的到来，感谢大家对文化院的支持！

第二，我认为本届论坛的主题很有意义。本届论坛的主题是“城市与生存焦虑”。首先，我要说明的是，我更愿意用“生活焦虑”这个概念。我觉得，“生活焦虑”比“生存焦虑”更宽泛、更有普遍性一些。愁吃愁穿、日子过不下去，当然会有生存焦虑，所以，习近平总书记指出，当前

---

* 本文是 2019 年 6 月 15 日在“城市与生存焦虑：第四届城市文化发展高峰论坛”上的致辞。

扶贫攻坚，要着力解决贫困地区和贫困人口“两不愁、三保障”的问题。但这些问题毕竟在城市还是个别现象，相对而言，也容易量化解决。而在追求美好生活的过程中，不知吃什么好、穿什么好的焦虑，大众对衣食住行购美好追求的焦虑，对就好业难、就好学难、就好医难的焦虑，一句话，对于美好社会生活发展不充分、不平衡带来的焦虑，是大量的，是主要的，是党和政府与广大人民群众普遍关心的，是即将全面建成小康社会后，我们更应该普遍关注、更应该系统研究解决的。

其次，我认为，在即将全面建成小康社会、“十四五”时期即将到来、“第一个百年”目标即将实现、即将奔向“第二个百年”目标的大背景下，在面对“百年未有之大变局”的形势下，从文化学、社会学、心理学角度，研究城市与生活焦虑问题很有意义。因此，作为社会建设理论研究工作者和多年的实践工作者，我来了；而且，我向文化院沈湘平执行院长提议，也邀请我曾经主导成立的两个社会组织参与协办本届论坛，一个是北京市社会心理联合会，一个是北京社会文化发展促进会。我认为，在城市化的进程中，在快速发展的大城市，市民生活焦虑是正常的、经常性的社会文化现象和社会心理现象。大家知道，越是大城市、越是发达地区，往往幸福感越弱、幸福指数越低。我的家乡石家庄是全国雾霾最严重的城市之一，有关统计显示，市民幸福指数比北京高。这是看起来不合理但又是正常的城市社会文化与社会心理现象。生活焦虑固然与客观现实有关，但与一个城市的社会文化、社会心态也很有关系。一些生活问题没解决好，固然会产生生活焦虑；而在追求美好生活的过程中也会产生焦虑，政府部门超阶段、超能力定发展目标，吊大众胃口，同样会带来更难解决的生活焦虑。这也是党中央强调对民生和社会服务“既要尽力而为、又要量力而行”的道理。当前，我国城市化快速推进，社会结构深刻变化，社会发展与社会心理不平衡、不适应的问题容易出现。比如，农村变城市，农民进城市，少了生存焦虑，但多了生活焦虑。再比如，有了文化和思想，精神生活丰富了，但心理焦虑、抑郁也多起来了。我国目前有 600 多个大小城市，其中超 1 000 万人口的特大城市有 15 个，有长三角、珠三角、京津冀、长江中下游、成渝区域五大城市群，相互之间差异很大，存在各种问题。所以，要从社会、文化、心理多个角度，正确看待、有效解决城市生活焦虑问题。党的十九大提出，要加强社会心理服务体系建设，培育自尊自信、理性平和、积极向上的社会心态，就是在这样的大背景下提出的新任务、新要求。北京市成立社会心理联合会、社会文化发展促进会，今天举办城市文化专题论坛，也都是为了从城市社会文化和社会心理角度研究解决这些问题。更广泛地讲，作为我所在的中国教育与社会发展研究院，围绕提高社会治理体系和治理能力现代化水平，也应该研究解决这些问题。至于解决办法，过一会儿我们一起倾听大专家们的高见。

第三，北京文化发展研究院已经成立十七年了。这是我国高校较早建立的智库，而且是少有的校地多方共建的智库。十七年来，有许多成绩和经验。从研究院来说，应该很好地总结，并进一步发扬光大。大家知道，我于去年底，从北京市委社会工委、北京市社会办，调到北师大中国教育与社会发展研究院，专职从事高端智库工作。从办好智库的角度，新成立的中国教育与社会发展研究院，应该从身边学习，应该向文化院“取经”。所以，今天来参加论坛，除了有感情、有兴趣外，更有学习的愿望，来向文化院学习、向专家们学习。

最后，祝北京文化发展研究院越办越好！祝论坛取得圆满成功！

加强社会心理服务体系建设重要而紧迫*

加强社会心理服务体系建设，是党的十九大提出的新要求，是新时代中国特色社会建设的必然要求，是社会治理创新的重要任务，具有重要的理论意义和实践意义。

一、党的十九大提出加强社会心理服务体系建设具有划时代意义

社会心理工作是社会建设工作的重要组成部分，同时被提上党和国家工作的重要地位，并越来越被重视。在党的历届全国代表大会报告中，最早提及心理工作的是党的十七大。党的十七大报告指出，要“加强和改进思想政治工作，注重人文关怀和心理疏导，用正确方式处理人际关系”。也正是在党的十七大，首次把社会建设与经济建设、政治建设、文化建设相并列，纳入了中国特色社会主义的总体布局。也正在此时，报经中央批准，北京市委社会工委、北京市社会办成立。这看似巧合的几件事情，其实有必然的内在联系。这是在党中央提出科学发展观和构建社会主义和谐社会理论大背景下的必然选择、重大举措。党的十八大报告进一步发展了这一提法，明确提出了培育社会心态的目标，指出要“加强和改进思想政治工作，注重人文关怀和心理疏导，培育自尊自信、理性平和、积极向上的社会心态”。

党的十八大以来，以习近平同志为核心的党中央，把社会心理服务放在了更加突出的地位。特别是党的十九大报告明确指出，要“加强社会心理服务体系建设，培育自尊自信、理性平和、积极向上的社会心态”。这

---

* 本文是 2018 年 7 月 21 日在第二届心理行业发展促进大会上的演讲整理稿。

个提法，相比之前，有两个重大变化：一是在“文化建设”部分表述，作为思想政治工作和卫生健康工作的任务，改为在“社会建设”部分表述，作为加强社会建设和治理的任务；二是首次明确提出“加强社会心理服务体系建设”的要求。这说明，党中央已经不是从一个具体业务工作角度来看待社会心理服务工作，而是从社会治理体系和治理能力现代化乃至国家治理体系和治理能力现代化高度来看待这个问题了。这具有划时代的意义。

党的十九大发出了加强社会心理服务体系建设的号召，作为首都，北京市积极响应、主动作为，把努力构建具有时代特征、中国特色、首都特点的北京社会心理服务体系当作重要目标，把研究起草《北京市加强社会心理服务体系建设的意见》当作市委市政府重点工作，列为落实党的十九大报告的折子工程和今年全面深化改革工作的重要任务。市政协作为重要协商议题，组织了一系列调研座谈，吉林主席亲自主持召开了协商恳谈会。经过半年多的调研起草，文件已形成初稿，正在深入修改完善。

二、北京加强社会心理服务体系建设有良好工作基础、得天独厚条件

多年来，在市委市政府领导下，北京市在社会心理服务体系建设方面做了大量工作、取得了明显成效、奠定了坚实基础。

一是有工作机构。早在 20 世纪 80 年代中期，结合加强和改进思想政治工作，我市就在宣传系统成立了北京社会心理研究所。后来转由市委研究室主管。2010 年，经协商，又由市委研究室划转到市委社会工委、市社会办主管，正式纳入了社会建设工作体系。为强化对全市社会心理工作的综合协调职能，报经市编办批准，2016 年，北京社会心理研究所正式更名为北京市社会心理服务促进中心。除此之外，首都卫生系统、高等院校、科研单位心理专业机构多，这是北京得天独厚的优势，这些机构都做了大量工作，取得了一系列成果。

二是有工作网络。为加强全市社会心理工作体系建设，2013 年 6 月，北京市委社会工委、市社会办推动成立了北京市社会心理工作联合会，秘

书处设在北京市社会心理服务促进中心。到目前为止，联合会有直属团体会员 68 家，并联系相关组织 110 多家，包括教学研究机构、公益组织、社会服务机构、医疗保健机构和社会企业等，涵盖了理论研究、教育培训、咨询服务、临床技术和特殊人群心理康复等业务，是市级“枢纽型”社会组织。这其中，也包括爱心传递热线、红丹丹心目影院、五彩鹿自闭症儿童行为矫正中心等一大批知名民办公益组织。另外，除市级社会心理综合服务基地已经建成外，全市基层社会心理服务网络平台正在建设中，到今年底，全市将建成 200 个左右的社区心理服务站试点。

三是有统筹规划。2011 年北京市政府印发的《北京市“十二五”时期社会建设规划纲要》和 2016 年市委市政府印发的《北京市“十三五”时期社会治理规划》，都将“培育健康向上的社会心态”设立专门章节进行了全面部署。2015 年，市委市政府印发的《关于深化北京市社会治理体制改革的意见》明确指出，要“建立健全社会心理服务机制，将社会心理研究、心理健康促进、心理危机干预等作为常态化工作”。市委市政府不断朝着加强社会心理服务体系建设方向进行统筹规划、政策引导。

四是有工作成效。近年来，全市教育、科研、卫生、政法等系统和各人民团体都结合自身工作实际，在社会心理服务和研究等方面做了大量卓有成效的工作。自 2012 年以来，市委社会工委、市社会办还每年组织一系列研讨会，每年举办一届高峰论坛，每年发布一部《北京社会心态蓝皮书：北京社会心态分析报告》，相关报告和信息多次被中宣部、中央办公厅编报，多有中央领导批示。

但我们也清醒地认识到，工作还是初步的，与党中央的要求和广大人民群众对美好生活的期待，还有很大差距。全市社会心理服务体系还不健全，能力还有待提高，特别是统筹协调力度还不够大，工作合力还不够大，专业化程度还不够高，工作针对性还不够强。总的来说，在中国特色社会主义新时代，我国社会主要矛盾已经转化为人民日益增长的美好生活需要与不平衡不充分的发展之间的矛盾。发展不平衡容易引起心理不平衡，发展不充分容易带来心理不满足。加上工作、生活节奏快，压力大等因素，心理服务需求越来越旺盛，心理服务体系建设越来越迫切。这就需要我们更加奋发有为。

三、加强社会心理服务体系建设要坚持顶层设计、基础工作“两手抓”

加强社会心理服务体系建设是全新的事业，是事关人民生活幸福安康的大事，既没有现成模式可参照，也没有多少现成经验可借鉴。我们要认真贯彻党的十九大精神，结合具体实际，一边抓顶层设计，一边抓基础工作。

一要政策推动。工作滞后，往往是因为政策引导滞后。要加快推进社会心理服务体制机制、政策体系建设。为贯彻党的十九大精神，按照市委市政府的要求，我们组织起草了《北京市加强社会心理服务体系建设的意见》，重点围绕体制机制创新、社会心态培育、心理健康促进、心理危机干预、心理工作队伍建设，为全市社会心理服务体系建设谋篇布局。我们的基本思路是：加强社会心理服务体系建设，不仅包括传统意义上的心理健康促进、心理危机干预等工作，而且重在培育自尊自信、理性平和、积极向上的社会心态，重点研究解决在社会心态培育、社会心理评估、社会心理疏导、社会心理干预等方面的突出问题。要坚持社会化、法治化、智能化、专业化发展方向，努力形成在党的领导下，政府、市场、社会、公众、家庭共建共治共享的格局。

二要多方联动。一是部门联动。整合卫健系统、教育系统、政法系统、工青妇等相关政府部门和群团组织的力量，分工合作、形成合力做好工作。在市级层面建立健全全市社会心理服务工作联席会议制度，推动形成部门齐抓共管、社会力量积极参与、单位家庭个人尽力尽责的工作格局。二是社会联动。由北京市社会心理工作联合会组织专家团队进行社会心理服务人才认证，行业管理结合社会工作师认证，建设科学的社会心理服务体系行业标准，拟定符合北京市市情的社会心理服务标准和服务机制，为北京社会心理服务工作建章立制，促进社会心理服务工作规范有序开展。三是机构联动。北京拥有丰富的社会心理服务和研究资源，无论是科研实力还是人才队伍，都是全国一流的。这是北京开展社会心理服务工作的宝贵财富。我们热诚欢迎在京科研院校的社会心理专家参与到社会心理服务工作中来，积极推动理论与实践融合，在实践中完善理论，在科学理论指导下创新实践。

三要创新驱动。社会心理服务工作是一项创新性、实践性很强的工作，必须推动实践创新。我们要坚持在党的领导下，推动政府、市场、社会、公众、家庭多维互动，探索形成一个市级中心、数十个系统和区级基地、数百个街道社区服务站点的工作网络。而中社社会工作发展基金会主动提出在这方面提供帮助，我们非常感谢！接下来，我们双方将签署“心关爱·进百城”社会心理服务体系建设公益工程战略合作协议。在标准化心理服务阵地建设、专业化心理服务人才队伍培养、大数据心理服务平台建设、多元化心理服务活动开展、心理服务机构运营管理的规范、经验推广及影响力提升等六个方面开展深度合作，以期实现政府认可、专家认同、社会心理机构成长、社会大众受益的社会心理服务模式。我们坚信双方合作将结出累累硕果。

加强社会心理服务体系建设意义重大而深远，走在前列的北京，正努力在创新实践的道路上前行。

社会企业发展方兴未艾*

在美好的春天，在全党上下深入学习贯彻党的十九大精神、全国“两会”即将闭幕之际，我们相聚在这里，共同见证北京社会企业发展促进会的成立，这是一件非常有意义的大事情。

党的十九大报告明确提出，要“激发和保护企业家精神，鼓励更多社会主体投身创新创业”，并提出“提高保障和改善民生水平，加强和创新社会治理”，“打造共建共治共享的社会治理格局”，“发挥社会组织作用，实现政府治理和社会调节、居民自治良性互动”。今年的政府工作报告也对促进社会领域的创新创业提出了明确要求。北京市委市政府高度重视社会企业发展，早在 2011 年，《中共北京市委关于加强和创新社会管理　全面推进社会建设的意见》就明确提出，要“积极扶持社会企业发展，大力发展社会服务业”，并写入了当年市政府颁布的《北京市“十二五”时期社会建设规划纲要》中。

社会企业还是一个比较新的概念，是一项方兴未艾的事业。社会企业是以追求社会效益最大化为根本目标，依靠提供产品或服务等商业手段解决社会问题，并取得可测量的社会效果的企业组织。它具有四大特征：一是有明确且优先的社会目标，二是有可持续发展的商业模式，三是有保障社会目标优先的机制设计，四是有明确可测量的社会效果。社会企业由于兼具社会目标与商业运营的属性，已成为国内外政府创新公共服务供给的重要合作伙伴。社会企业作为推动社会创新的重要力量，充分体现“企业为体、社会为用”的深刻内涵，已经逐渐演化为一场全球性的公益创新热潮。全球实践证明，社会企业在扩大就业、减少贫困、环境保护、社区发展、改善社会公共服务等方面能够做出巨大贡献。当前，中国发展社会企

---

* 本文为 2018 年 3 月 19 日在北京社会企业发展促进会第一次会员代表大会上的讲话整理稿。

业恰逢其时，意义重大，应当大力推进。北京应当走在前列。

第一，发展社会企业是促进政府转变职能的“助推器”。随着国家大力实施简政放权，深化“放管服”改革，各级政府积极探索将原有部分职能转移给相应社会主体。社会企业作为一种跨界模式，有助于创新公共服务供给方式，加快推动政府转变职能。

第二，发展社会企业是创新社会治理的“加速机”。创新性与革命性是社会企业的突出特质。推进社会治理的社会化，需要更多的社会企业参与进来，需要更多的社会企业家参与进来，形成共建共治共享的社会合力。

第三，发展社会企业是破解社会问题的“金钥匙”。社会企业能以灵活、有效的市场机制，积极协助政府解决社会“痛点”问题，提供专业服务，提高保障和改善民生水平。这已成为许多发达国家破解社会问题的重要路径，也是社会建设的必由之路。

也正因如此，当去年下半年杨剑涛会长动议建立一个推动社会企业发展的社会组织时，我们一拍即合，迅速达成共识，市社会办愉快地答应作为促进会的业务主管部门，并得到了市有关部门的大力支持。经过几个月的紧张筹备，北京社会企业发展促进会应运而生。

在加强和创新社会治理、不断满足人民日益增长的美好生活需要的新时代，北京社会企业发展促进会的成立，可以说是使命光荣、任重道远。促进会的成立不是工作的终点，是历史的新起点，要紧抓机遇，有所作为。为此，我对促进会提出三点希望：

一是坚持党建引领。始终坚持以党的建设为龙头，引领社会企业发展的政治方向。紧紧围绕党和国家工作大局开展工作，紧紧围绕完善首都功能开展工作，紧紧依据章程办事，大力加强自身建设，完善各项管理制度和机制，迅速行动起来、高效运转起来。

二是坚持服务凝聚。紧紧依靠会员、服务会员、凝聚会员，以论坛促交流，以标准促规范，以基地促提升，以联盟促合作，支持带动更多的会员单位在自身发展壮大的基础上，齐心协力帮助政府解决社会问题，补齐社会服务短板，为建设国际一流的和谐宜居之都做出应有贡献。

三是坚持专业助推。社会企业是“社会公益＋企业发展”的专业组织，追求的是社会效益与经济效益的有机统一。要有探索创新精神，要有专业服务技能。促进会要结合北京实际，广泛借鉴国内外先进理念，深入开展社会企业发展的理论研究和实践探索，为社会企业交流、合作、投资、培训以及国际化发展等提供支持，引导更多资源支持社会企业发展，为市委市政府决策服好务，为推动首都经济社会发展服好务。

北京社会企业发展走在了全国前列。近几年来，市委社会工委、市社会办与相关研究机构在全市联合开展了专题调研，形成了调研报告，开展了试点建设，正在研究起草认定方案，已涌现了几十家示范性机构，但总体上处于初级阶段。

新时代呼唤更多社会企业。十多年前，美国戴维·伯恩斯坦编写过一本书，书名叫《如何改变世界》（又名《社会企业家与新思想的威力》）。书中写道："如果有更多的人开始了解社会企业，成为社会企业家，用你的创意、用你的行为去改变世界，哪怕改变的只是一点点，就会为整个世界和整个社会带来巨大的变革。"也希望有更多的人了解社会企业，有更多的社会企业家加入北京社会企业发展促进会。大家都来乘时代发展之春风，用自己的智慧、创意和行动，精心呵护、辛勤浇灌北京社会企业发展之花，不断形成花开京城、硕果满枝的良好局面。相信在市委市政府的正确领导下，在市有关部门的大力支持下，在社会各界共同参与下，北京社会企业发展促进会能够办好、越办越好，社会建设事业越来越好，人民生活越来越美好。

使命与担当：中国特色社会建设体系的构建*

中国特色社会主义进入了新时代，中国特色社会建设站在了历史新起点。在新时代，要有新担当、新作为，要以党的十九大精神和习近平新时代中国特色社会主义思想为指导，深入总结改革开放以来，特别是近十多年以来，我国社会建设的理论与实践创新成果，着力构建具有时代特征、中国特色的社会建设体系，把加快推进国家治理体系和治理能力现代化的目标任务落到实处。

这是历史和时代赋予社会建设理论与实践工作者的新使命。因为，社会建设这个概念是中国创造，我们有责任、有义务在实践的基础上将其丰富的内涵与发展路径研究透、说明白。这是其一，叫义不容辞。远的不说，自 2004 年党的十六届四中全会首次明确提出加强社会建设，也将近 15 年了。15 年来，在中国特色社会主义改革创新道路上，在“五位一体”总体布局和“四个全面”战略布局中，我国社会建设无论是理论还是实践，都取得了新的大发展，正是加快推进社会治理体系和治理能力现代化的大好时机。这是其二，叫正当其时。作为身在其中、与时俱进的全国社会建设理论工作者、实践工作者，最有深切感悟、最有发言权。这是其三，叫责无旁贷。所以，我们应当有构建中国特色社会建设体系的使命与担当。

一、努力构建新时代中国社会建设理论体系

理论是行动的指南。理论体系建设至关重要。作为习近平新时代中国特色社会主义思想体系的重要组成部分，新时代中国特色社会建设理论体

---

* 这是 2018 年 12 月 19 日在第九届全国部分省市社会建设治理（珠海）年会上的主旨发言，刊发于《中国特色社会主义研究》（2019 年第 1 期）。

系的内涵非常丰富。我认为，主要包括以下几点：

一是坚持以人民为中心的发展思想。人民立场是马克思主义的根本立场。以人民为中心是习近平新时代中国特色社会主义思想的核心观点。党的十八大以来，习近平总书记多次强调，把人民放在心中最高位置，坚持一切为了人民、一切依靠人民，为人民过上更加美好生活而矢志奋斗。人民对美好生活的向往，就是我们的奋斗目标。社会建设工作是直接服务群众的工作，与群众冷暖息息相关，是我们党人民立场、人民情怀的集中体现。随着经济社会发展，人民对美好生活的需要也日益多样化、多层次、多方面，不仅对物质文化生活提出更高要求，而且在民主、法治、公平、正义、安全、环境等方面的要求日益增长，对社会建设不断提出新的更高要求。在推动社会建设的过程中，不断实现好、维护好、发展好最广大人民根本利益，真正做到发展为了人民、发展依靠人民、发展成果由人民共享。这既是开展社会建设工作的出发点和落脚点，也是检验社会建设工作质量和成效的最高标准。

二是把握“提高保障和改善民生水平”“加强和创新社会治理”两个基本点。社会建设任务千头万绪，但归结起来，主要包括两方面重点：提高保障和改善民生水平、加强和创新社会治理。这也是党的十九大报告明确指出的。社会建设要坚持服务为先，以保障和改善民生为重点，着力解决人民最关心最直接最现实的利益问题。当前，要按照党的十九大的部署，在优先发展教育事业、提高就业质量和人民收入水平、加强社会保障体系建设、打赢脱贫攻坚战、实施健康中国战略等方面，取得突破性进展。加强和创新社会治理是社会建设的时代课题，是国家治理体系和治理能力现代化的重要内容。要坚定不移走中国特色社会主义社会治理之路，善于把党的领导和我国社会主义制度优势转化为社会治理优势，在党的领导下，实现政府、市场、社会共建共治共享。要促进社会公平正义，切实解决群众合理合法的利益诉求，加强预防和化解社会矛盾机制建设。要牢固树立安全发展理念，牢记公共安全是最基本的民生的道理。要深入推进社会治安综合治理，加快社会治安防控体系建设，依法打击和惩治黄赌毒黑拐骗等违法犯罪活动，保护人民群众的人身权、财产权、人格权。

三是抓住党建引领、改革创新、重在基层三个着力点。党政军民学，东西南北中，党是领导一切的。在社会建设工作中，要切实加强党的领导，把加强党的建设、巩固党的执政基础贯穿社会建设各项工作始终。要加强社区党建、社会组织党建和非公有制企业党建工作，不断扩大社会领域党的组织和党的工作的有效覆盖，巩固和扩大党的执政基础。与此同时，要通过社会体制改革创新，不断完善社会治理现代化体系，不断提高社会治理能力和水平，最大限度增强社会发展活力，充分发挥人民群众首创精神，使全社会创造能量充分释放、创业活动蓬勃开展。党和国家各项工作最坚实的力量支撑在基层，经济社会发展和民生最突出的矛盾和问题也在基层。社会建设要把抓基层打基础作为长远之计和固本之策，丝毫不能放松。要格外关注基层困难群众，时刻把他们的安危冷暖放在心上，关心他们的疾苦，千方百计帮助他们排忧解难。要推动社会治理重心下移、力量下沉、资源下投、权力下放，夯实基层基础。

四是不断提高社会治理社会化、法治化、智能化、专业化水平。这是实现社会治理体系和治理能力现代化的应有之义。社会治理体系和治理能力现代化，离开社会化就没有出路，离开法治化就没有保障，离开智能化就没有支撑，离开专业化就不可能上水平。提高社会化水平，就是要充分调动广大人民群众的积极性、主动性、创造性，把社会力量广泛动员起来，把社会活力充分激发出来，深化基层群众自治，扩大公众有序参与，引导驻地单位主动支持，推动企业积极履行社会责任，形成共建共治共享的社会治理格局。提高法治化水平，就是要加快推进社会建设立法，坚持法治国家、法治政府、法治社会一体建设，切实把依法治理贯穿于社会治理全过程。提高智能化水平，就是要加快推进智慧城市建设，把“互联网＋”、大数据、云计算、物联网等现代信息技术广泛运用到社会建设实际工作中。提高专业化水平，就是要打造一支专业化的社会工作者队伍，把培养一批专家型的社会治理干部作为重要任务，用科学态度、先进理念、专业知识去服务和治理社会、建设和管理城市。

五是在落细落小落实上下功夫、在共建共治共享上求实效。社会建设事关人民生活幸福安康、国家长治久安，是实实在在的事情，是亿万人民的共同事业。习近平总书记反复强调抓工作要踏石留印、抓铁有痕，要像绣花一样搞好城市精细化管理。他强调，社会建设既尽力而为，又量力而行，一件事情接着一件事情办，一年接着一年干。坚持人人尽责、人人享有，坚守底线、突出重点、完善制度、引导预期，完善公共服务体系，保障群众基本生活，不断满足人民日益增长的美好生活需要，不断促进社会公平正义，形成有效的社会治理、良好的社会秩序，使人民获得感、幸福感、安全感更加充实、更有保障、更可持续。

二、努力构建新时代中国社会建设运行体系

社会建设重在实践，而且应当是科学运行的实践。社会建设要立足当前、面向长远，当作系统工程认真抓紧抓实抓好。我体会，新时代中国特色的社会建设运行体系，至少应当包括以下几方面：

一是构建目标任务体系。社会建设不仅要坚持问题导向、需求导向，还要坚持目标导向。党的十七大明确提出了以保障和改善民生为重点加强社会建设的目标任务。2011 年，国家“十二五”时期规划将社会建设分为社会服务、社会管理两编 12 章。党的十八届三中全会用“社会治理”代替“社会管理”。党的十九大明确提出“提高保障和改善民生水平”“加强和创新社会治理”两大目标任务。这都是很有指导意义的。北京市委市政府从“十二五”社会建设规划到“十三五”社会治理规划，形成了一个比较全面系统的表述，提出了“六个更加、六个明确提高”的目标任务体系，即社会服务更加完善，民生保障改善、公共服务水平明显提高；社会管理更加科学，城市服务管理精准化、精细化水平明显提高；社会动员更加广泛，社会协同、公众参与水平明显提高；社会环境更加文明，社会诚信建设、社会责任履行水平明显提高；社会关系更加和谐，化解社会矛盾、维护社会公平正义水平明显提高；社会领域党的建设更加深入，党的组织、党的工作有效覆盖明显提高。

二是构建体制机制体系。这是基础性、长远性、根本性建设。社会建设要把中国特色社会主义制度具体化，要把坚持党的领导、人民当家作主与依法治国相统一落到实处。从党的十六届四中全会到党的十九大，党中央都非常强调社会体制改革创新，重视体制机制体系构建，确立了“党委领导、政府负责、社会协同、公众参与、法治保障”的社会治理体制。全

国各地从具体实际出发，不断创新实践，探索出了一系列行之有效的工作机制。比如，上海的一系列精细化基层治理创新机制，北京的纵向到社区、横向到“两新”组织的工作体制以及正在推行的党建引领“街乡吹哨、部门报到”机制，等等。

三是构建政策法规体系。坚持法治国家、法治政府、法治社会一体建设，离不开社会建设政策法规体系的完善。近十多年来，特别是党的十八大以来，习近平总书记亲自抓改革，党中央、国务院出台了一系列关于保障和改善民生、加强和创新社会治理的政策法规。在今年确定的机构改革方案中，全国人民代表大会新成立了社会建设委员会，这无疑是加快推进社会建设政策法规体系建设的重要举措。2008 年后北京市出台社会建设“1＋4＋X”系列文件，2014 年后上海市出台基层社会治理“1＋6”文件，这些都是从政策法规体系建设入手加强社会建设的好经验、好做法。

四是构建评价指标体系。社会建设与经济建设一样，也要有可量化、能评价的指标体系。北京市“十三五”社会治理规划确定了社会建设 28 项主要指标，包括“一刻钟社区服务圈”覆盖率、每百户居民社区公共服务配套设施面积、城市社区服务管理用房面积达标率、公共文化设施覆盖率、每千名户籍老人养老机构床位数、人均期望寿命、五项社会保险基金收缴率、学前三年毛入园率、义务教育毛入学率、中心城区常住人口下降数、城市服务管理网格化体系覆盖率、单位地区生产总值生产安全事故死亡降低率、社区工作者社会工作职业水平证书比率、每万人常住人口拥有社会组织数、基层自治组织选举居（村）民参与率、老旧小区自我服务管理覆盖率、实名注册志愿者人数占全市常住人口的比例、中心城绿色出行比例、重点食品安全监测抽检合格率、药品抽验合格率、群众安全感指数、市民公共行为文明指数、城镇登记失业率、企业集体合同签订率、社区党组织覆盖率、“枢纽型”社会组织联合党组织覆盖率、规模以上非公有制企业党组织覆盖率、商务楼宇党群工作站覆盖率。大家知道，北京市还研究制定了一个社会建设综合评价指标体系，围绕“六个更加、六个明显提高”有一整套指标，自 2012 年以来，每年对全国 31 个省区市和 15 个超大型城市进行测评比较，每年发布一本蓝皮书，动态掌握全市乃至全国社会建设进展情况。

三、努力构建新时代中国社会建设话语体系

如前所述，社会建设概念是由中国创造的。在总结实践创新成果的基础上，构建中国特色的社会建设话语体系，非常重要。这些年，在社会建设实践和基层社会治理创新中，产生了一些鲜活的语言、生动的概念。比如，北京市提出的社会领域党建、“一刻钟社区服务圈”、城市服务管理网格化、“枢纽型”社会组织、商务楼宇工作站等，有丰富的内涵、很深的实践基础，通俗易懂，广泛认同。这些话语不仅广泛运用于社会生活，而且写进了《北京社会建设概论》、《北京市社区工作者在职培训教材》和市委市政府文件中，包括中央审批同意的《北京城市总体规划（2016 年—2035 年》也写上了“一刻钟社区服务圈”。当然，话语体系构建有一个积少成多、去粗取精、普及提升、逐步规范的过程，但这项工作必须有意识地去做。这也是社会建设理论和实践工作者义不容辞的责任。

诚然，中国特色的社会建设除了体系的构建之外，还要有能力和水平的提高。这包括系统治理、依法治理、综合治理、源头治理能力水平的提高，社会化、法治化、智能化、专业化能力水平的提高，精治共治法治和共建共治共享能力水平的提高，等等。要坚持“两手抓”，一手抓体系构建、一手抓能力提高。这里，就不进一步展开论述了。

坚持和完善民生保障制度和社会治理制度*

党的十九届四中全会通过了《中共中央关于坚持和完善中国特色社会主义制度、推进国家治理体系和治理能力现代化若干重大问题的决定》（简称《决定》）。《决定》充分肯定了我国国家制度和国家治理体系的显著成就和显著优势，充分说明我国国家制度和治理体系具有强大生命力和巨大优势，为坚定中国特色社会主义道路自信、理论自信、制度自信、文化自信写下了历史篇章。《决定》全面部署了坚持和完善中国特色社会主义制度、推进国家治理体系和治理能力现代化的目标任务，明确强调要把我国制度优势更好转化为国家治理效能，绘就了实现"两个一百年"奋斗目标、实现中华民族伟大复兴中国梦的宏观蓝图。学习贯彻《决定》，一要读懂原文、吃透精神，二要联系实际、落到实处。

一、深刻把握《决定》的重大现实意义和深远历史意义

党的十九届四中全会专门研究坚持和完善国家制度、推进国家治理现代化问题，并做出重要决定，这在我们党的历史上是第一次，充分体现了以习近平同志为核心的党中央高瞻远瞩的战略眼光和强烈的历史担当。全会通过的《决定》是一篇光辉的马克思主义纲领性文献，也是一篇坚持和发展中国特色社会主义的政治宣言书，对决胜全面建成小康社会、全面建设社会主义现代化国家，对巩固党的执政地位、确保党和国家长治久安，具有重大现实意义和深远历史意义。一是在理论上，为推进新时代我国国家制度和国家治理体系建设提供了科学指南。二是在制度上，为新时代坚持和完善中国特色社会主义制度提供了坚实基础。三是在思想上，为坚定

---

* 本文刊发于《社会治理》（2020 年第 2 期）。

中国特色社会主义“四个自信”提供了基本依据。四是在政策上，为新时代改革开放提供了基本遵循。五是在策略上，为应对各种风险挑战、赢得战略主动提供了有力保证。六是在政治上，为推进全面从严治党、加强党的建设提供了坚强保障。

二、深刻把握《决定》的鲜明特色和内在逻辑

《决定》具有鲜明的特色：一是坚持理论与实践相统一，理论性、实践性都很强。《决定》将马克思主义基本原理同中国具体实际相结合，创造性地运用马克思主义国家学说、制度学说，科学回答了当代中国面临的一系列重大理论和实践问题，集中体现了我们党深化对共产党执政规律、社会主义建设规律、人类社会发展规律的认识所达到的新水平，集中体现了我们党治国理政所达到的新境界，集中体现了我们党对坚持和完善中国特色社会主义制度、推进国家治理体系和治理能力现代化的新要求，是对马克思主义理论宝库的丰富完善，是新时代中国特色社会主义的创新实践。二是坚持继承与创新相统一，历史性、时代性都很强。《决定》系统总结了中国特色社会主义制度体系的历史成就、显著优势，明确了新时代坚持和完善中国特色社会主义制度体系的主要目标、基本任务，“十三个显著优势”与“十三个坚持和完善”既一脉相承又与时俱进，是在实现“两个一百年”奋斗目标历史交汇点上做出的战略部署，是在推进“两个全面建成”（全面建成小康社会、全面建成现代化国家）伟大任务历史结合点上描绘的宏伟发展蓝图。三是坚持当前与长远相统一，现实性、前瞻性都很强。《决定》着眼分析解决我国制度体系建设存在的现实问题，提出了坚持和完善中国特色社会主义制度、推进国家治理体系和治理能力现代化“三步走”的总体目标。第一步：到我们党成立一百年时，在各方面制度更加成熟定型上取得明显成效；第二步：到2035年，各方面制度更加完善，基本实现国家治理体系和治理能力现代化；第三步：到新中国成立一百年时，全面实现国家治理体系和治理能力现代化，使中国特色社会主义制度更加巩固、优越性充分体现。这是一个现代化建设“新三步走”的战略部署、任务安排。四是坚持顶层设计与基础构建相统一，整体性、重

点性都很强。《决定》着眼全局，完善了中国特色社会主义的制度安排、顶层设计，明确了坚持和完善的根本制度、基本制度、重要制度；与此同时，对接“五位一体”总体布局、“四个全面”战略布局，突出重点，明确了坚持和完善中国特色社会主义制度、推进国家治理体系和治理能力现代化的“四梁八柱”、主要目标任务。从某种程度上说，这是我国今后 30 年党和国家各项事业全面发展的中长期规划纲要。

《决定》具有科学的内在逻辑。《决定》内容丰富、全面系统，紧紧围绕“坚持和完善中国特色社会主义制度、推进国家治理体系和治理能力现代化”这个主轴展开。围绕这个主轴，有一条主线、四个关键、十三方面重大任务。一条主线，即全面建设社会主义现代化；四个关键，即制度建设、体系建设、能力建设和转化效能；十三方面重大任务，即从十三方面坚持和完善制度体系的任务。把握住这个逻辑关系，学习领会、贯彻落实《决定》，就可以达到提纲挈领、纲举目张、由简到繁、由浅入深的目的。

三、紧紧围绕我国社会主义现代化建设总目标

我国社会主义制度确立后，就提出要实现社会主义现代化的奋斗目标。1964 年 12 月 21 日，在第三届全国人民代表大会第一次会议上，周恩来总理在《政府工作报告》中明确提出：“在不太长的历史时期内，把我国建设成为一个具有现代农业、现代工业、现代国防和现代科学技术的社会主义强国。”在 1975 年初召开的四届人大一次会议上，周恩来总理又进一步重申，在 20 世纪末全面实现四个现代化。党的十一届三中全会后，邓小平同志和党中央提出了到 20 世纪末“达到小康生活水平”、到 21 世纪中叶“基本实现现代化”的阶段性目标。2002 年，党的十六大进一步提出了到 2020 年全面建成小康社会的目标。2017 年，党的十九大又进一步明确指出，到 2035 年基本实现现代化、2050 年建成社会主义现代化强国。党的十九届四中全会就是按照党的十九大的要求，对我国现代化建设“新三步走”进行全面部署。

新中国成立以来，特别是改革开放以来，我国现代化目标这条主线越来越清晰明确。从开始提出建设“四个现代化”，到后来逐步发展完善为

到20世纪末全面建设小康社会、到2020年全面建成小康社会、到2035年基本实现现代化、到2050年全面建成社会主义现代化强国，目标越来越明确，思路越来越清晰，步骤越来越具体；从开始由经济现代化重点突破，到逐步向政治、文化、社会、生态文明等“五位一体”现代化建设扩展延伸，乃至提出并部署推进国家治理现代化，由点到面，由基础到顶层，呈螺旋式上升，取得了历史性成就，站在了历史新起点。党的十九届四中全会是我国现代化建设的里程碑，标志着我国社会主义现代化建设实现了从重点突破到整体推进的新飞跃。

我们要紧紧围绕现代化建设这条主线，全面推进中国特色社会主义各项事业创新发展。“小康不小康，关键看老乡。”全面不全面，尤其看社建。保障和改善民生的水平，社会治理现代化的水平，直接关系到全面建成小康社会和国家治理现代化的水平。社会建设要更加着力固根基、扬优势、补短板、强弱项，紧紧跟上全面建设社会主义现代化的步伐。

四、坚持和完善中国特色社会主义制度体系

“制度”一词最早见于《礼记·深衣》：“古者深衣，盖有制度。”意思是说古代深衣，有基本的规制尺度。所谓深衣，指古代将上下衣缝制在一起、深藏身体的服饰。历史上各个时期的袍服，也大多从深衣演变而来。据《礼记·深衣》记述，深衣的尺度为短不可暴露肌肤、长不能拖地，下裳用十二幅对应一年的十二个月，衣袖圆形与规相应，衣领交叉与矩相应，背后缝线至脚踝垂直于地面，与正直的标准相符，衣裳下端齐整与权衡公正相应。整套衣服从规矩方圆、正直公正的人生礼数与修为上，规范着穿着者的行为举止。深衣与冠冕制度相配，形成中国传统礼服的基本规范。“制度”一词也逐步由制衣的标准引申为工作规范，其内含规矩方圆、正直公正、尺度分寸之意。了解了制度的本意，有助于我们深刻理解和把握制度建设的准确性、重要性。

如果说制度主要是从法制和规范意义上讲的，那么，体系和能力就是对制度的落实保障，强调的是运行和实施层面。制度、体系、能力建设，在中国特色社会主义事业发展中处于十分重要的地位，是我国社会主义现

代化建设这条主线上的关键环节，要紧紧抓住。要在构建系统完备、科学规范、运行有效的制度体系上下功夫，在加强系统治理、依法治理、综合治理、源头治理上求实效。

《决定》在系统总结我国国家制度和国家治理体系多方面显著优势的基础上，从十三个方面部署了坚持和完善我国制度体系、提高治理能力的任务，即坚持和完善党的领导制度体系，提高党科学执政、民主执政、依法执政水平；坚持和完善人民当家作主制度体系，发展社会主义民主政治；坚持和完善中国特色社会主义法治体系，提高党依法治国、依法执政能力；坚持和完善中国特色社会主义行政体制，构建职责明确、依法行政的政府治理体系；坚持和完善社会主义基本经济制度，推动经济高质量发展；坚持和完善繁荣发展社会主义先进文化的制度，巩固全体人民团结奋斗的共同思想基础；坚持和完善统筹城乡的民生保障制度，满足人民日益增长的美好生活需要；坚持和完善共建共治共享的社会治理制度，保持社会稳定、维护国家安全；坚持和完善生态文明制度体系，促进人与自然和谐共生；坚持和完善党对人民军队的绝对领导制度，确保人民军队忠实履行新时代使命任务；坚持和完善"一国两制"制度体系，推进祖国和平统一；坚持和完善独立自主的和平外交政策，推动构建人类命运共同体；坚持和完善党和国家监督体系，强化对权力运行的制约和监督。

需要强调的是，第一，这十三个"坚持和完善"是一个统一的整体，全面部署了应该"坚持什么、完善什么"的任务，要全面贯彻落实。第二，在每一方面的具体表述中，都既有重申的任务要求，又有许多新任务、新举措、新表述、新要求，要精读原文。第三，关于社会建设制度，在党的十九大报告基础上，《决定》分开表述为两项制度，即统筹城乡的民生保障制度、共建共治共享的社会治理制度。可以说，相比"五大建设"其他方面，社会建设是"超规格"了。这充分体现了党中央对社会建设的高度重视，也说明在新时代社会建设的任务越来越繁重艰巨。加强社会建设，一定要把这两方面的制度联系起来学习理解、结合起来贯彻落实。

关于加强和完善社会建设制度体系，《决定》也提出了许多新概括、新举措、新要求。比如，在坚持和完善民生保障制度方面，《决定》明确提出，坚持和完善以“七有”为主要内容的国家基本公共服务制度体系；鼓励支持社会力量兴办公益事业；健全公共就业和终身职业技能培训制度；促进广大劳动者实现体面劳动、全面发展；构建覆盖城乡的家庭教育指导服务体系；加快建立基本养老保险全国统筹制度；建立解决相对贫困问题的长效机制；坚持关注生命全周期、健康全过程，完善国民健康政策，让广大人民群众享有公平可及、系统连续的健康服务；积极应对人口老龄化，加快建设居家社区机构相协调、医养康养相结合的服务体系；等等。又比如，在坚持和完善社会治理制度方面，《决定》明确提出，坚持和完善党委领导、政府负责、民主协商、社会协同、公众参与、法治保障、科技支撑的社会治理体系，建设人人有责、人人尽责、人人享有的社会治理共同体，健全社会心理服务体系和危机干预机制，提高社会治安立体化、法治化、专业化、智能化水平，优化国家应急管理能力体系建设，完善群众参与基层治理的制度化渠道，健全党组织领导的自治法治德治相结合的城乡治理体系，推行网格化管理和服务，加快推进市域社会治理现代化，注重发挥家庭家教家风在基层社会治理中的重要作用，加强边疆治理推进兴边富民，等等。这些，我们都要深刻领会，认真贯彻落实。

五、把我国制度优势更好地转化为社会建设的效能

在中国特色社会主义“五位一体”总体布局中，相对而言，社会建设固根基、扬优势、补短板、强弱项的任务更加艰巨繁重。要认真学习贯彻党的十九届四中全会精神，把我国国家根本制度和社会建设基本制度的显著优势更好地转化为加强社会建设的效能。

一是把我国制度优势更好地转化为构建社会建设理论体系的效能。理论是行动的指南，理论体系建设至关重要。构建新时代中国特色社会主义社会建设理论体系，要坚持以习近平总书记关于社会建设的重要论述和党的十九届四中全会精神为遵循，以我国根本制度为核心，以我国社会建设基本制度为基础，主要围绕以下几方面内容展开：第一，坚持以人民为中心的发展思想。第二，把握保障和改善民生、加强和创新社会治理两个基

点。第三，抓住党建引领、改革创新、重在基层三个着力点。第四，不断完善党委领导、政府负责、民主协商、社会协同、公众参与、法治保障、科技支撑的社会治理体系。第五，不断提高系统治理、依法治理、综合治理、源头治理能力和社会化、法治化、智能化、专业化水平。第六，努力在落细落小落实上下功夫、在共建共治共享上求实效，把我国制度优势更好地转化为社会建设效能。

二是把我国制度优势更好地转化为构建社会建设运行体系的效能。社会建设重在实践。把我国制度优势更好地转化为构建社会建设运行体系的效能，要把"坚持党的领导、人民当家作主与依法治国有机统一"的根本制度体现在各个方面，把统筹城乡的民主保障制度和共建共治共享的社会治理制度落到实处。要做好以下几个方面的工作：第一，把我国制度优势更好地转化为构建社会建设工作体系的效能，坚持党委领导、政府负责、民主协商、社会协同、公众参与、法治保障、科技支撑的社会治理体系。第二，把我国制度优势更好地转化为构建社会建设目标任务体系的效能，不断提高保障和改善民生水平，不断加强和创新社会治理。第三，把我国制度优势更好地转化为构建社会建设政策法规体系的效能，坚持法治国家、法治政府、法治社会一体建设。第四，把我国制度优势更好地转化为构建社会建设评价指标体系的效能，使社会建设工作更加科学规范、可以量化评价。第五，把我国制度优势更好地转化为构建社会建设话语体系的效能，更好地体现社会建设的时代特征、中国特色。

三是把我国制度优势更好地转化为提高社会建设工作能力水平的效能。社会建设重在落实。要尊重发展规律，立足我国社会主义初级阶段的国情和不同的区域特点、不同的发展阶段，不断改进方式方法，不断提高能力水平，把我国制度优势更好地转化为社会建设创新实践的效能。第一，把我国制度优势更好地转化为改进社会建设工作方法的效能，坚持问题导向、需要求导向、目标导向、创新导向、效能导向相统一，做该做、能做、有用、有效的事。第二，把我国制度优势更好地转化为不断提高社会建设能力的效能，不断提高系统治理、依法治理、综合治理、源头治理的能力。第三，把我国制度优势更好地转化为不断提高社会建设工作水平的效能，不断提高社会化、法治化、智能化、专业化工作水平。

总之，党的十九届四中全会通过的《决定》非常重要。学好原文是基础，联系实际是关键，贯彻落实是根本。要以认真学习贯彻落实《决定》为新起点，把我国社会建设理论和实践工作推向新阶段，为实现“两个一百年”奋斗目标和实现中华民族伟大复兴的中国梦做出新的更大贡献！

防控新冠肺炎疫情中我国社会建设面临的挑战与机遇*

在以习近平同志为核心的党中央统一指挥下，在全社会共同努力下，防控新冠肺炎疫情取得了阶段性重要成效。在这场摸底考试中，社会建设也交出了合格答卷，但也暴露出了一些问题和短板。在防控战“疫”中，社会建设既面临严峻挑战，也面临发展机遇。当前应该做的是，毫不懈怠，进一步迎接挑战，坚决取得战“疫”最后胜利；化危为机，社会建设抓紧强弱项、补短板、谋长远。

在前期防控战“疫”中，社会建设工作经受住了考验。这主要体现在以下几个方面：一是我国根本制度的显著优势得到充分体现，特别是习近平总书记率先垂范，各级党委靠前指挥，全社会广泛发动，党的统一领导、集中力量办大事的根本制度优势发挥了柱石作用。二是统筹城乡的民生保障和共建共治共享的社会治理基本制度发挥了基础作用，广大群众生活有保障、城乡运行有序、企业逐步复工、社会和谐稳定。三是社会治理现代化体系支撑作用初步显现。凡是防控疫情工作做得好的地方，社会治理运行体系就相对健全；反之，在工作中就被动、忙乱。自2012年以来，笔者带领研究团队，每年对全国各省区市及大城市社会建设情况进行综合评价比较，有充分的事实依据和统计数据来支撑这个观点。这些年，社会建设工作走在前列的北京、上海、浙江、江苏、广东等地，应对能力和成效明显不同。四是社会治理能力水平有明显提高，尤其是社区工作者和志愿者队伍建设成效明显。在防控战“疫”中，两个战场上的两支队伍最关键，表现最出色。一个是医疗战场的医护工作者，他们不畏艰险、科学救治，打了一场漂亮的疫情防控阻击战；一个是社区战场上的社区工作者、

* 本文刊发于人民网（2020年3月31日）。

志愿者，他们不怕困难、精心服务，打了一场漂亮的疫情防控保卫战。在党和政府领导下，在全社会支持配合下，两个战场、两支队伍夜以继日、冲锋陷阵，打了一场疫情防控攻坚战。在此次疫情防控中，大部分社区工作者表现出的勇于担当、细致周到、甘于奉献的精神，值得总结与推广。与此同时，我们应当清醒地认识到，在疫情防控中，也暴露出了社会建设的一些问题和短板。这些问题和短板，既有应急经验和能力不足的问题，也暴露了一些地方社会建设基础工作不到位、平时工作不扎实。在“五位一体”总体布局中，发展不充分不平衡的问题，在社会建设方面表现得尤为突出。当前，既要立足防控疫情尽全力而为，不获全胜绝不收兵；又要面向长远抓紧强弱项、补短板，交出社会建设的优良答卷。

（1）坚持以人民为中心的正确导向，切实研究解决存在的突出问题。以人民为中心的发展思想，是习近平总书记反复强调的重要理念，是习近平新时代中国特色社会主义思想的核心内容。在应对危机面前，在疲劳作战的情况下，能否做到让群众赞成、拥护、理解、支持，是对各级领导干部和社会工作者的考验和挑战。越是关键时刻，越要坚持以人民为中心的正确导向，时刻把人民的利益放在心上，把研究解决群众反映的突出问题落在实处。一是坚持问题导向。以现实问题为中心，采取有效措施，堵塞疫情防控漏洞，确保群众正常生活，有序恢复生产经营。二是坚持需求导向。抓紧解决当前最迫切需要解决的突出问题，满足群众疫情防控、生活生产基本需要。三是坚持目标导向。把当前疫情防控与疫后工作同考虑、同部署、同落实。四是坚持创新导向。以改革创新精神研究解决当前防控应急和基层社会治理的新情况、新问题。五是坚持效能导向。把我国制度显著优势、中央最新精神更好地转化为防控疫情和社会治理的效能。

（2）坚持和完善统筹城乡的民生保障制度和共建共治共享的社会治理制度，把加强社会建设、改革、治理当作研究制定“十四五”规划的重要任务。党的十九届四中全会明确提出了坚持和完善这两项社会建设基本制度的要求。多年来，特别是党的十八大以来，各地在保障和改善民生方面都有明显进展，但发展很不平衡，在加强和创新社会治理方面取得了明显成效，但短板和弱项不少。在疫情面前，能否保民生、稳民生，能否相互帮扶走出“至暗时刻”，是重要考验；在疫后，能否化危为机、再接再厉，也是重要考量。今年是研究制定“十四五”时期经济社会发展规划之年。要紧紧抓住这一有利契机，立足当前抗大疫，面向长远抓大事，在坚持和完善我国根本制度的基础上，坚持和完善社会建设基本制度及一系列重要制度体系。一要坚持和完善党的建设制度体系，不断提高党的领导和党的先进性水平，特别是要逐步把社会领域党的建设制度体系建立和完善起来。二要坚持和完善社会服务制度体系，不断提高基本公共服务、社区便民服务、社会公益服务水平，特别是要逐步把“一刻钟社区服务圈”制度体系建立和完善起来。三要坚持和完善社会管理制度体系，不断提高城市精准服务、精细管理水平，特别是要逐步把网格化服务管理制度体系建立完善起来。四要坚持和完善社会动员制度体系，不断提高激发社会活力、动员广泛参与的水平，特别是要逐步把社会志愿服务制度体系建立和完善起来。五要坚持和完善社会文明建设制度体系，不断提高社会文明程度和社会文明素质，特别是要逐步把社会诚信建设制度体系、履行社会责任制度体系建立和完善起来。六要坚持和完善社会关系制度体系，不断提高构建社会主义和谐社会的水平，特别是要把社会安全制度体系和社会心理服务制度体系建立和完善起来。

（3）坚持和完善党委领导、政府负责、民主协商、社会参与、公众参与、法治保障、科技支撑的社会治理体系，把建立健全社会治理体制当作治本之策。党的十九届四中全会进一步完善了社会治理体系，提出了上述28字要求。社会治理是一个复杂的系统工程，越是关键时刻，越是考验社会治理体系建设得如何、运行得如何，短板和弱项一目了然。一些地方防控疫情暴露出来的问题，不是制度问题，恰恰相反，我国制度有显著优势；主要也不是能力水平问题，因为各地干部和工作人员的能力水平不会有太大差异；主要还是体制建设和机制运行问题。没有一套思路清晰、政策完善、基础扎实、各负其责、互联互动、运行有效的社会治理体制机制，平常工作怎么可能做到位，关键时刻怎么能不忙乱？社会治理体系固然是逐步建立起来的，同时也是工作中磨合出来的。各地应该抓住这次协同作战的机会，把社会治理体系建设好、磨合好。一要坚持党委领导，把党管社会当作第一职责，大力推动党的建设引领社会建设。二要坚持政府负责，落实部门责任，像抓经济建设一样抓社会建设。三要坚持民主协商，把人大协商、政府协商、政协协商、人民团体协商、社会组织协商、基层组织协商、社区协商等优势充分发挥出来，使社会建设成为“交响乐”“合唱曲”。在这方面还有大量工作要做。四要坚持社会参与，特别是要推动基层社会治理“五社联动”，即推动社区组织与社区居民、社会组织、社会企业、社会单位互联互动、共商共治、共建共享。五要坚持公众参与，充分发挥党组织的社会动员优势，充分发挥群团组织、社区组织、社会组织、志愿者组织、自组织等的作用，把社会公众动员起来、组织起来，有序参与社会治理。六要坚持法治保障，尽快补齐社会治理政策法规建设短板，推动法治国家、法治政府、法治社会一体建设。七要坚持科技支撑，彻底改变“人海战术”理念，充分发挥大数据、互联网、物联网、云计算等的作用，大力提高社会治理智能化水平。

（4）不断提高社会治理系统治理、依法治理、综合治理、源头治理能力和社会化、法治化、智能化、专业化水平，把我国制度优势更好地转化为社会治理效能。习近平总书记指出，治理和管理一字之差，体现的是系统治理、依法治理、源头治理、综合施策。他强调指出，社会治理是一门科学，要着力提高干部素质，把培养一批专家型的城市管理干部作为重要任务，用科学态度、先进理念、专业知识去建设和管理城市。社会建设工作说到底是服务群众的工作，与党的宗旨相一致，应该成为一切工作的出发点和落脚点。社会建设工作是综合性很强的工作，几乎与所有工作密切相关，应该当作基础性、根本性、全局性、长远性工作去抓。社会治理现代化说到底是人的现代化，要大力加强队伍建设。此次防控疫情暴露出了有的地方平时对社会建设重视不够、领导干部社会治理能力恐慌、社工队伍水平不够高等问题。我们必须按照习近平总书记系列重要讲话和党的十九届四中全会精神，把社会建设放在更加突出的地位认真抓紧抓实抓好，在提高社会建设能力水平上下功夫、在把我国制度优势更好地转化为社会治理效能上求实效。一是当作大事抓，把社会建设、改革、治理纳入各级党委政府工作的重要议程和绩效考核的重要内容。二是坚持“两手抓”，一手抓顶层设计，一手抓基层基础，不断推进社会治理体系和治理能力现代化。三是着力提高干部素质，加强业务培训和调查研究，像当年抓经济和科技队伍一样，培养一批专家型社会治理领导干部。四是着力加强社区建设，加快推进社区工作者专业化、职业化。五是在深入调查研究的基础上，研究制定具有时代特征、中国特色、首都特点的社会治理现代化建设综合评价指标体系；在广泛开展试点工作的基础上，推出一批市域社会治理现代化示范点。

多年来，党中央高度重视社会建设、改革、治理，并不断抓住机遇开创工作崭新局面。十七年前，抓住抗击“非典”的机遇，党中央及时提出了科学发展观和构建社会主义和谐社会的理论，明确提出加强以改善民生为重点的社会建设，创新社会管理体制，使我国社会建设站在了新的历史起点上。十七年来，特别是党的十八大以来，以习近平同志为核心的党中央把社会建设、改革、治理放在更加突出的地位，采取了一系列重大举措，不断开拓新境界。十七年后，在贯彻十九届四中全会精神和抗击新冠肺炎疫情的过程中，习近平总书记多次做出重要指示。我们坚信在以习近平同志为核心的党中央坚强领导下，社会建设能够再次化危为机，朝着社会治理体系和治理能力现代化目标，实现新跨越、迈上新台阶。

附篇

杂文随笔拾遗

40 年理论与实践研究成果，有专著出版，有文集收入，也有一些文章散落，这里再拣拾几篇杂文随笔附后。它们或多或少与社会建设有关，但又不太好归入前几部分。

写作三论*

与文字打了几十年交道，写过许多书、许多文章、许多文件，有许多酸甜苦辣。开始的时候，觉得写文件最容易，因为可以模仿，还有领导最后把关；其次是写文章，因为文章相对短些；最难的是写书，因为年轻，没多少积累。后来，随着年龄和职级的增长，感觉逐步反过来了，深感写书难，写文章更难，写文件尤其难。

一论写书

写书难，难在有一个好框架，有真材实料。换句话说，写一本好书的要义，就是“体系＋干货”。当然，好书名、好包装也很重要，但那都是外在的。内容为王。有一个好的体系框架，在同类书中就略胜一筹，就像女人梳发一样，虽然都是一头乌发，梳理得好坏，大不一样。再加上有内在美，有真材实料，那就形式与内容相统一、货真价实了。金一南先生就很会写书。他的《苦难辉煌》无论是结构安排，还是材料组织，都非常好，加上生动的语言，引人入胜，美不胜收。而有不少书，或材料堆积，像一团乱麻；或题目很大、篇幅很长，空空荡荡，空话、套话、大话满篇。这样的书不会有人喜欢。这些年，我也编写了不少书，属于个人著作性质的专业书主要有以下五本。

第一本书，是1993年人民文学出版社出版的《毛泽东与中国文艺》。那是在毕业后十年业务积累的基础上，于1992—1993年，集中一年时间写出来的。写得很苦。一是学术上少有借鉴。当时，除了只有一本丁振海、李准合写的书外，还没有其他研究毛泽东文艺思想的专著。二是爬格子。当时还不会用电脑，一本书30万字，是在8开稿纸上写出来的。三是环境

---

* 本文分三篇刊发于前线网（2020年10月2日、4日、6日）。

差。当时两户人家合住两居室单元房，一般都是晚上 10 点夫人孩子睡觉后，才在饭桌上开始写。该书结构包括四部分：上篇是毛泽东文艺生平纪实，中篇是毛泽东文艺著述研究，下篇是毛泽东文艺思想研究，附篇是毛泽东文艺生平思想大事记。龚育之同志在序言中对该书做出三方面评价：一是有多年专业学习背景和工作积累；二是有编辑《毛泽东论文艺（增订本)》的直接准备；三是“对毛泽东文艺思想的历史发展作了一番系统的整理，并且作了若干新的论述和概括”。也有评论者说，“该书在研究思路上呈现多方位的态势”，“作者求‘新’而不求‘全’，求‘实’而不求‘华’”。这一评价给予了很大鼓励。这本书出版后，反响较好。但回过头来看，这本书在结构上还是简单分类，且有文集痕迹，内容上也有交叉重复。其价值，一是“早”，是较早研究毛泽东文艺生平思想的著作；二是“实”，有不少文献“干货”；三是“新”，提出了一些新观点。总之，内容大于形式，学术贡献大于写书技巧。

第二本书，是 2000 年北京出版社出版的《构架文明：西城区实施精神文明建设十大工程》。这本书，是我在北京市西城区委宣传部工作七年的理论探索和实践经验总结。该书被纳入市委宣传部、市思想政治工作研究会“北京市思想道德建设创新实践丛书”中。因为丛书体例的要求，我是以本书主编名义出现的，而不是著者。实质上，该书是在我七年文稿基础上编写而成的，由西城区委宣传部副部长戴时炎同志协助编辑。那年“五一”，我们两人在昌平小汤山宾馆封闭一周，进行最后校改工作。这本书，以西城区实施精神文明建设“十大工程”为体系框架，用纪实的笔法，对西城区多年实践经验和先进典型进行客观描述，直接意义在于总结经验、宣传典型、推动西城工作，本质上试图构架一个基层精神文明建设工作体系框架。这“十大工程”是理论武装工程、精神树立工程、形象塑造工程、舆论宣传工程、文化繁荣工程、社会教育工程、科技先导工程、健康促进工程、双拥共建工程、社区建设工程。这应当说是一个比较完整的科学体系，只是仅限于西城区的“干货”，支撑起来有些单薄。如果着眼全国做进一步充实提升，那应该是一部比较好的著作。

第三本书，是 2014 年中国人民大学出版社出版的《北京社会建设概论》。这是我组织北京市委社会工委有关人员编写的一本书。2016 年，获得北京市哲学社会科学优秀成果奖一等奖。业内人士知道，这是准国家级社科大奖，得来不易。事后据评委专家反馈，大家的一致意见是，这本书创造性地提出了一个中国社会建设体系框架，而且有北京创新实践做支撑。其实，当时我们的想法很简单，就是在《北京市“十二五”时期社会建设规划可行性研究报告》的基础上进一步展开，按照构建北京社会建设“六大体系”思路设计框架，加上北京实践和国内外经验，编写一本可供全市社会工作者培训参考的教材。教材者，“教纲＋材料”也，有一个好大纲，有一系列好材料。这本书在“体系＋干货”方面做得是比较好的，但真正领悟写书的深刻道理，是经评委专家点拨之后。

第四本书，是 2019 年中国人民大学出版社出版的《十年磨一“建”：社会建设理论体系与实践路径研究》。该书分上下两册，汇集了我十一年关于社会建设的 180 多篇文章。但我没简单按时间排列，而是与书名相呼应，采用了分阶段按专题排列的方式，力图反映中国社会建设理论体系构建的成果和北京社会建设实践发展的路径。全书分为五大部分，包括：(1) 站在构建社会主义和谐社会的历史新起点；(2) 努力探索具有时代特征、中国特色、首都特点的北京社会建设新路子；(3) 基本形成北京社会建设工作体系；(4) 加快推进社会治理体系和治理能力现代化建设；(5) 走进中国特色社会主义社会建设新时代。

第五本书，即本书（《回归社会建设：40 年理论与实践研究》），也大致采用第四本书的编辑方式，把文章放在时代发展阶段，努力实现理论逻辑与历史逻辑有机结合、个人人生奋斗与国家命运的交响。如果说贡献，就是提出了一个鲜明的理论观点：社会主义应该回归社会建设本位，社会主义应该把社会建设好。本书书名是一部理论专著的名字，用在了文集上。希望未来几年有一两部完整意义上的理论学术著作面世。

二论写文章

写文章比写书更难。俗话说：“写书容易，写文章难。”写文章难，难在“精”。文章比书短小，如同戏剧小品一样，要求更加精细、精炼、精彩，环环相扣、“包袱”不断。一本书有些章节不精彩，可以跳阅选读；如果一篇文章不精彩，可能就读不下去了。我体会，写一篇好文章的要义是“逻辑＋故事”。也就是说，一篇文章应该讲明一个道理、讲好几个事例。演讲也是如此。文章看过、演讲听过，能让读者、听众记住几个主要观点、几个典型事例，就成功了。有的文章离题万里不讲逻辑，让人不知所云；有的文章以势压人不讲道理，让人难以接受；有的文章脱离实际不摆事实，让人找不着感觉。习近平总书记反复强调“要讲好中国故事”，这是非常有现实针对性的。我们应当深刻领会，要善于摆事实讲道理。

古往今来，有许多文章大家，令人非常敬佩。鲁迅、毛泽东都是公认的文章大家。但两人风格也有不同。1993 年，在毛泽东诞辰 100 周年时，我发表过一篇文章——《毛泽东面面观：答〈德育报〉记者问》。我在文中打了一个比喻，认为鲁迅的文章像咖啡，毛泽东的文章像清茶。咖啡很香，会喝爱喝的人会上瘾，但也有人不习惯喝；而茶水每个人都能喝，一般人喝了解渴，品茶专家能喝出品质。比喻未必恰当，也没分高低之意，只是说风格和读者对象有别。总体上说，鲁迅的文章更适合文化人读，越读越有味儿。而毛泽东的文章读者面更广，看似平淡，细品也很有味道。“成千成万的先烈，为着人民的利益，在我们的前头英勇地牺牲了，让我们高举起他们的旗帜，踏着他们的血迹前进吧!”一读就懂，越品越有味道！但两人文章的共同特点是，逻辑严密、故事精彩。我的老领导龚育之同志文章写得也很好。他的系列文章《党史札记》《大书小识》都很受欢迎，逻辑性、故事性都很强。1986 年，他主编《毛泽东的读书生活》时，带我写《“红学”一家言》，就让我很受教益。开始我起草的初稿，结构扁平，材料组织比较碎，举例说明也较干瘪。经他一改就大不相同了。首先，他在文章开头加了一个故事：1964 年在北戴河亲自听毛泽东谈到《红楼梦》。先声夺人，引人入胜。然后，分两大部分展开：一是“把《红楼梦》当历史读”，二是“对‘红学’作历史的评价”。这就使文章逻辑框架清晰多了。这次合写文章，使我茅塞顿开、受益匪浅。在随后多年写的文章中，都力求在“逻辑＋故事”方面做得好些，但做到很不易。

三论写文件

写文件尤其难。书的功能是供有爱好的人参考，可看可不看；文章的功能是给有兴趣的人阅读，爱读不读；文件的功能是给一定范围的人制定规范，要遵照执行，就非看不可。一个好文件能管许多年，能流传很多年。比如，党的十一届六中全会讨论通过的《关于建国以来党的若干历史问题的决议》（简称《历史决议》）等许多中央文件，在现实有指导意义，在长远有历史意义。

好文件好在哪里呢？我认为，可以概括为“主线＋亮点＋覆盖面”，即有一条明确的主线，有一系列新亮点，有一定的覆盖面。《历史决议》的主线就是科学评价毛泽东的历史地位和毛泽东思想的指导作用。这条主线，是在文件起草过程中邓小平同志明确提出来的。开始文件初稿内容比较庞杂，想谈的问题很多。《历史决议》围绕这条主线，对党的历史问题、毛泽东同志的功过和毛泽东思想的评价，提出了一系列新的重要观点。比如，毛泽东思想“三个活的灵魂”等。《历史决议》在覆盖面上，纵向面对建党 60 年特别是新中国成立 32 年历史，横向面向全党。这样的例子很多。当年，毛泽东每年都花许多时间亲自主持起草和修改文件。当然，在现实生活中，文件一般化的例子也不少，特别是一些地方文件，照抄照转的有之，空洞无物的有之，难以执行落实的有之。

文件起草之难，就内在因素而言，也难在“线、点、面”上。首先要有一条明确的主线。但主线不等同于主题，不等同于指导思想。即使是贯彻落实上级文件精神的文件，也应当有一个既有共性又有特性的贯彻主线和落实思路，否则，原文照转上级文件就可以了，何必再制定贯彻落实的文件？更重要的是，要有一系列新亮点、新举措。再就是，文件在面上要盖得住，可复制、可推广、可落地。起草文件能做到这些是很难的。

文件起草之难，还有许多外在的因素。比如，领导没思路，不说怎样行，怎样写都说不行，让起草人“找不着北”；又如，领导们意见对立，又都很强势，让起草者无所适从；再如，有关部门没思路、没招数，让起草者做“无米之炊”；如此等等。这些也都是起草人经常遇到的苦恼。但这毕竟是工作层面上的，因人因地因时因事而异。如果能写出高水平的文件，还是能让人信服的。

我具体负责主持起草文件，是从到西城区委宣传部工作开始。1994 年初，区委换届后，由区委副书记兼任部长，随后就明确我主持区委宣传部常务工作。当时，我还是挂职副部长。当年下半年，区委全会讨论通过了一个精神文明建设文件。这是我参与主持起草的第一个文件。万事开头难，加上对区情了解有限，特别是自 1986 年以后，中央和市委没再印发这方面的文件，没有新参照，在这种情况下，我就起草了一个指导性意见，相对比较平淡。但在全市乃至全国有两个文明一起抓的创先意义。1996 年 11 月 11 日，西城区委七届七次全会讨论通过了《关于认真贯彻党的十六届六中全会精神，进一步加强我区社会主义精神文明建设若干重要问题的决定》，提出了上面提到的“实施十大工程、创建文明城区”的工作思路和目标任务。“实施十大工程”的思路，在西城区坚持多年。西城区获得了首批“全国文明城区”称号。

到北京市委机关工作后，参与主持起草的文件就更多了。特别是 2007 年担任市委社会工委书记、市社会建设办公室主任后，几乎每年都有具体主持起草的市委市政府文件出台。社会建设是崭新事业，而且，中央没相应机构，各省市也没几家，北京市总体处于领跑状态，所有文件都是探索性、创新性的，起草难度很大。但在市委市政府领导下，在大家共同努力下，这一系列文件思路清、亮点多、可推广，符合好文件“线、点、面”的要求。比如，最初于 2008 年出台的“1＋4”系列文件，提出了构建具有时代特征、中国特色、首都特点的北京社会建设体系的工作思路，一直坚持多年。当时提出的加强社会领域党的建设、加强社区规范化建设、加强社区工作者专业化职业化建设、构建“枢纽型”社会组织工作体系等举措，已在全市落地生根、开花结果。又如，2011 年市政府出台的《北京市“十二五”时期社会建设规划纲要》，提出了“构建北京社会建设六大体系”的目标任务，即构建更加完善的社会服务体系、更加科学的社会管理体系、更加广泛的社会动员体系、更加文明的社会环境体系、更加和谐的社会关系体系、更加有效覆盖的社会领域党建体系及一系列评价指标体系。再如，2016 年市委市政府出台的《北京市“十三五”时期社会治理规划》，又进一步提出了构建北京社会治理“六大体系”、提高“四大能力”的目标任务，即构建党的组织、政府组织、基层组织、社区组织、社会组织、市场组织互联互动体系，提高系统治理、依法治理、综合治理、源头治理能力。这与后来党的十九届四中全会提出的坚持和完善中国特色社会主义制度、推进国家治理体系和治理能力现代化的目标要求是一致的，是北京社会建设、改革、治理走在全国前列的重要标志。

学无止境，写无止境。对我个人来说，学习和写作是我一生的功课。现在离开行政岗位到国家高端智库工作，行政事务少了，专业要求高了。我将更加努力，力争多写好文、多出好书。

2020 年 2 月 14 日新冠肺炎疫情期间宅于望京家中而作

人称代词修辞艺术刍议*

在语言运用中，人称代词是一个非常活跃的词类。它往往不仅起一个指代作用，而且有很强的修辞效果。恰当地选用人称代词是增强语言表达效果的重要途径之一，是文学创作不可忽视的因素。先看两个例子：

①老孙头说："没啥，老孙头我赶了二十九年的大车，还怕这小马崽子，哪一号烈马我没骑过？多咱看见我老孙头摔过跤呀？"（周立波《暴风骤雨》）

老孙头一口一个"我"字，骄傲、自信的心理溢于言表。这几个"我"都可以不用，但若抽掉，表达效果就差多了。

②姚志兰的爱人叫吴天宝，是在职工夜校认识的。两人不像爱人，倒像竞赛的对手。……姚志兰会拿着食指按着嘴唇，瞟着吴天宝说："咱怎么能跟人家比呢？人家是火车头，咱得向人家看齐。"（孔厥、袁静《新儿女英雄传》）

不说"我"而说"咱"，不用"你"而用"人家"，表现了复杂的感情：有佩服，有戏谑，还有点不服气，而这些又与真挚的爱交织在一起。如果将"咱"换成"我"，将"人家"换成"你"，那就完全是另外一个感情了。可见，人称代词选用很重要。

比较以上两个例子，我们还可以发现，它们在人称代词选用的方法上有所不同。前者属于用不用的问题，后者是用此与用彼的艺术。它们分属人称代词用法的两大类。人称代词的修辞方式可以概括为两大类：普通用法（一般用法）和变通用法（特殊用法）。

在一定的语言环境下，人称代词的用与不用，可以表达不同的思想感情、产生不同的表达效果。我们把这种情况下的选用叫普通用法、一般用

---

* 本文是大学毕业论文，也算是"处女作"，刊发于《文科教学》（1986 年第 3、第 4 期合刊）。感谢指导老师李大魁，感谢杨庆蕙老师帮助修改并推荐发表！

法。又如：

③他在门口遇见了自己的女人。她正在那里悄悄地关闭那外面的梢门。水生热地叫了一声：“你!”

女人一怔，睁开大眼睛，咧开嘴笑了笑，就转过身子去抽抽搭搭地哭了。(孙犁《嘱咐》)

④宝钗笑道：“原来这叫做‘负荆请罪’！你们通今博古，才知道‘负荆请罪’。我们不知道什么是‘负荆请罪’。”(《红楼梦》)

⑤妇女主任问：“……和赵振华订婚你愿意不愿意?”刘巧儿回答：“愿意不愿意你去问他。”(《刘巧儿》)

例③中，水生见到妻子，只叫了一声“你”。一个“你”字饱含着水生的惊喜和对妻子的亲热。例④中，薛宝钗同贾宝玉对话，不称“你”却说“你们”，很明显是连林黛玉一起挖苦，表现了薛宝钗的妒忌；而且紧接着又用“我们”（而不说“我”）作掩护，又表现了她的世故。例⑤中的“他”字更是绝妙，传神地写出了刘巧儿对赵振华的挚爱及其羞涩。

人称代词，从单数到复数，从第一人称到第三人称，由于所涉及的对象越来越多，因而，所表达的感情和思想也越复杂，比较①③④⑤例，也可见一斑。

人称代词不仅有普通用法、一般用法，还有变通用法、特殊用法，而且后者的修辞效果更明显。为了表达上的需要，说话人有意用乙代词代替甲代词，以表现出不同的思想和感情，收到特殊的表达效果。我们把这种用法叫人称代词的变通用法或特殊用法。如例②就是“咱”与“我”“人家”与“你”的变通。

概括起来，变通用法（特殊用法）有五种情况：

(1）缩小式：在同一人称内部，缩小指称范围，以个体代群体，强化指称对象，加强思想感情的表达效果。例如：

⑥举起你的双手吧，新中国是我们的。（毛泽东《新民主主义论》）这里的“你”是指人民。这样用给人一种亲切、平等的感觉。如果换成“你们”那就是命令式的了。以个体代群体，实际上是将群体分散为个体。以个体对个体就容易给人一种对等的感觉。

(2）扩大式：也是在同一人称内部的变通。跟缩小式相反，它是扩大指称范围，弱化指称对象，使所表达的思想感情更含蓄，口气更委婉。例如：

⑦潘月亭：（尖酸地）这句话真不像你这样聪明的人说的。

李石清：经理自然比我们聪明。

正不走运的李石清，慑于潘月亭的压力，不敢针锋相对，不敢说“我”，只能用分散矛盾点的办法讥讽一句。

⑧宝钗……便点头叹道，“早听人一句话，也不至今日。别说老太太，太太心疼，就是我们看着，心里也疼。”（《红楼梦》）

当着众人的面，薛宝钗不好意思说“我”心疼，于是就用“我们”来掩饰自己的感情。这个“我们”十分准确地表现了薛宝钗的性格特点。

（3）转移式：是人称与人称之间的变通。在一定的语言环境下，为了表达上的需要，说话人有意用乙人称的代词代替甲人称的代词，闪烁其词，指东道西，转移视线，更加含蓄地表达自己复杂的思想感情。例如：

⑨“那些‘恶狼’究竟干了些什么坏事？”

这一问，君子迟疑起来。她侧着耳朵听听纸门外边，想说又咽住，最后支支吾吾说：“究竟干了些什么坏事，我也不太清楚。一见美国兵吓得你魂儿都飞了，躲都躲不迭，谁知道他们干了些什么。”（《樱花雨》）

日本姑娘君子不愿说出自己身遭蹂躏的事，内心非常痛苦，用“你”代“我”，让听话人体会当时的情景。

⑩黛玉嗑着瓜子儿，只抿着嘴笑着。可巧黛玉的小丫环雪雁走来与黛玉送小手炉，黛玉因含笑问他：“谁叫你送来的？难为他费心。那里就冷死了我！”雪雁道：“紫鹃姐姐怕姑娘冷，叫我送来的。”黛玉一面接了，抱在怀中，笑道：“也亏你倒听他的话。我平日和你说的，全当耳旁风。怎么他说了你就依，比圣旨还快些！”（《红楼梦》）

林黛玉抓住薛宝钗劝贾宝玉别喝冷酒、贾宝玉听话之事，借紫鹃送手炉之机，将宝玉和宝钗奚落了一番。这里的“你”表面上是指雪雁，实际上是指“他”——贾宝玉。

⑪宝玉道：“你也不用铰。我知道你是懒待给我东西，我连这荷包奉还何如？”说着掷向他怀中便走。黛玉见如此，越发气起来，声咽气堵，又汪汪的滚下泪来，拿起荷包来又剪。宝玉见他如此，忙回身抢住，笑道：

“好妹妹，饶了他罢。”（《红楼梦》）

这里的“他”既是“它”——荷包，又指“我”——贾宝玉。这是双关，变通联用，巧妙地表现了贾宝玉知错认错的心理。

⑫姚志兰一听是小朱，开开门赶着要打。小朱跑到当院站住脚，回过身说：“别闹了，你把大衣给我吧。人家是来拿大衣，想找地方睡一睡，黑夜好值班，谁稀罕听你们的墙根。”（《三千里江山》）

不说“我”却说“人家”，表现了复杂的思想和感情：既知错又羞于当面承认，既想掩饰过错又做了一定的让步（不然就挨打了）。这个青年调皮机灵。

转移式应用很广。第一人称和第二人称、第二人称和第三人称都可以互相变通，定称代词（一、二、三人称）和无定称代词（指“人家”“别人”“大家”等很难确定人称的人称代词）之间也可以变通。其表达效果也有规律可寻。“我”指“你”是以退为进，是为了嘲讽挖苦对方；“你”指“我”是让对方产生身临其境、身同亲受的感觉（如例⑨）；“他”代“我”是故作十分客观、与己无关的姿态（如例⑪）；“你”代“他”是将听话者拉进来当靶子，旁敲侧击，讥讽挖苦第三者（如例⑩）；无定称代词中的“人家”“别人”，其用法与第三人称代词近似，表达效果更强烈一些（如例⑫）。

（4）缩小转移式：兼有缩小式和转移式的特点。说话人不说“我们”“他们”而是说“你”，缩小指称范围，强化所表达的思想感情，而且将听话者拉进来，让听者身同身受。这样，使表达效果加强。这种形式，大多是表达极端痛苦、非常愤怒的情绪，产生让人同情的效果。例如：

⑬觉新呆呆地望着她，一时答不出话来。梅弯着腰把手里的蝴蝶轻轻地放在草坪上，用怜惜的声音说：“可怜，不知道哪个把你弄成了这个样子！”（巴金《家》）

梅小姐的话，表面上看是为蝴蝶而感慨，实际上是为他们自己而向社会提出的质问所进行的谴责。“你”字写出了梅小姐的内心痛苦。

⑭没有人关心她们的条件！这大概是自然现象吧，人在这三种威胁下面工作更加容易疲劳。但是野兽一般的“拿摩温”（工头）和“荡管”（巡回管理的上级女工）监视着你。（夏衍《包身工》）

这里的“你”指女工们。作者越叙述越愤怒，由“她们”直呼“你”了，把读者也拉了进来，使主人公、作者、读者如身临同境，产生共鸣。这本是一段叙述文字，但用了一个“你”字就使议论、抒情寓于其中了。

（5）扩大转移式：是扩大式和转移式联用。扩大指称范围以引起对方注意，而且将自己摆进去表示所指称对象的关系密切，听来亲切、委婉、含蓄。例如：

⑮周朴园：你可以冷静点。现在你我都是有子女的人。如果你觉得心里有委屈，这么大年纪，我们先可以不必哭哭啼啼的。（曹禺《雷雨》）

⑯刚要告辞，只见奶子抱了大姐儿出来，笑说：“王老爷也瞧瞧我们。”（《红楼梦》）

在例⑮中，周朴园为了掩盖自己的冷酷，故意用了一个亲切的说法，表现了他的伪善。例⑯中，奶子不说瞧瞧“她”（大姐儿），而说瞧瞧“我们”。这是代表不会说话的小孩说话，也表露了她与大姐儿的亲密感情。这种用法亲切、委婉、动听，现实生活中常这样用。

从以上分析可以看出，变通式（特殊式）所表达的思想感情要比普通式（一般式）复杂一些。但如同普通式（一般式）一样，在变通式（特殊株式）内部，各种形式表达的思想感情的复杂程度和含蓄程度也是不同的，有层次的。强化其辞的缩小式，表现的思想最简单，表达的感情最外露；含糊其词的扩大式就较复杂、较含蓄了；闪烁其词的转移式，表现的思想最复杂，表达的感情最含蓄。作为缩小式与转移式联用的缩小转移式和扩大式与转移式联用的扩大转移式，那就更进一步了。

最后，再补充几句。现代汉语中有几个人称代词，如“人家”“别人”“自己”“大家”等，很难确定它们是第几人称。前面说过，我们就叫它们无定称代词。它们的情况比较特殊。它们比定称代词更活跃、表达效果更强，尤其是“人家”，哪个人称的代词都可以替代。但就表达方法而言，它们是大致可以归类的。“人家”“别人”在特指时，多用于转移式，用法近似于第三人称，只不过表达效果更强烈一些；“大家”特指时一般用于扩大式，用法相当于包括式的“我们”（包括听话者）；“自己”只有普通用法，特指时一般有强调意义。

做一个好学乐学善学的人*

当今社会，人们大都不会拒绝学习，所不同的只是学什么和怎么学。笔者认为，在学习型社会，应当做一个学习型的人，做一个好学乐学善学的人。

如果说学习人生是快乐的人生、丰富的人生，那么善于学习的人生是更加快乐、更加丰富的人生。人类作为高级动物，有一个比任何动物都聪明的大脑，所以不学习、不用脑是极大的浪费和遗憾，简直是辜负了人生。正如习近平总书记2013年在《依靠学习走向未来》一文中指出的，要把学习作为一种追求、一种爱好、一种健康的生活方式，做到好学乐学。

因此，全民族好学乐学善学，是实现中华民族伟大复兴中国梦的根本动力和力量源泉。中华民族是一个聪明好学、智慧勤劳的民族。历代仁人志士都好学乐学善学，广大民众虽然有不少人过去甚至没上过学，但也有不少好学乐学善学的能工巧匠甚至发明家。新中国成立以来，不仅涌现了一大批好学乐学善学的专家学者和知识分子，还涌现了数以万计的好学乐学善学的领导干部和劳动模范，而且全都为国家建设和发展做出了突出贡献。

毋庸置疑，当前不好学、不乐学、不善学的问题还很突出。一些学生死读书、教师教死书，一些干部满足于当学习“二传手”“留声机”，一些群众迷信盲从，这些都是不好学、不乐学、不善学的表现，应当及时教育引导。早在1941年，毛泽东同志就号召要“改造我们的学习”。2004年，习近平同志在《努力具备符合时代要求的知识结构》中，也号召大家主动来一场“学习的革命”。这些号召都是很有针对性和长远指导意义的。

谈到好学乐学善学，不能不说起毛泽东。毛泽东不仅博览群书、勤学

---

* 本文是作者为北京市学习科学学会《学习科学》2019年第2期写的卷首语。

好学，而且讲究方法、善学乐学。比如，早在 1964 年，他就说过：“《红楼梦》我至少读了五遍。”而且说：“我是把它当作历史读的。开头当故事读，后来当历史读。”他认为，《红楼梦》是一部内容丰富的中国封建社会史。由于好学乐学善学，他常有全面系统、深刻独到的见解。如 1958 年 8 月，他在审阅和修改陆定一的《教育必须与生产劳动相结合》这篇文章时就加写了这样一段话：“中国教育史有人民性的一面。孔子的有教无类，孟子的民贵君轻，荀子的人定胜天，屈原的批判君恶，司马迁的颂扬反抗，王充、范缜、柳宗元、张载、王夫之的古代唯物论，关汉卿、施耐庵、吴承恩、曹雪芹的民主文学，孙中山的民主革命，诸人情况不同，许多人并无教育专著，然而上举那些，不能不影响对人民的教育，谈中国教育史，应当提到他们。”试想，如果不是勤学好学、乐学善学，怎么可能如此信手拈来、一气呵成，且又如此全面系统、深刻独到？毛泽东既重视书本知识，也重视实践知识；既提倡读有字之书，也提倡读无字之书；而且历来反对死读书、读死书。1938 年 3 月，他在抗大三大队毕业典礼上对学员们说，社会也是学校，一切要在工作中学习。学习的书也有两种，有字的讲义是书，“无字天书”——社会上的一切也是书。毛泽东一生注重学习社会，注重调查研究，是好学乐学善学的榜样。

学习毛泽东同志的这种勤学好学、乐学善学的精神，在建设学习型社会的今天，无疑是有指导意义和现实意义的。

做人做事做官与做文章是一个道理*

现在，全党上下正在开展“三严三实”专题教育。在深入学习中，有许多体会。在广泛讨论中，有许多启发。深感修身与修文是一个道理，做人、做事、做官与做文章的道理是相通的。从古到今，虽然语言表达方式不同，但讲的都是一个道理：要做好人、做好事、做好官、做好文章。学习中，行动中，将这些道理融会而贯通大有裨益，对深入贯彻落实“三严三实”大有帮助。

习近平总书记要求全党同志做到“三严三实”：严以修身、严以用权、严以律己，谋事要实、创业要实、做人要实。讲的是做人、做事、做官的道理。准确地说，是要求所有中国共产党人，要以“严”的标准、“实”的作风做好人、做好事、做好官。其实，这些道理，老祖宗一直在讲，代代在讲。习近平总书记的话，是讲老道理的新话，是没丢老祖宗的新话，是在新的形势下，用新的语言表达方式告诫全党、警醒全党、教育全党。

学习“三严三实”，让我想起了上大学时老师们常讲的老话。1979 年，我考入北京师范大学中文系。在课堂上，老师们讲中国文学史，讲文艺理论，用得频率最高的词是“信、达、雅”“真、善、美”。老师们认为，这是中国文学的真经、经典文章的真谛。讲究欣赏好文章的标准、写好文章的目标是三个字：信、达、雅。第一，是要做到“信”。言为心声，文为真言，写文章要讲真心话、表达真感受。墨子曰：“信，言合于意也。”第二，是要做到“达”。言辞要达意，表达要准确到位。孔子曰：“辞达而已矣。”第三，是要做到“雅”。文字要精炼，言辞要优美。《史记》中说：“文章尔雅。”要讲真话，辞要达意，文字要精美。老师们讲现代文学，讲马克思主义文艺理论，就用新话，就强调歌颂真、善、美，批判假、

---

* 本文是 2015 年 7 月在北京市委社会工委、市社会办“三严三实”专题教育活动第一次专题学习会上的发言整理稿。

恶、丑。

我在想，做文章、搞创作如此，做人、做事、做官何尝不是如此呢？也要讲究信、达、雅，也要讲真、善、美。一是做人要讲究“信”，为人要真诚，要言而有信；二是做事要讲究“达”，工作要认真，要落到实处；三是做官要讲究“雅”，为官要清正廉明，要有良好形象。做人、做事、做官，当然也要大力倡导追求真、善、美，坚决反对假、恶、丑。这与习近平总书记讲的“三严三实”不是一个道理吗？我们不仅要按照信、达、雅和真、善、美的标准修文著书，还要这样修身悟道，更要按照这样的道理和习近平总书记提出的更严更实的标准做人、做事、做官。

学习“三严三实”，更让我时常想起党教育我们的老话：要树立正确的人生观、价值观、世界观。毛主席教育我们的老话更是常在耳畔响起：要做一个有道德的人、一个脱离了低级趣味的人、一个有益于人民的人。这树“三观”、做“三人”，就是做人、做事、做官的标准。做人要做高尚的人，做事要做有益于人民的事，做官要做为党争光的好官。我的座右铭是：把人当人生做，把事当事业做，把党性当一辈子的追求。这也是我对“三严三实”的理解和把握。

学习“三严三实”，还让我想起不久前在《报刊文摘》上看到的一篇短文，题目叫《文臣七条》。当时随手剪了下来，现在找出来，抄录于此，与大家共享。

“一曰清心。谓平心待物，不为喜怒爱憎之所迁，则庶事自正。二曰奉公。谓公直洁己，则民自畏服。三曰修德。谓以德化人，不专尚猛威。四曰贵实。谓专求实效，勿竞虚誉。五曰明察。谓勤察民情，勿使赋役不均，刑罚不中。六曰劝课。谓劝谕下民勤于孝悌之行，农桑之务。七曰革弊。为求民疾苦，而厘革之。”

清心、奉公、修德、贵实、明察、劝课、革弊，这七条不也是做人、做事、做官的深刻道理吗？我们也应借鉴。

这些做人、做事、做官的道理不复杂，但真正做到并不简单，难的是一辈子做好事。所以，要反复讲。这些道理不难理解，但人们特易忘记，难的是时刻清醒。所以，道理要经常讲。这些道理不难懂，但要与时俱进，要适应新情况，要老道理讲出新意，要用新话不断唤起人们的新觉醒。况且，“三严三实”针对的是领导干部这个“关键少数”，提出的是更高更严的标准！“三严三实”，是中国共产党人特别是领导干部的为人之本、为事之要、为官之道。我们应当牢记，并常用此严以修身、严格践行。

做官即不许发财*

我认为，落实全面从严治党，对于领导干部个人来说，关键是处理好“知”与“行”的关系。

首先要做到“知”，知道什么应该做，什么不应该做，要做一个明白人。再说的直白一些，就是作为一个好人，关键问题上要不犯糊涂、不心存侥幸、不随波逐流，要有定力。我认为这非常重要。许多好人由于无知，或一时糊涂，犯了错误，自己觉得后悔，别人觉得可惜。至于说，有些人明知故犯，说一套做一套，那是两面人，那是无耻之徒，那不在我们今天讨论的范围之内。

其次，就是要做到“知”“行”统一。要真正做到“知”，首先就要学习。这么多年来，我一直强调要学习。1996 年搞“三讲”教育活动的时候，我在西城区委任宣传部部长，我写了一篇文章，刊发在上海《解放日报》上，题为“理论上的清醒是政治上坚定、作风上正派的基础”。我认为，不断学习理论，才能做个明白人，政治上才能坚定、作风上才能正派。心里糊涂，行动上明白，那是不可想象的。

其实，懂理论并不是要求有多大学问，而是要明白深刻的道理。比如，习近平总书记最近反复讲当官莫发财。这就是深刻的道理。这使我想起一件往事：大概是 1996 年“五一”劳动节，我带女儿去张家口我姐姐家。有一天一家人爬山，爬到半山腰的时候，发现有两间小房子，是抗日将领吉鸿昌旧居。于是就走了进去。室内墙上有一些黑白照片，地上摆着几个展柜，柜中有几件文物，其中有一个大茶碗很显眼，碗上写着几个大字：“作官即不许发财”。旁边的纸牌说明写道：“一九二〇年吉鸿昌将军为纪念父亲逝世，将其父的遗嘱：‘作官即不许发财’制作在茶碗上，赠

---

* 本文是 2014 年 10 月 17 日在北京市委、市社会办机关党委举行的学习交流扩大会上的发言整理稿。

给部下，以告诫部下，清正廉洁，勤政为民。”我当时30多岁，作为北京市西城区委宣传部部长，也算是一个不大不小的官了。吉鸿昌的这句话给我的印象很深，20多年来，时刻警醒着我：作为领导干部，绝不能有贪财的想法。官有官道，财有财道，不该拿的钱绝不能拿。

在市场经济条件下，作为一名领导干部，我们都不是生活在真空里。我们市委社会工委的每一名同志，都要从严要求自己，都要处理好“知”与“行”的关系，做一个明白人，做一个干净人。

今天，我参加机关党委组织的活动，不是以领导和组织的名义，而是以个人和普通党员的身份与大家一起交流，谈点体会。作为一名普通党员，讲一些普通话，而不是官话。供同志们参考。

党员也是群众中的一员*

周恩来同志说过："党内有些术语不合适，每次看到心里就不安，如在一些登记表上分'党员'、'群众'。这两个词不是同一组概念，党员、非党员才是同一组的概念。党员也是群众中的一员，包括领导人在内。"① 在这里，周恩来同志把"党员与群众"的不科学的分法不仅看作一个逻辑问题，更重要的是看作一个认识问题。

在我们的社会主义国家里，凡是有群众的地方，一般说来，党员、团员总是少数。少数人同群众开划一条线，不是很不恰当的吗？其实，党员、团员也是群众。他们是从群众中来的，他们是群众中的一员。党员作为公民，应尽同非党员一样的义务，享有一样的权利。他们必须在宪法和法律允许的范围内活动，不存在什么特殊的地方。

但是，他们同非党员确有不同。这种不同只是他们是群众中的先进分子。所谓先进，主要是指政治上、思想上的先进。共产党员应是全心全意为人民服务的模范，实事求是的模范，执行纪律的模范，是为共产主义事业奋斗的先锋。从这种意义上说，共产党员不能将自己的思想标准降低到一般非党员的水平。但是，共产党员也绝不能脱离群众，如果脱离了群众，也就没什么先进可言了，也就不是一个合格的共产党员了，也就不可能带领群众去夺取革命和建设的胜利。毛泽东同志在党的第八次代表大会开幕词中说："为了进行伟大的建设工作，在我们的面前，摆着极为繁重的任务。虽然我们有一千多万党员，但是在全国人口中仍然只占极少数。在我们的各个国家机关和各项社会事业中，大量的工作要依靠党外的人员来做。如果我们不善于依靠人民群众，不善于同党外的人员合作，那就无法

---

* 本文刊于《光明日报》（1985年5月22日）"思想杂谈"专栏，被《报刊文摘》等转载。

① 周恩来．周恩来选集：下卷．北京：人民出版社，1984：366-367.

把工作做好。”①

然而，多年来，在某些同志的思想上，确实存在一种糊涂观念，以为党员与非党员是领导与被领导的关系，自视高非党员一头，这是混淆了党组织和党员个人的区别。周恩来同志多次指出：“党的领导不是党员个人领导。党是一个集体，是有组织的。”② 他还认为，个人绝不能自居于领导地位，因为个人都是平等的，从工作上说，大家都是人民的勤务员，只不过是工作分工不同。

多年来，尤其是经过“文化大革命”，党的优良传统和作风受到很大破坏，一些党员特别是一些党员干部脱离群众的现象比较严重。虽然近几年已有了很大好转，但党员脱离群众的现象并没有消除。我们应当消除这些现象，并停止使用“党员与群众”的不科学的分法。

---

① 毛泽东．毛泽东文集：第 7 卷．北京：人民出版社，1999：115.

② 周恩来．周恩来选集：下卷．北京：人民出版社，1984：365.

“垂直”的得与失*

中国文字是表意文字。每个词都有特定的含义。仔细品味，很有意思。

如今市场上有一种酒，取名“舍得”。广告做得好，商标设计也很有文化。有所舍才能有所得，道出了得与失辩证统一的深刻道理。让人回味，给人以启发。

近日与一个垂直单位的几位领导研究工作，感到他们在工作中也有便与不便。这使我联想到“垂直”一词的含义。我小时候生长在农村，常常看见盖房时瓦工、木工手持吊锤儿吊线，用以目测墙垒得直不直。这应当是中国几千年留下来的传统技艺。这也应是“垂直”一词的原始含义。

吊线若能垂直，一是要一手持之高高举起，二是旁边不能多手，三是吊锤儿要离地。我忽然顿悟：我们现行体制的垂直单位不也是如此吗？上边单位牵着，周围单位不能插手，但顶多垂直到街道（乡镇）一级，就再也垂不下去了，所分管的工作到了社区（村）就落不了地了。

不知当年谁发明了“垂直单位”这个词，真是巧妙！原来，垂直也有得失。上下垂直，对垂直单位来说，工作有方便之处。但是，就像举着吊锤儿的手一样，时间长了，上边挺累；为让吊线垂直，周边不能介入，难以整合资源；吊锤儿不落地，许多任务难以落实。怪不得垂直单位的领导也有烦恼，吊在中间也不好受啊！

我想，在社会主义市场经济条件下，可能少一点垂直单位、多一点综合单位会更好些。

---

* 此文刊于《北京日报》（2010 年 5 月 10 日）。

一部“讲好中国故事”的大片*

——大型文献专题片《我们走在大路上》观后感

近日，大型文献专题片《我们走在大路上》在央视播出后，热议一直不断。这部由中共中央宣传部、中共中央党史和文献研究院、国家发展和改革委员会、国家广播电视总局、中央广播电视总台、中央军委政治工作部联合出品的24集献礼大片，每集都在毛泽东主席“中华人民共和国中央人民政府今天成立了”的庄严宣告和习近平总书记“努力建设富强、民主、文明、和谐、美丽的社会主义现代化强国”的庄严承诺中开始，娓娓道来，徐徐展开了一幅新中国70年来砥砺前行的壮丽画卷，展现了中国人民从站起来、富起来到强起来所走过的一条具有中国特色的社会主义伟大道路。

与以往的大型理论专题片、历史专题片、文献专题片相比，这部专题片有不少创新之处。全片看似平、浅、显，仔细体味实觉厚、重、新，成片在许多方面拿捏得都很好，体现了编导者的娴熟水平和创新理念，实现了大型专题片从“高大上”走向“平实新”的有益探索，在贴近观众、走进内心、启迪思考方面向前迈出了一大步。对此，我的体会主要有三点。

一是该片以纪录见长，正确处理了大主题与小细节的关系，大小之间见格局。

该片24集的24个专题中，每集都记录了3～5个真实的具体事件及相关文献史实。专题片通过丰富的画面既再现了历史的原貌，也真实记录了现实生活，从而很好地反映出每一集的主题思想和整部专题片的大主题：我们走在大路上。

“我们走在大路上”点出了新中国成立70年来最重大的成就和最主要

---

* 本文刊发于《文艺报》（2019年10月18日），刊发时题目改为《见格局 见力度 见主题：大型文献专题片〈我们走在大路上〉观后》。作者为本片学术专家之一。

的经验，即中国人民在中国共产党的领导下，走出了一条具有中国特色的社会主义伟大道路。70 年来，新中国的历史就是亿万中国人民在中国共产党领导下立足当前、面向未来的历史。未来，全面建成小康社会、建设社会主义现代化国家、实现中华民族伟大复兴的中国梦，我们还要不断前进，要像习近平总书记反复强调的那样，还要走好新时代的长征路，为建设富强、民主、文明、和谐、美丽的社会主义现代化强国而努力奋斗。

正如鲁迅所说，“其实地上本没有路，走的人多了，也便成了路”。新中国 70 年的伟大道路就是党带领亿万人民群众一步步走出来的，是由一件件具体事件为历史铺路铺出来的。这部文献专题片通过对一个个有代表性的历史事件的记录，还原了历史和现实的真实，以小见大，较好地处理了小事件与大历史、大主题的关系，形成了本片的大格局。

二是该片以文献见长，正确处理了史实与评论的关系，史论之间见力度。

这部专题片用大量的历史文献和现实生活画面反映了新中国成立 70 年以来祖国各个方面出现的巨大变化和发展新貌，给人以强烈的历史厚重感和现实真实感。专题片中，以往常见的专家学者的评论、有关方面负责人的讲述不见了，即使是领袖人物的讲话，引用的都是有点睛效果的金句，令人过目难忘。同时，片中对历史文献的引用也是能简即简，使整部片子呈现出一种简洁气息。

坚持中国共产党的领导、坚持人民当家作主、坚持中国特色社会主义道路和坚持党的基本理论、基本路线、基本方针，这是从新中国成立 70 年来的历史经验中得出的结论与真理。揭示这些结论与真理，专题片没有采用大段评论，而是用大量事实处理史论关系，还原历史，彰显真理的内在力量，这可谓其成功之处。

三是全片以故事见长，正确处理了叙述与议论的关系，叙议之间见主题。

专题片每集都是从某一场景入“戏”，自始至终以叙为主线，夹叙夹议讲故事，关键时刻以议点题。比如第一集的《新中国诞生》，一开始的场景为天安门广场，随即而出的字幕是：“天安门，始建于明永乐十五年。500 多年后，历史在这里掀开了崭新的一页……”随后，画面就切入了开国大典。再后，叙述闪回至1840年，讲述了从鸦片战争到新中国成立的一系列重大事件。最后，以毛泽东宣读人民英雄纪念碑碑文的同期声作结、点题。整集编排一气呵成，故事紧凑、主线流畅。

习近平总书记反复强调，中国的文艺工作者要学会讲好中国故事。这部大型文献专题片以24集的正片及每集后面的大事记，用耳熟能详的故事向观众讲述新中国成立70年的历史，并带领观众体味真理，从而更加增强国人的民族自豪感、荣誉感、使命感和责任感，既是有益的探索亦是可贵的创新，对广大群众，对各级领导干部、理论工作者和新闻工作者，都可带来有益启发。

陶西平是一部读不完的“大书”

昨日陶西平同志不幸逝世，社会各界纷纷表示沉痛哀悼。我与陶老是忘年交，深感他是一部读不完的“大书”。

他是教育大家。他的教育理论与实践，具有时代特征、中国特色、创新特性。

他是人文大师。他渊博的知识、宽广的视野、高深的造诣，非常人所能企及。

他是形象大使。他社会活动之频繁、之广泛、之深远，在中外社会各界都留下不可磨灭的印记。

他是大器领导。他在每一个领导岗位都有大作为，对任何艰难险阻都可以从容应对，把该做能做有用有效的事，都做得尽善尽美。

他是大好人。凡是与他共过事、打过交道的人，哪怕是只有一面之交，无论职位高低，无论什么领域，无不交口称赞。那种亲切感让人终生难忘。

对于陶西平同志我敬仰已久。与他密切交往，始于20年前。2000年10月，我从北京市西城区委调到市委宣传部。作为分管理论工作的负责人，其中一件很重要的工作是筹备北京市社科联第四届代表大会。因为他是新一届主席人选，我就从换届工作开始，与他有了密切交往。2001年换届大会上，他当选为主席，我当选为副主席。2005年我又兼任社科联党组书记，分别算是“党政一把手”。2006年，我们又一起筹备第五届换届大会，取得了圆满成功！换届后，他改任名誉主席。2007年10月，我从市委宣传部副部长调任市委社会工委书记、市社会办主任，2008年3月卸任市社科联党组书记。在社科联，我们是友好搭档。离开社科联后，我们是密切联系的好友。每逢节日必然互致问候。我每年生日，他都会一早发信祝贺。我们最后一次见面，是去年下半年，在西城区委区政府顾问团聘任大会上。本来约好在坚持20年的每年一次的元宵节老领导见面会时再见，但由于新冠肺炎疫情未能如期举行。谁知，西城一面，竟成永别！

陶西平同志是我永远怀念的好领导、好老师、好朋友，是我们永远读不完的一部“大书”。我要一辈子向他学习。

陶西平同志千古！

写于2020年5月20日

一本有温度有质感有厚度的书*

呈现在我们面前的这本书，是很有温度、很有质感、很有厚度的一本书，读来亲切、自然、受启发。

说这本书很有温度，是说书中的每一篇稿子都充满感情。这种温度，首先源于原创。35 篇稿子，33 篇是原创之作。而使原创有温度的背后原因，是活生生的党建工作，是新奥特集团领导班子、全体党员、全体职工对党、对党的事业、对新奥特集团发展炽热的爱。本书真实记录了新奥特党委成立十年来，按照上级要求、结合企业实际所做的大量卓有成效的工作，充分反映了企业党委和各基层党组织、全体共产党员热情投入党建工作的突出业绩。因此可以说，真挚是这本书的第一个特点。

说这本书很有质感，是说书中的每一篇稿子都很有质量。这种质量，反映的不仅是写作水平，更是工作质量。因为，真正的好稿子，特别是经验性材料，不是靠写功，而是靠做功；不是写出来的，而是做出来的。35 篇稿子，就是 35 个亮点。35 个亮点，汇成了新奥特集团党建工作一个大大的闪光体。这些闪光点，有集体的，也有个人的，凝聚和折射的是整个企业党组织、共产党员的智慧和力量。因此可以说，优质是这本书的第二个特点。

说这本书很有厚度，不是指篇幅和文字量，而是指它的内容。新奥特集团十年党的建设工作经验，很有代表性、很有典型性。说有代表性，是说新奥特集团党委在非公有制企业党组织中是有代表性的，是与大家一样，按照上级要求，一步一个脚印认真走过来的，规定动作做得好；说有典型性，是说新奥特集团党建工作坚持创新实践，密切结合实际，创造了许多可推广、可复制的好经验、好做法。因此可以说，可学是这本书的第

---

* 这是作者于 2020 年 3 月 9 日为《政治坚定　服务给力：新奥特集团党建 10 年回顾》一书写的序言。

三个特点。

今年是新奥特集团党委成立十周年、新奥特成立三十周年。三十年来，尤其是近十年来，新奥特集团各个方面的工作都取得了显著成就，经验值得深入挖掘梳理、全面总结提炼。十年前，新奥特集团党委成立时，北京市委社会工委参与支持了筹建工作。十年来，我作为北京市委社会工委书记、北京市社会建设工作办公室主任，也到新奥特来调研过，亲眼见证了新奥特十年的新发展。新奥特集团是北京市社会领域“标杆式”先进典型。我认为，新奥特集团的主要经验可以概括为“两抓”“三有”“四坚持”。

第一，“两抓”：始终抓住党的建设这个龙头，始终抓住科技创新这个关键。三十年来，新奥特始终抓住党的建设这个龙头，在不断加强党的自身建设的基础上，始终坚持以党的建设为引领，推动企业又好又快发展；与此同时，作为高新科技企业，始终坚持科技创新，始终保持科技领先地位。党的建设与科技创新双轮驱动，引领企业保持先进性。

第二，“三有”：有好班长，有好班子，有好队伍。这是集团上下公认、多年实践证明了的，也是在本书中多处体现的。不再赘述。这在任何团队中都是很重要的，是制胜法宝。但能做到“三有”，准确说是“三好”，那是很难的。要十分珍惜！

第三，“四坚持”：坚持以上率下，坚持制度规范，坚持全面推进，坚持创新实践。一是坚持以上率下。这在新奥特集团是有口皆碑的，集团党委张式俭书记在北京市社会领域党建系统口碑也非常好。这一条是团队有向心力、凝聚力的关键。二是坚持制度规范。这是新奥特的一个鲜明特点，也可以说是，张式俭书记把认真执着的性格特点演化成了集团党委的集体行为。这一条，在企业，特别是非公企业，是很难做到的。“说起来重要，忙起来次要，干起来不要”的现象，在许多单位、许多干部中仍不少见。三是坚持全面推进。这也是新奥特的一大特点。从本书的文稿中也可以看到，新奥特全面发展、样样争先。这一点也很难得。一花独放不是春，百花争艳春满园。一个先进集体一定是全面的，否则，不可持续和持久。没有全面发展，就没有新奥特的今天。四是坚持创新实践。新奥特集团各个团队、各个方面坚持与时俱进，在实践中创新，在创新中发展，涌现了一大批先进典型、先进经验，是企业发展的活力所在。

总之，上述这“两抓”“三有”“四个坚持”的经验做法都是很宝贵的。说起来容易，做起来难，保持下去更难。

当然，新奥特还有许多经验，我的概括未必准确。个人体会，仅供参考。

另外，借总结过去的机会，站在新的历史起点上，认真总结一下新奥特企业文化也是必要的。我理解的企业文化，是以树立企业精神为核心、以塑造企业形象为基础、以提高企业效益为目标的企业文化。新奥特在企业文化总结宣传方面大有文章可做。

应张式俭书记的要求，写下上面文字，谨表对新奥特成立三十周年、集团党委成立十周年和本书出版祝贺之意。祝愿新时代新奥特新辉煌！

是为序。

编后记

编写这本文集酝酿的过程比较长，内容不断丰富。最初是在 2007 年，想把之前关于中国特色社会主义特别是关于社会文明建设的文章结集出版；不久，由于到中共北京市委社会工委、北京市社会办工作，一是因为比较忙，二是想补入一些社会建设方面的文章，于是就拖了下来。一拖竟十几年！今年初，借新冠肺炎疫情宅在家里的时机，抓紧将旧文整理编选出来，同时又增加了若干篇回忆性文章。于是，就形成了现在的模样：有旧文有新文，有理论有纪事。贯穿其中的主线是中国特色社会主义社会建设理论与实践研究。

全书分五篇若干单元编辑。这样做，试图把理论逻辑与历史逻辑有机结合起来，尽可能反映理论和实践发展的历史原貌。由于水平有限，不当之处肯定存在，敬请批评指正。

在书中诸文形成的过程中，得到过许多同志的帮助，不再一一列举。在本书编辑出版的过程中，特别得到了中国人民大学贺耀敏副校长及中国人民大学出版社郭晓明副社长、编辑余盛的指导和帮助，北京市社会建设促进会王瑞副秘书长协助做了大量具体工作。在此，一并表示衷心感谢！

宋贵伦

2020 年 12 月 15 日

图书在版编目（CIP）数据

回归社会建设：40 年理论与实践研究/宋贵伦著
. --北京：中国人民大学出版社，2021.3
ISBN 978-7-300-29048-5

Ⅰ. ①回… Ⅱ. ①宋… Ⅲ. ①社会主义建设-中国-文集 Ⅳ①D61-53

中国版本图书馆 CIP 数据核字（2021）第 028401 号

回归社会建设：40 年理论与实践研究
宋贵伦　著
Huigui Shehui Jianshe：Sishi Nian Lilun yu Shijian Yanjiu

出版发行	中国人民大学出版社		
社　　址	北京中关村大街 31 号	**邮政编码**	100080
电　　话	010－62511242（总编室）		010－62511770（质管部）
	010－82501766（邮购部）		010－62514148（门市部）
	010－62515195（发行公司）		010－62515275（盗版举报）
网　　址	http://www.crup.com.cn		
经　　销	新华书店		
印　　刷	涿州市星河印刷有限公司		
规　　格	165 mm×230 mm　16 开本	**版　　次**	2021 年 3 月第 1 版
印　　张	32.75 插页 3	**印　　次**	2021 年 3 月第 1 次印刷
字　　数	498 000	**定　　价**	118.00 元